LE SCIE

Antonio Spinosa

PIO XII
L'ULTIMO PAPA

ARNOLDO MONDADORI EDITORE

Dello stesso autore

Nella Collezione Le Scie

Murat
Cesare
Tiberio
D'Annunzio
Mussolini
Vittorio Emanuele III
Hitler

Nella Collezione Oscar

Murat
Cesare
Tiberio
D'Annunzio
Mussolini

ISBN 88-04-35677-4

I edizione ottobre 1992
II edizione febbraio 1993

INDICE

PIO XII
L'ultimo papa

A sant'Agostino

IL MALE MINORE

«Ah, Pacelli! Un papa discusso!», è il giudizio più immediato che si sente ripetere quando si parla di Pio XII. Un giudizio forse frettoloso e quindi ingiusto, ma tuttavia diffuso. Fece poco o niente in difesa degli ebrei, evitando pubbliche denunce; non amava le democrazie occidentali, preferendo i regimi autoritari e fortemente gerarchici, a somiglianza della Chiesa e di un ordine religioso a lui particolarmente caro come la Compagnia di Gesù; non si opponeva con il necessario vigore ai crimini del nazismo perché preferiva Hitler a Stalin, considerando l'ideologia bolscevica come il «primum malum»: sono le condanne, non le uniche, rivolte al suo operato. Veniva considerato un filotedesco, *deutschfreundlich*, attorniato com'era da tedeschi, e sensibile alla meticolosità, alla diligenza e all'assetto teutonici. Persino un suo canarino aveva un nome tedesco, Gretchen, e un pappagallo si chiamava Dompfaff, vale a dire canonicaccio.

Eppure era un pontefice che aspirava naturalmente alla pace e che si era invece trovato ad attraversare un'epoca sconvolta da guerre e da conflitti ideologici senza precedenti, tanto da definire la tiara una «corona di spine». Durante un'udienza generale un bambino, affascinato dalla sua immagine, gli disse con enfasi: «Santità, anch'io da grande voglio fare il papa!». Pio XII si arrestò un attimo, lo guardò e con un dolce sorriso rispose: «Oh, povero ragazzo!». Lui, con animo così sensibile da soffrire per un nonnulla, non poteva non battersi per impedire l'esplosione della guerra e il suo estendersi all'Italia, fino a incoraggiare nel nome della pace la congiura dei militari tedeschi antinazisti incontrando in Vaticano gli agenti segreti dell'ammiraglio Canaris, con grave rischio per la sua vita. Gli si voleva attribuire il Nobel, ma le pratiche per il riconoscimento si smarrirono negli scaffali della burocrazia svedese. E poi le insinuazioni· «Sì, suor Pasqualina!», l'angelo buono, «der gute Engel des Vatikans», come la chiamava Pacelli, e che in realtà era l'angelo dispotico.

Forse Pio XII resterà nella storia come il «Papa del silenzio». Questa definizione non rappresenta che una sola faccia del prisma in cui è racchiusa la complessa e tormentata personalità di Pacelli, che si era formata alla scuola della sottile diplomazia vaticana e parimenti sugli esercizi spirituali di sant'Ignazio di Loyola, in cui si evocavano visioni demoniache, e sulla *Città di Dio* di sant'Agostino che trattava specificamente il tema della pace nell'ambito della ricerca del sommo bene e della giustizia. Questo era un tema di continua riflessione per Pacelli sulla scorta appunto del santo di Ippona che rintracciava la tendenza alla pace anche nel comportamento di uomini violenti e prevaricatori, nel mitico primo uomo che visse allo stato ferino, e addirittura tra gli animali feroci. Il suo senso giuridico lo induceva a privilegiare il regolamento delle relazioni internazionali sul diritto e non sulla forza, a riporre una gran fede nei concordati se non altro come difesa dei cattolici contro le sopraffazioni delle dittature anticristiane. Era perciò sensibile ai regimi dei Salazar, dei Dollfuss e dei Franco che offrivano alla Chiesa una posizione di privilegio.

Fu per dodici anni nunzio prestigioso a Monaco e a Berlino, prima di diventare segretario di Stato con Pio XI, il papa impulsivo dalla tempra del lottatore, che era il suo opposto di uomo ansioso, timido e incerto, portato ad accontentare tutti e a non irritare nessuno. Un giorno aveva rimproverato un po' aspramente un giovane prete che aveva dimenticato di portargli un libro. Il prete stava per scoppiare in lacrime, e lui, pontefice, gli s'inginocchiò ai piedi chiedendogli perdono. Eppure nei suoi atteggiamenti ascetici, immersi in una intensa maestà liturgica, appariva esteriormente rigido e severo come fosse tutto d'un pezzo, alieno da dubbi e incertezze. La sua fragilità era interiore e non si rivelava che in privato alle persone a lui più vicine con le quali però non stabiliva mai rapporti di confidenza né di spontanea amicizia.

Le sue doti di negoziatore, subito emerse, si affinarono sulla cattedra di san Pietro quando dovette misurare le parole· compiangere gli sventurati senza condannare i responsabili delle sventure, per evitare rappresaglie. Spiegava il suo atteggiamento. Diceva che ogni sua dichiarazione doveva essere seriamente ponderata e considerata in vista dell'interesse degli stessi perseguitati, al fine di non rendere involontariamente ancor più difficile e insostenibile la loro sorte. Ma il suo sguardo era anche rivolto ai quaranta milioni di cattolici tedeschi, pari all'incirca alla popolazione italiana di allora. La preoccupazione del peggio che si sarebbe potuto abbattere su di loro paralizzò i suoi gesti. «Quantum fieri possit», era diventato il suo motto. Avrebbe voluto dire «parole di fuoco», ma la situazione gli imponeva «il silenzio dell'attesa».

Per evitare rappresaglie! E anche per conservarsi neutrale e cercare di influire sui belligeranti, da qualsiasi parte si trovassero, fossero istintivamente o formalmente amici o nemici. L'udienza concessa a Ribbentrop in Vaticano, fra la costernazione degli antinazisti, rispondeva a questi princìpi. Il suo alto magistero, non la flessibilità diplomatica o un'assenza evangelica, lo induceva a considerarsi il padre di tutti, di chi credeva in Cristo e di chi lo osteggiava. Egli era dunque anche il padre dei peccatori, sicché il papa diplomatico si identificava nel papa religioso, con l'obiettivo di farsi simbolo d'un'intera civiltà. Ma purtroppo nessuno degli sforzi di imparzialità fu coronato da successo.

I suoi silenzi durante la seconda guerra mondiale avevano origine dall'idea secondo cui la Chiesa deve anzitutto occuparsi del bene delle anime, come insegnava sant'Ignazio. Il nazismo e il comunismo erano i mostri dei suoi anni. Egli cercava di difendere da quei mostri le anime dei cattolici usando armi diverse che gli erano peraltro imposte anche dalle condizioni obiettive della lotta. Affrontava il totalitarismo nazifascista con la riprovazione, neppure troppo impegnativa per evitare il peggio in pieno conflitto; sfidava il comunismo con la scomunica, a guerra conclusa. Erano scontri ardui contro la forza delle armi e la violenza delle dittature, e contro un'ideologia che si presentava colma di promesse emancipatrici. Le minacce rivoltegli a mano armata dagli spartachisti di Monaco che si erano impossessati del governo bavarese durante la sua nunziatura, ne segnarono la vita e le idee, così come avveniva per Achille Ratti, rappresentante della Santa Sede in Polonia, al cospetto dell'invasione bolscevica.

Il timore di dover assistere al diffondersi del comunismo in Italia lo indusse a rompere con De Gasperi, avendo per modello Adenauer. E fu ingeneroso con un uomo che aveva una concezione della democrazia più articolata della sua. È in corso, ma al rallentatore, un processo di beatificazione per Pio XII. E ha già fatto secondo i crismi i primi passi un analogo processo per De Gasperi. È lecito chiedersi chi dei due arriverà per primo al traguardo. E potrebbe o no verificarsi che Eugenio Pacelli resti escluso dalla canonizzazione, pur avendo Karol Wojtyla condotto agli onori degli altari un pellerossa, Kateri Tekakwitha, appartenente alla tribù dei Mohawk?

Il minor male era per Pacelli l'obiettivo di fondo della sua azione, e non lo perse di vista neppure quando drammaticamente si trovò al cospetto delle deportazioni ebraiche e del genocidio nei campi nazisti. Un papa meno diplomatico e più profetico, si è detto a mo' di dura rampogna, avrebbe dovuto, quali che fossero state le conseguenze, testimoniare più energicamente sdegno e condanna in nome del Vangelo, anziché attenersi al principio del minor male. È probabile che sia così, purché si riconosca in lui un'assoluta sincerità e non se ne attribuisca la condotta a poco chiare manovre o al desiderio di lasciar mano libera al nazismo considerato l'unica forza capace di abbattere il comunismo. Certo, a un pontefice poteva apparire convincente la diversità fra l'una e l'altra dittatura. Hitler, anticristo, perseguitava la Chiesa ma sottoscriveva un concordato; Stalin, invece, anticristo a sua volta, bandiva la spiritualità, abbatteva i crocifissi e sbarrava ai fedeli i luoghi di culto in nome dell'ateismo, ispirandosi alla scuola dell'odio verso Dio, con la certezza che l'uomo si consumasse interamente nella vita terrena. Pacelli non era il solo a pensarla così, ma condivideva queste idee con il «papa nero», il generale dei gesuiti, l'austriaco Wlodimir Ledòchowski, col quale era in assidua frequentazione.

Se il tacere poteva essere giudicato scarsamente eroico, a lui sembrò l'unica cosa giusta davanti a Dio e alla propria coscienza. Ogni gesto gli costò una dolorosa meditazione; il «silenzio» e la «prudenza» erano momenti altamente drammatici del suo pontificato. Corrispondeva ad essi una diffusa azione di carità cristiana, di assistenza concreta e spirituale che attraverso una vasta rete di solidarietà confortava profughi, emigranti, senzatetto e altri infelici comunque perseguitati, compresi gli ebrei. Accoglieva segretamente in Vaticano chiunque gli chiedesse aiuto, perfino i più accaniti nemici della Chiesa. Sulla razzia degli ebrei romani, che praticamente si svolgeva sotto le finestre del Vaticano, poteva pur spendere qualche efficace parola. Al contrario, a considerare la sequenza degli eventi che portarono con rapidità inimmaginabile alla strage delle Fosse ardeatine, la sua responsabilità per un mancato intervento appariva pressoché inesistente, e comunque dominata dall'ossessione della prudenza.

Era e si comportò come l'ultimo papa interamente romano, con l'aspirazione a una Chiesa saldamente unita e forte come un impero che, con la sua autorità morale e la predicazione, fosse in grado di dominare i popoli in ogni sua sfera, civile e religiosa. Pacelli voleva che in Italia i cattolici, e in prima linea la Democrazia cristiana tradotta in movimento confessionale, uniformassero le loro scelte all'insegnamento della Santa Sede, affinché apostolato religioso e azione politica si compenetrassero vicendevolmente e tendessero alla formazione d'uno Stato cristiano. Egli si muoveva come in una moderna crociata, ma ciò era in contrasto con una realtà laica in cui le sponde del Tevere si allontanavano a testimoniare un'attenuazione della forza della Chiesa sulla società civile e sullo stesso corpo del clero più giovane dal quale partivano sempre più numerose le richieste di abolizione del celibato insieme a una crescente insufficienza delle vocazioni. Le gerarchie ecclesiastiche lamentavano che i nuovi preti non leggevano né sant'Agostino né san Tommaso, non conoscevano la teologia e sempre più li sorprendevi con il *Manifesto* di Marx in mano.

Tra gli stessi fedeli erano in aumento gli infedeli, a causa dei nuovi modelli di vita imposti dalla trasformazione antropologica in atto e conseguenti alla rivoluzione industriale che si rifletteva sulla vita dei credenti. Sembrava riaffiorare un nuovo modernismo per adattare la Chiesa ai tempi e superare la ripetitività della cosiddetta teologia da seminario. Il mondo cambiava e faceva di Pio XII la proiezione d'una certa idea di ultimo papa, non soltanto per la solitudine nella quale agiva e per la mutazione cui era sospinta la Chiesa in Italia e all'estero sotto la pressione del clero più moderno; non soltanto per il suo cesarismo («Non ho bisogno di collaboratori, ma di esecutori»), lo stile pastorale, la segretezza delle deliberazioni, la ieraticità dei gesti e per il fatto di dire Noi o di procedere tra la folla su una sedia gestatoria con baldacchino, triregno, eccesso di ornamenti e cornice di Guardia nobile. Si passava da un guardingo Pacelli a un generoso Roncalli.

Si esauriva un modo di stare sulla scena pubblica, tramontava una generazione di governanti di cui Pio XII aveva respirato lo stesso clima, essendo nato tre anni prima di Stalin, sette prima di Mussolini e tredici prima di Hitler. Tutti insieme erano gli ultimi.

Parte prima

LA CROCE DI CRISTO
Verso il soglio

I

Nella Roma papalina del rione Ponte, al n. 34 di via Monte Giordano, al terzo piano di palazzo Pediconi nei pressi della Chiesa Nuova, viveva un avvocato della Sacra Rota, Filippo Pacelli, terziario francescano, con sua moglie Virginia Graziosi. Il palazzo aveva le persiane chiuse, come le altre dimore dei nobili romani, in segno di protesta contro la conquista regia. Lui era il secondo di dodici figli. Lei aveva dieci fratelli e due sorelle; due maschi indossavano l'abito talare, mentre entrambe le sorelle si erano fatte monache. Erano romani, ma di origini provinciali. La famiglia di Filippo proveniva da un paesino nei dintorni di Viterbo, la trecentesca Onano, mentre quella di Virginia traeva le radici dalla solenne Tivoli e apparteneva al novero dei ricchi mercanti di campagna. Virginia aveva trentadue anni quando all'alba del 2 marzo 1876, giorno di Quaresima, partorì il terzo figlio, Eugenio, che succedeva a Giuseppina e a Francesco. L'avvocato Filippo ne aveva compiuti trentanove.

A soli due giorni dalla nascita, Eugenio fu battezzato dallo zio paterno don Giuseppe Pacelli nella piccola chiesa parrocchiale dei santi Celso e Giuliano, a pochi passi da casa. Faceva un gran freddo e tirava vento. Alla cerimonia erano tutti imbacuccati. Il padrino fu Filippo Graziosi, fratello della madre. Gli imposero, oltre il primo nome, quelli di Maria, Giuseppe e Giovanni. Il bambino piangeva irrefrenabilmente, e perciò un prete del rione che partecipava alla cerimonia lo tolse dalle braccia della madre e lo alzò al cielo. Il prete, don Jacobacci, godeva fama di santo lì fra la gente di Ponte Castel Sant'Angelo, sicché suscitarono grande impressione le parole da lui pronunciate nel sollevare il neonato. «Ora,» disse il prete, «abbiamo festeggiato Eugenio in questa piccola chiesa. E un giorno tutti i cristiani lo saluteranno nella basilica di San Pietro». Il bimbetto non smise di piangere.

La vecchia Roma papalina mutava lentamente volto. I bersaglieri vi erano entrati da conquistatori da poco meno di sei anni, e la città, lasciando nella disperazione Torino e Firenze e innervosendo Massimo d'Azeglio, era di fatto ascesa dal 30 giugno del '71 al rango di capitale dell'Italia unita. Gli italiani, privi di tradizioni comunitarie, mancavano d'una «scuola» politica nazionale. L'unità territoriale italiana si era verificata in una situazione economica disastrosa – con una grande miseria diffusa dappertutto, ma più che altrove nel sud e nelle isole – e al cospetto di una classe dirigente, magari formata di persone di valore, ma immersa in un mare di ignoranza e non sostenuta da una classe media politicamente preparata ad affrontare i nuovi compiti.

Pio IX, che aveva dovuto abbandonare il palazzo del Quirinale al «sacrilego usurpatore» Vittorio Emanuele II, si era rinserrato «tremante» in Vaticano, al di là del Tevere in una vasta campagna percorsa da greggi, mentre l'alta società romana metteva il lutto, tenendo il *Sillabo* sotto il cuscino. Proprio sul verbo «tremare» il papa aveva composto con grandi svolazzi calligrafici una sciarada, suo consueto diversivo, la sera stessa della drammatica breccia di Porta Pia: «*Il* tre *non oltrepassa il mio* primiero, / *è l'*altro *molto vasto e molto infido / che spesso spesso fa provar l'*intero».

Nostalgica del dominio pontificio e nemica del governo «giacobino», l'aristocrazia nera imprecava contro l'espansionismo del modesto re di Sardegna fattosi re d'Italia con «astute e indegne macchinazioni» e che nei saloni del Quirinale, ancora odorosi d'incenso, aveva pronunciato una delle sue più «sfacciate» frasi: «A Roma ci siamo e ci resteremo!». Per tutta risposta Pio IX rifiutava di riconoscere l'«ingannevole»

Legge delle guarentigie che la nuova Italia gli offriva in nome del principio cavouriano di libera Chiesa in libero Stato, ma egualmente accettava la sovranità sui palazzi del Vaticano e del Laterano oltre che sulle ville suburbane di Castel Gandolfo, il più celebre luogo dei castelli romani. Si rendeva conto che l'unità d'Italia era un evento ineluttabile e considerava pertanto sterile oltre che dannosa un'eventuale decisione di allontanarsi per la seconda volta da Roma, col rischio di non potervi mai più tornare.

Il papa aveva già provveduto a ricordare in un'enciclica che gli invasori e i loro mandanti, fautori, collaboratori, consiglieri, seguaci, incorrevano nella scomunica maggiore e nelle altre pene previste dai sacri canoni, in quanto avevano offeso il carattere universale di Roma, millenaria capitale del regno di Cristo. Diceva che Roma e l'Italia mutavano in peggio perché ormai vi circolavano «perfidi libri zeppi di menzogne e di empie malvagità», mentre i giornali miravano «a corrompere le menti e i buoni costumi, a disprezzare e a calunniare la Religione, a infiammare l'opinione pubblica contro l'Apostolica Sede».

Con la decisione papale di non lasciare Roma e di difendervi i diritti della Chiesa, era emersa violentissima la questione della contemporanea esistenza in quella città d'uno Stato nazionale italiano (repubblica o monarchia?) e d'uno Stato ecclesiastico con a capo il pontefice. Era la questione romana. Essa era già costata pene e sangue, punteggiata dagli epici scontri armati sull'Aspromonte, a Mentana, a villa Glori, che avevano comportato l'umiliazione di Garibaldi e dei fratelli Cairoli. In seguito alla sconfitta della Francia contro la Prussia, il governo di Giovanni Lanza aveva trovato alfine il coraggio di ordinare l'occupazione di Roma. Mentre la questione romana si era fatta dal settembre del '70 quanto mai incandescente, poteva dirsi che dal marzo del '76 si avviava a conclusione l'epoca risorgimentale. Depretis, chiamato dai suoi oppositori l'incorrotto corruttore, abbatteva Minghetti e ne prendeva il posto. La sinistra si sostituiva alla destra con l'obiettivo di favorire la crescita sociale della nazione mediante «savie riforme» e promettendo di attenuare la durezza delle imposte. In seno alle famiglie principesche romane dominava il pessimismo, conseguenza della delusione per tutte quelle trasformazioni. In casa d'una nobildonna si svolgeva una cena cui partecipavano due o tre ministri dimissionari del governo Minghetti accanto a numerosi loro successori. Qualcuno chiese alla nobildonna se sapeva che cosa avrebbero fatto i nuovi ministri, e lei, sogguardandoli con la coda dell'occhio, esclamò: «Come vedete anche loro mangiano». A suggellare la fine d'un'èra sopraggiungeva due anni dopo la scomparsa dei due grandi e implacabili avversari, Vittorio Emanuele II, il padre della patria, e Pio IX, l'ultimo papa re.

Il nonno di Eugenio, Marcantonio Pacelli, era arrivato a Roma sessant'anni prima. Aveva lasciato Onano, sua cittadina natale, perché lo zio, il giovane prelato Prospero Caterini, vagheggiava per lui la carriera nei tribunali ecclesiastici, ed ebbe la soddisfazione di vederlo avvocato rotale. In piena temperie risorgimentale che investiva gran parte della penisola, la capitale dello Stato pontificio era squassata da una insurrezione che il 24 novembre del 1848 metteva in fuga Pio IX, a pochi giorni dalla morte del suo ministro Pellegrino Rossi, caduto sotto le pugnalate di fanatici patrioti. Marcantonio seguiva il papa il quale nelle mentite spoglie di semplice abate abbandonava il Quirinale. Percorrendo in un'anonima carrozza da noleggio lo stesso itinerario di Cicerone, si rifugiava nella cittadella napoletana di Gaeta a far sciarade con la protezione del borbone Ferdinando II. Poco dopo sopraggiungeva anche monsignor Caterini, mentre lasciavano Roma le famiglie principesche dei Borghese, dei Doria, degli Orsini, dei Barberini e quasi tutti i cardinali con alla testa l'Antonelli che quella destinazione aveva voluto per poter meglio godere dell'appoggio francese. Invece arrivava a Roma Garibaldi, fra gli applausi della folla.

Qui un triumvirato di democratici mazziniani, nel proclamarvi la Repubblica, dichiarava decaduto il potere temporale della Chiesa fra salve di artiglieria e il suono delle campane di Montecitorio e del Campidoglio. Egualmente il papa nominava a Gaeta un suo governo provvisorio. La «Gazzetta di Roma» prendeva il nome di «Monitore Romano» con soppressione dello stemma pontificio che figurava accanto all'antica testata. Ma con straordinaria rapidità, grazie appunto alle armi francesi che costrinsero alla resa le truppe di Garibaldi, in una giornata di sole, il 12 aprile del 1850, Pio IX riconquistava in carrozza la sua città animato da spirito di rivincita antiliberale, mentre le campane di tutte le chiese suonavano a festa e il popolo lo accoglieva agitando ramoscelli d'olivo. Con quel ritorno si parlava di restaurazione della cristianità. Roma «non era più rossa», scrivevano le gazzette; la città «si era ripulita d'ogni sozzura mazziniana e aveva recuperato la propria corona». Altre invettive apparivano sui giornali pontifici: «Morte ai repubblicani», che avevano promesso l'età dell'oro, ma che in realtà avevano provocato il caos.

Il papa affidava al fedele Marcantonio alcuni incarichi di rilievo consentendogli peraltro l'iscrizione nella lista dei nobili di Acquapendente. Nella capitale essi appartenevano al cosiddetto «generone» romano, costituito in gran parte da funzionari e da politici, cioè da una nuova borghesia in competizione con l'aristocrazia della città. Lo immise prima nel Consiglio di epurazione chiamato a neutralizzare l'azione di chiunque avesse agito o ancora agisse da rivoluzionario e successivamente attribuendogli un'incombenza curiale, quella di sostituto (sottosegretario) del ministro dell'Interno negli anni difficili delle prime annessioni al regno d'Italia dei territori pontifici. L'epuratore Marcantonio non fu mai né vendicativo né astioso nello svolgimento delle sue funzioni, al punto che i piemontesi, conquistata Roma nel '70, gli proponevano di entrare a far parte del Consiglio di Stato, ma egli rifiutava la nomina per fedeltà alla Chiesa e al papa.

Nel marzo del '61 Vittorio Emanuele II era stato proclamato re dell'Italia unita, e a Roma ancora regnava il pontefice fermamente deciso a non muoversi dal Quirinale. Erano trascorsi appena tre mesi dall'unificazione italiana quando Marcantonio appariva nello Stato del Vaticano tra i fondatori di un giornale, l'«Osservatore romano», col proposito di condurre una battaglia «politico-morale» in difesa della cristianità, come si leggeva nel sottotitolo di quel foglio. La realizzazione del giornale era affidata a due profughi romagnoli che si erano rifugiati a Roma in seguito all'annessione plebiscitaria della loro regione al regno d'Italia.

II

Alla morte di Pio IX e di Vittorio Emanuele II erano saliti al potere Leone XIII e Umberto I. Al pontefice che aveva fatto del Vaticano una «fucina di fulmini», che aveva promulgato il *Sillabo* e proclamato il dogma dell'infallibilità papale, seguiva il «papa degli operai». Eugenio cresceva stentatamente. Era di costituzione gracile e mostrava un difetto di pronuncia. Nonostante le cure materne e l'attenzione dei medici rimaneva mingherlino, tutto pelle e ossa. Cresceva però in altezza, tanto da superare d'una spanna i coetanei. Aveva quattro anni quando i genitori gli diedero una seconda sorellina, Elisabetta, e lui di tanto in tanto si avvicinava alla culla per ascoltarne il sommesso respiro, in preda a misteriosi timori. Si rivelava tendenzialmente solitario e malinconico, e non sempre gli altri ragazzi riuscivano a trascinarlo nei loro giochi. Portava la frangetta sulla fronte, una cravatta a fiocco e una sottanina plissettata.

Virginia voleva evitare che i figli scendessero a giocare in strada in un rione ormai brulicante di «pericolosi infedeli», sempre più indifferenti alle tradizioni papaline della città e ormai dimentichi del fatto che in un'urna della Chiesa Nuova si conservavano da quattrocento anni le spoglie mortali del grande apostolo di Roma san Filippo Neri. Aveva perciò destinato a loro luogo di ricreazione una grande stanza del nuovo appartamento nella vicina via della Vetrina, al n. 19, a ridosso di Monte Giordano, in cui si erano trasferiti dopo aver rinunciato a convivere col nonno Marcantonio nell'abitazione di palazzo Pediconi. Lo stanzone diventava un vero e proprio campo di battaglia quando i giovani Pacelli e gli altri ragazzi del vicinato si affrontavano nel gioco di guardie e ladri. Eugenio preferiva stare dalla parte delle guardie, ma spesso si sottraeva a quell'affannosa gara per piantar chiodi nelle pareti. Le sorelle e le loro compagne attaccavano ai chiodi uno spago per stendervi ad asciugare i vestitini delle bambole, a mo' di piccole lavandaie.

Un po' più grandicello mutò gusti. Davanti a un altarino, da lui stesso eretto nella sua camera, rifaceva i gesti del cugino sacerdote don Vincenzo Cirilli nell'atto di celebrare messa. Ripeteva con aria assorta tutti i passaggi del rito, evitando rispettosamente di pronunciare le parole riguardanti la consacrazione. Indossava i paramenti religiosi che i genitori gli avevano acquistato, e si faceva servire al piccolo altare dalla sorella Elisabetta. Avrebbe voluto imitare anche uno zio ch'era missionario in Brasile. Di lui sentiva narrare in casa le imprese compiute in terre remote, fra avventure e martirii per la diffusione della favella cristiana. Un giorno esclamò: «Anche io voglio diventare missionario. Anche io voglio essere un martire». Tacque per un attimo, poi soggiunse: «Ma non voglio i chiodi della croce!». Diceva spesso «voglio» per una cosa o per l'altra, dimostrando di avere un carattere forte. La balia, una ciociara, ricordava che fin da bimbetto quando diceva «no», era «no».

Non lasciava passare un Natale senza addobbare in casa un presepio, che illuminava con le primissime lampadine elettriche, così come immancabilmente in occasione della settimana santa costruiva in un angolo dello stanzone un piccolo «sepolcro» ornato di folti crisantemi. Da suo padre, che si prodigava per diffondere le *Massime eterne* di sant'Alfonso de' Liguori, apprendeva a considerare la morte come beatitudine e approdo alla sola vera vita. Ripeteva quanto ascoltava dalle labbra del padre a un ragazzetto suo coetaneo, figlio del portiere di via della Vetrina, e faceva così le prime esperienze di maestro di catechismo. La madre, che lo proteggeva dai pericoli della strada, lo affidò prima alle suore della Divina Provvidenza in piazza Fiammetta e poi lo iscrisse a una scuola elementare privata, quella del professor Giuseppe Marchi all'Arco dei Ginnasi, per salvaguardarlo dall'insegnamento pubblico troppo laico, massone e mangiapreti. Spesso nell'andare e tornare da scuola sostava a lungo nella grande chiesa del Gesù nella cappella della Madonna della Strada. Un giorno la madre gli domandò perché si tratteneva così a lungo e con tanta frequenza nella cappella di quella Madonna, e lui rispose: «Io racconto tutto alla Madonna della Strada».

Col fratello Francesco frequentava un circolo di ricreazione giovanile in cui padre Giuseppe Lais, seguace di san Filippo Neri, accendeva nei ragazzi la passione per la natura con passeggiate fuori Porta San Pancrazio, di memoria garibaldina, e per i misteri della volta stellata avendo costruito sulla terrazza di casa un rudimentale ma non superfluo osservatorio astronomico. Infine la famiglia, rompendo gli indugi, decise di fargli frequentare a nove anni il ginnasio presso un regio istituto, l'Ennio Quirino Visconti, il vetusto Collegio romano confiscato dai savoiardi ai gesuiti all'atto della presa di Roma, tuttavia ancora denso di memorie per il segno che vi avevano lasciato grandi personaggi della chiesa come Ignazio di Loyola, Luigi Gonzaga, Roberto Bellarmino. Nel Cinquecento vi erano passati due pontefici, Urbano VIII e Innocenzo X, e più recentemente vi si era formato Leone XIII.

Eugenio studiava con profitto e raggiungeva senza sforzo in ogni materia il massimo dei voti. Le sue pagelle erano un'impressionante sfilata di «lodevole» in italiano, latino, greco, storia, filosofia, matematica, fisica, storia naturale. E veniva perciò dispensato dal sostenere gli esami di fine anno. Si rivelava dotato d'una memoria tanto eccezionale da sorprendere quotidianamente i compagni di classe e gli insegnanti. La sua valentia non ingelosiva oltre misura gli altri ragazzi essendo moderata da una istintiva gentilezza d'animo. Pur tuttavia una volta ebbe contro l'aula intera. Il professore aveva assegnato un tema, «Illustrate la figura d'uno dei più grandi artefici della storia», ed Eugenio aveva scelto sant' Agostino. Quando il ragazzo lesse il componimento, in piedi dal suo banco di seconda fila, la classe insorse stupita e irritata. Com'era possibile annoverare fra i geni dell'umanità un esponente dell'oscurantismo religioso? Ci volle la fermezza dell'insegnante, il filologo Ildebrando Della Giovanna, a frenare l'irruenza e lo scherno della classe. Eugenio era rimasto immobile, a fissare orgogliosamente il vuoto con le sue pupille profonde.

A Roma si viveva in un esasperato clima di lotta contro i preti, e la famiglia Pacelli intensamente clericale ne soffriva. Periodicamente si verificavano incidenti e risse nell'aspra contesa fra Chiesa e Stato, fra chi voleva morta e sepolta l'idea d'una religione di Stato in nome della libertà di coscienza e chi invocava l'intervento divino per abbattere il giovane regno d'Italia e riportare sul trono il papa re. Non solo nelle strade, ma anche nelle aule parlamentari si gridava che il papato era un «cadavere putrefatto».

Quando nella notte fra il 12 e 13 luglio del 1881 era stata trasferita la salma di Pio IX dal Vaticano alla basilica di San Lorenzo fuori le mura, gruppi di giovani antipapalini avevano tentato di sequestrarla e di gettarla nelle acque del Tevere. Il repubblicano Alberto Mario aveva esclamato: «Plaudiamo a quel gesto. Avremmo applaudito ancor di più se le reliquie del grande sciocco fossero state effettivamente gettate nel fiume». Egli addossava ai «clericali settari» la responsabilità degli scontri per aver trasformato una pia cerimonia funeraria in una provocazione politica. Già in passato aveva definito Pio IX una «stupida carogna», un «pagliaccio», né aveva mancato di attaccare Leone XIII dicendo che «il signor Pecci» era «sì infallibile, ma soltanto nelle calunnie e nelle menzogne». C'erano anche laici illuminati che chiedevano la tolleranza di tutte le dottrine, ma la loro parola si perdeva nel nulla. In quella agitata situazione sempre alimentata da nuove intolleranze, non ci si poteva meravigliare che gli studenti del Visconti fossero insorti contro il tema religioso del giovane Pacelli.

Eugenio frequentava ancora il ginnasio quando nel giugno

del 1889 s'inaugurò a Roma, in Campo de' Fiori, il monumento all'eretico Giordano Bruno, sul luogo stesso dove arse il rogo. Fu tutto uno sventolio di vessilli libertari e anticlericali, un'esplosione di invettive – «Morte a Leone XIII!», «Morte allo Spirito Santo!», «Sparate al piccione!» – e un susseguirsi di cortei massonici. Lo stesso scultore della statua bronzea, Ettore Ferrari, era un massone, come lo erano le alte gerarchie dello Stato e dell'esercito. Alla base del monumento figuravano i medaglioni di altri eretici, da Erasmo da Rotterdam a Giovanni Hus, da Paolo Sarpi a Tommaso Campanella. Papa Pecci, protestando per lo «sfregio ignominioso» inferto alla santità della sede cristiana, lanciava forti accuse: «Coprono di onori un uomo malvagio e perduto, doppiamente transfuga. Non ci furono in lui veri titoli di gloria, non una scienza singolare, non ornamenti di virtù, gesta illustri o egregie benemerenze patrie».

Francesco Crispi, presidente del Consiglio, ravvisava nel Vaticano un nemico implacabile che malignamente operava nel seno stesso della nazione. Ancora una volta un papa pensava di lasciare Roma. Ancora Crispi faceva sapere che se Leone XIII voleva partire poteva farlo; sarebbe stato accompagnato ai confini con tutti gli onori, ma non gli avrebbero mai più consentito di tornare. Crispi temeva perfino che il pontefice, nel tentativo di risolvere a suo favore la questione romana, inducesse la Francia a dichiarar guerra all'Italia, e lo minacciava: «Guardi di non essere la causa d'un conflitto. Ricordi quanto costò a Pio IX il ricorso alle baionette straniere». Filippo, il padre di Eugenio, partecipava personalmente alle vicende politiche romane in veste di consigliere comunale o di assessore, sicché al ragazzo giungeva direttamente l'eco della formidabile lotta che squassava la città.

Altri conflitti avevano spesso origine da un'industrializzazione che imponeva gravi sacrifici ai ceti popolari meridionali dei centri urbani e delle campagne. I contadini del sud si ribellavano, assalivano il municipio e affrontavano armati di vanghe le scariche di fucileria dei soldati, loro fratelli in grigioverde. Il passaporto rosso per le Americhe era una valvola di sfogo in quel grave frangente sociale. Altre ragioni di dissidi e turbolenze traevano origine dalla cupidigia colonialistica che l'Italietta avrebbe pagato a caro prezzo con la disfatta di Dogali.

III

Eugenio aveva compiuto tredici anni, e frequentava la quarta ginnasio. Con entusiasmo studiava le materie letterarie e con diligenza quelle scientifiche. Mostrava propensione anche per la musica, come scriveva egli stesso nello svolgimento di un tema, «Il mio ritratto». Si dilettava a suonare il violino, e talvolta la sorella Elisabetta lo accompagnava pizzicando un mandolino. Cominciò quel tema con una sorta di dichiarazione di principio: «Dovendo io fare il mio ritratto fisico e morale procurerò in ogni modo di non tralasciare nulla di buono, né di cattivo, che io trovo in me, e di descrivermi quale veramente sono. Se quello che dirò sarà vero, tutti avranno agio di conoscere». Quindi affrontò la descrizione del suo aspetto fisico: «Ho tredici anni e per l'età ben si vede che la mia statura non eccede né per altezza né per bassezza. La mia persona è snella, la mia carnagione bruna, il mio volto piuttosto pallido, i miei capelli di color castagno e sottili, i miei occhi neri, il mio naso piuttosto aquilino. Non parlerò del mio petto, che, a dir il vero, non è molto largo. Finalmente ho un paio di gambe piuttosto secche e lunghe e due piedi di non piccole dimensioni. Da ciò si può facilmente comprendere come fisicamente io sia un giovinetto mediocre».

Passò poi a rappresentare l'aspetto morale della sua persona. «La natura mi ha dotato di un sufficiente ingegno, onde con un poco di buona volontà riesco a far molte cose. Volentieri io vengo alla scuola e studio con amore, poiché conosco che tutto ciò, che ora posso fare, sarà poi di mia utilità. I miei genitori, il mio caro Professore mi amano sommamente ed io procuro di contraccambiare in ogni modo le loro affettuose premure. Certo che menzognero sarei se io vi venissi a dire che merito questo loro amore; no, poiché né io trovo in me bastante virtù per esserne degno, né perciò pretendo di averla; tutto è per la loro bontà. Infatti, quel pochissimo, che in me può esservi di buono, tutto lo devo a Dio, che mi ha dato sì savi superiori, ed a questi, che coi loro ammaestramenti cercano d'infondere nell'animo mio la vera virtù. Stolto sono stato io, che non ho saputo sempre approfittare dei loro saggi consigli!».

Sulle sue inclinazioni scrisse: «Posso dire che qualche volta sono alcun poco ispirato dalle sacre Muse; sento poi in me molta passione per i classici e specialmente lo studio della lingua latina mi è di sommo diletto. Essendo amantissimo della musica, mi compiaccio nelle ore di ozio e specialmente durante il tempo delle vacanze nel suonare qualche istrumento musicale». Con la famiglia, abbonata alle recite del teatro Costanzi, assisteva alle rappresentazioni liriche, canticchiando in sordina qualche romanza in voga.

E della sua indole che cosa pensava? «Il mio carattere è piuttosto impaziente e violento, ma coll'educazione sento il dovere di moderarlo. Solo mi conforta il vedere che, albergando nel mio cuore un'istintiva generosità, come non soffro contraddizioni, altrettanto son facile a perdonare chi m'offende. Del resto io mi auguro che l'età e la riflessione varranno a far sparire questi, che in me riconosco, dannosi difetti. Mi pare con ciò di aver detto il vero».

In un successivo componimento parlava dei suoi giovani compagni. Non nutriva «odi veri e profondi». Aveva nemici? «No, in questo senso crudo e sgradevole della parola». Certo, non tutti gli andavano a genio: «Alcuni, mentre si sforzavano ancora invano di arricciare i loro baffi appena incipienti, parlavano sempre di onori e di leggi di cavalleria e delle loro presunte avventure galanti e di odiati nemici e di schiaffi e di guanti gettati». Fra gli amici un ragazzo gli era «particolarmente antipatico». Di lui scriveva: «Sebbene sia vigoroso nella persona pure mi pare assai brutto». Fra le coetanee delle sorelle che frequentavano la sua casa, c'era una ragazzetta di nome Lucia. Eugenio ne era attratto e per lei scrisse un romantico sonetto cui diede il titolo «Santa Marinella 1889», luogo d'una breve vacanza marina. Con quei versi invitava sommessamente una «verginella, grata, dolce, pietosa, docile, pura» a diventare «più vaga d'olezzante fiore» al fine di risplendere «qual fulgente stella, per virtude e per beltà».

Egli scriveva e leggeva molto. In un nuovo componimento, che aveva per tema «Il miglior amico è un buon libro», illustrò la sua passione per la lettura prendendo le mosse da lontano, da Alessandro Magno. Si compiaceva che questo «grande e glorioso capitano», autore di «imprese tanto segnalate», amasse «moltissimo i poemi di Omero e sempre portasse seco l'*Iliade*, tenendola, quando dormiva, sotto l'origliere». Il libro dell'*Iliade* fu il miglior amico di Alessandro perché, «mostrandogli le gloriose gesta di tanti eroi e specialmente di Achille, da cui pretendeva discendere, infondeva nel suo animo amore per la gloria e brama di rendere immortale il suo nome con grandi imprese». Ebbene, «così è di noi». Come l'*Iliade* «infondeva nell'animo di quell'eroe desiderio di grandezza», così «un buon libro infonde negli animi nostri amore per la virtù, insegnandoci sagge massime morali e recandoci ad esempio le virtuose azioni di tanti uomini, che si resero perciò gloriosi».

Dopo aver scritto che un buon libro non è solo utile, ma anche dilettevole in quanto arricchisce la nostra mente ed educa i nostri animi, si lanciava in una serie di considerazioni dalle quali risultava una sua certa sfiducia nei confronti della natura umana: «Ah! quanto si passa meglio il tempo con una lettura morale, che con certi amici, i quali invece d'ispirare negli animi dei compagni amore alla virtù, ne guastano l'innocenza». È «difficilissimo» trovare un buon amico; la maggior parte di essi «si fingono tali nella prosperità», ma se «la fortuna ci diviene avversa, essi tosto ci abbandonano». Un buon libro invece «è sempre a noi utile»; nella prosperità «ci è di diletto», nella sventura «di sollievo e di conforto», poiché c'insegna «a sopportare pazientemente le calamità» della vita. «Che se pure noi riusciamo a trovare un vero amico, che ci dia buoni ed utili ammaestramenti, esso ci potrà far del bene, finché è vivo; ma se la Morte crudele ce lo toglie colle rapaci sue mani, perendo l'amico, perirà anche il profitto, che noi trarremmo dalla sua virtù; un buon libro invece è fonte perenne di bene, poiché esso non ci verrà mai a mancare». Inoltre un buon amico «da perfetto modello, che ora è, di virtù, può in appresso divenire malvagio; un buon libro non si cambia e le saggie sue massime saranno sempre le stesse; or da tutto questo», concludeva il giovane come in un teorema, «si può facilmente comprendere che il miglior amico è un buon libro». C.v.d., come volevasi dimostrare.

Superata la quarta classe ginnasiale Eugenio, debole di polmoni, fu costretto proprio dalla gracile costituzione fisica a disertare per un anno il Visconti e ad affrontare privatamente gli esami di licenza. Affettuosamente accolto dalla cugina Angelica, trascorse una vacanza ristoratrice nelle terre degli avi fra le lievi alture di Onano, raggiungendo spesso l'Amiata e Radicofani. Quindi gli fu possibile tornare nelle aule del severo istituto e concludervi il liceo, mentre fuori dell'ambito scolastico cominciò a praticare alcuni sport, l'equitazione, il nuoto, il canottaggio, per desiderio di svago ma anche per sviluppare il carattere e rendere più saldo il fisico che rimaneva fin troppo delicato. Con un cavallo, che gli prestava un parente, si perdeva per ore nella campagna romana lungo la via Appia Antica, oltre la visione dell'antico acquedotto e dei ruderi sepolcrali.

Con puntiglio s'impegnava altresì a liberarsi del difetto di pronuncia che lo infastidiva, e quando esso sparì quasi completamente dalle sue labbra gli parve di aver ottenuto una nuova, grande vittoria sulla materialità del corpo. Privatamente e sempre nelle ore libere studiava con profitto il francese, l'inglese e in particolare il tedesco. Con questo *curriculum* non poteva non concludere gli studi superiori con una splendida licenza *ad honorem*. E così fu.

Si trovò indeciso di fronte a un bivio. Aveva compiuto diciotto anni e disponeva d'un diploma. Che fare? Raramente aveva pensato al sacerdozio, anzi non era neppure certo di possedere una gran fede. I suoi sentimenti religiosi vacillavano, pur continuando a rispettare gli obblighi e a praticare i riti del cattolicesimo. Dall'infanzia era aggregato alla Confraternita carmelitana dello Scapolare, e ne aveva sempre portato il sacro distintivo. Le sue intime incertezze le aveva espresse, quindicenne, in un problematico scritto intitolato «A me stesso». Vi si rappresentava come un uomo che aveva l'«inferno nell'animo» poiché, entrato nella vita «buono, fedele, amante di Dio e della religione», si era lasciato accecare da «vani sofismi» e aveva «cominciato a dubitare». Scriveva di sé in terza persona: «Infelice!, dove troverà conforto. Ricorrerà alla preghiera, a quest'unico sollievo dei mortali? Ahi! che mentre egli tenta d'innalzare al Signore la sua mente, il dubbio con più fiera violenza lo assale: "Se Dio non esiste!". Ma questo è troppo, questo è il colmo del dolore: l'infelice più non resiste, il suo respiro diviene affannoso, la voce gli si strozza nella gola; egli caccia le mani nei capelli, chiude gli occhi... desidera forse allora la morte, o piuttosto desidera di non essere nato? Mio Dio, illuminatelo!». Ancor più ragazzetto aveva più volte sofferto di allucinazioni notturne: «Nelle lunghe notti insonni io vedevo danzarmi intorno le fate maligne, brutte e nere, fate nemiche dei bambini buoni e della loro felicità; e mentre mi apparivano quelle facce paurose che si trasformavano continuamente in sempre più orribili aspetti io cercavo invano di fuggirne la vista, nascondendo la mia testolina sotto le coperte».

La madre lo sosteneva moralmente e di tanto in tanto, ma discretamente, lo incoraggiava a indossare la tonaca. Che fare?, si chiedeva ancora Eugenio. Poteva diventare avvocato concistoriale come il padre, ma più congeniale gli appariva l'insegnamento della storia, la materia prediletta. Aveva continuato a prendere lezioni di violino. Suonava il pianoforte a orecchio, e in quello studio aveva quasi raggiunto una preparazione da concertista, particolarmente esperto nell'esecuzione di musica tedesca. Capì che doveva raccogliersi in se stesso prima di scegliere la sua strada. Per un ritiro spirituale non c'era luogo migliore della suburbana basilica di sant'Agnese sulla Nomentana, dove si trattenne per una decina di giorni visitando anche le catacombe. Nel settembre del 1894, al termine d'una solitaria e serena meditazione sull'intensità della sua vocazione religiosa, decise alfine che si sarebbe fatto prete pur proponendosi di non allontanarsi dalla tradizione familiare degli studi giuridici, già intrapresi dal fratello maggiore Francesco.

Il padre, con l'ausilio d'una lettera commendatizia di don Pietro Monti, il parroco del tempio dei santi Celso e Giuliano, chiese al cardinale Parocchi, cui spettava la decisione, di aprire al giovane le porte del Collegio Capranica. Il Capranica era un famoso seminario di antiche memorie che aveva preparato numerosi ecclesiastici alla carriera diplomatica. Una targa ricordava in latino come gli alunni di quel collegio fossero caduti combattendo i lanzichenecchi nei giorni del Sacco di Roma.

Eugenio studiò intensamente per un anno intero. Seguì le lezioni di filosofia alla Pontificia Università Gregoriana e, in un momento di particolare fulgore tomistico, si appassionò agli insegnamenti di teologia che venivano impartiti da austeri professori nell'Ateneo pontificio di Sant'Apollinare che sorgeva nei pressi di piazza Navona e quindi non lontano da casa sua. S'infiammò anche ai corsi di letteratura e di storia nelle aule dell'Università statale della Sapienza, ispirandosi allo studioso tedesco Karl Beloch che con grande successo insegnava storia antica in quel celebre ateneo romano. Quell'anno Eugenio vinse una medaglia d'oro sbaragliando gli altri allievi del seminario proprio con un tema di argomento storico, e prese perfino parte nelle vesti del cardinale Rampolla a una delle recite collegiali.

Ma come era già successo al ginnasio, dovette ancora una volta interrompere i corsi regolari per un rincrudirsi del male allo stomaco che da qualche tempo lo affliggeva. Quindi lasciò il seminario e continuò gli studi come chierico esterno.

Soprattutto non gli si confaceva il cibo della mensa del Capranica. Ogni domenica i genitori gli portavano perciò da casa qualche buon piatto che egli gradiva oltremodo. Se ne nutriva con appetito, ma di tanto in tanto rinunciava al dolce imponendosi un fioretto per le anime sante del purgatorio. Fin da ragazzo aveva mostrato una tendenza alla mortificazione, e spesso invitava il fratello e le sorelle a privarsi di qualche buon bocconcino o, in estate, di una bibita fresca.

Nuovamente padrone delle sue giornate riprese a praticare all'aria aperta nell'estate del 1895 gli sport preferiti, il nuoto, il canottaggio, l'equitazione e ogni altra attività che in seminario gli era proibita. Si era fatto crescere due sottili baffetti. Raggiungeva la costa tirrenica dove prendeva in affitto una barca per spingersi al largo. E lì nuotava a lungo. Tornò per qualche settimana nelle campagne di Onano, dove – in compagnia d'un giovane, Bosquet, seminarista come lui – un giorno incontrò una zingara che volle loro leggere la mano. «Uno di voi», disse la megera, « diventerà papa». Col nuovo tenore di vita, Eugenio riuscì a superare anche se lentamente il deperimento organico e a debellare i dolori allo stomaco che nelle camerate del collegio lo avevano lungamente perseguito.

IV

Sulla scena dei tribolati rapporti fra Stato e Chiesa si affermavano alcune novità, anche grazie a Leone XIII che mostrava di voler sottrarre la Santa Sede alla condizione di isolamento in cui l'aveva posta il suo predecessore. Si poteva o no già prevedere una possibile conciliazione fra Vaticano e Quirinale, per quanto l'«Osservatore romano» continuasse a pubblicare quotidianamente con pervicacia una nota di protesta contro l'occupazione di Roma? Era arduo dare una risposta a questo interrogativo. Con l'enciclica *Rerum novarum* sulla condizione degli operai sempre più organizzati, papa Pecci prestava comunque orecchio alle istanze sociali della nazione. La Chiesa si manteneva ostile al liberalismo e al socialismo, confermava di privilegiare il sistema sociale corporativo, ma non intendeva più farsi isolare dall'intransigente predicazione del *Sillabo* di Pio IX che aveva peraltro reso particolarmente insensibile gran parte del clero alle legittime richieste di giustizia delle classi meno abbienti. Sulla strada aperta da Leone XIII altri avrebbero definitivamente assunto la difesa dei più poveri.

Questa presa di coscienza era già qualcosa e apriva le porte a un'azione dei cattolici fra le masse lavoratrici. Fu allora che Giuseppe Toniolo poté cominciare a propagandare la formazione d'una sorta di sindacalismo cattolico specie fra i contadini, come del resto già si verificava ben più ampiamente in altri paesi. Veniva tuttavia confermato il *non expedit*, il divieto per i cattolici di partecipare alle elezioni politiche, non a quelle amministrative, in una nazione ch'era caduta nelle mani d'una casa reale di scomunicati. «Né eletti né elettori», aveva sentenziato trent'anni prima don Giacomo Margotti dalle pagine del suo polemico giornale. Non voleva essere eletto per non trovarsi al fianco di Cavour, del generale Nunziante o di Liborio Romano che aveva favorito l'annessione del regno di Napoli al Piemonte; né voleva essere elettore poiché la lotta verteva fra Cavour e Garibaldi, entrambi propugnatori di programmi invisi alla Chiesa.

Lo Stato unitario aveva creato un esercito e una flotta, costruito una rete ferroviaria nazionale, favorito la nascita e l'espansione delle industrie con il decisivo apporto delle banche che ne traevano tuttavia scandalosi vantaggi, e aveva incoraggiato l'attività edilizia che primeggiava vandalicamente soprattutto nella capitale. Roma da papalina diventava umbertina, e attirava come una calamita genti d'ogni regione, ma soprattutto del sud. D'Annunzio insorgeva per condannare la «torbida operosità» dei distruttori che «in nuvoli di polvere» afferrava in una «specie di follia del lucro» non soltanto «i familiari della calce e del mattone», ma anche «i più schivi eredi di maiorascati papali». La città appariva sconvolta da una disgustosa speculazione edilizia. Cadevano recisi i roseti di villa Sciarra; giacevano atterrati i giganteschi cipressi di villa Ludovisi. Sembrava, concludeva d'Annunzio, che «soffiasse su Roma un vento di barbarie».

Su un grande istituto di credito, la Banca Romana che aveva raccolto l'eredità della Banca dello Stato pontificio, si abbatteva nel 1893 uno scandalo di così vaste proporzioni da far vacillare nella coscienza popolare la credibilità dell'intero sistema politico-parlamentare-finanziario della nazione. Era troppo fresca l'unificazione politica del paese perché i governanti avessero già avuto il tempo e trovato il modo di superare nei fatti le divisioni ereditate dagli antichi staterelli e di comporre a unità una delle frammentazioni più pittoresche, quella degli istituti d'emissione. Era però altrettanto chiaro che i governanti non avevano neppure una gran voglia di porvi mano. La frammentazione faceva comodo, poiché consentiva una maggiore libertà di manovra in politica agli «uomini nuovi» che erano succeduti agli «eroi» del Risorgimento. Nello scandalo della Banca Romana erano implicati Crispi e lo stesso Giolitti, alla sua prima esperienza di presidente del Consiglio, per aver ricevuto cospicui sostegni finanziari nelle campagne elettorali.

Si accavallavano notizie d'infinita corruzione, di ruberie, di «piaghe verminose», di complicità d'alto bordo; si affermava che la cassa della Banca Romana conteneva effetti di comodo a favore di uomini politici, di giornalisti come il direttore del «Popolo romano», di personaggi al di sopra d'ogni sospetto, almeno fino a quel momento; si testimoniava soprattutto che la banca stampava clandestinamente biglietti privi di copertura, proprio per sostenere gli sforzi pubblici e i lussi privati di gente che «meritava» l'aiuto. Appariva accertato che Giolitti, per parare i colpi degli avversari guidati da Crispi, fosse arrivato a minacciare rivelazioni secondo le quali anche il principe di Napoli Vittorio Emanuele, l'erede al trono, aveva prelevato a titolo personale dai forzieri della banca incriminata un milione di lire.

Il paese era in una crisi profonda, fra repressioni delle proteste popolari, stati d'assedio e tribunali militari contro i «sovversivi»; fra protezionismo e tendenze imperialistiche che andavano a danno della classe lavoratrice e a vantaggio dei fabbricanti d'armi; fra inasprimenti fiscali e ogni altra conseguenza della fallimentare politica coloniale di Crispi. Saliva il prezzo del pane che era il principale alimento della povera gente, e un operaio doveva lavorare due ore e mezzo per comprarne un chilo.

Al litigioso parlamento si addossavano gravi colpe, quindi si reclamava una svolta politica e istituzionale al fine di fronteggiare gli opposti estremismi rossi (socialisti, repubblicani, radicali) e neri (cattolici). Il barone Sidney Sonnino in un articolo anonimo, «Torniamo allo Statuto!», prendeva l'iniziativa d'una possibile riforma per scavalcare i particolarismi parlamentari e rendere i ministri responsabili esclusivamente davanti al re. Nello scritto, firmato semplicemente «Un deputato», l'articolista indicava due mali. Da un lato c'era «il socialismo che nel nome dell'eguaglianza intendeva sopprimere ogni libertà individuale»; dall'altro lato c'era «l'organizzazione clericale che nel nome delle idealità più elevate stava facendo passi da gigante; essa tendeva all'oscurantismo più intollerante, alla soppressione del disordine mediante la soppressione del progresso e di ogni movimento dello spirito umano, essendo nemica della libertà di coscienza e di pensiero».

A Palermo, Bari, Napoli, Benevento, Pesaro, Rimini, Firenze, un po' dovunque si verificavano scioperi e tumulti popolari contro la prepotenza delle classi al potere. La fase culminante delle rivolte si ebbe a Milano nel maggio del 1898, quando il generale Bava Beccaris aggredì ciecamente a cannonate la folla dei manifestanti – che protestava contro il rincaro del prezzo del pane – e lasciò sul selciato ottanta morti e oltre cinquecento feriti. Fu cannoneggiato persino un convento. Le violenze dello Stato non avevano per oggetto soltanto i personaggi della sinistra, come Filippo Turati, Anna Kulisciof, Leonida Bissolati, Andrea Costa, particolarmente sensibili alle rivendicazioni dei lavoratori, ma pure esponenti del mondo cattolico, come il sacerdote Davide Albertario, arrestato e condannato a tre anni di detenzione dal tribunale di guerra. Bava Beccaris accusava i parroci di «seminare zizzania» dai loro pulpiti, e indusse il papa a una risentita replica. Il marchese di Rudinì, che era salito al governo sostituendo Crispi, dai primi momenti di superficiale comprensione apparentemente diretta ad alleggerire le tensioni sociali, era passato alla maniera forte e si era addirittura rivelato una brutta copia del suo predecessore.

Don Albertario rivendicava con foga il ripristino del potere temporale della Chiesa, e pertanto gli anticlericali lo rappresentavano come uno strumento del Vaticano volto a minare le basi dello Stato unitario italiano cogliendo l'occasione delle rivolte popolari e anzi fomentandole. In molti reclamavano la soppressione delle organizzazioni cattoliche, delle «conventicole clericali» cui rivolgevano l'accusa di essere «nemiche della patria». Il governo accolse l'appello e non si limitò a sciogliere soltanto le associazioni clericali, ma estese il provvedimento liberticida anche a quelle socialiste e sindacali. Sospese i loro giornali e lo stesso «Osservatore cattolico» di cui Albertario a Milano era il direttore.

Alla soppressione delle associazioni clericali, dichiarate sovversive, il pontefice reagì con un'enciclica che intitolò *Spesse volte*. Riandava in essa alle vicende seguite alla caduta del principato civile dei papi, come la chiusura di monasteri e conventi, la confisca dei beni ecclesiastici, l'imposizione del servizio militare ai chierici, la dispersione di adunanze e congressi, le «odiose vessazioni» cui era sottoposta la religione cattolica a vantaggio dei «culti dissidenti» e delle sètte massoniche col risultato di far «progredire i mali» del socialismo e dell'anarchia e di «spargere i germi» dell'irreligione e dell'immoralità.

A pochi mesi da una così dura lettera pontificia, e quindi in un clima di tensione, Eugenio veniva consacrato sacerdote. Era il 2 aprile del 1899, giorno di Pasqua. Il nuovo prete aveva appena compiuto ventitre anni. Nel volto, se gli si rifletteva la luce d'una grande forza d'animo, vi apparivano anche i segni d'un fisico ancora troppo gracile. Si dovette evitare al giovane di sottoporsi all'estenuante manifestazione pubblica che il giorno precedente si era svolta nella basilica patriarcale di San Giovanni in Laterano per consacrare in gruppo nuovi sacerdoti, e si decise perciò di predisporre per lui una cerimonia privata. Fu così che monsignor Francesco di Paola Cassetta, patriarca di Antiochia, vice gerente di Roma e amico di famiglia, gli conferì il sacerdozio nella sua cappella privata all'Esquilino.

Il lunedì dell'Angelo, don Eugenio Pacelli celebrò per la prima volta la messa nella basilica di Santa Maria Maggiore, sempre sul colle dell'Esquilino, di cui era arciprete il cardinale Serafino Vannuttelli,assumendo perciò gli auspici dalla Vergine. Alla presenza del cardinale, il rito si tenne all'altare della Madonna «Salus Populi Romani» nella stupenda cappella intitolata a Paolo V Borghese, nella cui cripta riposavano in una povera bara di legno le spoglie di Paolina Bonaparte, sposa del principe Camillo Borghese. Come qualcuno non mancava di osservare, ai piedi della salma di Paolina, in un'urnetta d'oro con incisa l'aquila napoleonica, ne era conservato il cuore.

Il giovane prete, nella sua alta statura resa più solenne dal luccichio dei paramenti, si avvicinava all'altare movendo con la sicurezza di chi sapeva di aver preso la strada giusta. Risuonò netto il suo *Introibo ad altare Dei*. E quando, dopo il *Confiteor*, sui gradini dell'altare il novello levita spalancò le braccia, il suo gesto apparve come l'espressione più carismatica della sua vocazione sacerdotale. L'indomani l'«Osservatore romano» presagiva per lui «una carriera ammirabile a servizio di Dio e della Chiesa».

Volle celebrare la seconda messa sul sacello di san Filippo Neri nella Chiesa Nuova. Non poteva essere diversamente nel ricordo dell'infanzia trascorsa nella Roma papalina del rione Ponte, all'ombra del tempio del santo misericordioso e avendo ancora nelle orecchie l'eco della predicazione di padre Lais. L'incontenibile gioia di quei primi giorni di ministero fu un mattino turbata dalla villania d'un garzone di fornaio che dalla bicicletta gli gridò: «A nerooo! A bacarozzo de sacrestiaaa!». Altre sue messe si susseguirono nella navata della Chiesa Nuova, mentre vi cominciava un'opera di assistenza religiosa fra confessioni e lezioni di catechismo impartite ai ragazzi del rione.

Non prestava la sua opera soltanto nella chiesa dei filippini, ma numerosi altri erano i luoghi del suo ministero, come il convento dell'Assunzione, retto da suore francesi nei pressi di villa Borghese. Qui egli insegnava religione e teneva corsi specifici di teologia, uno dei quali riguardava la grazia. Svolgeva il suo apostolato anche nella congregazione delle Figlie di Maria presso le religiose del Cenacolo in via della Stamperia, frequentato da fanciulle della nobiltà romana, e nelle aule delle Religiose Riparatrici di via de' Lucchesi dove si raccoglievano sciami di ragazze operaie. Infine nella congregazione di Sant'Ivo, un'opera pia che raggruppava avvocati di grido pronti a difendere gratuitamente i meno abbienti, ricopriva il ruolo di assistente ecclesiastico.

Per dedicarsi a questa sua intensa attività pastorale Pacelli sottraeva tempo prezioso ai corsi di teologia che tuttavia frequentava con particolare profitto laureandosi a pieni voti. Conseguì ulteriormente il dottorato *in utroque iure*, e l'ateneo di Sant'Apollinare gli affidava la cattedra di istituzioni canoniche. Dalla Catholic University di Washington gli perveniva l'invito a insegnarvi diritto romano, ma dovette rinunciarvi per quanto ancora pensasse che quella del professore poteva essere la sua carriera.

Si era infatti già verificata una nuova svolta nella sua vita sotto forma d'un'improvvisa visita di monsignor Pietro Gasparri. Il prelato, che ricopriva l'importante ufficio di segretario della congregazione degli Affari ecclesiastici straordinari, si era presentato in casa di Filippo Pacelli per proporre al figlio di entrare come apprendista nella segreteria di Stato e precisamente nei suoi uffici che costituivano il ministero degli Esteri del Vaticano. Il suggerimento a compiere questo passo era pervenuto dal cardinale Vannutelli, estimatore di Filippo, che nel frattempo era diventato avvocato concistoriale. Gasparri era un marchigiano dai modi sbrigativi. Lo chiamavano il «pecoraro», o il «montanaro di Ussita», suo luogo di nascita, ma seppe usare gli argomenti più appropriati per convincere il riluttante Pacelli – che diceva di voler fare più semplicemente l'insegnante o il pastore d'anime – ad abbracciare la carriera del diplomatico con la tonaca. Piuttosto bruscamente Gasparri gli aveva anche detto: «Va bene, allora ti insegneremo a fare il cane da pastore», e lui poteva dirlo essendo appunto soprannominato il pecoraro.

V

Era sorto il Ventesimo secolo, si era chiuso l'Ottocento, ma il ricordo della carneficina perpetrata a Milano dai cannoni di Bava Beccaris ancora dominava le menti. Un giovane operaio laniero di Prato, Gaetano Bresci, era emigrato negli Stati Uniti e lì a Paterson si era aggregato a una conventicola di anarchici dove si era cominciato a prendere in esame la possibilità di uccidere Umberto I che gli affiliati chiamavano «re mitraglia». Bresci, prescelto come autore dell'attentato, fece ritorno in Italia e il 29 luglio del 1900 esplose a Monza quattro colpi di pistola contro il sovrano. Umberto moriva cinquantaseienne, dopo aver regnato per ventidue anni. A trentun anni saliva malvolentieri al trono suo figlio che cessava di essere il principe di Napoli Vittorio Emanuele, per diventare il re d'Italia Vittorio Emanuele III.

Il giovane sovrano nutriva sentimenti anticlericali e massonici. Si diceva che egli, in occasione delle esequie del padre solennemente celebrate al Pantheon e consentite dalle gerarchie ecclesiastiche nonostante Umberto fosse stato colpito dalla scomunica, avesse a un certo punto della funzione religiosa esclamato: «Quanto la fanno lunga, questi preti!». Vittorio si era formato alla scuola del positivismo e la sua istruzione religiosa si era mantenuta nei limiti di un «insegnamento tecnico» perché si stabilisse nettamente la linea di separazione «tra istruzione religiosa e sentimento religioso». Aveva subito fornito una prova di laicismo col proclama d'insediamento in cui si era riferito a una «Roma intangibile», simbolo di grandezza e pegno d'«integrità» per l'Italia.

Apparve chiaro che questa integrità nazionale andava difesa anche contro i non placati appetiti terreni della Chiesa. Si presentavano perciò più difficili i rapporti con il Vaticano. Leone XIII rifiutava di riconoscere una preghiera, una sorta di litania, che la regina Margherita aveva scritto in memoria del marito così tragicamente scomparso. La regina invero sperava di ottenere l'*imprimatur* che aprisse al suo *De profundis* le porte delle chiese, ma dalla congregazione dei Riti le pervenne un secco no, a dimostrazione del fatto che il papa continuava a considerare i Savoia nemici della Santa Sede. Non erano certamente definite le intenzioni del nuovo re. Si poteva soltanto prevedere che lui non avrebbe ricalcato la politica antisociale del governo, e difatti subito chiamò alla presidenza del Consiglio Giuseppe Zanardelli, uno dei capi della sinistra costituzionale.

Zanardelli, massone, diede all'istante molto filo da torcere in Vaticano. Egli si rivelava di pochi scrupoli nel trattare il clero e si mostrava severo nell'applicare la legge delle guarentigie. Covava il proposito d'introdurre il principio del divorzio nella legislazione italiana, e il nuovo re non lo osteggiava, anzi sosteneva che bisognasse «mantenere strettamente la separazione dell'ordine civile dall'ordine spirituale». Leone XIII, benché novantatreenne, trovò ancora la forza d'infuriarsi, e il governo ritenne opportuno accantonare la questione del divorzio, ma Giolitti, ministro dell'Interno, non mancava di osservare che si era inferto un «primo colpo di temperino» all'istituto del matrimonio come lo concepiva la Chiesa.

La situazione parve migliorare. Dai tempi in cui, alla fine del secolo precedente, il governo faceva arrestare i preti, si era arrivati a rapporti meno tesi fra Stato e Chiesa. Come si era perseguito l'inserimento dei socialisti nello Stato, così venne ricercata la collaborazione dei cattolici. Papa Sarto, Pio X, che era succeduto a Leone XIII, fu politicamente distensivo e ammorbidì l'intransigenza nei confronti dello Stato italiano. Non avendo piena nostalgia del potere temporale – se non «come mezzo per esercitare la sua missione indiscutibile di pace e di civiltà» – concesse ai vescovi di attenuare il *non expedit* alle elezioni, e i cattolici poterono perfino, anche se caso per caso, votare a favore dei candidati liberali in nome della «salvezza del supremo bene sociale». In seguito a tale decisione entrò alla Camera una pattuglia di «cattolici deputati» cui si diede il nome di clerico-moderati.

Era così caduto il «fanciullesco dispettuccio» del Vaticano, come Tommaseo aveva definito il *non expedit*. Il nuovo papa si rendeva conto che insistere nell'intransigenza assoluta sarebbe stato dannoso per tutti, ed era stato lui a dare in precedenza un rilevante segnale di distensione autorizzando l'arcivescovo di Bologna, Domenico Svampa, a rendere omaggio a Vittorio Emanuele III, nipote dell'usurpatore, che nel maggio del 1904 aveva visitato la città emiliana. Quell'incontro, che si svolse fra l'entusiasmo della popolazione e che nessuno avrebbe creduto possibile nel fragore della lotta fra Chiesa e Stato, ebbe non trascurabili effetti positivi sullo sviluppo dei rapporti fra le due entità. Però, in seguito al chiasso che l'incontro aveva suscitato, anche per avere il cardinale Svampa partecipato a un pubblico banchetto accanto al sovrano, papa Sarto ritenne opportuno gettare acqua sul fuoco dell'entusiasmo. Inviò una reprimenda allo Svampa dicendogli che avrebbe sì potuto incontrarsi col re, ma avrebbe dovuto farlo in privato. E pensare che nel pranzo incriminato si era servito un doppio menu con *crème Lamballe* (minestra di burro) per consentire al prelato di rispettare la giornata di magro poiché l'invito a sedere alla tavola del sovrano coincideva con il sabato delle Quattro Tempora.

Con l'avvento del nuovo papa, il giovane don Eugenio era stato promosso da praticante a minutante ancora alle dipendenze dirette del suo protettore cardinale Gasparri, mentre la segreteria di Stato era guidata dall'incredibilmente giovane cardinale di famiglia spagnola Rafael Merry del Val succeduto al sessantenne cardinale Mariano Rampolla del Tindaro. Durante il conclave, che aveva portato al soglio pontificio un trevigiano di modeste origini – il patriarca di Venezia Giuseppe Sarto, appunto – si era svolta una drammatica battaglia sulle candidature anche a base di tentati avvelenamenti, come appariva confermato dal fatto che una cinquantina di cardinali su sessantadue avevano dovuto far ricorso alle cure del medico.

Al termine dei primi scrutini favorevoli al Rampolla s'era levato a parlare l'arcivescovo di Cracovia, Kniaz Puzyna, per rivelare che l'imperatore d'Austria poneva un «veto d'esclusione» contro il potentissimo prelato siciliano. L'atteggiamento di Francesco Giuseppe era suggerito dai sentimenti filofrancesi e antiaustriaci del Rampolla cui si rivolgeva peraltro l'accusa, nonostante la confermata adesione dell'Italia alla Triplice, di lasciare che i giornali del Vaticano insultassero «impunemente» l'imperatore. Ma non poteva neppure escludersi che nel conclave si volesse elevare alla porpora un personaggio che facesse un po' meno politica e un po' più religione.

I francesi non erano convinti che Giuseppe Sarto fosse un papa più religioso che politico, e da politico lo trattò il presidente della Repubblica Loubet, il quale, nella sua visita a Roma, evitò ovviamente di recarsi in Vaticano, tanto più che la curia avrebbe preteso che il programmato incontro fra lui e il re d'Italia si svolgesse in una città diversa dalla capitale. Per quella visita ci fu una nota di protesta della Santa Sede cui Clemenceau rispose per le rime: «Per aver sostenuto con le nostre armi il Papa e Roma contro l'Italia, abbiamo perduto l'alleanza e pagato con l'Alsazia e Lorena la difesa del potere temporale. Pio X e il suo Segretario di Stato non ne hanno ancora abbastanza?». I francesi, nel rappresentare teatralmente la situazione, vedevano il papa che, con il dito levato contro di loro, esclamava: «Avete avuto l'impudenza di rendere visita a quel ladro del Savoia, il quale vi ha ricevuto nella casa rubata a Pietro!». Quindi decisero di cogliere l'occasione di quello scontro per denunciare il concordato napoleonico, che durava faticosamente da un secolo, e rompere le relazioni diplomatiche con la Santa Sede.

Eugenio Pacelli non aveva avuto dimestichezza con Leone

XIII, anche per la sua giovane età, ma ora col nuovo papa e grazie all'incarico di minutante, il pontefice non era più per lui il nume invisibile del Vaticano. Veniva quindi nominato cameriere segreto, cui spettava il titolo di monsignore, e poco dopo prelato domestico. Fra i collaboratori più vicini al pontefice, che nella gestione della Chiesa si rivelava fortemente autoritario, prevalevano i conterranei veneti, e maliziosamente si diceva che egli avesse trasformato in «gondola» la «barca» di San Pietro. Eugenio era uno dei pochissimi personaggi di curia che non parlasse il dialetto veneto.

In Vaticano prevaleva un tema scottante, quello del modernismo attraverso il quale alcuni pensatori cattolici italiani ed europei, sacerdoti e laici, si proponevano di superare l'arretratezza della Chiesa in nome dei fermenti innovatori e delle inquietudini della società in cammino verso nuovi traguardi. Il modernismo si rivelava una sorta di revisionismo positivistico che revocava in dubbio gli stessi dogmi della fede cattolica, per cui il Vangelo veniva presentato non come una dottrina assoluta e astratta, ma come qualcosa da adattare continuamente ai tempi che cambiano. Bisognava perciò superare la fissità del cattolicesimo «volgare e romanizzato» e la ripetitività della teologia da seminario. I fautori di queste idee, un po' per incomprensione, un po' per istintivo timore del nuovo, incorrevano nell'accusa di eresia.

Come eretici venivano scomunicati dalla gerarchia i più noti modernisti, l'abate Alfred Loisy, il teologo Hermann Schell, lo storico delle religioni Ernesto Buonaiuti, il sociologo Romolo Murri. Un modernista inglese, il gesuita George Tyrrell, all'apparire della durissima enciclica di condanna *Pascendi gregis* emessa da Pio X contro il movimento innovatore, reagiva aspramente dicendo che con quella lettera pastorale la Chiesa si era legata al collo una grossa pietra. Nel merito della disputa, sosteneva che numerosi dogmi si erano rivelati falsi all'indagine della più recente storiografia.

L'enciclica, che ingenerosamente rappresentava l'intero modernismo come una «sintesi di tutte le eresie» e come la «strada all'ateismo» accusandolo di ridurre Gesù Cristo con «ardimento sacrilego» alla stregua di un «semplice uomo», avviò una valanga di sospetti e di ipocrisie che non risparmiò neppure la curia romana. Si susseguirono nei seminari, nelle comunità ecclesiali, nei chiostri, nelle università cattoliche censure e pesantissimi controlli fra crisi di coscienza e tutto un corollario di delazioni e di vendette. Sembrava proprio, come si mormorava polemicamente negli stessi ambienti cattolici, che per meritare la qualifica di degno sacerdote non bisognasse sapere né leggere né scrivere.

Ci fu perfino un sacerdote perugino, Umberto Benigni, professore di storia all'Apollinare, che riunì un centinaio di affiliati in un'associazione segreta, detta il «Sodalitium Pianum». A questo organismo erano affidati, con l'*imprimatur* di papa Sarto, compiti di polizia segreta e di spionaggio per indagare sulle attività e sui comportamenti anche privati di chiunque fosse sospettato di modernismo, non esclusi né i cardinali né i responsabili degli ordini religiosi. I risultati delle indagini venivano infine sottoposti al severo giudizio del pontefice.

I fulmini di condanna si abbattevano ora su questo ora su quel prelato, fin su quelli appartenenti all'empireo del Vaticano. Monsignor Della Chiesa fu spedito dalla curia romana in esilio a Bologna in sostituzione del cardinale Svampa, pur con gli onori di arcivescovo, e monsignor Radini Tedeschi si vide affidare la sede vescovile di Bergamo da dove egli prese a predicare la concordia degli animi, forse parlando a nuora perché suocera intendesse. Poterono invece rimanere ai loro posti sia monsignor Gasparri, sia don Eugenio Pacelli il quale riconosceva in papa Sarto lucidità e fermezza nella lotta al modernismo. Eugenio ravvisava nelle pieghe del modernismo esempi di alterigia intellettuale. Diceva che per arrivare al modernismo nessuna via era più breve e spedita della superbia: «Se un laico cattolico, o un sacerdote, dimentichi il precetto della vita cristiana che c'impone di rinnegare noi stessi se vogliamo seguire Gesù Cristo, e non sradichi dal suo cuore la mala pianta della superbia, certamente questi è portato quant'altri mai a professare gli errori del modernismo»

Il modernismo si estendeva in letteratura con le opere dello scrittore vicentino Antonio Fogazzaro. Anche lui fu attanagliato da una crisi di coscienza quando un suo libro, *Il Santo*, incorse nei fulmini del Sant'Uffizio. Il romanziere, già avanti negli anni, fece atto di obbedienza, ma le sue idee eterodosse riemersero più vive che mai sia nel corso di alcune sue conferenze a Parigi, sia tra le pagine d'un nuovo libro, *Leila*, in cui postulava l'affermarsi d'una vita più cristiana nell'universo clericale. E *Leila* come *Il Santo* finì all'Indice prostrando l'autore.

VI

Più stretti si facevano i rapporti di lavoro fra Eugenio e monsignor Gasparri che quindi lo nominò segretario d'una commissione da lui presieduta. A questo organismo era demandata la formulazione di nuove norme chiesastiche che presero il nome di *Codex iuris canonici*. Alla scienza personale del giovane prete si aggiungeva un felice e solerte clima familiare in cui il padre e il fratello Francesco avevano raggiunto un alto grado di esperienza giuridica. Entrambi prestavano la loro opera in Vaticano come avvocati al servizio dei concistori cardinalizi, come consulenti legali di alcune congregazioni e più in generale della Santa Sede. I Pacelli si erano trasferiti in una palazzina al n. 19 di via Boezio, nella nuova zona di Prati, passando sulla riva destra del Tevere. Ogni sera la famiglia si riuniva per recitare il consueto rosario, e ogni volta esso era per il giovane prete un momento di grande concentrazione.

Al fianco di Gasparri, don Eugenio si prodigò nella compilazione d'un «Libro Bianco» in cui si illustravano le ragioni della Chiesa nelle vicende che avevano portato alla crisi delle relazioni diplomatiche fra Santa Sede e Francia. Parigi era ancora sconvolta dagli echi dell'«affaire Dreyfus» che prendeva il nome dal piccolo capitano ebreo di Mulhouse troppo leggermente trascinato davanti a un tribunale militare con l'accusa di alto tradimento per aver venduto documenti segreti alla Germania guglielmina. I repubblicani francesi, che ravvisavano nel «caso» una manovra antilaicista e antiliberale, reagirono aspramente. Nella giornata del Venerdì Santo del 1904 il premier Emile Combes fece asportare i crocifissi dalle aule degli istituti scolastici e dei tribunali, spingendo l'azione anticlericale del governo fino alla rottura dei rapporti diplomatici con il Vaticano, quale preludio a una legge che avrebbe sancito la separazione della Chiesa dallo Stato. Come prima conseguenza di ciò la repubblica sopprimeva dai bilanci i finanziamenti relativi all'esercizio dei culti e annullava il Concordato napoleonico in vigore dal secolo precedente.

Monsignor Gasparri chiamava Eugenio «il mio bravo aiutante», e con lui, per lavorare con maggiore tranquillità all'ardua stesura del «Libro Bianco» che avrebbe dovuto «inchiodare» alle proprie responsabilità i governanti francesi, i Combes, i Briand, i Clemenceau, si era ritirato nelle Marche, nella sua natia Ussita. In quel di Macerata, nell'approssimarsi alla cittadina arrampicata sugli Appennini, i due prelati si accorsero che una loro valigia colma di documenti era scomparsa dalla carrozza. In preda alla disperazione sospettarono che nella sparizione ci fosse lo zampino di un qualche servizio segreto, ma in breve il loro cameriere Giovanni rinvenne il bagaglio sulla strada di Spoleto, dove lo avevano chissà come smarrito.

Riacquistata la serenità si misero al lavoro pieni di entusiasmo, anche se amareggiati per il contrasto con la Francia. Gasparri dettava ed Eugenio scriveva, non senza aver prima riordinato i documenti. Vivevano anche momenti di svago nelle campagne di Ussita, e Gasparri si stupiva nel vedere quello spilungone di Eugenio arrampicarsi sugli alberi come uno scoiattolo, pur così fragile, così fine e distinto nel suo aspetto cittadino. Quando tornarono a Roma, monsignore raccontò le imprese campagnole di Eugenio, e ci fu chi non poté trattenersi dal dire che si erano visti diplomatici arrampicarsi sui vetri, ma sugli alberi mai.

Nel 1909 i cattolici portarono ventiquattro deputati a Montecitorio essendosi potuti organizzare politicamente dopo la promulgazione dell'enciclica *Il fermo proposito* sul ruolo e lo sviluppo dell'Azione cattolica sorta pochi anni prima. Si erano nel frattempo costituite altre organizzazioni cattoliche come l'«Unione popolare» e l'«Unione elettorale». In quelle importanti elezioni anche i repubblicani ebbero ventiquattro deputati. L'estrema sinistra passava invece da settantasette a centootto seggi. Quarantadue furono i rappresentanti socialisti e quarantadue i radicali. All'estrema sinistra prese posto fra i radicali don Romolo Murri, animatore d'un movimento che prese il nome di Democrazia cristiana. Egli, benché già sospeso *a divinis*, si presentò in aula indossando polemicamente l'abito talare.

Sul piano delle finanze statali si era conseguito un ambìto risultato con il pareggio del bilancio. Era altresì in pareggio la bilancia commerciale grazie soprattutto alle rimesse degli emigranti. Ma il malessere economico era sempre vivo, e ancora si verificavano nel paese scontri luttuosi tra forze dell'ordine e proletari. Né miglioravano i rapporti fra Stato e Chiesa. A Roma la situazione era peggiorata in seguito alla elezione dell'ex Gran maestro della massoneria Ernesto Nathan a sindaco della città. «Chi è Nathan?», si chiedeva l'«Osservatore romano»: un repubblicano o un monarchico? un israelita o un massone? Era tuttavia certo che lui si presentava come il propugnatore della soppressione nelle scuole primarie di ogni forma d'insegnamento confessionale. E ciò bastava per meritare l'inferno. Nei corridoi della segreteria di Stato l'argomento Nathan era all'ordine del giorno. Se ne parlava anche in casa Pacelli perché Francesco, consigliere comunale e avvocato concistoriale, aveva con lui buoni rapporti da legale a cliente. Erano entrambi di specchiata onestà, e non si preoccupavano di appartenere l'uno all'aristocrazia nera, l'altro alla libera muratoria.

Eugenio, sempre affaccendato in Vaticano, riusciva a svolgere una tale mole di lavoro da rappresentare per tutti una sorpresa continua. Nella sua attività c'era intelligenza e abnegazione. Ne era ammirato lo stesso pontefice, il quale non ebbe nulla da obiettare, anzi ne fu felice, alla proposta di promuovere il giovane prete alla carica di sottosegretario della congregazione degli Affari ecclesiastici straordinari, l'ufficio in cui era stato prima praticante e poi minutante. La promozione avveniva il 7 marzo del 1911, quando Pacelli aveva appena compiuto i trentacinque anni, e a trentasei divenne consultore della congregazione del Sant'Uffizio.

Le elezioni successive, quelle del 1913, si svolsero per la prima volta a suffragio universale maschile, lasciando ancora fuori le donne. In un sol colpo gli elettori passarono da poco più di tre milioni a oltre otto milioni e mezzo di unità. I grandi oppositori del governo furono i socialisti che migliorarono le loro posizioni montando un vero e proprio processo contro l'avventura libica, contro la conquista d'uno scatolone di sabbia che, come dicevano, aveva dovunque seminato «dolori, lacrime, sacrifizi». Odiavano quell'«esecrabile» guerra anche perché sul terreno politico interno aveva dato il predominio al «regime della sciabola» e all'«invadenza della Chiesa».

I liberali, che temevano la prova elettorale essendo privi d'un'efficace struttura di partito, trovarono un sostegno nei cattolici, ma egualmente persero una sessantina di seggi. Il presidente dell'Unione elettorale cattolica era il conte Ottorino Gentiloni, e gli eredi infedeli di Cavour sottoscrissero con lui un'alleanza, chiamata appunto «patto Gentiloni». La comune paura dei socialisti fu più forte delle loro rispettive tradizioni che li facevano nemici naturali. Con un'accorta e segreta mediazione di Giolitti, i cattolici, che evitarono di presentare proprie liste, si impegnavano a votare per i candidati liberali, e questi, una volta eletti, si sarebbero fermamente opposti nell'aula di Montecitorio al varo di leggi anticlericali. Le chiamavano leggi «in odio alle congregazioni religiose», e prevedevano anche l'introduzione del divorzio. In più i liberali si sarebbero battuti per difendere la parificazione delle scuole confessionali private a quelle statali e per reintrodurre in queste l'ora di religione. Da quelle elezioni uscì sconfitto Romolo Murri che Gentiloni chiamava «l'ex sacerdote ammogliato».

Il re, inaugurando la legislatura, parlava dei rapporti fra Chiesa e Stato. Diceva che quei rapporti erano «sapientemente disciplinati dalle leggi sulla base della più ampia libertà religiosa, la quale però non poteva mai tradursi in un'ingerenza della Chiesa nelle funzioni dello Stato». Lo Stato, che era il solo rappresentante dell'universalità dei cittadini, «non poteva infatti ammettere alcuna limitazione alla sua sovranità». Appariva così con chiarezza come in tanti anni la questione romana non avesse progredito, sebbene ormai sedessero in parlamento deputati cattolici. Lo stesso pontefice metteva però le mani avanti e diceva che c'erano «cattolici deputati» e non «deputati cattolici».

Al termine di un duro lavoro di prosegretario nella sua Congregazione protrattosi per due anni, Eugenio fu premiato con la promozione a segretario, mentre all'orizzonte si addensavano nubi foriere d'un evento catastrofico di proporzioni mondiali. Era ancora vivo il ricordo d'una rivolta popolare esplosa nelle Marche e in Romagna che aveva preso il nome di «settimana rossa», rossa anche di sangue, quando si verificava un nuovo evento gravido di conseguenze. Il 28 giugno scoppiava all'Est il bubbone del lungo dissidio fra l'Austria e la Serbia con l'assassinio a Sarajevo dell'erede al trono austro-ungarico Francesco Ferdinando e della moglie morganatica Sofia. La reazione esplosiva che seguì al detonatore-Sarajevo si propagò fulmineamente in Europa, senza che la guerra potesse considerarsi opera del destino. Il conflitto scoppiò il 28 luglio del 1914. Già durante l'impresa libica, si poteva ascoltare Pio X che nelle stanze vaticane diceva di temere il peggio. Impensierito e addolorato, esclamava: «Verrà il guerrone. Non sarà un'altra guerra come questa di Libia, ma una grande guerra, un guerrone». Aveva appena compiuto ottant'anni, e la notizia che la sua tragica profezia si era avverata lo aveva talmente indebolito da non consentirgli di superare una pur leggera bronchite.

Il papa si era intristito, lui ch'era sempre stato così gioviale, proprio come un prete di campagna. Erano ormai un ricordo certi suoi *calembours*, tra l'ironico e lo sferzante. Una volta, a un prelato che gli raccomandava di attribuire il cappello cardinalizio a un collega, rispose: «Non sono un cappellaio, sono soltanto un Sarto». Nei giorni della sua fatale bronchite trovò comunque la forza di fronteggiare una pretesa dell'ambasciatore austriaco. Questi gli chiedeva di benedire le truppe austro-ungariche che si accingevano a infrangere la neutralità del Belgio invadendone il territorio. Ma lui semplicemente gli rispose: «Io benedico la pace».

Suo inopinato successore fu Giacomo Della Chiesa col nome di Benedetto XV, proprio colui che nella tempesta del modernismo era stato allontanato dalla curia romana. Un'altra originalità nella sua ascesa era rappresentata dal fatto di essere stato nominato cardinale da appena tre mesi. E questa nomina si era forse verificata per un tardivo pentimento di Pio X che da sette anni aveva spedito in esilio quello scomodo prete. Accanto al giovane Pacelli, così alto, slanciato e austero, il nuovo pontefice appariva ancor più minuto e sgraziato nelle fattezze. Il lungo viso emaciato di Pacelli acquistava maggiore nobiltà rispetto ai tratti irregolari del volto di Benedetto XV. Si poteva pensare che il papa fosse don Eugenio e non quell'omino deforme. La malformazione era causata da una scoliosi agli omeri. «Dura poco!», mormoravano i più maliziosi. Lo chiamavano «il piccoletto». Sulla scena pubblica italiana c'era però un altro personaggio, ancor più piccolo e fuori piombo di lui, Vittorio Emanuele III.

Al conclave avevano partecipato cardinali che rappresentavano alcuni paesi in piena guerra e già percorsi dagli eserciti in armi. Perciò fin dalla sua prima enciclica il nuovo papa condannò fortemente il conflitto giudicandolo non soltanto una sciagura sociale, ma anche un pericolo morale e religioso per il mondo intero. Ripeté un'invocazione evangelica: «In terra pax hominibus bonae voluntatis!». Predicava in favore della neutralità italiana, ma non lo ascoltavano, anzi lo insultavano. Volevano che tacesse, ma lui alzava ancor più la voce: «Cercano di condannarmi al silenzio. Il Vicario di Cristo non dovrebbe invocare la pace, ma non riusciranno a sigillare il mio labbro. Guai se il Vicario del Principe della pace fosse muto nell'ora della tempesta! Sono e mi sento il padre spirituale dei combattenti nell'uno e nell'altro fronte. Nessuno potrà impedire al Padre di gridare ai propri figli: pace, pace, pace!».

Sempre nel tentativo di salvaguardare la neutralità italiana, lui, tramite il nunzio apostolico a Vienna, monsignor Scapinelli, premeva perché l'Austria cedesse pacificamente all'Italia il Trentino soggetto alla monarchia danubiana. L'imperatore Francesco Giuseppe disse seccamente al prelato che avrebbe preferito abdicare anziché cedere un pur piccolo pezzo dell'*Erbland,* dei territori aviti. Fu ancora più aspro con il cardinale Friedrich Piffl, arcivescovo di Vienna. Era il principe von Bülow a raccontare l'episodio: «L'imperatore, già ottantaquattrenne, interruppe il cardinale che timidamente gli esponeva i desideri del Santo Padre. Mentre il volto senile gli si faceva rosso di collera, afferrò il cardinale per un braccio e lo spinse letteralmente fuori della porta».

Il papa, che non demordeva nei suoi tentativi di pace, decise allora di inviare come suo messaggero presso Francesco Giuseppe un'«autorevole persona» di sua piena fiducia, come diceva nella lettera autografa di presentazione di cui fornì l'autorevole persona, la quale altri non era che don Eugenio Pacelli. Nelle credenziali, Benedetto XV si diceva altresì certo che il suo rappresentante godeva dell'«alta considerazione» imperiale. Nonostante tali premesse, e per quanto l'imperatore si fosse mostrato meno sgarbato del solito, anche la missione di Pacelli si concluse con un nulla di fatto.

VII

A dispetto degli sforzi compiuti dal pontefice in nome della pace, anche l'Italia, nella Pentecoste del '15, entrava in guerra. «Il terribile incendio», disse Benedetto XV, «si è esteso alla nostra diletta Patria». Ormai egli poteva soltanto cercare di far terminare al più presto il conflitto, oltre che svolgere un'intensa attività caritativa. Sicché, mediante il rettore dell'*Institut catholique* di Parigi, monsignor Henri Baudrillart, mirò a una pace di compromesso tra Germania e Francia, con l'evacuazione del Belgio e del territorio francese e la cessione dell'Alsazia-Lorena in cambio di compensi coloniali. Anche questo tentativo si rivelava inutile. Fu altresì vano il contatto stabilito con alcune organizzazioni giudaiche occidentali che avevano cercato di esercitare una pressione pacifica sulle potenze dell'Intesa. Avvenne che le rappresentanze diplomatiche della Germania e dell'Austria-Ungheria, accreditate presso la Santa Sede, lasciassero l'Italia per rifugiarsi in Svizzera, a Lugano. Alle angosce della guerra si aggiungeva nel cuore di Eugenio il dolore per la perdita di suo padre che si era ammalato di spagnola, l'epidemia influenzale che il popolo chiamava con tragico sarcasmo la «direttissima» poiché mieteva vittime a decine di migliaia con spaventosa rapidità.

Per quanto lo Stato italiano dichiarasse di rispettare la legge delle guarentigie e quindi l'immunità e la libertà di movimento degli agenti diplomatici presso la Santa Sede anche se appartenenti a nazioni nemiche, egualmente si verificavano incidenti e dissidi. Le poste italiane violavano i plichi diretti al Sant'Uffizio; l'«Osservatore romano» veniva illegalmente sottoposto alle restrizioni della censura. Il governo italiano rivendicò il possesso di palazzo Venezia ch'era la sede dell'ambasciatore austriaco presso il Vaticano. Molto rumore suscitò il caso di spionaggio addebitato a un cameriere partecipante del papa, monsignor Gerlach. Questo prelato, che si gloriava di portare il nome d'un santo olandese del XII secolo, era originario della Baviera. Prima di indossare la tonaca aveva militato nell'esercito tedesco e, proprio grazie alle sue competenze militari, si era dedicato a un'intensa azione di spionaggio in favore della Germania. Ma fu scoperto e quindi processato. A lui si attribuiva il delittuoso affondamento di due belle navi italiane, la *Benedetto Brin* e la *Leonardo da Vinci*.

Se si poteva pensare che l'Austria e la Germania, qualora fossero uscite vincitrici dalla guerra, avrebbero sostenuto alla Conferenza della pace le ragioni della Chiesa sulla questione romana ancora aperta, si dovevano pur tener presenti le ulteriori dichiarazioni di Benedetto XV. Egli diceva che la soluzione dei rapporti fra Stato e Chiesa «non sarebbe stata mai più affidata alle armi straniere», ma esclusivamente alla giustizia del popolo italiano. Appariva quindi meschina la taccia di *pape boche*, di papa crucco, che Clemenceau gli lanciava. Certo, serpeggiava l'opinione che il clero fosse rimasto intimamente più austrofilo che neutralista, e anzi spesso gli si rivolgeva l'accusa di disfattismo. Ciò mal si conciliava con le azioni in guerra di alcuni religiosi, e bastava ricordare l'interventismo di un barnabita, padre Giovanni Semeria, e di un francescano, padre Agostino Gemelli, oltre l'operosità patriottica dei cappellani militari insigniti di medaglia d'oro, come don Annibale Carletti, don Giovanni Mazzoni, don Pacifico Arcangeli. Appariva esemplare la vicenda del vescovo di Albenga, Angelo Cambiaso, il quale subì un processo per disfattismo. L'accusa si rivelava falsa e al tempo stesso il vescovo veniva decorato con medaglia di bronzo.

C'era un giovane agitatore politico, Benito Mussolini, che

appariva ammirato dal coraggio dei cappellani. Raccontava di una funzione religiosa che si era svolta al 7° bersaglieri: «Parla il prete officiante. Non so chi sia. Un mio vicino mi ha detto che è un abruzzese. Mi è piaciuto nel suo discorso l'accenno alla pace tedesca che sarebbe "la pace del vincitore che pone il piede sul petto al vinto". Il prete ha finito con queste parole: "L'Italia anzi tutto e sopra tutto". Avrei voluto gridargli "Bravo!". Avrei voluto stringergli la mano. Il suo era il primo discorso veramente e accesamente patriottico che ho udito in tanti mesi di guerra».

La gran parte dei cattolici accettava la scelta interventista dell'Italia e difatti il deputato cattolico Filippo Meda non rifiutava di entrare nel governo di Paolo Boselli che succedeva a Salandra. Settantanovenne, Boselli era il più anziano deputato alla Camera. Con la sua compagine ministeriale si proponeva di instaurare nel paese un clima di concordia nazionale, e difatti ottenne l'assenso dei socialisti riformisti (Bissolati e Bonomi), dei repubblicani con Comandini, dei radicali (Sacchi e Fera), dei rappresentanti del centro-destra e quindi del cattolico Meda cui fu assegnato il dicastero delle Finanze. «Bisognava affermare», diceva Meda, «la fusione della nostra anima religiosa con l'anima nazionale». Era la prima volta che un cattolico militante si assumeva una responsabilità ministeriale. Rimanevano fuori dal governo i socialisti ufficiali sempre fedeli alla formula, imposta da Turati anche ai rivoluzionari, di «non aderire alla guerra né sabotarla».

Quel giovane agitatore politico, Mussolini, ex socialista, fondava la mattina del 23 marzo '19 in un locale di piazza San Sepolcro a Milano, fra manganelli, pugnali, scudisci e drappi neri, un nuovo raggruppamento, i «Fasci di combattimento». Si rivelò arduo il compito dei fasci poiché si trovarono subito a fronteggiare due gigantesche forze politiche con radici nelle masse proletarie. Da un lato c'erano i socialisti massimalisti affascinati dalla messianica rivoluzione bolscevica; dall'altro lato c'erano i moderati del Partito popolare di ispirazione democratico-cristiana, ma lontani dal radicalismo di Murri. Anche questo movimento era nato nel '19 ed era stato fondato a Roma da un sacerdote siciliano, Luigi Sturzo, un prete sociale, che rivolse un accorato appello «a tutti gli uomini liberi e forti» della nazione.

Sebbene fosse stata proprio l'intransigenza di Guglielmo II di Hohenzollern a rendere inevitabile l'esplosione della guerra mondiale, era verso la Germania che si rivolgevano i maggiori sforzi del pontefice nella ricerca della pace, essendo poi partite dalla cancelleria tedesca talune proposte di pacificazione. A due anni e mezzo dall'inizio del conflitto, Berlino pensava di aver vinto la guerra e di poterla interrompere per non perdere i vantaggi acquisiti. I paesi dell'intesa non vollero raccogliere le proposte di pace che definirono generiche presentandole come un'«astuzia», una «manovra di guerra» volta a dividere i nemici della Germania. Il premier britannico, Lloyd George, disse che la proposta di pace veniva formulata da Hindenburg dall'«alto del carro trionfale del militarismo prussiano» e quindi bisognava proseguire la guerra fino alla totale distruzione della Germania.

I tedeschi sapevano di non poter mantenere all'infinito la loro superiorità soprattutto per il predominio inglese sui mari. Erano già rinserrati in un insopportabile «blocco della fame» che aveva ridotto allo stremo settanta milioni di persone. Mancava il pane, e ciò che si chiamava pane era impastato con un'alta percentuale di «farina» di legno. I governanti tedeschi decisero perciò di reagire scatenando una guerra sottomarina ad oltranza, con i micidiali U-Boote, contro ogni tipo di naviglio sia che appartenesse al nemico sia che battesse bandiere neutrali, compresi i vapori delle linee mercantili. Questa mossa provocò l'intervento in guerra degli Stati Uniti con un milione di soldati e armamenti inesauribili, ma sulle prime la cosa non impressionò minimamente Guglielmo II. «Quando arriveranno gli americani noi avremo già sconfitto gli inglesi», scrisse orgogliosamente il Kaiser al nuovo e giovane imperatore d'Austria Carlo d'Asburgo succeduto a Francesco Giuseppe.

La sempre più accentuata sensibilità che Pacelli rivelava per il mondo tedesco indusse il papa a sceglierlo in quel difficile frangente come nuovo nunzio a Monaco, alla morte del suo predecessore, monsignor Aversa. Quando il cardinale Gasparri gli comunicò la decisione pontificia che lo riguardava, aveva ancora nelle mani il telegramma con la notizia della scomparsa del collega. Nell'accomiatarlo, Gasparri esclamò: «Mi hanno tagliato il braccio destro». Prima che Pacelli partisse per la Baviera, Benedetto XV volle elevarlo alla dignità episcopale, a dimostrazione della stima e della fiducia che riponeva nel giovane diplomatico. Procedette di persona alla consacrazione proclamandolo arcivescovo di Sardi, una città asiatica e antica diocesi dell'impero romano d'Oriente distrutta dai musulmani, di cui però il nuovo vescovo aveva esclusivamente la titolarità senza dovervi risiedere.

Fu prescelta per la cerimonia la Cappella Sistina, uno dei luoghi più solenni del Vaticano. La manifestazione ebbe momenti di alta spiritualità mentre il pontefice imponeva a Eugenio, dopo averne unto con i sacri oli il capo e le mani, la bianca mitra di broccato e d'oro, l'anello di zaffiro e il pastorale anch'esso d'oro, simboli della sua nuova dignità. E altri simboli dei suoi poteri erano le calze violette, i sandali, il succintorio, la tunicella, la dalmatica e i guanti. In segno di venerazione per la madre, Eugenio volle che nell'anello episcopale venissero fusi gli orecchini che lei portava da ragazza e che gli aveva donato.

Nella cappella si diffondevano le note del *Tu es Petrus* del Perosi al suono trionfale di trombe d'argento, del *Sicut servus* del Palestrina e del *Te Deum*. Il papa era assistito dai monsignori Mario Nasalli Rocca e Zampini, l'uno elemosiniere segreto, l'altro sagrista dei Sacri palazzi apostolici. Fra gli eccelsi personaggi presenti figuravano in primo piano i cardinali Vannutelli, Gasparri, Merry del Val. E tra loro Andreas Frühwirth ch'era stato nunzio a Monaco, la sede verso la quale Pacelli si avviava. Numerosi erano i rappresentanti degli Stati esteri e dell'aristocrazia romana, i Borghese, i Barberini, gli Aldobrandini, i Rospigliosi, i Chigi, i Lancellotti, i Colonna, i Ruspoli. All'abbraccio del papa e dei cardinali si unirono i baci commossi della madre, delle sorelle Giuseppina ed

Elisabetta, con i consorti Mengarini e Rossignani, e del fratello maggiore Francesco divenuto il capo della famiglia in seguito alla scomparsa del genitore.

Era il 13 maggio del 1917. In quello stesso giorno per una stupefacente e beneaugurante coincidenza appariva nel villaggio portoghese di Fatima a tre ragazzetti pastori, in mezzo a un lampo, l'immagine d'una Madonna che raccomandava al mondo di raccogliersi in preghiera e ottenere così un'immediata cessazione della guerra. Per la conclusione del conflitto lavorava il Vaticano, e con questo viatico il nuovo nunzio partì alla volta della Baviera il 20 di quel mese di maggio, conscio, come diceva, delle difficoltà della missione che lo rendeva «inquieto, preoccupato, tremante». Sei giorni dopo a Monaco si recava, in berlina di gala, a presentare le proprie credenziali al vecchio re Luigi III di Wittelsbach. «La missione di collaborare a un'opera di pace», diceva il nunzio al sovrano, «è affidata alle mie deboli forze, in un tempo che nella storia non ha eguali. Con la benevola protezione della Maestà Vostra, cui si unirà senza dubbio la feconda collaborazione del regio governo di Stato, voglio sperare che i saggi e amorevoli sforzi del Santo Padre, mio sovrano, non resteranno infruttuosi».

Le sue parole e la sua figura suscitarono vivo interesse presso la corte e la classe politica bavarese. Il presidente del Consiglio, Georg von Hertling, pensatore cattolico, disse: «Il papa ci ha inviato non soltanto un nunzio. Questo Pacelli vale più d'un esercito». Su un giornale di Monaco si lessero commosse parole: «Una maestosa figura cammina per le strade della città. Attraverso le lenti degli occhiali cerchiati d'oro i suoi occhi brillano così vivi, così luminosi come animati da una fiamma inestinguibile».

VIII

Pacelli, quarantatreenne, partiva successivamente per Berlino, ch'era priva di nunziatura, dove il 26 giugno si incontrava alla Wilhelmstrasse con il cancelliere dell'impero. Il moderato Theobald Bethmann Hollwegg si mostrava disposto ad ascoltarlo, e lo affermava egli stesso riassumendo in termini positivi il colloquio. Pacelli gli aveva fatto presente come sarebbe stato utile al pontefice conoscere con esattezza il pensiero dei tedeschi sui problemi del conflitto, e ciò per poter svolgere una mediazione di pace con cognizione di causa. «Il Nunzio», proseguiva il cancelliere, «mi ha rivolto una serie di interrogativi sui nostri scopi di guerra e sulle nostre condizioni di pace. Ho avuto l'impressione che Pacelli stesse svolgendo una missione ben precisa, per cui, con le mie risposte, avrei potuto creare la base di un negoziato in vista d'una pace con l'Inghilterra la quale, benché non costretta in ginocchio dalla guerra sottomarina, avrebbe potuto acconsentire insieme ai suoi alleati».

Pacelli aveva posto sul tappeto essenzialmente tre problemi, ricevendo in verità risposte interlocutorie. Il cancelliere imperiale si diceva infatti disponibile alla riduzione degli armamenti purché tutti gli altri avessero fatto altrettanto. Era altresì favorevole a restituire la piena indipendenza al Belgio – occupato dalle truppe tedesche in dispregio al trattato di neutralità che egli stesso aveva chiamato *chiffon de papier* – a condizione che quel paese non entrasse nell'area politica, militare ed economica anglo-francese. Riteneva infine possibile, sulla base di reciproche rettifiche di frontiera, un'intesa sull'Alsazia e la Lorena che la Germania aveva sottratto dal 1871 alla Francia.

Alla luce di questo colloquio con il cancelliere imperiale, qualche giorno dopo Pacelli s'incontrava con Guglielmo II, il «signore della guerra», *Kriegsherr*, nel quartier generale tedesco di Bad Kreuznach, nel Palatinato renano, tra innumerevoli sorgenti di acqua curativa. In una stupenda scenografia che contrastava con gli orrori della guerra, si trovavano di fronte un torvo omaccione nell'uniforme di generalissimo prussiano e un esile sacerdote dall'aria ispirata. Ma dagli occhialetti cerchiati d'oro di Pacelli traspariva uno sguardo ben fermo. Il nunzio consegnava all'imperatore una lettera autografa del papa sull'esigenza di porre fine al flagello della guerra, anche se ciò doveva costare ai tedeschi, disse, una rinuncia ai territori occupati. Subito l'imperatore cominciò a recriminare sulla mancata accettazione delle sue precedenti offerte di pace, quelle del dicembre dell'anno prima, ma poi si proclamò lieto dei propositi pontifici. Reclamava però che Benedetto XV, a riprova della sua buona volontà, impartisse severe istruzioni ai suoi sacerdoti in tutti i paesi affinché smettessero «di predicare odi e vendette».

Pacelli lo rassicurava, affermando che avrebbe trasmesso immediatamente il suo messaggio. L'imperatore si mostrava certo che il papa avrebbe potuto effettivamente esercitare una forte influenza sull'Italia e sull'Austria, essendo paesi cattolici. Il primo era addirittura la sua patria e l'altro era retto da un sovrano che si insigniva del titolo di Apostolico. Il Kaiser non era cattolico. Sebbene protestante era sicuro che nessuno meglio del rappresentante di Cristo in terra avrebbe potuto operare in favore della pace. E ciò anche per strappare l'iniziativa all'Internazionale socialista. Guglielmo II ricorse in proposito a toni aspri: «Che idea si faceva un soldato cattolico nel vedere che soltanto i socialisti si prodigavano per liberarlo dagli orrori della guerra, e che nulla di concreto veniva tentato dal papa? Se il papa continuava a non fare nulla, si sarebbe andati incontro al pericolo che la pace fosse imposta al mondo dai socialisti, il che avrebbe comportato la fine del potere pontificio e della Chiesa cattolica anche fra i cattolici». Al termine dell'incontro regalò al nunzio un suo libro di memorie. A una sommaria lettura, Eugenio lo giudicò alquanto fantasioso e, per non affrontare di persona il tema con il sovrano, incaricò padre Ildefonso Herwegen, abate del monastero di Maria Laach presso Coblenza, di ringraziarlo in sua vece.

L'imperatore non gli piacque e lo scrisse al cardinale Gasparri: «A vederlo come fissa lungamente l'interlocutore, dai suoi gesti, dalla voce, mi sembra un esaltato e comunque un uomo non del tutto normale, non so se per sua natura o in seguito alle preoccupazioni che gli sono derivate da questi tre angosciosi anni di guerra». Pacelli invece aveva fatto buona impressione su di lui. Il vecchio Kaiser ne definiva estremamente nobile la figura. «Con la sua intelligenza elevata e i suoi modi distinti», diceva, «il nunzio ben rappresenta il modello perfetto di principe della Chiesa cattolica».

L'indomani Pacelli corse a incontrare l'imperatore d'Austria Carlo I che era a sua volta sopraggiunto a Monaco. Anche l'Asburgo gli parlò d'un suo «sincero desiderio di pace», dicendosi perfino disposto a cedere il conteso Trentino all'Italia. Al termine di questa intensa missione del nunzio si poteva pensare che stessero realmente emergendo le condizioni per una mediazione vaticana. «Per la prima volta durante l'intera guerra», disse Pacelli, «scorgo una possibilità di pace». Ma tutto si arenò in seguito a una crisi politica che nel luglio del '17 travolse il cancelliere Bethmann Hollweg. I capi militari Hindenburg e Ludendorff vollero sostituirlo con un nuovo cancelliere, Georg Michaelis, riconquistati all'idea d'una superiorità bellica che avrebbe potuto condurli alla vittoria nonostante tutto e senza compromessi. Si aggravava un contrasto: da un lato c'erano i militari e i fabbricanti d'armi che si arricchivano, dall'altro c'era la povera gente che, stretta nella morsa della fame, scendeva in piazza e proclamava scioperi di massa.

Il Reichstag batté la casta militarista prussiana. Il giorno 19 di quello stesso mese su iniziativa dell'autorevole deputato cattolico Matthias Erzberger, la maggioranza di centrosinistra votava nell'aula del parlamento una risoluzione di pace, assai prossima al progetto del Vaticano. Anzi il rappresentante del *Zentrum* la definiva solennemente il preambolo alle esortazioni che il papa rivolgeva ai belligeranti. La risoluzione proponeva una pace «senza annessioni» che garantisse una durevole riconciliazione sulla base della rinuncia al guadagno dei territori ottenuti con la forza.

Sempre più speranzoso, il nunzio raggiunse nuovamente Berlino. Il 24 luglio presentò al nuovo cancelliere dell'impero tedesco una nota, detta «minuta Pacelli», contenente le condizioni di pace che il papa intendeva proporre alle nazioni in guerra. Michaelis le lesse con attenzione e si riservò di parlarne immediatamente con gli imperatori di Germania e d'Austria. Quell'«immediatamente» doveva rivelarsi un semplice avverbio privo d'efficacia. Pacelli mostrava una viva inquietudine. Sospettava che le ragioni del ritardo dovessero addebitarsi alle resistenze dei militari, alle speranze d'una rapida pace che Guglielmo II riponeva nella vittoria dei rivoluzionari bolscevichi – il ritorno di Lenin in patria si era verificato, grazie all'imperatore, con un treno blindato – e alla volontà di non abbandonare i territori occupati per servirsene come elemento di manovra a guerra conclusa. Suggerì quindi al papa di diffondere la nota, che si basava sulla minuta da lui preparata, senza aspettare ulteriormente la risposta di Berlino.

La nota, che portava la data del 1° agosto per sottolineare come in quello stesso giorno di quattro anni prima fosse esplosa la guerra, fu in realtà approntata nella prima settimana del mese e distribuita il giorno 9. La Santa Sede non aveva rapporti diplomatici con l'Italia, la Francia e gli Stati Uniti, per cui la nota fu loro trasmessa tramite l'inviato inglese presso il Vaticano. Il papa ricordava nel documento come i suoi appelli di pace non fossero stati accolti e come anzi la guerra, coi suoi orrori, si fosse sempre più estesa in terra, sui mari e nei cieli. «Il mondo civile», si chiedeva con angoscia Benedetto XV che veniva chiamato il Buon Samaritano d'Europa, «dovrà dunque ridursi a un campo di morte? L'Europa, così gloriosa e fiorente, correrà, quasi travolta da una follia universale, nell'abisso, incontro a un vero e proprio suicidio?». Elencate le principali condizioni di pace – smobilitazione, reciproco condono delle spese e dei danni di guerra; reciproca restituzione dei territori occupati con conseguente sgombro totale del Belgio e del territorio francese da parte della Germania e restituzione delle colonie tedesche da parte degli alleati – concludeva il suo scritto con una esortazione: «Nel presentare le nostre proposte siamo animati dalla cara e soave speranza di vederle accettate e di giungere così quanto prima alla cessazione di questa tremenda lotta, la quale ogni giorno più apparisce inutile strage».

L'esercito italiano si accingeva ad affrontare un'ulteriore ed estenuante battaglia sull'Isonzo, l'undicesima, che doveva sfociare nella rotta di Caporetto, quando si levò questa drammatica invocazione del papa. La sua espressione di «inutile strage» fu subissata da un coro di proteste. Il generale Cadorna la definiva crudamente una «pugnalata» alla schiena dell'esercito italiano. Si diffondeva l'opinione che le iniziative pacifiste del Vaticano traessero origine dal timore d'una sconfitta del grande impero cattolico degli Asburgo e dalle minacce sociali provenienti dalla Russia dove la rivoluzione bolscevica aveva abbattuto il dominio zarista. Si diceva infine che quelle iniziative celavano la simpatia della Santa Sede per gli imperi centrali considerati un efficace baluardo contro il pericolo slavo.

I giornali italiani scrivevano che il papa aveva gettato una ciambella di salvataggio agli austrotedeschi; al contrario l'«Avanti!» lo approvava osservando che il rappresentante di Cristo in terra aveva usato lo stesso linguaggio dei rivoluzionari fedeli all'Internazionale. Per la stampa francese il Vaticano proponeva la «pace germanica» contro la Francia a profitto dei «violatori di ogni diritto»; per i giornali inglesi si apriva con quelle proposte la strada alla dominazione tedesca sull'Europa.

Al centro di tutto rimaneva il Belgio, poiché la Germania

non aveva dato assicurazioni sul proposito di evacuarne il territorio. Lo sostenevano apertamente i governi di Londra e di Parigi, al che Pacelli il 30 agosto s'incontrò nuovamente con il cancelliere imperiale su incarico di Gasparri nel tentativo di mettere in chiaro la questione. Gli inviò anche una lettera in cui, dopo aver confermato la volontà del segretario di Stato di continuare negli sforzi per una pace giusta e duratura, chiedeva alla Germania di dire con chiarezza se intendeva restituire la completa indipendenza al Belgio e se era intenzionata a ripagare ai belgi i danni di quella guerra disastrosa.

Il nuovo passo del Vaticano indusse il Kaiser a riunire il Consiglio della Corona. Ancora una volta vi prevalse l'orgogliosa pressione dei militari, con la conseguenza che né la risposta del governo tedesco al cardinale Gasparri né quella del cancelliere a Pacelli contenevano accenni concreti alla questione belga. Con toni apparentemente più concilianti, l'imperatore austriaco faceva sapere al papa di essere pronto sia a interporre i propri buoni uffici per superare la rigidezza dei tedeschi su quel tema, sia a discutere la cessione all'Italia di parte del Trentino purché vi corrispondessero adeguati compensi coloniali. Ma con il rovescio subìto dall'esercito italiano a Caporetto – dove si era consumato il sacrificio di quattrocentomila uomini fra morti, feriti e prigionieri – la situazione volse al peggio, tanto che Carlo d'Asburgo si affrettò a informare il pontefice che, con l'Austria vittoriosa sull'Italia, «non era più il caso di parlare di concessioni in Trentino». Cadeva così tutta intera la mediazione di pace che il nunzio della Santa Sede aveva condotto in nome di Benedetto XV con assennatezza e prudenza. Parlando con alcuni rappresentanti del clero tedesco, Pacelli in un torrente di lacrime disse: «Tutto è perduto, anche per la vostra povera patria. Sono avvilito!».

Di quella povera patria cominciò a visitare instancabilmente con spirito evangelico i campi di prigionia. Entrò in contatto con la sofferenza di gente d'ogni fede religiosa e credo politico. Erano vittime della guerra appartenenti alle più varie nazionalità, e ad esse Pacelli poteva spesso rivolgersi nella loro lingua. Fra i prigionieri c'erano anche soldati italiani. Uno di essi ne raccontava l'arrivo: «Scoppiò un urlo che fece tremare la baracca. Tutti gli ufficiali in piedi si protendono verso l'austera figura di monsignor Pacelli. Chi agita le braccia, chi piange, chi gli getta baci. Lui, eretto e fiero nella persona, calmo e sereno, volge lo sguardo pensoso velato di malinconia, su quella folla di cui ha fatto vibrare le più intime fibre del cuore».

Il nunzio rivelava una grande sensibilità per le angosciose condizioni dei prigionieri, soprattutto di quelli italiani perché totalmente abbandonati dal loro governo che, incurante della convenzione dell'Aja, li lasciava morire tra i morsi della fame e gli stenti del freddo, tra la tubercolosi e la dissenteria. Né il presidente del Consiglio Orlando, e tanto meno il ministro degli Esteri, barone Sonnino, si occupavano di loro. Li accusavano di essersi arresi a Caporetto senza combattere, e li consideravano perciò indegni di qualsiasi aiuto. «Imboscati d'Oltralpe», li definiva d'Annunzio. I comandanti supremi dell'esercito dicevano che quei soldati avevano disonorato l'Italia. «Non meritano neppure una galletta!», era la loro ricorrente esclamazione.

Uno scrittore a sua volta prigioniero, Carlo Emilio Gadda, ricordava in un diario come aveva visto il nunzio in visita al suo campo e come i carcerieri tedeschi si erano comportati in quell'occasione. Pacelli era il primo italiano non prigioniero che metteva piede a Celle Lager, nei pressi di Hannover. In attesa del nunzio i tedeschi avevano piantato lungo il viale del campo alcuni pini e qualche abete nano per dargli a intendere che quel verde fosse permanente e tale da allietare le giornate dei prigionieri. Finalmente entrò il nunzio: «È alto, lungo, con occhiali, ha un cappello da prete di feltro liscio, ma più piccolo e tondo dei soliti, ornato d'un cordone verde e oro; naso adunco e affilato, tunica nera». Poiché veniva giù un'acqua rada e fredda, Pacelli aprì un ombrello color castano scuro, «da prete di campagna». In quella visita non aveva séguito ecclesiastico. Pacelli parlò: «La sua voce era acuta, il tono untuoso e calcolato, il discorso sembrava preparato. Tuttavia suonò in esso, o mi parve, la voce della pietà e della religione. Gli occhi mi si riempirono di lacrime e il cuore di lacerante tristezza quando egli disse dell'amore di patria e dell'amore di Dio».

In quell'inferno, Gadda si chiedeva che cosa di concreto avrebbe fatto per loro il nunzio: «La sua visita è stata una formalità diplomatica del Vaticano e nulla più, oppure, oltre a questo, è stata la visita di un uomo di cuore, capace di rappresentarsi la sofferenza dei suoi simili? Le sue parole erano dettate dalla convenienza o sgorgavano dal sentimento?». Poi allo stesso Gadda questi giudizi parvero «irriverenti», ma si doveva pur capire in quale tragico frangente erano stati espressi e quale sorpresa doveva rappresentare la visita di un nunzio nel completo stato di abbandono in cui i prigionieri italiani erano costretti a sopravvivere. In quelle condizioni era difficile fidarsi di chicchessia, fosse pure un influente monsignore.

Nel doloroso pellegrinaggio il nunzio, oltre che a Celle, fu a Ingolstadt e a Ratisbona in Baviera, nel Lechfeld sempre in Baviera, a Münster e a Minden in Vestfalia, ad Halle in Sassonia, a Ellwangen nel Baden-Württemberg. In ognuno di quei campi distribuiva pacchi con beni di prima necessità – latte, carne in scatola, indumenti di lana –, dicendo che li mandava il papa da Roma. Il vescovo di Berlino, Schreiber, raccontava della grande impressione suscitata dal nunzio in un prigioniero francese. Era un ufficiale apertamente anticlericale che disse, dopo averlo incontrato: «Pacelli non è soltanto un gran signore. È ciò che si dice un santo. Ed è possibile che questo nunzio diventi papa». Non solo ai vivi Pacelli riservò le sue attenzioni. Intense furono le visite anche ai cimiteri di guerra, punteggiati di croci, a ricordare il sacrificio della gioventù dei popoli. L'arcivescovo Faulhaber lo definiva «il terzo apostolo della Germania, dopo Bonifacio e Pietro Canisio». L'immane tragedia occupava le menti di scrittori e di pittori tedeschi che la rappresentavano con intenso realismo, e sorgevano le opere di Brecht, di Fallada, di Döblin, di Grosz.

IX

Sempre nuovi avvenimenti bellici e politici si accavallavano sulla scena europea. In Russia la rivoluzione era sfociata in repubblica; i tedeschi avanzavano nelle province baltiche inseguendo l'esercito bolscevico, e Lenin accettava di firmare la pace con Berlino. Nonostante ciò il destino dei germanici e degli austriaci era ormai segnato. In quattro anni avevano vinto tante battaglie, ma ora stavano per perdere la guerra. La Germania appariva come un'immensa fortezza assediata. Le grandi sconfitte patite sul fronte occidentale nel luglio-agosto del '18 furono il segnale della fine cui si aggiunse il colpo di grazia sferrato dagli italiani all'Austria con la riscossa di Vittorio Veneto. Fra le popolazioni stremate, affamate e demoralizzate degli imperi in agonia esplodevano scioperi, moti di protesta, insurrezioni di massa. C'era dovunque un impressionante sventolio di bandiere rosse.

La crisi ebbe sbocchi rivoluzionari in tutte le più grandi città tedesche, da Lubecca ad Amburgo, da Hannover a Monaco. E Pacelli si trovava a svolgere la sua funzione nel pieno d'una rivoluzione che appariva totale. In Baviera cadeva la dinastia dei Wittelsbach con la precipitosa abdicazione di Luigi III, mentre un socialdemocratico ebreo, Kurt Eisner, un letterato ascetico e popolare, s'impadroniva in maniera incruenta del parlamento e del governo e fondava la repubblica riuscendo a evitare l'estremismo bolscevico. Una repubblica sorgeva anche a Berlino, a opera di un altro socialdemocratico, Philipp Scheidemann, e il Kaiser Guglielmo II aveva dovuto darsi alla fuga. A loro volta gli Asburgo, in Austria e in Ungheria, avevano preso la via dell'esilio, e a Vienna si era instaurata una Räterrepublik sovietizzante. A Berlino erano esplose le sommosse dei comunisti, o meglio degli spartachisti capeggiati da Karl Liebknecht e Rosa Luxemburg che propugnavano l'unione mondiale del proletariato non senza empiti di libertà, ma che presto caddero assassinati per mano di ufficiali della controrivoluzione col sostegno abbastanza palese del governo.

Nonostante le tensioni del momento si poterono svolgere in Germania le elezioni che condussero a una forte e prevedibile affermazione dei socialdemocratici e alla formazione dell'Assemblea costituente. Con il partito del *Zentrum* cattolico e con i liberali di sinistra, i socialdemocratici avevano dato vita alla «coalizione di Weimar», ispirandosi al nome della città che i costituenti avevano scelto come loro sede per riallacciarsi alle grandi tradizioni culturali del luogo, prima fra tutte quella di Goethe. L'Assemblea aveva eletto alla presidenza del nuovo Stato, che fu chiamato repubblica di Weimar, il socialdemocratico revisionista di idee monarchiche, Friedrich Ebert, uno dei più tenaci e anche subdoli avversari del rivoluzionarismo estremista.

Pacelli si affrettò a inviargli le credenziali di nunzio al fine di stabilire un rapporto diplomatico anche con Berlino, dandogli l'assicurazione che avrebbe speso tutte le sue energie «per curare e sempre più rafforzare» i rapporti fra la Santa Sede e la Germania. Gli diceva: «Il Supremo Pastore mi ha affidato l'alto incarico di dare nuovo assetto, d'intesa con le autorità competenti, alle relazioni tra Chiesa e Stato in Germania, in conformità della presente situazione e delle esigenze dell'ora». Infatti Benedetto XV credeva sinceramente che la concordia fra i due poteri potesse restituire al popolo tedesco, provato dai profondi sconvolgimenti d'una guerra perduta, «la vigorosa tranquillità necessaria a qualsiasi durevole progresso».

Il deputato cattolico Matthias Erzberger che già aveva fatto approvare dal Reichstag la famosa risoluzione di pace, fu il firmatario dell'armistizio tedesco. L'evento si svolse l'11 novembre del '18 in una radura del bosco di Compiègne, nel vagone ferroviario del maresciallo francese Foch. Egli fu subito annoverato dalle destre fra i «delinquenti di novembre», *Novemberverbrecher*. Il loro ragionamento era semplice e, per quanto specioso, riscuoteva ampio successo fra i ceti medi. Le destre attribuivano tutta intera la responsabilità della sconfitta ai partiti politici che avevano imposto l'armistizio ai militari, sebbene l'esercito non avesse subìto un definitivo tracollo. Né, dicevano, gli eserciti nemici erano riusciti a penetrare in suolo tedesco.

In una rigida giornata dell'inverno bavarese, nel febbraio del '19, venne assassinato a Monaco il premier Eisner – ed era al potere da soli tre mesi – a opera d'un fanatico ufficiale monarchico. Così in aprile la repubblica della Baviera, da democratica che era, assumeva le sembianze d'uno Stato bolscevico, tanto da somigliare alla pur breve dittatura che un israelita, Béla Kun, imponeva agli ungheresi. Gli sconvolgimenti politici rendevano più difficili le già gravi condizioni economiche del paese. Il nunzio Pacelli toccava con mano la crisi nelle sue visite ai quartieri più poveri di Monaco. Ogni giorno, nelle prime ore del mattino usciva dalla residenza di Briennerstrasse, al centro della città, per incontrare i gruppi di derelitti che gli si facevano incontro. Una sera tre o quattro disoccupati lo seguirono fin sotto il portone della nunziatura, e lasciarono capire che per tutta la notte non si sarebbero allontanati dal marciapiede essendo affamati. Allora Pacelli disse a una suora di portare ai poveretti un pentolino con il riso della sua cena. Il riso era infatti uno degli alimenti cui era obbligato dal mal di stomaco che gli dava raramente tregua.

L'opera caritativa del nunzio s'interruppe per tre o quattro settimane, fra i mesi di aprile e maggio, essendosi egli ammalato di un'influenza, detta spagnola, che lo aveva tenuto immobilizzato in una clinica di Zangberg, in Svizzera. Pacelli aveva tuttavia continuato a lavorare avvolto in coperte e scialli. Si era un po' ripreso, e i prelati del luogo talvolta lo sorprendevano in preghiera, inginocchiato sulla ghiaia del cimitero del convento o davanti a una piccola cappella dell'annesso parco della clinica. Un pomeriggio, durante la sua permanenza in Svizzera, si presentarono sul portone della nunziatura di Briennerstrasse sei o sette urlanti omaccioni agli ordini di un certo comandante Seyler, armati di rivoltella e coi fazzoletti rossi al collo. Erano spartachisti, cioè aderenti alle frange estremiste della socialdemocrazia, che reclamavano la consegna della Mercedes del nunzio chiusa in garage. Li affrontò una giovane suora opponendosi vivacemente alla loro pretesa e mostrandosi incurante delle armi spianate.

Gli aggressori già stavano per entrare a forza nel garage quando apparve il nunzio che, pur non essendo ancora completamente guarito, aveva lasciato la clinica e stava facendo ritorno a casa. Mentre la sua figura si stagliava alta davanti a loro, rapidamente la suora allargando le braccia si gettò fra lui e gli aggressori, per ripararlo col proprio corpo. Gli spartachisti, fortemente impressionati dal gesto, abbassarono le armi e lasciarono passare indenne il prelato. Pacelli, salendo le scale della nunziatura, si rivolse all'impavida suora dicendo: «Lei mi ha salvato la vita! Come potrò mai ringraziarla?».

La religiosa si chiamava Josephine Lehnert. Non aveva che venticinque anni. Settima di dodici figli era venuta alla luce nell'ottobre del 1894 a Ebersberg, nei dintorni di Monaco, da genitori campagnoli. Era di diciotto anni più giovane del nunzio, essendo nata nello stesso anno in cui egli aveva deciso di farsi prete. Apparteneva alle Suore Insegnanti della Santa Croce, come si arguiva dall'ampio copricapo nero col rovescio di stoffa bianca. Entrando fra le suore della Santa Croce, Josephine aveva assunto il nome di Pascalina. Di media statura, sottile il profilo, gli occhi celesti, gli zigomi alti e pronunciati, le mascelle forti, le labbra leggere. Era presso la nunziatura al servizio di monsignor Pacelli dal marzo dell'anno prima insieme ad altre due consorelle. Esse costituivano un'eccezione perché la regola delle nunziature consentiva esclusivamente l'impiego di personale maschile. Ma don Eugenio aveva ottenuto una deroga a quella disposizione rivolgendosi direttamente al pontefice. Quando suor Pascalina fu chiamata a Monaco aveva da non molto preso i voti. Si trovava nel suo convento di Menzingen e aveva già pronte le valigie per un'altra destinazione, la missione dei Cappuccini in Cile.

Al primo incontro con il nunzio, lei fu colpita non soltanto dalla sua alta e severa figura, ma anche e soprattutto, nel momento del bacio dell'anello di zaffiro, dalla diafana delicatezza della mano che le si protendeva. La ragazza non sapeva una parola d'italiano, e quindi da quel momento la conversazione con il nunzio si svolse necessariamente in tedesco. A poco a poco parlando con lei, Pacelli aveva corretto molti errori di pronuncia e di grammatica sicché il suo tedesco si era già fatto più scorrevole. Il loro primo incontro era avvenuto in Svizzera nel convento di Einsiedeln, nel '17. Il nunzio vi si era recato per un breve periodo di riposo, ma proprio in quei giorni riapparvero insopportabili i dolori allo stomaco. Chiese alla madre superiora del convento se poteva consigliargli una dieta o un rimedio qualsiasi pur di lenire il male. Nel convento c'era appunto suor Pascalina che aveva frequentato un corso da infermiera e che aveva un'infarinatura di dietetica. La madre superiora non aveva di meglio da offrire al nunzio, il quale disse: «Va bene. Provo».

All'indomani della prima aggressione, il 30 aprile, si verificò un vero e proprio tentativo di assalto spartachista alla nunziatura con l'impiego di mitragliatrici piazzate intorno al vecchio edificio. L'ordine dell'operazione era ufficialmente partito dal comandante della guardia rossa della città, Egelhöfer, un giovane ventunenne che per l'efferatezza delle sue esecuzioni sommarie si era guadagnato il soprannome di «tigre». Il drappello era agli ordini di un personaggio non meno sanguinario di Egelhöfer, Fritz Seidl, arrivato sul posto con animo collerico, deciso a sgombrare la nunziatura dai preti, dalle suore, dai crocifissi, magari facendo volare tutti e ogni cosa dalle finestre. Seidl affrontò Pacelli puntandogli la pistola contro il petto.

Il nunzio, immobile, fissando negli occhi l'aggressore, disse: «Non ho paura di voi. Io sono nelle mani di Dio e ho il compito di salvare i miei fedeli. Ecco perché non mi muoverò di qui neppure d'un passo di fronte a qualsiasi prepotenza terrena». La fermezza del nunzio ebbe ragione sulla violenza dei suoi avversari. Era accorso il capitano De Luca, rappresentante della missione militare italiana a Monaco, il quale così rappresentò la scena: «Col viso composto a una serenità perfetta e l'alta persona impavidamente eretta di fronte al pericolo mortale, egli seppe tener testa mirabilmente ai suoi aggressori e seppe vincere, poiché le armi finirono con l'abbassarsi di fronte all'uomo inerme».

Nel ricordare quegli episodi, Pacelli si definiva uno dei rari testimoni oculari non tedeschi del regime bolscevico che dominava Monaco nell'aprile del '19. «Veri e propri russi», diceva, «erano alla testa di quel governo di tipo sovietico che aveva soppresso ogni idea di diritto, di libertà, di democrazia». Gli spartachisti, a causa del precipitare degli eventi a loro sfavore, non ebbero altro tempo per tornare a minacciarlo. Già il primo maggio i comunisti di Monaco furono rovesciati da una nuova sanguinosa offensiva della reazione ultranazionalista mediante reparti di truppe regolari e soprattutto con l'intervento dei *Freikorps*, i Corpi franchi, strettamente collegati allo stesso presidente tedesco Ebert, e al ministro della Difesa Gustav Noske, l'uomo forte dei socialdemocratici di destra.

Monaco appariva come un terreno fertile alla rivincita della borghesia atterrita dalle violenze spartachiste, cui però erano succeduti i non meno feroci controrivoluzionari del terrore bianco. La Baviera diventava una sacca della destra anticomunista e offriva a ogni agitatore l'occasione di menare le mani. Un trentunenne disadattato d'origine austriaca, il «piccolo caporale» Adolf Hitler, si rivelava abile orchestratore d'un'efficace azione propagandistica antiebraica e antibolscevica. Egli godeva di autorevoli protezioni. Erano infatti suoi sostenitori il premier bavarese, Eugen Knilling, e il ministro della Giustizia, Franz Gürtner. Il ministro degli Interni, Franz Schweyer, non intendeva invece sopportare ulteriormente le rumorose e sanguinose scorribande delle squadre naziste. Sia Knilling sia Gürtner pensavano di servirsi dei nazionalsocialisti come baluardo anticomunista. Il ministro degli Interni minacciava invece di rimpatriarlo in quanto straniero indesiderabile. E sebbene non avesse l'appoggio di tutto il governo, a cominciare naturalmente da Knilling e Gürtner, egli era sostenuto dagli esponenti della Bayerische Volkspartei e da monsignor Pacelli. Il nunzio condannava senza mezzi termini l'estremismo di «certa gente non bavarese». Definiva Hitler un «invasato egocentrico», un «distruttore», un uomo «capace di calpestare i cadaveri e di abbattere tutto ciò che gli era di ostacolo».

X

Pacelli doveva placare la grande tensione nervosa che riusciva ad occultare sotto un'apparente quiete. Accogliendo l'invito del cardinale Gasparri, o eseguendone piuttosto un ordine, si recò per quattro settimane di riposo in Svizzera. Scelse la località di Rorschach sul lago di Costanza che già conosceva per altre brevi vacanze trascorse nell'accogliente villa dell'Istituto Stella Maris appartenente alle religiose della Santa Croce. Troppe erano le incombenze che anche a Rorschach movimentavano le sue giornate. La superiora – madre Carmela, sorella del presidente della Confederazione, il cattolico conservatore Giuseppe Motta – non sapeva darsi pace di avere un ospite che, in vacanza, lavorava come un ossesso. Lo stesso Pacelli parlava di tutto quel lavoro in una lettera a un amico: «Non ho nemmeno qui riposo, dovendo solo e da lontano trattare tutti gli affari della Nunziatura, ma, dopo tutto, non si è a questo mondo né per godere, né per vivere tranquilli. Basta la grazia di Dio e la pace interna, che da essa deriva». Riusciva però a fare qualche passeggiata, di pomeriggio, poiché il medico gli aveva consigliato di non starsene sempre dietro la scrivania o inginocchiato nella piccola cappella dell'istituto. E allora lui se ne andava fra i prati a conversare di tanto in tanto con i piccoli guardiani delle mucche al pascolo.

A Rorschach, con il costante ausilio di suor Pascalina trovò tuttavia il modo di migliorare la conoscenza della lingua tedesca al cui studio già aveva dedicato a Monaco alcune ore delle sue giornate. Alla superiora dell'istituto aveva spiegato perché si era fatto accompagnare da suor Pascalina. «È un angelo!», disse. Il personale della nunziatura, comprese le suore, non sapeva l'italiano ed egli era costretto sempre e ancora a parlare in tedesco. Ormai aveva imparato talune divertenti sfumature del dialetto bavarese. Una sera, conclusa la recita del rosario, disse a suor Pascalina: «Ha sentito come l'altra suora dice il Credo? Ich glaube an eine heilische, katholische "Kirsche"». E sottolineava il fatto che in dialetto bavarese, appunto, la parola *Kirche* (chiesa) si pronuncia come la parola *Kirsche* (ciliegia).

Da tempo era tornato a Monaco quando dovette improvvisamente partire per Roma, alla notizia d'una grave malattia che aveva colpito la madre. Non ebbe la consolazione di vederla per un'ultima volta viva, poiché al suo arrivo, il 10 febbraio del '20, erano già in corso i funerali.

Un intenso lavorio diplomatico si svolgeva fra la Santa Sede e alcuni Stati europei i quali, a guerra finita, avevano cominciato a ritenere utile regolarizzare sotto una nuova luce i rapporti con la Chiesa. Alcuni anni prima Pacelli aveva contribuito in piccola parte alla realizzazione d'un'intesa con la Serbia, ora invece egli appariva come il protagonista plenipotenziario nei concordati che si preparavano con la Baviera e la Prussia. L'obiettivo di una convenzione con l'intera Germania si rivelava estremamente arduo, e quindi si cercavano accordi parziali con i singoli Stati tedeschi.

Erano trattative faticose. Nelle estenuanti sedute – in cui egli, da solo, si trovava di fronte a una schiera di funzionari tedeschi – emergevano la sua preparazione giuridica e l'abilità dialettica. Perché potesse assolvere meglio il ruolo di mediatore, gli fu affidata la nuova nunziatura di Berlino, mentre gli veniva conservato l'ufficio di Monaco. Era altresì necessario che si trasferisse nella capitale prussiana, nel cuore della Germania luterana, il paese della riforma, e ciò lo rese triste essendosi affezionato al mondo bavarese e in particolare all'arcivescovo di Monaco, Michael von Faulhaber. Le sue visite, brevi anche se intense, ai castelli della Baviera, non sarebbero rimaste che un ricordo di alcune ore di svago. Il distacco dai fedeli e dai governanti del Land, dal premier Heinrich Held al borgomastro di Monaco, avvenne con una cerimonia di commiato nell'Odeonsaal che risuonò delle parole d'un suo commosso discorso.

Suor Pascalina seguì Pacelli a Berlino, com'era naturale perché ormai le era affidato l'incarico di economa. Fu lei a interessarsi sia dell'acquisto dell'edificio al n. 21 di Rauchstrasse – nei pressi dell'immenso Tiergarten fra elci e castagni, in cui ebbe sede la nunziatura – sia dei mobili e di ogni altro oggetto di arredamento. Il nunzio non se ne occupava. Le raccomandava soltanto di non fare spese inutili, perché la semplicità era la sua divisa. Egli si comportava da francescano, salvo la passione per l'equitazione. Disdegnando di montare un aggeggio elettrico avuto in regalo e che simulava i movimenti d'una cavalcatura in carne e ossa, percorreva un paio di volte la settimana su un magnifico cavallo i boschi dell'Eberswald. Si vestiva da cavallerizzo, ma per il resto era la povertà fatta persona. Addosso non aveva fronzoli. La sua stanza da letto appariva spoglia e sullo scrittoio dello studio non aveva che l'essenziale. In un angolo, si accovacciava sul tappeto il gatto. La sua naturalezza lo rendeva ancor più severo. Un giorno, durante una breve passeggiata nel Tiergarten, come raccontava egli stesso sorridendo divertito, fu avvicinato da un ragazzetto che gli disse: «Chi sei tu? Mi sembri diverso dalle altre persone. Sei alto, elegante, e hai gli occhi tanto belli. Sei forse il buon Dio?».

Suor Pascalina era dunque con lui a Berlino e, per l'insorgere di fatali gelosie, cominciarono a serpeggiare intorno a questo evento alcune voci sui rapporti troppo stretti che si erano instaurati fra lui e la religiosa. Sembrava che soltanto a suor Pascalina egli concedesse un po' di familiarità. Si diceva che fosse ormai lei a organizzargli le giornate secondo sue personali regole e che si permettesse perfino di interrompere le udienze del nunzio o perché troppo lunghe o perché concesse a personaggi che non godevano della sua simpatia. Più di tutti arricciava il naso uno storico molto vicino a Pacelli, il gesuita Robert Leiber, un tipo un po' noioso e mesto, un po' confusionario e sempre ritardatario. Diceva che il nunzio avrebbe dovuto liberarsi di suor Pascalina, ma che non si decideva mai a farlo poiché la giovane suora si era rivelata un'ottima reggitrice della casa, pur avendo cominciato con semplici lavori domestici. Una volta il nunzio rimbrottò padre Leiber il quale aveva scritto nelle bozze d'un suo discorso che la statua della Madonna si era diretta verso monsignor Pacelli «come per salutarlo». E Pacelli cancellò queste righe replicando: «Sono io che devo salutarla. Ci mancherebbe altro!».

Nel gennaio del '22 era morto Benedetto XV e, fra la sorpresa generale, gli era succeduto un personaggio pressoché sconosciuto, un topo di biblioteca, da non molto asceso al rango di arcivescovo di Milano e di cardinale, Achille Ratti. Il governo italiano, debolmente guidato dall'ex socialista Ivanoe Bonomi, era accusato dai liberali di essersi eccessivamente commosso per la scomparsa del pontefice tanto da far esporre alle finestre degli edifici pubblici la bandiera a mezz'asta in segno di lutto. Benito Mussolini, che già dimostrava di avere la vista lunga, decideva di epurare l'ideologia del suo partito dagli estremismi repubblicani e laici. Quindi si avvicinava al Vaticano e ai cattolici. Pur senza tralasciare di ricordare che Benedetto XV aveva ingiustamente parlato della grande guerra come di una «inutile strage», disse che la commozione per la morte di un papa permetteva di constatare come gli «elementi religiosi della vita stessero risorgendo nell'anima umana». Né mancò di fare dichiarazioni ancor più impegnative: «Il laicismo scientista e la sua logica degenerazione, rappresentata dall'anticlericalismo ciarlatano, stanno agonizzando. Gli uomini hanno ancora e sempre lo spasimo e la speranza dell'aldilà». Non si poteva certo trasformare la Chiesa cattolica in una «Chiesa nazionale al servizio dello Stato», anche perché la «forza del cattolicesimo, come diceva la parola, era nel suo universalismo».

L'elezione del nuovo papa, il quale prese il nome di Pio XI, fu accolta dal capo del fascismo con ulteriori dichiarazioni di ossequio per il mondo cattolico. Ricordò e lodò il «grande spirito di comprensione» che Achille Ratti aveva dimostrato da arcivescovo di Milano consentendo alle camicie nere e ai gagliardetti di entrare nel Duomo per celebrare il Milite ignoto. Con quel papa, disse, sarebbero certamente migliorate le relazioni fra l'Italia e il Vaticano. E aveva ragione poiché, proprio col nuovo pontefice, si intensificava felicemente l'azione diplomatica volta ad avvicinare tra loro la Chiesa, l'Italia e altri Stati, non soltanto europei.

Mussolini minacciava lo Stato liberale italiano di strappare il potere allo Stato liberale italiano con una marcia su Roma, qualora non glielo avessero consegnato con le buone. La minaccia ebbe effetto ed egli poté attuare la rivoluzione fascista arrivando a Roma da Milano in *sleeping-car*. Il suo primo governo era un ministero di coalizione. Ne facevano parte demosociali, nazionalisti, salandrini, giolittiani, ex dannunziani e soprattutto i rappresentanti del Partito popolare nelle persone di Vincenzo Tangorra al dicastero del Tesoro, di Stefano Cavazzoni a quello del Lavoro e di Giovanni Gronchi nel ruolo di sottosegretario all'Industria. I popolari avevano deciso di sostenere Mussolini con il desiderio di normalizzarlo e di riportarlo nell'alveo d'una formula democratica sì, ma conservatrice. Ferma era stata l'opposizione di don Sturzo, segretario del partito, che però era rimasto in minoranza in quanto De Gasperi, capogruppo dei popolari alla Camera, aveva sostenuto la formula della collaborazione per uno stato di fatto e per evitare nuovi mali al paese attraverso la costituzionalizzazione del fascismo.

Ma ormai Mussolini cominciava a gettare le basi d'una sua dittatura personale, sicché i rapporti tra popolari e fascisti erano sempre tesi, ed egli, con abile regìa, seppe approfittare della situazione con l'obiettivo di abolire la legge elettorale proporzionale in vigore. Il più accanito oppositore della riforma era don Sturzo che però perse anche questa battaglia tanto da dover lasciare, su esortazione vaticana, la segreteria del partito e fare strada a De Gasperi per «non creare impicci». Ma alla sua umiliazione mancava ancora un capitolo, e difatti ben presto dovette partire per l'esilio su espresso desiderio del cardinale Gasparri. Alcuni settori dei popolari votarono alla Camera la riforma elettorale e altri si astennero, ma ciò non evitava che i fascisti continuassero nelle loro violenze, non soltanto contro i socialisti – con l'assassinio di Giacomo Matteotti –, ma anche contro i cattolici, come dimostrava l'aggressione al parroco di Argenta, Giovanni Minzoni. Si diffondeva l'idea che ormai le violenze fossero opera di frange estremistiche e teppistiche del fascismo e che fossero riprovate dallo stesso Mussolini intenzionato a riportare l'ordine in Italia e disposto a intavolare concilianti trattative con la Santa Sede. E il papato, per raggiungere un obiettivo concordatario, cominciò a pensare di poter fare a meno del Partito popolare.

Da par suo Pacelli intratteneva cordiali rapporti con le autorità politiche della repubblica di Weimar, sia con Gustav Stresemann, un conservatore che aveva fondato il partito popolare e che si adoperava per restituire il perduto vigore all'economia tedesca; sia con il primo presidente di quella repubblica, Friedrich Ebert, ch'era di umili origini avendo fatto da giovane il sellaio; sia con il suo successore von Hindenburg. L'anziano feldmaresciallo, pur evitando sistematicamente di accogliere gli inviti dei rappresentanti diplomatici, aveva per il nunzio particolari riguardi, e difatti ogni anno, ricorrendo l'incoronazione di Pio XI, si fermava suo ospite a colazione. Egli era salito al potere col voto delle destre e della grande industria, sostenuto dalla casta militare prussiana che ancora parlava della «pugnalata alla schiena», *Dolchstoss*, inferta dai politici all'invitto esercito tedesco.

Su questa leggenda propagandistica s'innestava l'opera di proselitismo dei nazionalsocialisti già dominati dall'emergente personalità di Hitler. Egli predicava «odio, odio e ancora odio» contro i giudeo-bolscevichi, responsabili delle sciagure tedesche. Su questo odio, e quindi sul ricorso alla brutalità della forza nel nome di un nuovo paganesimo, di un esasperato nazionalismo, egli fondava l'azione di riscossa della Germania, contro le esose riparazioni imposte a Versailles dai vincitori compresa la sottrazione delle colonie, contro il distacco della Saar e l'occupazione franco-belga della Ruhr, contro il disarmo totale. «Noi vogliamo impedire», diceva a gran voce, «che la nostra Germania soffra la morte sulla Croce, così come in passato avvenne a un Altro». Il raffronto fece rabbrividire Pacelli.

Nel pieno delle spossanti trattative per il concordato con la Prussia protestante, il nunzio ricevette una lettera d'incoraggiamento dal suo estimatore Gasparri. Il segretario di Stato gli scriveva che se tra le cose possibili c'era quella di condurre a buon fine la difficile operazione concordataria, solo lui, Pacelli, avrebbe potuto «fare il miracolo». Forte era del resto la sua preparazione giuridica, messa alla prova nella formulazione delle nuove norme di diritto canonico. Tra i suoi collaboratori egli annoverava lo storico gesuita Robert Leiber, e il canonico della chiesa di Treviri, monsignor Ludwig Kaas, il leader del *Zentrum* che però si mostrava arrendevole nei confronti dei nazionalsocialisti non considerandoli allora troppo pericolosi, come del resto pensava lo stesso cardinale Faulhaber. Kaas era il più autorevole fra i deputati sacerdoti, i cosiddetti prelati del Centro, i quali, nella loro doppia veste di pastori e di uomini politici, creavano qualche perplessità in papa Ratti che avrebbe voluto veder separate le due funzioni.

Il nunzio inviava di tanto in tanto padre Leiber a Roma con l'incarico di ricercare negli archivi della segreteria di Stato i documenti utili alle trattative in corso. Egli stesso faceva qualche viaggio nella capitale italiana per mettere a punto taluni aspetti delle questioni concordatarie. In merito a una di quelle visite, compiuta nell'aprile del '28, in un rapporto fiduciario al duce si affermava che egli era un uomo di grande intelligenza e ottimo sacerdote, ma «troppo tedesco».

Infinite erano le difficoltà da superare, anche formali e non soltanto politiche frapposte dagli ambienti socialdemocratici e massoni, ma Pacelli le vinse. Gliene dava atto la «Deutsche Allgemeine Zeitung»: «S.E. Pacelli ha raggiunto l'obiettivo con mano di maestro della politica. Con mano leggera, ma sicura, capace di doppiare, in modo sovrano, le questioni artificiosamente gonfiate. Un esempio? Ci si era arenati sul termine "concordato"? Bene – aveva proposto il nunzio –, evitiamo pure di chiamare concordato l'accordo raggiunto, e battezziamolo: solenne convenzione!».

Sia in questo concordato, sia in quello con la Baviera ratificato dal Land nel '25, egli incontrò l'opposizione dei socialdemocratici, dei liberali e dei protestanti soprattutto sul tema della scuola. Le trattative con i governanti prussiani, a causa della presenza d'una grande maggioranza di protestanti, si rivelarono più ardue, e la questione della scuola rimase confinata in due lettere annesse all'intesa, una di Pacelli e una del governo che equivaleva a un'elegante *fin de non recevoir*. La solenne convenzione con Berlino venne ratificata il 13 agosto del '29, a pochi mesi dal concordato fra l'Italia fascista e la Santa Sede, al termine d'un aspro dibattito parlamentare. Le sinistre dicevano: «Volete sapere com'è la rocca di san Pietro? Verminosa! E che cosa avverrà della tiara pontificia? Finirà al museo delle antichità!».

XI

A Roma la Conciliazione con l'Italia fu sottoscritta alle ore 12 dell'11 febbraio, giorno in cui si festeggiava l'apparizione della Madonna di Lourdes, nella sala papale del palazzo Apostolico Lateranense. Dal luogo della cerimonia presero nome i patti che almeno formalmente chiudevano la questione romana, cioè quel settantennio di lotte che aveva avvelenato i rapporti fra lo Stato unitario italiano e la Chiesa. Il territorio – di appena 0,44 chilometri quadrati – in cui il pontefice poteva ora esercitare la sua autorità di sovrano, ebbe la denominazione di «Città del Vaticano» dopo che si erano scartate le ipotesi di chiamarlo «Stato della Santa Sede» o «Città libera del Papa». In alcuni palazzi dell'aristocrazia nera c'era nella sala d'onore una poltrona sormontata da un baldacchino sulla quale in passato sedeva il pontefice durante le sue visite a questo o a quel principe. Dal giorno della caduta del potere temporale dei papi, la poltrona era rivolta verso la parete in segno di lutto, ma ora riprendeva la sua posizione naturale poiché il pontefice, non più considerandosi prigioniero dello Stato italiano, sarebbe potuto uscire dalla sua residenza e tornare ad assidersi su quei troni così a lungo vuoti.

Con il concordato l'Italia riconosceva la religione cattolica come religione di Stato – attribuendo allo Stato una qualifica confessionale che prima non aveva – e ammetteva l'esecutorietà in territorio nazionale delle sentenze e dei provvedimenti ecclesiastici che avessero colpito le persone sottoposte alla disciplina canonica. La Santa Sede riconosceva il regno d'Italia sotto la dinastia dei Savoia con Roma capitale dello Stato italiano, e l'Italia riconosceva lo Stato della Città del Vaticano sotto la sovranità del Sommo pontefice. Il Vaticano ebbe anche una sua stazione radio a onde corte sulla base di un progetto che Pio XI aveva chiesto a Guglielmo Marconi.

L'ostacolo più grave da superare nelle trattative fu la clausola che riguardava i matrimoni. Il governo italiano dovette alla fine accettare le imposizioni della Chiesa, per cui dichiarava che, «volendo ridonare all'istituto del matrimonio, base della famiglia, dignità conforme alle tradizioni del popolo», riconosceva al «sacramento del matrimonio» gli effetti civili e lasciava ai tribunali ecclesiastici la competenza per le cause di nullità. Accettava altresì che si introducesse l'istruzione religiosa anche nelle scuole medie. Ma se lo Stato subiva un processo di confessionalizzazione, chi guadagnava qualcosa in termini di consenso era Mussolini, in quanto, nelle successive elezioni a lista unica, i cattolici furono incoraggiati dal clero nelle chiese a dirgli «sì». Tuttavia con il concordato si seppelliva il principio cavouriano della separazione fra Stato e Chiesa. Se i grandi uomini liberali padri delle guarentigie – i Giovanni Lanza, i Visconti Venosta, i Ruggero Bonghi – avessero voluto, avrebbero potuto anch'essi sottoscrivere un patto col papa, ma avrebbero dovuto rinunciare alle loro tradizioni laiche. Per il duce tutto era più facile essendo egli un dittatore e potendo come tale fare e disfare ai danni della Chiesa, a dispetto delle munifiche concessioni contenute nei patti.

Durante le trattative lo stesso Mussolini, scrivendo a re Vittorio Emanuele III, riconosceva però che lo Stato si accingeva ad accettare pesanti rinunce. Diceva che l'ostacolo più grave da superare era proprio la clausola concernente il matrimonio: «Qui lo Stato retrocede di molto e quasi vien fatto estraneo a un dato fondamentale com'è la costituzione e le vicende delle famiglie». D'altra parte la Chiesa ne faceva una «questione pregiudiziale e assorbente», dal cui esito dipendeva tutto il resto. Mussolini e il re finivano con l'accettare le imposizioni del Vaticano.

Ai documenti – che recavano il preambolo «In nome della Santissima Trinità» – apposero le loro firme il cardinal Pietro Gasparri e il cavalier Benito Mussolini, al potere dall'ottobre del 1922, nelle loro rispettive vesti di plenipotenziari del pontefice Pio XI e di re Vittorio Emanuele III. Il papa, dando un segno concreto di pacificazione, riapparve in processione sulla piazza di San Pietro dove non se n'era più visto uno dal 1870, da cinquantanove anni, cioè dal giorno della breccia di Porta Pia. In tutti quegli anni i pontefici avevano avuto contatti personali con numerosi capi di Stato, anche non cattolici, dell'Egitto, della Turchia, del Siam, della Persia, dell'India, del Giappone, e non ne avevano mai più avuti con i re italiani. Ma ora nel nuovo clima cadeva anche il divieto imposto dalla Chiesa ai sovrani cattolici di far visita ai regnanti italiani, «infami usurpatori», come erano stati chiamati in tutto quel litigioso periodo.

A nome del Vaticano aveva condotto le trattative con Mussolini l'avvocato Francesco Pacelli, fratello maggiore di Eugenio, sicché entrambi i Pacelli apparivano schierati sulla linea concordataria con l'incondizionato sostegno del loro comune e onnipotente protettore Gasparri che sarà premiato con la nomina ad Accademico d'Italia, primo fra i cardinali a entrare nell'alto consesso. Se il nunzio si mostrava timoroso del successo che la propaganda hitleriana cominciava a riscuotere fra i tedeschi, suo fratello Francesco mostrava la massima considerazione per il duce del fascismo, come scriveva nel suo diario: «Io guardavo con infinita ammirazione l'uomo che mi stava di fronte, e per il quale né il giorno né la notte portavano mai riposo, ma solo un appassionato lavoro al servizio della nazione». Si sentiva del resto confortato in questo giudizio dal titolo di «uomo della Provvidenza» che il papa aveva coniato per Mussolini. Pio XI aveva detto: «Forse ci voleva un uomo come quello che la Provvidenza ci ha fatto incontrare; un uomo che non avesse le preoccupazioni della scuola liberale, per gli uomini della quale tutte quelle leggi, tutti quegli ordinamenti, o piuttosto disordinamenti, erano altrettanti feticci e proprio come i feticci tanto più intangibili e venerandi quanto più brutti e deformi».

A Francesco il papa conferiva il blasone di marchese in segno di gratitudine per il tatto di negoziatore rivelato durante le trattative. Mussolini, fin dal suo primo discorso pronunciato alla Camera nel luglio del '21, da semplice deputato, aveva parlato dell'esigenza di risolvere la questione romana: «Io penso e affermo, che l'unica idea universale che oggi esista a Roma è quella che si irradia dal Vaticano». Aveva anche detto che i fascisti, «spregiudicati com'erano», gettavano alle ortiche la letteratura carducciana che raffigurava la Chiesa come una «vecchia lupa cruenta».

Raggiunto con il concordato il punto più alto del suo successo politico, cominciò per Mussolini un declino. Egli, definito com'era l'idolo d'un'Europa cattolico-conservatrice, avrebbe potuto, secondo il giudizio di Arturo Carlo Jemolo, «rilasciare un po' la briglia», concedere un'amnistia, sopprimere il tribunale speciale, consentire un minimo di libertà di stampa e quindi vincere la diffidenza di quei conservatori che non desideravano se non un governo forte nutrendo ancora scrupoli di legalità. Mussolini avrebbe insomma potuto sfruttare il successo ottenuto con il concordato «se il suo demone interiore non glielo avesse impedito». Jemolo riservava rampogne anche alla Chiesa concordataria osservando che all'indomani dell'11 febbraio molti cattolici, a causa del patto col fascismo, vissero «ore angosciose» per il profilarsi di giorni oscuri nella storia della Chiesa in Italia.

Quanto mai duro era il giudizio che Gaetano Salvemini esprimeva su Mussolini negoziatore. Diceva che essendo assoluta la di lui ignoranza in materia di rapporti fra Stato e Chiesa, il duce aveva commesso «enormi errori» e fatto «concessioni alle quali nessun altro politico italiano di buon senso avrebbe mai acceduto». Tanto che, appena si conobbe il testo degli accordi, emerse un vivo malcontento fra gli alti burocrati dello Stato e i capi del partito fascista. Ma ai dissidenti, per altro messi di fronte al fatto compiuto, fu vietato di esternare le proprie contrarietà.

Il concordato non piaceva ovviamente neppure a Vittorio Emanuele III. Egli non avrebbe voluto cedere quel lembo del territorio nazionale, in Roma, che consentiva la materializzazione del nuovo, per quanto minuscolo, Stato pontificio. Il papa avrebbe voluto uno sbocco al mare, e a ciò si era opposto proprio il re, provocando l'irritazione della Santa Sede. Già suo nonno, Vittorio Emanuele II – quando scriveva a papa Mastai per promettergli sulle sponde del Tevere l'instaurazione di una «sede gloriosa e indipendente da ogni umana sovranità», ma non certo uno sbocco al mare – si era sentito rispondere che quella lettera «non era degna di un figlio affettuoso» come il Savoia si vantava di essere. Ed ecco perché agli occhi di Pio IX quei piemontesi non erano che un «sacco di vipere», nient'altro che «sepolcri imbiancati».

Nuovi contrasti si sviluppavano fra Mussolini e papa Ratti, tanto da mettere in pericolo la ratifica dei documenti sottoscritti. I Patti lateranensi si articolavano in tre atti specifici, un trattato politico, una convenzione finanziaria, un concordato ecclesiastico. Uno dei più seri diverbi si ebbe sulla connessione fra trattato e concordato. Da un lato Pio XI considerava i due atti strettamente collegati e inscindibili, secondo la formula «simul stabunt aut simul cadent» – staranno in piedi insieme o insieme cadranno –; dall'altro Mussolini, su tassativa richiesta del re, li voleva disgiunti e indipendenti l'uno dall'altro per consentire allo Stato una maggiore libertà di manovra.

Il '29, l'anno dei concordati con l'Italia e la Prussia, si avviava a una tragica conclusione di portata mondiale. Il 24 ottobre si verificò un gigantesco crollo alla Borsa valori di Wall Street, e la Germania fu particolarmente investita da un'ondata catastrofica. Il numero dei disoccupati superava i tre milioni, le liste di povertà non avevano fine, si susseguivano gli scioperi, dilagava la violenza. La crisi economica travolse la *Grosse Koalition* del socialdemocratico Hermann Müller, e fu la fine dell'ultimo ministero a base parlamentare della repubblica di Weimar. Nel marzo dell'anno successivo il cancelliere Müller cedeva il potere all'uomo forte dell'ala sindacale del *Zentrum* cattolico, Heinrich Brüning, che volle tentare nuove elezioni, ma i risultati andarono a beneficio dei nazionalsocialisti. Il partito di Hitler balzava dal nono al secondo posto nella graduatoria nazionale delle forze politiche riscuotendo il 18,3 per cento dei suffragi, mentre nella precedente legislatura si era fermato al 2,6 per cento.

Pacelli, costretto a operare in questa confusa situazione politica, non si perdeva d'animo, anzi moltiplicava gli sforzi. Trascorreva molte ore della giornata nel suo studio a elaborare le disposizioni che il pontefice gli impartiva da Roma, a prendere appunti con una scrittura nitida e minuta su piccoli fogli rettangolari, a vergare rapporti che poi una giovane addetta prussiana alla nunziatura, suor Maria Ignazia, copiava con diligenza battendo sui tasti d'un'antiquata macchina da scrivere.

La nunziatura diventava un centro di attività politico-diplomatica. Pacelli veniva definito il più abile componente del corpo diplomatico di cui era il decano in quanto nunzio apostolico. Ma lui non era esclusivamente un diplomatico o un politico. Come sempre si sentiva un pastore, e ciò gli accattivava l'ammirazione non soltanto della Berlino cattolica, ma pure di larghi strati della Berlino luterana. Visitava i quartieri periferici più poveri della città e anche le acciaierie e i grandi stabilimenti industriali per entrare in contatto con le masse operaie già soggiogate alle macchine e per enunciare i princìpi della dottrina sociale cattolica. Particolare pietà nutriva per i minatori, quei prigionieri che la terra tratteneva in sé come sepolti vivi. Non si accontentava di raggiungere l'imboccatura delle gallerie, ma scendeva nel cuore delle miniere, come avvenne a Gelsenkirchen, in Vestfalia. L'evento incuriosiva l'opinione pubblica e perciò la sua foto in tenuta da minatore, in tuta e con l'elmetto, apparve su tutti i giornali.

Per il nunzio si schiudevano nuovi orizzonti. Egli aveva avuto sentore d'una sua imminente nomina a cardinale, ma sembrava che cercasse di evitarla. Come rivelava a suor Pascalina, aveva chiesto al fratello Francesco, l'«avvocato della conciliazione», di intercedere presso il pontefice affinché desistesse «dal fare una cosa simile». Avrebbe preferito che gli fosse assegnata una diocesi, per confessare, cresimare, predicare, visitare gli infermi, come diceva a due religiosi suoi amici, monsignor Giuseppe Pizzardo e padre Michel d'Herbigny. D'Herbigny aveva lo spirito del missionario, e poteva capirlo più di ogni altro. A lui Pacelli era legato da antica amicizia, da quando il gesuita tre o quattro anni prima aveva cercato di portare la parola di Cristo in Russia attraverso una Chiesa clandestina e consacrandovi segretamente alcuni vescovi. Lo stesso d'Herbigny era stato consacrato vescovo nascostamente, prima che partisse per Mosca, e la cerimonia era stata celebrata proprio da Pacelli nella cappella della nunziatura berlinese.

Da entrambi non aveva ottenuto lumi sufficienti, per cui decise di parlarne direttamente al papa in un suo nuovo viaggio a Roma. Al cospetto di Pio XI, premise un sommesso interrogativo: «Posso rivolgermi a Sua Santità come a un padre?». «Noi lo siamo», fu la risposta. Allora Pacelli chiese ciò che papa Ratti già immaginava che gli chiedesse: esser lasciato libero di dedicarsi al ministero delle anime. «Ci penseremo», rispose il papa, ma aveva già deciso di farlo cardinale.

Nel dicembre del '29, il nunzio lasciava la Germania fra il rimpianto generale, dopo avervi risieduto per dodici anni e aver fatto ascoltare la sua parola in tutto il paese, da Breslavia a Treviri, da Magdeburgo a Friburgo, da Fulda a Stoccarda, da Hannover ad Amburgo. Lo rimpiangevano i giornalisti ai quali aveva parlato l'anno prima in occasione del Congresso berlinese della stampa estera. «Nei giornali moderni», aveva detto, «si addensa forse un potere più forte di quello che alcune dinastie reali si attribuiscono. La stampa non è soltanto uno specchio dell'opinione pubblica quanto una sua creatrice. Essa è chiamata a giudicare le correnti spirituali dei popoli, a guidare quelle sane e costruttive, a innalzare una diga contro ciò che è dannoso e velenoso».

Lo rimpiangeva anche l'ambasciatore dell'Urss a Berlino per la disponibilità dimostrata nel '27 nell'assumersi il compito di mediatore fra Mosca e Roma affinché Mussolini liberasse dal carcere Antonio Gramsci e Umberto Terracini ottenendo in cambio la scarcerazione di due sacerdoti detenuti dai sovietici. Pacelli era considerato il canale più adatto per un'operazione che tuttavia non ebbe esito, ma l'ambasciatore dell'Urss a Berlino, che aveva più volte incontrato il nunzio, aveva contratto per lui una sincera ammirazione.

Il feldmaresciallo Hindenburg, nel salutarlo con commozione, lo ringraziava per aver penetrato la cultura e l'anima germaniche, per aver stabilito utili legami d'amicizia fra la

Santa Sede e il popolo tedesco, per aver svolto con sicuro senso di giustizia e calda umanità il suo ufficio. «Con rimpianto noi tutti La vediamo allontanarsi», disse ancora il vecchio generale. Il prelato rispondeva esaltando nell'ospite il «grande coraggio civile» e la «mirabile fiducia in Dio» che avevano ognora caratterizzato la sua vita. «Termino», disse, «la mia missione di pace con un perenne grazie alle numerose schiere dei cattolici di tutta la Germania la cui devozione ha dato a me, lontano dalla mia patria, il senso di una patria». Prese infine congedo dalla nobiltà cattolica della città che affollava la Fürstensaal. «La mia missione in Germania», disse, «è finita. Ne comincia un'altra più grande, più vasta, nel centro spirituale e soprannaturale della Chiesa cattolica. Ritorno là donde sono venuto, alla tomba del Principe degli Apostoli, sotto la cupola di Michelangelo, a Pietro che vive nel Vaticano. Star vicino a Pietro vuol dire star vicino a Cristo». Consapevole del compito che lo aspettava, concluse affermando: «Io percorro il cammino indicatomi dalla volontà di Dio per mezzo delle parole del Pontefice». I giornali lo salutavano con sincero riconoscimento. Un po' tutti, «Frankfurter Zeitung», «Die Welt», «Deutsche Allgemeine Zeitung» e perfino l'organo dei protestanti «Deutsche Evangelische Korrespondenz».

Nonostante la giornata molto fredda, Pacelli prese posto su un'automobile scoperta per recarsi alla stazione di Berlino. Lungo le strade della città fu scortato da una massa di manifestanti. In quella capitale del protestantesimo, tutti gridavano il suo nome, cantavano inni liturgici, impugnavano fiaccole ardenti come la loro anima e inalberavano vividi stendardi religiosi. La partenza era uno strappo doloroso per il nunzio che adorava la Germania e per i tedeschi che amavano lui. Mentre il treno si metteva in moto rincorso per alcuni metri dai più appassionati, e mentre risuonavano le note dell'inno pontificio, Pacelli disse: «La vita quaggiù non è che una serie di addii». Lasciava il paese della riforma per tornare in quello della controriforma.

Suor Pascalina, prima di raggiungerlo a Roma, si trattenne ancora per alcuni giorni a Berlino. Scelse alcuni massicci mobili in quercia di fattura nordica e reperì i libri che i vescovi tedeschi intendevano donare al nuovo cardinale perché anche a Roma egli avvertisse in qualche modo la presenza della Germania. Anche le posate d'argento e i bicchieri di cristallo provenivano da Berlino, così come la grande zuppiera pur essa d'argento, che troneggiava su una credenza, era di fabbricazione tedesca, dono di Hindenburg. La nomina di Pacelli a cardinale avvenne il 16 dicembre del '29. In quel momento il prelato riandò col pensiero a sant'Agostino e al tema che gli aveva dedicato da scolaro. Dalla predicazione del santo trasse il motto per la sua nuova dignità: «Lux veritas, regina caritas, finis aeternitatis», la verità per luce, la carità per regina, l'eternità per fine.

Non erano ancora trascorsi due mesi dall'assunzione di Pacelli al cardinalato quando papa Ratti, il 7 febbraio dell'anno successivo, lo nominava *coram Domino*, di fronte a Dio, segretario di Stato. «È il Suo spirito di pietà e di preghiera», gli scriveva il papa in un biglietto autografo, «che Ci induce a questa nomina. Ella ha dimostrato, soprattutto nel periodo delle Nunziature in Baviera e presso l'Impero tedesco, di saper tanto bene agire per la gloria del divin Datore e in servizio della sua Chiesa».

Quella nomina era nell'aria, ma tutti egualmente sapevano come egli avrebbe ancora desiderato dedicarsi alla cura delle anime. Rudolf Kohlruss, l'inviato austriaco presso il Vaticano ch'era succeduto allo storico von Pastor, aveva infatti escluso che la scelta potesse cadere su Pacelli. Informando il suo governo ricordava come questo principe della Chiesa, «con la sua personale inclinazione a un atteggiamento ardentemente pastorale, non mira al fardello politico della segreteria di Stato». C'era però chi insinuava che la ritrosia di Pacelli derivava dal fatto che egli puntasse a un obiettivo ben più ambizioso: quello di diventare papa. E, sapendo che secondo la tradizione la carica di segretario di Stato avrebbe potuto precludergli quella strada, preferiva non rischiare e aspettare gli eventi da «semplice» cardinale. Del resto, il segretario di Stato Rampolla non era diventato papa, alla morte di Leone XIII, proprio per un veto politico d'esclusione interposto dall'Austria. Contro quel tipo di interferenze, Pacelli aveva a suo tempo preparato uno studio per dimostrarne l'improponibilità.

I mobili e i libri, che suor Pascalina aveva scelto con grande cura, arredarono il suo appartamento in Vaticano. Pacelli non sapeva nulla di quei doni, ed ebbe la piacevole sorpresa di ritrovarsi immerso a Roma in un ambiente che gli ricordava gli anni di Monaco e di Berlino. Fu la sua fedele assistente ad allestirgli l'abitazione nel palazzo apostolico, nelle stesse stanze che erano state di Gasparri, il quale settantottenne aveva dato le dimissioni e si era ritirato in una villetta sul Colle Oppio con la visione del Colosseo, a scrivere le sue memorie. Un giorno il vecchio cardinale aveva chiesto al conte Dalla Torre di indicargli un giovinetto volenteroso, da aiutare, che gli trascrivesse i suoi appunti. E nel congedarlo esclamò: «È l'unico modo perché le mie "memorie" non siano inutili».

Suor Pascalina fu subito accolta e trattata come una persona di famiglia anche dal marchese Francesco di cui frequentava la casa di via Boezio e dove il cardinale, in un suo proprio appartamentino, si fermò per alcuni mesi al suo ritorno in Italia rendendo felici, nelle ore dei pasti, i nipoti che potevano chiacchierare un po' con lui. Carlo, il più grande, si era già sposato; Marcantonio e Giulio andavano ancora a scuola. I ragazzi cominciarono a chiamare la religiosa suor Pasqualina, e in Italia quello divenne il suo nome.

Papa Ratti aveva voluto Pacelli al suo fianco, e lo aveva detto esplicitamente nel chirografo di nomina, per le qualità espresse «specialmente» nelle due nunziature di Baviera e di Germania. L'evento si verificava in un'Europa dominata da un'impetuosa ondata anticattolica, nonostante la firma dei concordati. Il vento dell'anticlericalismo non soffiava soltanto sul Vecchio Mondo, investiva anche il lontano Messico, un paese, come diceva Pio XI, «totalmente infeudato alla massoneria». Tragica era la situazione dei cattolici messicani fra sequestri di beni ecclesiastici, devastazioni di chiese – non si intendeva risparmiare neppure il santuario di Nostra Signora di Guadalupe – e fucilazioni di sacerdoti. Che dire dell'Unione

Sovietica? In quelle remote plaghe, sempre secondo un giudizio del papa, si procedeva alla «scristianizzazione» delle genti; la «Pravda» aveva reclamato la condanna a morte del capo della Chiesa; si deportavano in massa e si liquidavano per ordine di Stalin i *kulaki*, i contadini ricchi; si stampavano le leggi dello Stato su carta fabbricata con i paramenti ecclesiastici; si pubblicavano opuscoli intitolati «Manuale antireligioso per gli operai».

In Spagna i repubblicani e i socialisti ottenevano nel '31 una vittoria elettorale che comportava l'esilio per il re Alfonso XIII e la nascita della repubblica. La Chiesa, pur sbalordita dal fatto che in un paese di tradizioni cattoliche la classe politica seguiva una sua propria strada, rimaneva fedele alla monarchia in nome d'un'alleanza fra trono e altare. Papa Ratti promulgava un'enciclica, *Dilectissima nobis*, sulle condizioni dei cattolici sotto il governo repubblicano spagnolo, per protestare contro la «deplorevole» legge con la quale la repubblica aveva dichiarato che lo Stato non aveva una religione ufficiale. Nell'enciclica Pio XI negava l'esistenza di un'intesa fra trono e altare, osservando che la Chiesa «non era per nulla legata a una forma di governo piuttosto che a un'altra, purché restassero salvi i diritti di Dio e della coscienza cristiana». Insomma la Chiesa «non trovava difficoltà ad accordarsi con le varie civili istituzioni, siano esse monarchiche o repubblicane, aristocratiche o democratiche». Ma certo non poteva tacere al cospetto delle affermazioni del presidente del Consiglio repubblicano, Manuel Azana, il quale proclamava: «La Spagna non è più cristiana!». E lo diceva, come osservavano in Vaticano, trascinato dalle Furie, *empujado por las Euménides*.

In Germania il movimento nazionalsocialista si faceva più minaccioso. In Italia il fascismo si era consolidato anche grazie alla Conciliazione. Ma non tutto era risolto fra Roma e il Vaticano, tanto che nell'allocuzione di Natale il papa ancora protestava per la persecuzione cui era sottoposta l'Azione cattolica e si mostrava addolorato per l'annunciata costruzione sul Gianicolo del monumento ad Anita Garibaldi in contrasto, diceva, con il carattere sacro della città eterna sancito dai Patti lateranensi.

Più vivo doveva farsi lo sdegno del pontefice, poiché la Chiesa si sentiva esclusa dall'educazione della gioventù in seguito a un decreto di scioglimento di tutte le organizzazioni giovanili non fasciste. Il papa, che pure con propositi distensivi aveva soppresso di sua iniziativa l'associazione degli esploratori cattolici, reagiva affermando che il decreto violava il Concordato. C'era di più. Mussolini aveva imposto ai giovani, all'atto di iscriversi al partito, di rendergli un solenne giuramento di fedeltà, di ubbidienza e di sacrificio. Quel giuramento fu causa d'un nuovo e ancor più violento dissidio, sicché papa Ratti decise di far sentire altissima la sua protesta contro ogni forma di persecuzione con un'enciclica in italiano, *Non abbiamo bisogno*. Nella lettera pastorale prendeva posizione in particolare contro il giuramento, ma realisticamente proponeva un compromesso. Poiché ben si sapeva che senza la tessera del PNF – Partito Nazionale Fascista, la cui sigla per la gente significava anche Per Necessità Familiari – e senza il richiesto giuramento si sarebbero negati agli italiani i più elementari mezzi di sostentamento, il pontefice consigliava di aggiungere al testo del giuramento le parole «salve le leggi di Dio e della Chiesa».

Si verificavano continue aggressioni contro i circoli cattolici e quindi si era tornati, come notava il pontefice, ai tempi delle persecuzioni «quando si colpiva di Pietro stesso la persona». Si susseguivano, scriveva il direttore dell'«Osservatore romano», conte Dalla Torre, «sopraffazioni spesso sanguinose, devastazioni e sacrileghe profanazioni di crocifissi», il che avveniva anche in occasione di feste religiose. Il papa reagiva rinunciando per protesta alle processioni del Corpus Domini, e Mussolini s'infuriava. Diceva che in tal maniera, anche colpendo gli interessi commerciali connessi con le fiere paesane, la decisione pontificia mirava «a sollevare contro il regime le popolazioni rurali». Come contraccolpo l'ambasciatore italiano presso il Vaticano, De Vecchi, era pregato «d'ordine del Santo Padre» di non chiedere più udienza al segretario di Stato Pacelli.

Un fascista estremista, Emilio Settimelli, pubblicava un opuscolo dal titolo «Preti, adagio!» e, in collaborazione con il pittore Ottone Rosai, scriveva un breve ma violento *pamphlet* anticlericale col quale chiedeva lo «svaticanamento» d'Italia. Ai loro occhi l'«Osservatore romano» era lo «Smerdatore romano» e il prete era sinonimo di «ipocrita, parassita, pidocchio». Sembrava che gli estremisti potessero riprendere il sopravvento, e difatti nel libello chiedevano a Mussolini la revoca del concordato augurandosi che il «rinnegato» Achille Ratti fosse catturato da una legione di camicie nere romane e quindi esemplarmente processato da un tribunale speciale della rivoluzione fascista.

Da questa contesa il Vaticano uscì sostanzialmente sconfitto. All'Azione cattolica si restituiva sì il diritto di cittadinanza, ma con l'obbligo di operare esclusivamente nell'ambito diocesano, al di fuori di ogni attività politica o sindacale; inoltre il giuramento fascista restava fermo nella sua originaria formulazione. Si poteva considerare chiuso questo capitolo, con vantaggio del capo del governo sul pontefice. Sicché, quando i due personaggi s'incontrarono l'11 febbraio del '32, nel terzo anniversario dei Patti lateranensi, si immaginò ironicamente che si fossero presentati così: «Pio Undecimo», diceva il papa. Mussolini, in romanesco, ribatteva: «E io pio tutto!». La visita del duce al pontefice in Vaticano si protrasse per ben sessantacinque minuti, e il papa volle solennizzarla conferendo all'ospite l'ordine dello «Speron d'oro». Pacelli ottenne invece da Vittorio Emanuele III il collare dell'Annunziata.

XIII

Pio XI fronteggiava con energia il ritorno di fiamma anticlericale post-Conciliazione del regime. Avrebbe voluto dar retta al suo carattere, contrario alle mezze misure, e mostrarsi ancor più duro nella diatriba con Mussolini, ma Pacelli, così misurato e prudente, riusciva di tanto in tanto a contenerne l'irruenza. Un giorno il pontefice aveva scritto contro Mussolini una nota tanto drastica che avrebbe potuto riaprire tutto intero il dissidio fra Stato e Chiesa al di là delle bordate polemiche e dei tiri di aggiustamento di entrambe le istituzioni. Alla lettura del documento che il pontefice gli aveva sottoposto, Pacelli esclamò: «Vostra Santità è il papa, e può emettere questa nota. Ma se lo fa, lo fa senza di me». Pio XI, dopo avergli chiesto le ragioni del rifiuto, si adattò a ritirare lo scritto. Un redattore dell'«Osservatore romano» attendeva in anticamera, ma non gli rimase da fare altro che strappare le bozze di quella nota destinata a non vedere la luce. Pacelli tornò turbato nel suo appartamento e, sedendo a tavola, disse a suor Pasqualina che lo guardava preoccupata: «Forse oggi ho contrariato il Santo Padre. Ma non potevo fare altrimenti». Già altre volte aveva rilevato come, durante il suo ufficio di segretario di Stato, non avesse mai detto «sì» al pontefice quando pensava «no», e come alla stessa stregua non gli avesse mai detto «no» quando pensava «sì».

Le gerarchie fasciste avevano però un'idea diversa dei rapporti che intercorrevano fra Pacelli e papa Ratti, in base a quanto Borgongini Duca raccontava a Ciano. Il nunzio diceva al giovane Ciano che Pio XI aveva un pessimo carattere, «autoritario e quasi insolente». Aggiungeva che in Vaticano tutti ne erano terrorizzati e che lui stesso tremava al solo pensiero di dover entrare per l'udienza nel suo studio. Anche i più illustri porporati erano trattati con alterigia. Quando Pacelli andava a rapporto dal pontefice, doveva, come un piccolo segretario, prendere nota sotto dettatura di tutte le istruzioni che Pio XI gli impartiva con malagrazia.

In Vaticano, Pacelli e Gasparri appartenevano all'ala moderata, mentre gli intransigenti che soffiavano sul fuoco erano il nunzio apostolico in Italia Borgongini Duca e il vicario del papa a Roma cardinale Marchetti Selvaggiani. Pacelli dava implicitamente un'immagine di sé parlando di un nuovo santo, Roberto Bellarmino. Lo rappresentava «pugnace senza acrimonia, calmo senza titubanze, animoso senza odio, tetragono agli assalti».

Si rivelavano sempre più complessi i rapporti tra Chiesa e regime fascista, sebbene non fossero mai mancati fra i cattolici i seguaci di Mussolini. Don Sturzo aveva pianto nell'apprendere che alcuni preti avevano partecipato alla marcia su Roma; per la sua contrarietà all'ingresso dei popolari nel primo governo di Mussolini scontava ancora l'esilio «comminatogli» dal Vaticano. Ciò non poteva destare meraviglia se il deputato popolare Cornaggia Medici aveva dichiarato al «Corriere della Sera» che il papa riguardava con benevolenza i fascisti i quali predicavano l'ordine, la collaborazione fra le classi mediante il corporativismo, la lotta alla massoneria, l'incremento demografico e auspicavano il ritorno del crocifisso nelle scuole. Non aveva detto Mussolini, già nel '21, di vedere rappresentata dal cattolicesimo la tradizione di Roma? E non aveva aggiunto che lo sviluppo del cattolicesimo nel mondo conduceva centinaia di milioni di uomini «a guardare fatalmente» Roma? Sua era infine l'esclamazione: «Intendetela questa forza morale!».

Ora nel 1931, nell'approssimarsi del primo decennio dalla marcia su Roma, c'era negli ambienti pontifici chi si diceva convinto che il fascismo fosse in difficoltà. L'ambasciatore De Vecchi ne ebbe la conferma durante un'udienza concessagli da Pacelli, e ne informò il ministro degli Esteri, Dino Grandi. Poiché il segretario di Stato gli aveva chiesto se il governo italiano fosse «sicuro di sé», De Vecchi sospettava che la domanda nascondesse l'intenzione di fargli sapere che in Vaticano «circolavano qua e là vociferazioni di pericolo» per Mussolini. Sembrava che fra i cattolici risorgessero numerosi gli antifascisti, coloro che non amavano la retorica del regime e che ne temevano la concorrenza sul terreno d'una liturgia laica da contrapporre a quella religiosa. Qualcuno con preoccupazione scriveva al giornale di Leo Longanesi, l'«Italiano»: «Le squame della serpe insidiosa, che si avviticchia ai vostri fasci littori, si chiamano idealismo, neopaganesimo, futurismo, dannunzianesimo, filocattolicesimo ateo». C'era stata la reclusione di De Gasperi, che aveva capito l'errore dell'opposizione a Sturzo, e l'espulsione di Igino Giordani dall'albo dei giornalisti.

Nonostante la mole di lavoro, lo scrittoio di Pacelli era sempre sgombro di carte. Il cardinale tirava a far tardi la sera, anzi dedicava anche parte della notte alle pratiche del suo ufficio e attutiva con un feltro il ticchettio della macchina da scrivere. Un accademico di Francia, Henri Bordeaux, gli chiese preoccupato quando mai si sarebbe riposato, e lui, con un sorriso disarmante, rispose: «Un secondo dopo la morte!». Bordeaux, impressionato dalla sua figura, la raffrontava a un personaggio del Greco, così emaciata e raffinata. Lo sguardo era straordinario e aveva qualcosa di soprannaturale.

Ormai Pacelli trascurava anche gli sport preferiti. Si accontentava d'una breve passeggiata quotidiana tra i viali di villa Borghese. Pur camminando rimaneva però immerso nella lettura del breviario o d'un giornale, o prendeva appunti su un quadernetto, affannosamente seguito da un segretario. I romani lo guardavano ammirati, e al suo passaggio si facevano da parte rispettosi di tanta austerità. L'ambasciatore francese presso la Santa Sede, Charles-Roux, interpretò i sentimenti della gente. Diceva che la vita interiore di Pacelli era tanto intensa che «traspariva dal viso e dal contegno». La spiritualità «gli era così naturale, e talmente incorporata, che egli emanava dalla persona una sorta d'imponderabile fluido». D'estate però il cardinale continuava a recarsi in Svizzera, o sulle sempre amate sponde del lago di Costanza o tra gli incunaboli e i manoscritti medievali dell'abbazia benedettina della Santissima Vergine Maria di Einsiedeln, dove poteva anche ascoltare della buona musica. Durante l'anno, se si allontanava da Roma lo faceva soltanto per assolvere alle missioni che Pio XI via via gli affidava soprattutto all'estero.

Hitler, dopo aver inutilmente tentato la conquista del potere con il Putsch di Monaco dal quale nel '23 non aveva ricavato che alcuni mesi di prigione, si era messo sulla strada di una falsa legalità. Attaccava la debole repubblica di Weimar facendo perno su atteggiamenti esibizionistici, grandiose scenografie, violente predicazioni demagogiche, sfruttando la grave crisi economica che prostrava il paese. Trionfavano in Germania l'irrazionalismo e l'odio per le dottrine illuministiche e ogni forma di democrazia, sorgevano illusioni messianiche che Hitler utilizzava abilmente al grido di *Deutschland über alles*. C'era un film di Josef von Sternberg, *Der blaue Engel*, L'angelo azzurro, in cui era possibile immaginare l'instaurazione del clima nazista, anche se il regista viennese si schermiva. Ma in realtà era chiara ,la rappresentazione d'una borghesia imbelle e meschina che si lasciava sedurre da miti di facile fraintendimento. Il Führer impiegò un decennio per vedersi nominare da Hindenburg cancelliere del Reich. Dopo gli errori e le vacue impennate dei governi malamente retti dai cattolici Brüning e von Papen, i nazionalsocialisti, che nel '33 erano il primo partito nel Reichstag, reclamarono il cancellierato. E avvenne che Adolf, l'ozioso vagabondo di Vienna, successe a quarantatre anni a personaggi come il barone von Stein, Bismarck e il principe von Bülow, con il rispetto formale delle regole costituzionali, ma soprattutto grazie al fatto che i conservatori, suggestionati da von Papen, pensavano di poterlo manovrare a loro piacimento. In realtà fu il Führer a giocare in soli sei mesi i suoi alleati passando da un nazionalismo sfrenato alla dittatura a sfondo razzista.

Franz von Papen era un intrigante, dal passato burrascoso culminato nel '15 con l'espulsione per sospetto spionaggio dagli Stati Uniti, dove era addetto militare. Apparteneva alla nobiltà rurale cattolica della Vestfalia. Aveva cinquantatre anni, ancora bello e prestante, ed era andato sposo alla figlia d'un industriale della Saar. Non godeva di alcun serio prestigio. Era considerato un dilettante della politica, scacciato dal suo stesso partito, il *Zentrum*. Qualche merito lo aveva conquistato nel campo dell'equitazione, come un vanitoso e superficiale gentiluomo di campagna; godeva tuttavia di molti agganci nelle alte gerarchie cattoliche in Germania e a Roma, tanto che Hitler pensò a lui per aprire un negoziato concordatario con il Vaticano.

Dopo i concordati regionali con la Baviera, la Prussia, il Baden e dopo quello con l'Austria, la Chiesa si accingeva a sottoscrivere una convenzione con il Reich hitleriano. Già Pacelli, in veste di nunzio a Berlino, aveva tentato l'accordo con la Germania. Ma l'ostilità della repubblica, la cui costituzione votata a Weimar sanciva la sostanziale separazione fra Stato e Chiesa, si era rivelata insuperabile soprattutto nell'ambito della scuola. Adesso era Hitler che si rivolgeva ai cattolici. Il suo regime aveva bisogno d'un alto riconoscimento, d'una vera e propria legittimazione sul piano internazionale. Egli contava di ottenere a buon prezzo questo prestigioso risultato poiché si predisponeva a tendere o a ritirare la mano concordataria a suo piacimento. Fin dal momento della sua nomina a cancelliere cominciò a circuire il movimento cattolico dicendosi garante della libertà confessionale in ogni campo educativo. E, indicando gli obiettivi comuni, aggiungeva: «Riconosco la necessità che la Chiesa e lo Stato coesistano. Possiamo lottare insieme contro il bolscevismo nell'interesse della Nazione tedesca e della Chiesa».

Il Führer s'impegnava a combattere le organizzazioni ateistiche proprio perché considerava i cattolici e i protestanti i fattori più eminenti, i capisaldi dello spirito nazionale. Né si limitava ad assicurare alle due confessioni cristiane la conferma dei trattati già conclusi, anzi annunciava il proposito di aprire un negoziato con la Santa Sede. A questa notizia i vescovi della Germania, che avevano proibito ai cattolici di entrare nelle file naziste, annullarono il divieto, in una delle loro consuete riunioni nell'antica abbazia benedettina di Fulda, nell'Assia. Hitler escludeva di poter concedere al cattolicesimo politico militante gli stessi benefici che avrebbe potuto riconoscere alla Chiesa con un auspicabile concordato, e pertanto il Partito popolare cattolico bavarese, già privato del potere nel suo Land, accettava di sciogliersi senza battersi. Era imitato dal *Zentrum*, per cui il Führer con poco sforzo raggiungeva l'obiettivo di eliminare dalla scena i partiti d'ispirazione cattolica.

Correva un'interpretazione sull'arrendevolezza di queste organizzazioni. Si diceva che ciò poteva verificarsi in quanto fra i cattolici prevaleva su ogni altra considerazione il compiacimento per la lotta hitleriana al bolscevismo, e si trascurava la condanna che negli ambienti dell'episcopato germanico più avveduto rivolgevano agli errori della dottrina nazista, una dottrina che imponeva la subordinazione assoluta dell'individuo allo Stato. Si era verificato l'incendio del Reichstag che i nazisti avevano attribuito ai sovversivi, ai comunisti, e sembrava che il papa mostrasse implicitamente di condividere quella versione. In un'allocuzione concistoriale del marzo '33, pur condannando gli «esagerati e ingiusti nazionalismi», rivolgeva i suoi strali più acuminati proprio contro i movimenti sovversivi in quanto «nemici di ogni ordine politico, sociale, religioso» e capaci di tradurre in atto le loro «catastrofiche e micidiali ideologie», come si era visto «in fatti recenti e recentissimi». Vale a dire l'incendio appiccato al Reichstag.

Von Papen, il traballante vicecancelliere di Hitler, arrivò a Roma con monsignor Kaas, e si rivolse immediatamente al cardinale Pacelli la cui conoscenza del mondo tedesco non aveva eguali, sicché veniva confermata l'avvedutezza di Pio XI che lo aveva voluto segretario di Stato proprio mentre la

Germania occupava con la sua politica gran parte della scena europea. Come primo elemento di discussione von Papen presentò a Pacelli un vecchio progetto d'intesa ch'era rimasto bloccato negli scaffali della cancelleria dal '21 e che non si distanziava granché dalle proposte allora formulate dallo stesso Pacelli al presidente Ebert.

Monsignor Kaas e von Papen incontrarono naturalmente anche il pontefice. Kaas si mostrava ottimista, al punto da sostenere che il cancellierato di Hitler era un fatto provvisorio poiché il Führer era stato «messo là» soltanto per combattere il comunismo. Invece von Papen si sbracciava ad agitare una minaccia. Diceva che, qualora la Chiesa non avesse voluto il concordato, Hitler avrebbe fatto sapere al mondo quanto grande era l'indifferenza del Vaticano per la sorte dei cattolici tedeschi. A Pacelli parvero credibili più le minacce evocate da von Papen che le assicurazioni di Kaas, per cui disse: «Mi puntano contro una pistola, e devo scegliere fra le proposte dei nazionalsocialisti e una possibile eliminazione della Chiesa cattolica nel Reich».

In questo clima si aprivano le trattative che ebbero uno svolgimento piuttosto rapido. Durarono tre mesi in tutto, mentre c'erano voluti cinque anni per concludere le convenzioni con la Baviera e la Prussia e due anni per la Conciliazione con lo Stato italiano. Sia il Führer sia il papa avevano fretta. L'ex cancelliere Brüning esprimeva l'avviso che nel concordato non v'era nulla di chiaro se non la preminenza del nunzio in quanto decano del corpo diplomatico a Berlino; al contrario Pacelli se ne mostrava soddisfatto. Alla cerimonia della firma egli era al centro del tavolo, attorniato da Kaas, von Papen e dai monsignori della segreteria di Stato Pizzardo, Ottaviani e Montini. Due giorni dopo Pacelli scriveva a monsignor Franz Bornewasser, vescovo di Treviri, dicendogli che si era creato qualcosa di utile. E aggiungeva: «Sarà una benedizione per la Chiesa e per il Reich; terrà lontani gli infiniti pericoli per la salvezza delle anime, pericoli che fino a ieri abbiamo temuto col cuore in gola».

In due anni nella capitale italiana la situazione era radicalmente mutata. Infatti quando Hermann Göring, uno dei capi nazisti più vicini a Hitler, vi era arrivato una prima volta nel maggio del '31, non era riuscito a farsi ricevere da Pacelli e tanto meno dal pontefice. Poté avere un breve colloquio con monsignor Pizzardo ch'era stato segretario di nunziatura a Monaco e che in quel momento ricopriva la carica di sottosegretario della congregazione degli Affari ecclesiastici straordinari. Eppure Göring era stato spedito dal suo capo in Italia proprio per smentire presso il Vaticano le «dicerie» di un nazionalsocialismo impregnato di paganesimo. La contessa Carin von Fock, la sua donna, cercava di nascondere lo smacco subìto da Hermann e scriveva a Berlino che lui «aveva visto il papa e quasi tutti i bricconi più influenti del Vaticano».

Il concordato fra il Reich e la Santa Sede, due entità così distanti e pur così desiderose di intendersi, fu sottoscritto a Roma in Vaticano il 20 luglio del '33. Erano passati soltanto sei mesi dall'ascesa di Hitler al potere ed erano altresì passati sei giorni dalla promulgazione di un decreto col quale sulla scena tedesca si riconosceva legittimo un solo partito politico, quello nazionalsocialista. Papa Ratti, ricevendo in udienza il vicecancelliere, si era compiaciuto che lo Stato tedesco fosse guidato da un uomo come Hitler, «la cui bandiera simboleggiava la lotta contro il bolscevismo e il nichilismo». Nonostante il concordato, che il Führer rispettava a suo modo, molti vescovi continuavano ad attaccare il nazismo. A proposito dell'atteggiamento dei sempre più sparuti oppositori si osservava che essi osteggiavano il regime non perché aveva soppresso la democrazia in Germania, ma perché colpiva i privilegi della Chiesa.

Von Papen aveva dimostrato di avere a sua volta un'idea molto sommaria della democrazia. Aveva detto che con Hitler al potere si doveva evitare per sempre il ritorno al sistema parlamentare. Egli aveva svolto un ruolo considerevole nella preparazione del concordato essendo riuscito a convincere l'allora leader del *Zentrum*, monsignor Kaas, a votare i pieni poteri al Führer, in cambio d'un suo impegno a non frapporre ostacoli a una rapida intesa fra Reich e Santa Sede. Nella platea dorata della Krolloper, promossa ad aula del Reichstag dopo l'incendio, Hitler aveva chiesto i pieni poteri con un furente discorso rivolto all'opposizione che ancora per poco avrebbe trovato posto in quell'assemblea: «Per anni mi avete ingiuriato rinfacciandomi di essere un imbianchino e mi avete minacciato di scacciarmi dalla Germania come un cane rognoso. Mi ritenete uno zotico, un barbaro. Sì, noi siamo barbari e vogliamo esserlo perché noi ringiovaniremo il mondo. Voi ormai non appartenete che al sudiciume e al marciume del passato».

Gli oppositori del nazismo si aspettavano una parola decisiva dai deputati del *Zentrum* i quali, con i loro voti, avrebbero potuto impedire la svolta autoritaria. Da loro dipendeva il raggiungimento dei due terzi necessari all'approvazione della legge dei pieni poteri, e in effetti avevano interposto qualche tentativo di resistenza che però Hitler era riuscito a sbaragliare con promesse e intimidazioni. Aveva minacciato di applicare anche nei loro confronti, come era avvenuto con i comunisti e i socialdemocratici, il famoso «decreto dell'incendio» che lo autorizzava a trascinare in prigione gli elementi pericolosi alla sicurezza dello Stato. Sul terreno delle promesse si era svolta una trattativa fra lui e monsignor Kaas il quale aveva richiesto il rispetto dei diritti della Chiesa. Il cancelliere aveva fornito al prelato garanzie, in realtà assai deboli, riuscendo a tranquillizzarlo e a strappargli l'appoggio decisivo all'instaurazione della dittatura in cambio d'una sollecita trattativa concordataria con la Chiesa.

L'ambasciatore italiano presso la Santa Sede, De Vecchi, diceva a Mussolini che Pio XI e Pacelli erano tanto felici del concordato con Hitler da apparire come «bambini che a scuola avessero ricevuto un bel premio». La Chiesa pensava che con quel patto i pericoli per il clero potessero diminuire. Lo diceva anche Pacelli il quale ravvisava nel concordato una più valida difesa della vita spirituale dei cattolici tedeschi, un tentativo di vincolare il movimento nazionalsocialista, di cui la Chiesa vedeva la pericolosità, per costringerlo a una maggiore moderazione. Insomma, di fronte a violazioni eventualmente perpetrate dal governo tedesco, il Vaticano, diceva ancora Pacelli, avrebbe almeno potuto appigliarsi a un pezzo di carta per reagire. Ne parlava con gli ambasciatori inglese e francese. A Ivone Kirkpatrick diceva: «Se il governo tedesco dovesse violare il concordato, e lo farà, il Vaticano avrebbe un contratto che gli darebbe il diritto di protestare». Comunque i tedeschi, aggiunse con un lieve sorriso, «non violerebbero tutti gli articoli del contratto in una sola volta». E anche a François Charles-Roux disse: «Non mi rammarico di aver firmato un concordato con la Germania. Se non lo avessimo fatto non possederemmo lo strumento giuridico per le nostre proteste».

Si presentò subito un'occasione per sollevare un reclamo. Erano trascorsi cinque giorni dall'apposizione delle firme su quel pezzo di carta, quando Hitler varò un decreto che autorizzava la sterilizzazione dei malati ereditari, in nome della dottrina sul miglioramento della razza. Ovviamente i nazisti non diedero ascolto alle grida del Vaticano, e anzi passarono a un vero e proprio sterminio di poveri minorati attraverso l'eutanasia.

Si apriva una disputa, piuttosto gratuita, se il concordato comportasse o no un riconoscimento solenne del nazionalsocialismo da parte del Vaticano, come voleva il «Völkischer Beobachter». Pacelli scriveva o ispirava due articoli che apparvero sull'«Osservatore romano» per rilevare come il concordato non costituisse «alcuna autenticazione di dottrine politiche», ma che la Chiesa lo aveva firmato al fine di garantire i propri diritti.

Sebbene il concordato assicurasse libertà e autonomia alla religione di Roma, il regime nazista sciolse le organizzazioni cattoliche e in particolare la Lega dei giovani cattolici per «educare» in senso anticristiano la gioventù avendola inquadrata nelle organizzazioni di partito maschili e femminili. Ostacolò le scuole confessionali e soppresse la stampa cattolica, con esclusione dei bollettini parrocchiali. La Santa Sede, e in suo nome il cardinale Pacelli, tempestava di proteste la cancelleria di Berlino per condannare la brutalità della violazione da parte del Reich delle norme concordatarie. Al canonico Johann Neuhäusler, che gli forniva informazioni di prima mano sulla situazione tedesca e che lo ringraziava della cura e della passione con cui ne seguiva le vicende, un giorno Pacelli disse con grande spontaneità: «Sì, sì, la Germania mi dà più lavoro e preoccupazioni del resto del mondo!».

Alle contestazioni di Pacelli, il Führer replicava con volgare soddisfazione: «Sono uno dei pochi uomini della storia ad aver ingannato il Vaticano!». Sempre vulnerando la libertà e l'autonomia della Chiesa, egli imponeva via via gravi vincoli agli ecclesiastici. Non gli bastava più, come era prescritto dal concordato, che la nomina dei vescovi fosse preventivamente comunicata alle autorità dello Stato, né che i vescovi, una volta nominati, dovessero pronunciare un giuramento di fedeltà al Reich: «Davanti a Dio e sui Santi Vangeli giuro e prometto di rispettare e di far rispettare il Governo dello Stato germanico. Preoccupandomi, com'è mio dovere, del benessere e dell'interesse dello Stato, cercherò di impedire ogni danno che possa minacciarlo, nell'esercizio del sacro ministero affidatomi». Ma impose un giuramento perfino agli insegnanti di religione e, soltanto al sospetto che i giuramenti non fossero rispettati, faceva incarcerare, deportare nei campi di concentramento e anche fucilare i presunti contravventori. Nella migliore delle ipotesi inscenava processi contro preti e suore con le accuse più varie, dalle offese alla moralità, al traffico di valuta.

Ebbe inizio per Pacelli un'intensa e proficua stagione di viaggi tesa a diffondere e a difendere nel mondo il punto di vista della Santa Sede preoccupata dagli eventi che investivano l'Europa e anche paesi remoti come il Messico. Papa Ratti lo chiamava l'«oratore di Pentecoste». Era tradizione che il segretario di Stato stesse sempre al fianco del pontefice e che mai si allontanasse da solo dal Vaticano. Con Pio XI e con Pacelli si verificò un cambiamento totale dell'antica consuetudine, per cui il segretario di Stato, non soltanto cominciò a viaggiare, ma si muoveva anche con l'incarico di legato pontificio. Quella novità fu chiamata «rivoluzione itinerante». E già nel settembre del '34 Pacelli fu inviato in rappresentanza del papa al Congresso eucaristico internazionale di Buenos Aires, nel cuore della terra latina d'America. La nave sulla quale s'imbarcò a Genova, il *Conte Grande*, prese subito il nome sui giornali di cattedrale galleggiante. Sull'albero di maestra sventolava la bandiera pontificia, dono dell'Azione cattolica argentina. Il cardinale disponeva a poppa d'una cappella privata, e anche d'una palestra per svolgervi i suoi quotidiani esercizi ginnici. Aveva al seguito quattro vescovi e numerosi altri religiosi. Sulla nave viaggiava anche don Orione che aveva fondato la piccola Opera della divina provvidenza, e con lui Pacelli s'intratteneva a lungo a parlare della difficile condizione della fede in America Latina.

Mentre arrivava a Buenos Aires, nuovi episodi di violenza insanguinavano l'Europa. Nei Balcani, eterna polveriera, l'odio fra serbi e croati sfociava in un regicidio e in disordini fratricidi. Alessandro I di Iugoslavia cadeva a Marsiglia per mano di terroristi croati, gli ustascia filofascisti di Ante Pavelič, durante una sua visita in Francia, la nazione che appoggiava la sua politica volta a contenere la minaccia della ripresa tedesca. L'attentatore, issatosi fulmineamente sul predellino della vettura reale, uccideva lui e il ministro degli Esteri francese Louis Barthou che lo accompagnava. Era stato difficile per Alessandro reggere una monarchia tricipite, con serbi, croati e sloveni, sorta dalle ceneri dell'impero austro-ungarico. Ai contrasti etnici si aggiungevano le divisioni religiose che contrapponevano i cattolici della Slovenia e della Croazia agli ortodossi della Serbia. Per di più lo stesso sovrano aveva contribuito a gettare olio sul fuoco sostenendo apertamente i serbi a discapito delle altre nazionalità.

Il cruccio per la tragedia di Marsiglia, per le sue origini e le sue implicazioni, si rifletteva nei discorsi di Pacelli. Egli parlava perciò di pace, in castigliano e in altre lingue: «Si elevi una fervida preghiera per la pace del mondo. Da ogni cuore sgorghi un grido ardente, veramente cattolico: Gesù Cristo re della pace concedi la vera pace al mondo!».

In Europa il ministro Barthou si era mostrato ostile a Hitler, pur essendo un uomo di destra, e la sua morte si risolveva in un vantaggio per il dittatore tedesco poiché allo scomparso succedeva il più accomodante Pierre Laval. In segreto Hitler si riarmava portando i soldati della Reichswehr a trecentomila unità, sebbene il trattato di Versailles non gliene consentisse che un terzo. Sempre in contrasto con gli obblighi del trattato indiceva anzitempo nel territorio della Saar un plebiscito, che gli fu enormemente favorevole, sì da riacquistarne il possesso.

Nell'Oriente europeo, nel Baltico e sul Mar Nero, al nord e al sud, si instauravano altri regimi autoritari: in Estonia, in Lettonia, in Bulgaria. La Polonia, già in preda alla dittatura paternalistica del generale Pilsudski e dei suoi colonnelli, stava per subire un nuovo giro di vite, dopo la firma d'un patto di non aggressione con la Germania hitleriana. In Estonia il presidente Konstantin Päts sopprimeva la democrazia. In Lettonia si verificava un allineamento con il nazismo a opera del nazionalista Ulmanis che installava a Riga una propria dittatura abolendo il parlamento e i partiti «nefasti». La Bulgaria passava da una dittatura militare all'altra, con la tolleranza dello stesso re Boris che affidava il potere al colonnello Gheorghieff. Il nuovo dittatore bulgaro si richiamava esplicitamente all'esperienza della «grande Italia», come egli diceva, avendo il fascismo indicato «la via giusta da seguire per la salvezza dei popoli».

Il viaggio di Pacelli in Argentina fu un bagno di folla. Le masse provenivano da ogni dove, scendevano dalle Ande, salivano dalla Terra del Fuoco; un milione di fedeli si raccoglieva nelle adorazioni notturne intorno a una gigantesca croce. Le solenni e fastose accoglienze che gli riservò alla Casa Rosada il presidente, generale Agustín Pedro Justo, e quelle che gli tributarono le altre autorità del paese erano in così forte contrasto con l'estrema semplicità della sua vita da farlo sentire a disagio. Una mattina nel palazzo della marchesa de Olmos di cui era ospite, un cameriere, che era entrato nella sua stanza per svegliarlo, lo scorse sdraiato sul pavimento. Allo stupito inserviente disse: «Così, fra tanti onori, non perdo il contatto con la terra». Anche a un prelato, che rilevava come fossero dispersivi i ricevimenti mondani ai quali si era costretti a partecipare, dava una risposta colma di saggezza: «Abbiamo sempre il modo di rifugiarci nell'intimo della nostra anima». Ma egli cercava anche il contatto con la gente comune, e difatti un giorno, vestito da semplice prete con in testa un cappello tondo a cupola, lasciò da una porticina laterale il palazzo che lo ospitava. Si confuse tra la folla, ma la sua scappatella in incognito fu di brevissima durata, tradito dalla sua alta e ascetica figura.

Aveva condotto con sé la nipotina Elena, figlia di Elisabetta, la sorella più giovane cui era particolarmente affezionato. Elena era una bambina d'una decina d'anni diventata completamente sorda in seguito a un attacco di scarlattina. Lo zio soffriva immensamente per la sciagura che aveva colpito la piccola, e cercava di dimostrarle in tutte le maniere la sua tenerezza. Per distrarla e per alleviarle in qualche modo il peso della sventura, lo «zio don Eugenio», come Elena lo chiamava, l'aveva voluta con sé in Argentina. Si era anche occupato a più riprese della sua salute, e difatti fin dal '23 l'aveva fatta visitare a Monaco dal più noto specialista in otoiatria, il professor Wanner, ma tutto si era rivelato inutile. Più efficaci si mostrarono le lezioni che le impartiva madre Edeltrude

Poschmann, basate sulla lettura delle parole dalle labbra. Ma la ragazza continuava a chiedere allo zio don Eugenio: «Quando potrò sentire?».

Nell'aprile del '35, sempre in rappresentanza del papa, partecipò a Lourdes al solenne triduo del Giubileo della Redenzione, fra i duecentocinquantamila pellegrini che erano pervenuti da ogni luogo ai piedi dei Pirenei, attorniato da cinque cardinali e settanta vescovi e arcivescovi. Due giorni prima della partenza aveva perso il fratello Francesco, non molto anziano, sessantenne, ma ammalato di cuore. Francesco era Consigliere generale della città del Vaticano, e la carica fu quindi attribuita a suo figlio Carlo cui andavano anche gli incarichi di consulente legale dell'amministrazione dei beni della Santa Sede, della congregazione di Propaganda Fide e di quelle dei Religiosi e dei Seminari, per suoi meriti obiettivi e non per solo nepotismo.

Don Eugenio era enormemente affezionato al fratello maggiore, e forte fu il dolore per la perdita. Lasciò egualmente Roma non volendo che si apportassero modifiche al programma della visita in Francia. Nei viaggi, fra gli accompagnatori del cardinale, raramente mancava suor Pasqualina che aveva diuturna cura di lui, ne annotava i gesti e le parole. La missione in Francia, cioè nella terra direttamente minacciata dall'ormai palese riarmo tedesco, confermava la sensibilità della Santa Sede per il mantenimento della pace.

Il viaggio di Pacelli seguiva infatti di pochi giorni una conferenza anglo-franco-italiana che si era svolta a Stresa, e più precisamente all'Isola Bella sul lago Maggiore nei Saloni di Villa Borromeo. Il segretario di Stato pontificio fu enormemente festeggiato dalle autorità francesi – tanto che il presidente della Repubblica, Albert Lebrun, gli andò incontro a Nizza per riceverlo con tutti gli onori – e ciò contribuì a far ritenere che la missione del prelato implicasse un'adesione morale del Vaticano al fronte di Stresa per difendere la pace minacciata dal riarmo tedesco e dalla mire annessionistiche dei nazisti sull'Austria ampiamente dimostrate dall'assassinio del cancelliere cattolico Dollfuss. L'evento aveva lasciato atterriti papa Ratti e il suo segretario di Stato. Immediatamente Pacelli, nel condannare quell'atto di «esecrabile violenza sanguinaria», aveva detto che Dollfuss era caduto vittima d'un «abominevole assassinio».

XV

Sull'Europa aleggiava ancora lo «spirito di Stresa» quando Mussolini, con la sua aggressione all'Etiopia, ne disperse perfino il ricordo. Le truppe italiane erano penetrate senza preavviso in Abissinia il 3 ottobre dell'anno XIII dell'èra fascista, attraversando il confine sul fiume Mareb. Gli italiani si mostravano entusiasti dell'avventura africana. Tutti volevano partecipare alla guerra coloniale, grandi e piccoli, fascisti ignoti e personaggi celebri. Anche Marconi chiedeva di partire, e implorava il duce: «Voglio rendermi utile!». Partivano gerarchi e altezze reali perché in Abissinia c'era gloria per tutti; partivano deputati, senatori, accademici d'Italia e lo stesso Marinetti che sostituiva alla feluca il casco coloniale. Tutti insieme, marciando, si domandavano urlando: «Che fa il Negus?», e rispondevano: «Schifo!». Ridevano di Hailè Selassiè con l'ombrellino. Eppure il Negus chiedeva aiuto proprio all'Italia. Inviava da Galeazzo Ciano un suo messo, un principe egiziano, Mohammed Ekrem Riza, per dirsi disposto ad abdicare, per salvare il salvabile. Mussolini faceva il duro, e allora il Negus prese contatto con Pacelli, il quale, pur svolgendo con impegno la missione pacificatrice, urtò a sua volta contro la volontà italiana ostile a qualsiasi compromesso.

Il Vaticano aveva ufficialmente taciuto sulla guerra d'Etiopia, anche se in segreto si era adoperato, sollecitando un intervento di Roosevelt, perché si scongiurasse un nuovo spargimento di sangue. Le gerarchie ecclesiastiche però esaltavano l'impresa. Il cardinale Schuster, parlando dalla cattedra del duomo di Milano, offrì a Mussolini un ragguardevole sostegno morale. Nell'omelia rendeva lode alla «volontà del Duce» e impetrava «pace e protezione per l'esercito valoroso che a prezzo di sangue apriva le porte di Etiopia alla Fede Cattolica e alla civiltà romana», una civiltà che «abolisce la schiavitù» in Africa, dona Dio ai popoli, essendo questa la «perpetua missione dell'Italia Cattolica e di quella Roma dantesca onde Cristo è romano».

Facevano eco a questa omelia, che attribuiva all'impresa etiopica il significato di cristiana crociata, le parole di numerosi altri prelati. L'arcivescovo di Bologna, Giovanni Battista Nasalli Rocca, chiamava Mussolini il «provvidenziale Condottiero del nostro popolo». Il vescovo di Ozieri, monsignor Serci, si esprimeva in termini di sacrosanta guerra agli infedeli, tralasciando di ricordare che l'Etiopia era da sempre un paese cristiano, anche se non cattolico. Ai suoi occhi era il protestantesimo mondiale che si opponeva alla conquista dell'Abissinia poiché, «in combutta con la massoneria, col comunismo e con l'antifascismo», si sforzava di «abbattere la civiltà di Roma cattolica». Il vescovo di Terracina, il barbuto monsignor Navarra, fratello di Quinto il commesso di palazzo Venezia, si rivolgeva direttamente a Mussolini: «Coloro che si illudono di piegare il nostro popolo, si ingannano, o Duce! Essi compiono sforzi vani, perché i tempi d'Italia sono mutati: oggi l'Italia è fascista e il cuore di tutti gli italiani batte all'unisono col Vostro, e tutta la nazione è pronta a qualsiasi sacrificio per il trionfo della pace e della civiltà romana e cristiana. Iddio Vi benedica, o Duce! Vi sostenga nel giornaliero, titanico lavoro, e Vi conceda di assistere alla vittoria, che non può mancare, delle armi italiane». Tutti li aveva anticipati l'arcivescovo di Ancona, Mario Giardina, con un manifesto in cui affidava alla protezione della Madonna i «baldi figli d'Italia chiamati a compiere il loro dovere sul suolo africano».

Hitler intanto decideva di lanciare nel marzo del '36 la Wehrmacht contro la Renania tedesca, la regione che era stata smilitarizzata in seguito al patto di Locarno. Tre battaglioni della Wehrmacht varcavano il Reno per marciare sulle città di Aquisgrana, Treviri, Saarbrücken, accolti dalle popolazioni fra lanci di fiori e grida di «Heil Hitler!». Ma il Führer realisticamente si chiedeva come avrebbero reagito i governi occidentali a quell'invasione, e nell'attesa trascorreva ore d'indicibile ansia. «Tremo», diceva, «come forse non mi è mai accaduto finora. Se i francesi ci attaccano avranno la meglio. I nostri mezzi non sono in grado di contrapporre la minima resistenza».

Il mondo si sorprese per l'acquiescenza dimostrata da Parigi e da Londra. Mentre le democrazie occidentali non reagivano, Pacelli dettava per l'«Osservatore romano» un articolo di protesta, ma era troppo poco per fermare il dittatore. Allora Pacelli stesso richiamò il governo di Parigi alle sue responsabilità, e disse all'ambasciatore francese Charles-Roux: «Se voi foste intervenuti con duecentomila soldati avreste reso un immenso servizio al mondo intero».

Il Führer si sentì incoraggiato a compiere nuovi colpi di mano. Ingoiò l'Austria, pur fingendo di voler legittimare l'invasione con un plebiscito popolare. Pacelli, prevedendo con l'ambasciatore Charles-Roux che la prossima vittima sarebbe stata proprio l'Austria, si era immediatamente adoperato per scongiurare l'*Anschluss*. Attraverso il nunzio Borgongini Duca e il gesuita Tacchi Venturi si era rivolto a Mussolini con la speranza di indurlo a prendere nuovamente posizione contro il minaccioso Hitler, come aveva già fatto in occasione del *Putsch* viennese e dell'assassinio del cancelliere Dollfuss. Ma nel frattempo i due dittatori avevano raggiunto un'intesa e già marciavano uniti. Ed ecco che il Führer si sentiva pronto a compiere l'annessione sia con l'acquiescenza di Mussolini, sia con la pavidità dei governanti inglesi e francesi. Il duce diceva a Ciano di essere ormai favorevole alla «nazificazione» dell'Austria; Ciano di rincalzo osservava cinicamente che il «pollastro austriaco stava per cadere nella pentola tedesca». Il premier inglese Chamberlain non era meno indifferente di altri alla sorte dell'Austria, tanto che Schuschnigg, il successore del piccolo Dollfuss, non era riuscito ad attirarlo dalla sua parte.

Infine in Austria i filonazisti, ben orchestrati da Hitler, facevano esplodere bombe e organizzavano attentati per preparare il terreno a un'artificiosa richiesta di intervento normalizzatore. In attuazione dei piani prestabiliti un personaggio manovrato dallo stesso Hitler, l'avvocato viennese Seyss-Inquart imposto a Schuschnigg come ministro degli Interni, sollecitò l'immediato intervento della Reichswehr che già si era ammassata ai confini. E l'*Anschluss* si compì l'11 marzo.

Alle proteste di Pacelli, il Führer rispose contrapponendogli il parere a lui favorevole di autorevoli prelati, come il nunzio a Berlino, monsignor Cesare Orsenigo, l'arcivescovo di Breslavia, cardinale Adolf Bertram, quanto mai sensibile al fascino del capo nazista, e soprattutto l'arcivescovo di Vienna, cardinale Theodor Innitzer, il quale, insieme all'episcopato austriaco, considerava utile e necessaria l'unione fra i due Stati tedeschi in funzione anticomunista. Su posizioni antiannessioniste erano invece il vescovo di Münster, cardinale Clemens August von Galen, e il vescovo di Berlino, cardinale Konrad Preysing. Pacelli ebbe però un'ulteriore amarezza nel vedere Innitzer rivolgersi ai fedeli perché votassero a favore dell'annessione, e la cosa fu di grande sostegno per Hitler nella cattolicissima Austria. Innitzer volle anzi incontrare il dittatore nel quale ravvisava l'uomo della Provvidenza, replicando la ben nota definizione usata da Pio XI per Mussolini. C'erano giovani cattolici che a Vienna urlavano nelle strade: «Cristo è il nostro Führer!», «Innitzer, tu comanda. Noi ubbidiremo!».

Pacelli rivolse a Innitzer una reprimenda insieme all'ordine di venire subito in Vaticano *ad audiendum verbum*. Nell'incontro gli chiese una ritrattazione. Ma i giochi erano ormai fatti, tanto più che la notizia della retromarcia imposta dalla Santa Sede all'arcivescovo non vide mai la luce né in Austria né in Germania. L'ambasciatore tedesco, Diego von Bergen, cercò di difendere Innitzer presso le autorità di Berlino sostenendo che il cardinale aveva accettato di ritrattare sotto «minacce ricattatorie» rivoltegli sia dal papa sia da Pacelli. Ciò non lo mise al riparo dalle rappresaglie dei nazisti che, manifestando contro di lui in duecentomila, fecero dei suoi mobili e dei libri un grande falò sotto le finestre della sua abitazione. Anzi, da una di quelle finestre si vide volare anche un suo segretario che precipitando a terra si fratturò una gamba.

Entusiasmato dai successi ottenuti senza incrociare materialmente le armi, il Führer non poteva non volgere le fauci contro la regione dei Sudeti, violando la sovranità della Cecoslovacchia. Poiché egli divisava di riunire in un Grande Reich tutti i territori marginali, *Randgebieten*, in cui vivevano popolazioni di lingua e di sangue tedeschi, era in pericolo anche l'Alto Adige, tanto più che ora attraverso l'*Anschluss* la Germania aveva raggiunto i confini del Brennero. In Spagna però Hitler e Mussolini si trovavano concretamente affiancati sul terreno antibolscevico nella interminabile guerra civile in sostegno dei falangisti di Franco.

Il cardinale Pacelli, pur sentendosi in particolare sintonia con il mondo e la cultura della Germania, sapeva di non poter chiudere gli occhi di fronte alla realtà degli Stati Uniti e meno che mai di fronte al cattolicesimo di quelle genti. Verso la fine del '36, mentre si svolgeva la battaglia elettorale per la rielezione a presidente di Franklin Delano Roosevelt, arrivò in America con la bella nave *Conte di Savoia*. Era assediato da frotte di giornalisti ansiosi di sue dichiarazioni. Ed egli disse: «State tranquilli. Pagherò la tassa giornalistica d'entrata!».

I rappresentanti della stampa erano curiosi di sapere che cosa egli pensasse di un parroco del Michigan, Charles E. Coughlin, che alla radio faceva propaganda filofascista, accusava di corruzione e di egoismo i politici e attaccava il presidente Roosevelt sul terreno economico chiamandolo dittatore filocomunista, bugiardo e ipocrita. Altri ecclesiastici americani definivano però quel parroco un «demagogo isterico», e quindi gli scontri erano quanto mai vivaci e si riflettevano fin sulle pagine dell'«Osservatore romano» che non mancava di accusare di intolleranza il cosiddetto «prete della radio». Dal cardinale però i giornalisti non seppero nulla sullo scomodo prelato. I giornalisti erano altresì incuriositi dagli atteggiamenti dell'arcivescovo di New York, il cardinale Ralph Hayes, un ambizioso e scorbutico personaggio che pensava di poter succedere a Pio XI sul soglio pontificio. Gli rivolgevano molte domande in proposito, ma lui si manteneva più riservato che mai. Un giornale, pur definendo Pacelli il «più perspicace fra i diplomatici», auspicava l'ascesa del prelato americano al soglio pontificio perché tale elezione avrebbe garantito al papato la «neutralità tanto desiderata da tutto il mondo».

Il cardinale romano si mosse in aereo da una parte all'altra dell'immenso paese, Washington, Boston, Filadelfia, Chicago, San Francisco, Los Angeles. Fin dai tempi della nunziatura in Germania era stato il primo monsignore a provare l'emozione del volo. Proprio a Los Angeles un giornale, osservando che Pacelli era arrivato in aereo, scrisse: «Quale contrasto con il carro trainato dai buoi, sul quale viaggiavano i primi missionari californiani». I fotografi lo riprendevano sulla scaletta del velivolo, i giornali ne pubblicavano la foto definendolo il «cardinale volante» per aver percorso l'America in aereo lungo seimilacinquecento miglia.

Il viaggio avrebbe dovuto rivestire un carattere privato per dar modo all'ospite di penetrare lo spirito del Nuovo Mondo ed entrare in relazione con le maggiori personalità ecclesiastiche e civili che ne guidavano le fortune. In verità, né poteva essere diversamente, tutto divenne pubblico e ufficiale fra conferimento di lauree *honoris causa* e cori che intonavano *O sole mio*. All'università cattolica di Fordham il rettore lo accolse chiamandolo il «cardinale della pace». Nelle quattro settimane di permanenza in America non si poté evitare che i suoi incontri assumessero una coloritura politica per il semplice fatto che in quei giorni si firmava in Europa un accordo di collaborazione italo-tedesca gloriosamente chiamato da Mussolini «asse Roma-Berlino». Era opinione del segretario di Stato, ed egli lo disse ai suoi interlocutori americani, che quell'asse avrebbe potuto sfociare in un'alleanza militare fra i due paesi accomunati dalla dittatura e da appetiti territoriali.

Le minacce alla pace, che rendevano l'Europa una polveriera in procinto di esplodere, furono anche il tema dei colloqui di Pacelli con Roosevelt, strepitosamente rieletto alla presidenza, e con il suo autorevole *brain trust*, non senza evitare l'argomento dei modi possibili per realizzare un'intesa diplomatica fra Stati Uniti e Santa Sede. Questo fu anzi uno degli argomenti centrali trattati nel corso della colazione nella residenza di campagna del presidente, a Hyde Park. Prima di lasciare l'America, l'ospite s'incontrò con una delle sue più cospicue famiglie, quella del finanziere Joseph Kennedy, che lo mise in contatto con altri personaggi di spicco della società statunitense. A New York, il cardinale romano si accomiatò infine dai cattolici del Nuovo Mondo mentre sotto la volta della cattedrale di St. Patrick gli rivolgeva un saluto canoro il tenore italiano Giovanni Martinelli che ogni sera al Metropolitan rinverdiva il ricordo della patria lontana.

L'«Osservatore romano» celebrava pindaricamente il viaggio: «Quello che era stato previsto come un normale periodo di congedo si è trasformato progressivamente in un viaggio il cui ritmo ha preso proporzioni veramente americane nel miglior senso della parola. Dall'Atlantico al Pacifico, come in un immenso caleidoscopio, sono passate dinanzi allo sguardo del cardinale le numerose bellezze di quel paese con le sue inesauribili ricchezze naturali: superbe montagne, deserti infiniti, immense distese di terreni coltivati con i metodi più razionali, regioni petrolifere e minerarie, vaste foreste simili a giganti adagiati al suolo, meravigliose coste marine nel paradiso della California. Inoltre – intelletto così versatile e aperto a tutte le sane conquiste della scienza e desideroso di tenersi di continuo al corrente di tutti gli sviluppi e delle perfezioni della tecnica – di vero interesse è riuscita la visita anche di importanti centri industriali con le loro importanti officine; gli altissimi edifici, i ponti giganteschi dalle linee armoniose, i vasti progetti per produzione di energia di luce e di irrigazione come il Boulder Dam, sono stati altrettanti motivi di confermare una particolare stima per il genio pratico e ardito del popolo americano».

Sul ponte del *Conte di Savoia*, che lo riportava in Italia, Pacelli esclamò: «La potenza degli Stati Uniti promuova sempre la pace nel mondo!». Da Berlino gli rispondevano accusandolo di essersi comportato in America come un «galoppino elettorale» di Roosevelt. Al suo ritorno, papa Ratti gli fece omaggio d'una sua foto, corredata di una scritta autografa: «Pius PP XI carissimo Cardinali suo transatlantico panamericano Eugenio Pacelli feliciter redeunti. 14.XI.1936».

XVI

Chiusa la fruttuosa parentesi americana, Pacelli riprese a tessere i rapporti con la Francia. Nel luglio del '37 si doveva inaugurare a Lisieux, in Normandia, la basilica monumentale dedicata a Santa Teresa del Bambin Gesù, la carmelitana scalza canonizzata nel '25 dallo stesso Pio XI fra l'entusiasmo dei cattolici francesi, com'era già avvenuto cinque anni prima con la canonizzazione di Giovanna d'Arco. Inizialmente era previsto che a presiedere la manifestazione fosse il papa al quale in segno di distinzione il governo di fronte popolare, capeggiato da Léon Blum, offriva come residenza lo stupefacente palazzo di Versailles. Ma in Vaticano si cambiarono i programmi ritenendo eccessivo il viaggio d'un pontefice nella Francia frontista, e Pacelli ricevette nuovamente da Pio XI l'incarico di rappresentarlo all'estero.

Le autorità governative e il popolo francesi gli tributarono accoglienze senza pari. Scrissero su di lui personaggi come Mauriac, Wladimir d'Ormesson, Bidault, Maurice Schumann. I cardinali Verdier e Baudrillart non vollero essere da meno nelle manifestazioni di ospitalità. Parigi gli mostrava entusiasmo dovunque egli si recasse, all'Eliseo, al Quai d'Orsay, al Trocadero, agli Invalidi, al Sacro Cuore sulla collina di Montmartre, all'Esposizione universale dove era allestito un padiglione del Vaticano, fin sulla motovedetta con la quale risalì la Senna.

Era la prima volta che un segretario di Stato tornava nella

capitale della Francia dal giorno del viaggio del cardinale Consalvi che vi era arrivato nel 1801 per firmare il concordato con Napoleone Bonaparte. Non erano soltanto esteriori le coincidenze fra i due segretari di Stato, entrambi convinti che, per il bene della Chiesa, si potesse firmare un concordato anche col diavolo. E dello stesso avviso era papa Ratti che anzi lo aveva dichiarato apertamente.

I mali dell'Europa risuonarono nel discorso di Pacelli ai pellegrini di Lisieux. Definì «particolarmente dolorose» al cuore di Pio XI le «persecuzioni inflitte ai suoi figli nei diversi paesi e che al papa avevano già strappato strazianti lamenti e solenni proteste». Ma «né la violenza rivoluzionaria e sacrilega delle masse, montate dai falsi profeti, né i sofismi dei dottori dell'empietà, di quelli che vorrebbero scristianizzare la vita pubblica, hanno potuto incatenare la parola e la penna di questo vegliardo intrepido che ha meravigliato il mondo con la pubblicazione quasi simultanea di tre encicliche».

Pacelli fu dunque a Parigi, oltre che a Lisieux. Fu ognora acclamato a gran voce, e onorato in un fastoso ricevimento all'Eliseo offertogli dal presidente della Repubblica, anche perché alla sua visita si attribuiva una chiara connotazione antinazista. Quando – da un pulpito ch'era stato di san Francesco di Sales, di Bossuet, di Lacordaire – parlò in francese nella chiesa di Notre-Dame contro l'«idolatria» della razza commosse fino alle lacrime la massa dei fedeli. Durante il precedente viaggio compiuto in occasione delle manifestazioni a Lourdes, non aveva voluto recarsi a Parigi per mantenere il più possibile la sua missione sul terreno religioso; ma ora il tuono preannunciava la tempesta, ed era necessario assumere posizioni più chiare. Anche a Lourdes non si era astenuto dal denunciare la «superstizione del sangue e della razza» e dal condannare i «meschini plagiatori che rivestono vecchi errori di nuovi orpelli», così come in altre occasioni aveva indicato la perfidia di «taluni profeti di un nuovo mito e di una nuova fede che non è fede», degli invasati profeti di una falsa fede che «non rifugge da menzogne e da alterazioni della storia». Egli aveva avuto sentore d'una possibile affermazione d'un succedaneo di religione da quando aveva letto nel '25 il *Mein Kampf* nella prima edizione in tedesco, così come aveva colto la pericolosità del razzismo dalle pagine di Alfred Rosenberg dedicate al *Mito del XX secolo*.

I giornali francesi, e perfino l'«Humanité» comunista, plaudivano alla visita. Goebbels, il ministro della propaganda nazista, reagiva da Berlino con aspre insinuazioni. Sul suo giornale, l'«Angriff», l'Attacco, scriveva che il Vaticano faceva politica com'era dimostrato dal fatto che mentre papa Ratti bollava il bolscevismo con encicliche di fuoco, il suo segretario di Stato stringeva alleanze con il Fronte popolare. Mussolini smuoveva l'ambasciatore d'Italia presso la Santa Sede, Pignatti di Custoza, perché si facesse sentire con Pacelli e anche perché Pacelli si decidesse a tirare le orecchie all'arcivescovo di Parigi, Jean Verdier, per il suo atteggiamento filocomunista. Mussolini diceva a Ciano, suo genero e ormai ministro degli Esteri: «Sono pronto a spolverare i manganelli sulla groppa dei preti», aggiungendo che in Italia non era difficile una simile operazione. E precisava, con una certa supponenza di antico anticlericale: «Il popolo italiano non è religioso. È soltanto superstizioso».

In Francia agivano i sindacati operai cristiani ai quali Pacelli rivolgeva la sua attenzione. Nel '37 questi lavoratori celebravano il loro cinquantenario, e ricevettero da Roma un caldo messaggio del cardinale. Nella Settimana sociale dello stesso anno, che si svolse a Clermont-Ferrand, si dibatteva un tema di vibrante attualità: la persona umana in pericolo. A nome di Pio XI, Pacelli inviò una lettera per denunciare lo statalismo comunista che misconosceva i diritti dell'uomo, privando la persona umana di ogni dignità. È vero, diceva, che lo sviluppo della persona avviene nella società, tuttavia la società non esiste per se stessa, ma per gli individui che la compongono. Nei suoi discorsi c'era una morale: come si doveva combattere il bolscevismo, così era da contrastare il nazismo.

L'attenzione che egli mostrava per la Francia, il paese odiato da Hitler e da Mussolini, era un modo per dire alla gente che sì, a Parigi c'erano i frontisti, ma nonostante ciò la democrazia ancora respirava. Del resto, due encicliche indicavano simultaneamente e simmetricamente chi fossero i nemici, sebbene affrontati con diverso vigore. La *Mit brennender Sorge* (Con viva ansia) colpiva, anche se implicitamente, il nazismo, e la *Divini Redemptoris promissio* (La promessa di un Divino Redentore) si scagliava apertamente e ben più fortemente contro il comunismo ateo.

Si era arrivati all'enciclica sul nazismo dopo una lunga incubazione e quando il Führer aveva già dal settembre di due anni prima varato all'unanimità a Norimberga una legislazione antiebraica cui aveva dato il nome della località bavarese. Le «leggi razziali di Norimberga» avevano conferito valore giuridico all'antisemitismo da sempre professato da Hitler, come appariva dal *Mein Kampf*, e contenuto nel programma che il partito nazionalsocialista si era dato fin dal 1920. Tutto si collegava all'antibolscevismo, proclamavano Goebbels e Rosenberg, per cui liberandosi degli ebrei si sarebbe definitivamente abbattuto il marxismo. Quelle leggi, confermando interamente l'inesorabile manicheismo nazista, applicavano agli israeliti il marchio di razza inferiore. Per ariano si intendeva chiunque non fosse ebreo e non appartenesse a razze di colore. Con le nuove norme si privavano i tedeschi di razza ebraica del diritto di cittadinanza e di ogni altro diritto politico, e, con una clausola rivolta alla «protezione del sangue e dell'onore germanici», si vietavano non soltanto i matrimoni ma anche i rapporti sessuali extramatrimoniali fra tedeschi ariani ed ebrei.

I vescovi tedeschi, che alfine avevano avvertito l'esigenza d'una pubblica iniziativa da contrapporre al predominio hitleriano, si erano riuniti nella consueta città di Fulda per sollecitare il papa ad andare oltre le proteste diplomatiche e pronunciare una parola ferma sulla situazione religiosa in Germania. Questo avveniva nell'agosto del '36. Nel gennaio dell'anno successivo Pacelli convocava a Roma cardinali e vescovi tedeschi. Al termine della conferenza Pio XI rompeva gli indugi, avendo accantonato il timore che la lettera apostolica potesse indurre Hitler a denunciare il concordato.

La bozza della *Mit brennender Sorge*, scritta in tedesco, fu stranamente preparata proprio da Michael von Faulhaber, in segretezza, e poi completata da Pacelli con la collaborazione dell'arcivescovo di Friburgo, Konrad Gröber, e di monsignor Kaas che aveva votato nel Reichstag la concessione dei pieni poteri a Hitler. Sia Faulhaber sia Kaas erano dei gran frenatori, sicché il nazismo, nonostante il pungolo di Pio XI, non apparve mai apertamente menzionato nel documento pontificio. In esso si parlava più genericamente del «regime presente» che in Germania andava predicando un «provocante neopaganesimo» e di «rivelazioni arbitrarie» che alcuni «banditori moderni» facevano derivare dal «cosiddetto mito del sangue e della razza».

Specificamente sul razzismo l'enciclica diceva che Dio aveva dato i suoi comandamenti in maniera sovrana, indipendentemente da tempo e da spazio, da regione e razza: «Come il sole di Dio splende indistintamente su tutto il genere umano, così la sua legge non conosce privilegi ed eccezioni. Chiunque voglia attribuire alla razza o al popolo o allo Stato o alla forma dello Stato o a coloro che detengono il potere, cose tutte che fra gli uomini occupano opportuno e onorevole posto, un valore diverso da quello loro attribuito dalla tavola dei valori stessi, anche in materia religiosa, e li divinizzi in un culto idolatrico, si pone fuori della vera fede in Dio e della concezione della vita a tale fede rispondente». In queste dichiarazioni era già contenuta, nonostante la lamentata indeterminatezza, la condanna dell'insegnamento di Hitler il quale presentava se stesso come un Redentore e il portatore d'una nuova Rivelazione. I tedeschi da lui suggestionati lo credevano un inviato della Provvidenza divina, e sulla Unter den Linden berlinese un suo ritratto era esposto nella vetrina d'un negozio attorniato da immaginette di Gesù Cristo.

Né il papa né il suo segretario di Stato intendevano peggiorare i rapporti con il Terzo Reich. Egualmente però Pacelli poté mettere l'accento sulla persecuzione cui la Chiesa era sottoposta in Germania. Nell'enciclica Pio XI infatti scriveva che, evocando una sorta di liturgia di tipo religioso, i nemici del cristianesimo facevano uso di «false monete» e si appropriavano del «patrimonio linguistico cristiano» per meglio diffondere una nuova, ma fallace fede. Poi denunciava il tentativo di sostituire alla Chiesa di Roma una Chiesa tedesca nazionale, che poteva apparire un «seducente fantasma», mentre non costituiva che un rinnegamento dell'«unica Chiesa di Cristo». Viva era la protesta per la persecuzione dell'insegnamento confessionale, e con ardore, sebbene indirettamente, si polemizzava contro la militarizzazione della vita civile, contro i governanti tedeschi che con «ripugnante superbia» rappresentavano «stoltamente l'umiltà cristiana come avvilimento e meschinità».

L'enciclica veniva promulgata in Vaticano il 14 marzo, Domenica di Passione, ed era inviata clandestinamente in migliaia di copie al nunzio apostolico berlinese, monsignor Orsenigo, affinché fosse distribuita a tutte le parrocchie e quindi letta nelle chiese. Il che avvenne il 21 marzo. Il suggerimento di seguire canali riservati per la diffusione della lettera pastorale, al fine di aggirare la censura dell'occhiuta Gestapo, era pervenuto da Pacelli. Il Führer s'irritò enormemente e rovesciò sulla Santa Sede un profluvio di accuse. Disse che il Vaticano aveva violato il concordato, e lo dimostrava la «massima segretezza» con cui l'enciclica era stata divulgata. Questa segretezza era una riprova del fatto che i rappresentanti del clero tedeschi «erano ben consapevoli della illegittimità del loro procedere e delle violazioni dei loro doveri di cittadini del Reich». L'enciclica fu avidamente letta in Germania soprattutto dagli studenti, i quali, quando non riuscivano a procurarsene il testo, la ricopiavano dai giornali svizzeri nelle biblioteche pubbliche e la diffondevano riproducendola al ciclostile.

Al fianco di papa Ratti, nella stesura delle lettere apostoliche, c'era lui: il segretario di Stato. E lui era preso di mira dai giornali tedeschi che lo dipingevano nelle loro vignette satiriche come un ebreo e un filocomunista occulto. Il «Der schwarze Korps» lo ritraeva nell'atto di accarezzare una donna ebrea e comunista, alla quale diceva: «Non è bella, ma sa cucinare bene». Per ritorsione contro l'enciclica, Goebbels aveva fatto stampare a decine di migliaia di copie un libello destinato ai pellegrini tedeschi in visita a Roma. In esso si raccontavano i «segreti del Vaticano» fra scandali finanziari, traffico di valuta ed episodi d'immoralità degni del peggior Sade, ai danni non del solo Pacelli, ma dell'intera curia e del papa in persona.

Lo stesso Goebbels annunciava alla radio che in Germania settemila religiosi erano sotto processo per reati sessuali. La Santa Sede non poteva tacere. «Il numero degli accusati», precisò in una nota, «si aggira sui quaranta; una metà dei quali sarebbe innocente, mentre degli altri la maggioranza non appartiene più da tempo al rispettivo ordine religioso». Intervenne anche Pacelli, con una ritorsione che Hitler, irritatissimo, definì «inaudita insinuazione». Il cardinale diceva: «È positivamente noto alla Santa Sede che in non pochi casi, nei quali identici e simili reati si sono verificati in altri circoli appartenenti al Partito che domina lo Stato e nelle loro formazioni, posto ancora che vi sia stato provvedimento giudiziario, fu taciuta con ogni mezzo, al pubblico, l'appartenenza alle dette organizzazioni. Oltre a ciò, è perfino avvenuto che la notificazione di tali reati, fatta da cattolici turbati nella loro coscienza, portasse a provvedimenti contro di essi, anziché a una punizione giudiziaria del colpevole».

Hitler convocava il cardinale Faulhaber nel suo ritiro di Berchtesgaden per mettere i punti sulle «i», facendo leva sulle inquietudini del prelato che si mostrava stregato dalla sua personalità. Il cardinale aveva infatti inviato un rapporto a Pacelli in cui, dopo aver osservato che il Führer padroneggiava temi diplomatici e sociali come un «sovrano nato, anzi di più», scriveva: «A tratti egli diventa solenne e quasi dolce, come con le parole: "Il singolo individuo è nulla. Il singolo individuo morirà. Il cardinale Faulhaber morirà. Alfred Rosenberg morirà. Adolf Hitler morirà. Se si pensa a questo si diventa meditativi e umili davanti a Dio". Hitler vive senza dubbio nella fede di Dio. Egli riconosce che il Cristianesimo è l'architetto della cultura occidentale».

XVII

Nel maggio del '38, a soli tre mesi dall'*Anschluss* e in previsione dell'attacco alla Cecoslovacchia, il Führer visitava l'Italia per offrire all'Europa una solenne dimostrazione della rinsaldata alleanza nazifascista. All'annuncio del viaggio Pio XI, che già aveva pubblicato contro il nazismo l'enciclica *Mit brennender Sorge* sollevando le ire del dittatore tedesco, si ritirò in anticipo sulla data abituale nella residenza estiva di Castel Gandolfo. Così si diceva in giro. E si aggiungeva che il papa aveva preso quella decisione per non aver nulla a che fare con il Führer. Il 2 maggio, vigilia dell'arrivo di Hitler in Italia, usciva però sull'«Osservatore romano» una noticina, accomodante, in cui si affermava che il papa era partito quell'anno per la villeggiatura alla stessa data dell'anno precedente, cioè il 30 aprile, e che si era recato a Castel Gandolfo non per fare della «piccola diplomazia», ma soltanto perché l'aria dei Castelli romani gli faceva bene alla salute.

Il giornale della Santa Sede evitò tuttavia di dare la minima notizia sulla visita, e al tempo stesso, dal 3 all'8 maggio nei giorni della permanenza del dittatore a Roma, i Musei vaticani non aprirono i battenti al pubblico. Ci fu alfine una più netta presa di posizione del pontefice quando, il giorno 4 di quello stesso mese, rivolgendosi a un gruppo di fedeli che lo acclamava a Castel Gandolfo, lamentò come, in coincidenza con la festa della Santa Croce, si fosse inalberata a Roma «l'insegna di un'altra croce che non era la croce di Cristo».

Sul giornale di Mussolini, «Il Popolo d'Italia», si protestava contro queste parole e si diceva che per condannare la croce uncinata si usava la croce di Cristo come un'arma politica.

Con il viaggio di Hitler a Roma cambiarono molte cose nella politica mussoliniana. In peggio. La prima novità si produsse in tema di lotta agli ebrei. A poco più di due mesi dalla visita del dittatore tedesco fu pubblicato il «Manifesto del razzismo italiano» che sorprese perfino i gerarchi del regime i quali non sospettavano di nutrire sentimenti antisemiti e di doversi predisporre ad applaudire un razzismo di Stato. L'antisemitismo italiano, privo di un tradizionale sottofondo di avversione razzista, non aveva mai rivestito un valore di simbolo, di vessillo ideologico, in cui i popoli misticamente sono portati a condensare il significato d'una lotta. Quindi con stupore si vide il duce passare da un tradizionale per quanto generico antirazzismo, con qualche punta polemica antiebraica e antisionista anche recente, a un razzismo deciso e combattivo che apparve subito in linea con la dottrina del sangue imperante in Germania e predicata da Hitler fin dalle pagine del *Mein Kampf*.

La «Civiltà Cattolica» non ravvisava però nel nascente razzismo italiano elementi di somiglianza con quello tedesco «intrinsecamente ed esplicitamente materialistico e anticristiano». Tuttavia la stessa rivista dei gesuiti si preoccupava del fatto che Mussolini fosse partito lancia in resta contro gli ebrei non come seguaci di una religione, ma come appartenenti a una razza. Di conseguenza erano perseguibili anche gli ebrei che si fossero convertiti al cattolicesimo, e la cosa non poteva piacere alla Santa Sede, come non potevano piacerle le violazioni che la dottrina della razza apportava al concordato. Ma via via nei fatti si trovava costretta a subirle.

In tutta la questione del razzismo, prima e anche dopo che essa entrasse a far parte della dogmatica del regime fascista, la Chiesa ha sempre tenuto un atteggiamento apparentemente contraddittorio. La discordanza scaturiva dal fatto che la Chiesa, di volta in volta e secondo le necessità del momento, considera il problema da due diversi angoli visuali. Per le gerarchie ecclesiastiche esistono due razzismi: uno religioso e uno politico. Dal punto di vista religioso (siamo tutti eguali e tutti fratelli) il razzismo è condannato, mentre dal punto di vista politico, in una congerie di distinzioni, si arriva a sostanziali comportamenti razzisti. La Chiesa non è tanto razzista quanto antisemita, sicché la sua tradizionale lotta agli ebrei si estinguerebbe nel momento in cui questi si convertissero al cattolicesimo. Sul piano religioso essa non ammette deviazioni e vuole che gli ebrei si decidano a loro volta a ravvisare in Cristo il Messia, e quindi a purgarsi del preteso crimine di deicidio.

Sempre sul piano religioso, Pio XI aveva preso posizione contro il razzismo nazista con la *Mit brennender Sorge* ancor prima che esso straripasse in Italia. E ancor prima che apparisse il «Manifesto», gli aspetti politici del razzismo erano stati discussi sulla «Civiltà Cattolica» con l'assunzione di atteggiamenti antisemiti. I gerarchi del Pnf, a cominciare da Roberto Farinacci, vi ravvisavano un «lasciapassare», tanto che gli articoli della rivista furono ripubblicati sul «Regime fascista» a dimostrazione del fatto che Mussolini aveva per alleato anche il Vaticano nella campagna razziale. Per di più Farinacci metteva in evidenza come non fosse eccessiva l'interpretazione estensiva degli articoli della rivista dei gesuiti poiché la Chiesa era a conoscenza delle persecuzioni antiebraiche già da tempo in atto in terra tedesca.

Papa Ratti intervenne nuovamente sulla questione razziale per contestare le affermazioni del «Manifesto», ma, sorprendendo un po' tutti, fu meno esplicito nel condannare le dottrine antisemite di quanto non avesse fatto con l'enciclica. In un'allocuzione del luglio agli alunni del Pontificio Collegio Urbano di Propaganda Fide avanzò qualche distinguo. Dopo aver rammentato, senza discostarsi dalla *Mit brennender Sorge*, che «il genere umano, tutto il genere umano, è una sola, grande, universale razza», aggiunse: «Non può tuttavia negarsi che in questa razza universale non vi sia luogo per le razze speciali, come per tante diverse variazioni, come per molte nazionalità che sono ancora più specializzate. Nella stessa guisa in cui nelle importanti composizioni musicali vi sono le grandi variazioni nelle quali pur si riscontra lo stesso generale motivo, che le ispira, ritornare sovente, ma con tonalità, intonazioni, espressioni diverse, così anche nel genere umano è una sola grande universale cattolica razza umana, una sola grande universale famiglia umana, e, con essa, in essa, variazioni diverse». Ma con quell'allocuzione il papa formulò la prima condanna ufficiale della Chiesa contro il razzismo mussoliniano in cui riconosceva la matrice nazista, nonostante il diverso avviso della «Civiltà Cattolica». Con vigore disse: «Ci si può chiedere come mai, disgraziatamente, l'Italia abbia avuto bisogno di andare a imitare la Germania!».

Galeazzo Ciano si affrettò a convocare monsignor Borgongini Duca per protestare contro quel discorso «violentemente antirazzista», come lo definiva, e per mettere il Vaticano sull'avviso. Disse al nunzio che proseguendo su quella strada l'urto sarebbe stato «inevitabile» in quanto il duce considerava la questione razziale come «fondamentale», dal giorno della conquista dell'impero: «È all'impreparazione razziale dell'Italia che dobbiamo le insurrezioni in Etiopia». A Ciano, il nunzio apparve «personalmente antisemita».

Al pubblico degli alunni del collegio di Propaganda Fide prescelto da Pio XI, Mussolini contrappose i giovani graduati avanguardisti che seguivano un corso nella sua Forlì. Da quel raduno rispose di persona e con spavalderia al pontefice. «Sappiate», esclamò, «e ognuno sappia che anche nella questione della razza noi tireremo diritto». In un duetto sempre più serrato si confrontavano il papa e il duce, irritandosi a vicenda. Pio XI definiva il «razzismo un errore che raggiunge i gradini degli altari perché intacca le dottrine cattoliche». Mussolini si lasciava andare a ulteriori escandescenze contro il papa: «Coloro i quali fanno credere che noi nella questione razziale abbiamo obbedito a imitazioni, o peggio, a suggestioni, sono dei poveri deficienti cui non sappiamo se dirigere il nostro disprezzo o la nostra pietà. È necessaria una chiara coscienza razziale che stabilisca non soltanto delle differenze, ma anche delle superiorità nettissime. L'ebraismo mondiale è stato, durante sedici anni, malgrado la nostra politica, un nemico irreconciliabile del fascismo».

Il duce riprendeva ad attaccare l'Azione cattolica, mentre si scagliava con sempre maggiore violenza contro il papa. Diceva al genero: «Io non sottovaluto la sua forza, ma lui non deve sottovalutare la mia. Basterebbe un mio cenno per scatenare tutto l'anticlericalismo del popolo italiano, il quale ha dovuto faticare non poco per ingurgitare un Dio ebreo». A un nuovo discorso antirazzista del papa, Mussolini convocava padre Tacchi Venturi perché trasmettesse in Vaticano un suo ultimatum: «Contrariamente a quanto si crede, io sono un uomo paziente. Bisogna però che questa pazienza non mi venga fatta perdere, altrimenti agisco facendo il deserto. Se il papa continua a parlare, io gratto la crosta agli italiani e in men che si dica li faccio tornare anticlericali. Al Vaticano sono uomini insensibili e mummificati. La fede religiosa è in ribasso: nessuno crederebbe a un Dio che si occupasse delle vicende personali dell'agente di polizia fermo all'angolo del Corso».

Sia palazzo Venezia sia il Vaticano cercavano però di evitare che il contrasto degenerasse in rottura. A questo fine l'«Osservatore romano» pubblicava le notizie riguardanti le misure razziali senza entrare in polemica col regime che le emanava. Gli avvenimenti si accavallavano. Non erano trascorsi tre mesi dalla pubblicazione del «Manifesto» quando apparve la «Carta della razza» che, promulgata dal Gran consiglio del fascismo, poneva le basi legislative della lotta antiebraica. Il Vaticano protestava perché un articolo della nuova legge sanciva il divieto e quindi l'eventuale nullità dei matrimoni misti, quelli contratti fra cittadini italiani di razza ariana e persone appartenenti ad altre razze, anche se avessero aderito alla religione cattolica, salvo che fossero contratti in punto di morte e con la legittimazione della prole.

La nuova norma violava apertamente il concordato, quel concordato in base al quale, in tema di matrimonio, lo Stato fascista si era adattato a una grave rinuncia accettando che le formalità e le condizioni di validità dell'unione, gli impedimenti e le dispense fossero retti dal diritto canonico. La Chiesa non intendeva perdere ciò che aveva conquistato, e quindi il papa scrisse al duce una lettera autografa, ma non ebbe risposta. Il pontefice si indignò e si rivolse allora a re Vittorio Emanuele. Gli scriveva in latino per accusare Mussolini di voler far saltare il concordato. Il duce si sdegnò a sua volta. Disse che non avrebbe mai trasformato la legge razzista in confessionale, e si augurava che il papa morisse al più presto.

Le condizioni degli ebrei andavano via via peggiorando. Gli italiani, sempre piuttosto tolleranti, si meravigliavano per la svolta razzista del fascismo che sottoponeva gli israeliti a vessazioni e a persecuzioni continue. A Roma la gente vedeva gruppi di ebrei che il regime costringeva a scavare la sabbia sulle rive del Tevere nei pressi del ghetto. Erano medici, avvocati, ingegneri, ragionieri ai quali era stata messa una pala nelle mani con l'intento di avvilirli e degradarli spiritualmente e socialmente; per minarne ogni senso di dignità, come avrebbe detto Einstein.

XVIII

Molte erano le ragioni di preoccupazione per la Chiesa cattolica di fronte agli sconvolgimenti di cui l'Europa era teatro. Nel maggio di quel 1938 il cardinale Pacelli, sensibile ai problemi che attanagliavano i paesi europei, si recava in Ungheria con animo teso. Ancora una volta in qualità di legato pontificio, partiva per Budapest, dove presiedeva il Congresso eucaristico internazionale. C'era motivo di essere in ansia per l'Ungheria, la nazione che, per la rabbia di aver perduto con la guerra due terzi del suo antico territorio, si lasciava attrarre nella zona d'influenza del nazismo, se non altro perché Hitler faceva intravedere cospicui risarcimenti ai danni della Cecoslovacchia. Alla stessa stregua si avvicinava all'Italia fascista. Il reggente ungherese Miklos Horthy, che pur apparteneva alla minoranza calvinista del paese, non lesinò al prelato onori e festeggiamenti. Al Congresso eucaristico non poterono tuttavia partecipare i cattolici tedeschi ai quali Hitler non aveva consentito di uscire dalla Germania accampando difficoltà valutarie, ma in realtà volendo vendicarsi con loro dello «sgarbo» usatogli in occasione del suo recente viaggio a Roma da papa Ratti.

Tra le molte manifestazioni ungheresi, una processione notturna sul Danubio fu la più risplendente per entusiasmo di folla e per scenografia. Sulla motonave che risaliva il fiume, Pacelli era attorniato da tredici cardinali e trecento arcivescovi. A Budapest parlò in tedesco per sottolineare l'assenza dei pellegrini cattolici della Germania. Disse che i popoli, se minacciati da costrizioni politiche «senza Cristo o addirittura contro Cristo», avevano il «sacro dovere» di contrastarle per spegnere le «torce incendiarie» della rivoluzione e della lotta di classe. Negli ambienti anticlericali si ravvisò in questi accenti una sorta di implicito assenso del Vaticano al patto Anticomintern tedesco-giapponese che si proponeva di opporsi all'«opera disgregatrice» del comunismo. Al patto aveva aderito da alcuni mesi lo stesso Mussolini, anche se malvolentieri, per sue ragioni di prestigio.

In realtà, sebbene con alti e bassi, la tensione fra il Reich e la Santa Sede si era aggravata, a causa di sferzanti giudizi dell'arcivescovo di Chicago, il cardinale d'origine tedesca George William Mundelein, il quale aveva definito Hitler un inetto imbianchino austriaco – «an austrian paperhanger, and a poor one at that» – e il Führer aveva perfino pensato di denunciare il concordato. L'ambasciatore tedesco von Bergen consegnava a Pacelli una nota di protesta sul discorso di Mundelein. Il segretario di Stato, che aveva conosciuto il cardinale durante il viaggio in America e ne apprezzava il rigore, replicava seduta stante mostrandogli una copia dell'organo ufficiale del partito nazista, il «Völkischer Beobachter», che pubblicava un disegno in cui si rappresentava un vescovo attorniato da un branco di maiali.

La salute dell'ottantunenne papa Ratti peggiorava, e Pacelli al suo ritorno dall'Ungheria, confidandosi con suor Pasqualina, disse che non si sarebbe più mosso da Roma. «Credo che la mia assenza», soggiunse, «non faccia bene al Santo Padre». Erano trascorsi pochi mesi dal viaggio a Budapest quando il premier inglese Chamberlain, nel tentativo di superare pacificamente la crisi dei rapporti fra la Germania e la Cecoslovacchia causata dalle pretese di Hitler sulle minoranze tedesche dei Sudeti, propose, attraverso Mussolini, un incontro a quattro fra Inghilterra, Francia, Germania e Italia, con l'esclusione della Cecoslovacchia sulla cui pelle si esercitava la violenza nazista. La conferenza si svolse a Monaco e ne prese il nome. Poteva apparire che le democrazie occidentali si preoccupassero di scongiurare il pericolo d'una guerra europea. In realtà esse volevano evitare di scendere in campo contro l'asse Roma-Berlino che consideravano un utile baluardo antibolscevico. E a Monaco, disonorevole Canossa delle grandi democrazie, si legittimò l'annessione nazista dei Sudeti. Il Führer non era però soddisfatto perché l'arrendevolezza degli occidentali gli aveva impedito di impiegare subito la forza e di occupare tutta la Cecoslovacchia. «Quel Chamberlain», diceva, «mi ha guastato la festa. Senza di lui sarei potuto entrare a Praga».

Nel novembre un nuovo evento impresse una svolta all'azione antiebraica dei nazisti. L'evento era rappresentato da un attentato in cui trovò la morte un giovane segretario dell'ambasciata tedesca a Parigi, Ernst von Rath, per mano di un ragazzo, un ebreo polacco, Herschel Grynszpan, che intendeva vendicare i genitori perseguitati e deportati dalla Gestapo. Il giornale di Goebbels, «Der Angriff», scriveva: «Dall'ignobile atto deriva l'assoluta necessità di agire senza indugio contro gli ebrei, fino alle estreme conseguenze». Era il segnale. Per prima fu data alle fiamme la sinagoga di Monaco, e quindi nelle strade di quella città e di Berlino si diede il via a colossali pogrom, come non se ne erano più avuti in Europa dalla notte del Medioevo. Al delitto compiuto da un giovane sconvolto seguiva una catena di crudeltà perpetrate con fredda determinazione in tutta la Germania per eccitare la nazione al mito del sangue e al concetto della razza superiore. La violenza contro gli ebrei e contro i loro beni si esercitava con particolare accanimento colpendo le vetrine dei negozi, quasi che l'isterismo dei nuovi vandali avesse bisogno del gelido frastuono di cristalli in frantumi, come riscontro alle loro urla, ai colpi di pistola e al mutismo delle vittime sbigottite. L'intera operazione prese il nome di «notte dei cristalli», *Kristallnacht*, tra il 9 e il 10 novembre, sebbene il pogrom si protrasse per una settimana.

L'orrore si diffondeva in Vaticano. Papa Ratti, approfittando d'una visita a Roma del premier inglese Chamberlain e del suo ministro degli Esteri Halifax, chiese di vederli, sebbene fosse febbricitante. Nell'incontro, che si svolse a metà gennaio del '39, li richiamò alle responsabilità del momento, rilevando come con le loro esitazioni di fronte all'espansionismo hitleriano si rischiasse di preparare il peggio all'Europa. Nonostante le pessime condizioni di salute, il papa si accingeva a celebrare solennemente sia i suoi diciassette anni di pontificato, sia il decennale della Conciliazione, anche perché pensava che l'esaltazione dei Patti lateranensi potesse frenare Mussolini sulla strada d'una eventuale guerra accanto a Hitler.

Aveva ridotto al minimo le udienze pubbliche e private. Non riceveva che Pacelli al quale dava via via da leggere le pagine d'un discorso che avrebbe voluto pronunciare, come testamento spirituale, davanti ai vescovi italiani da lui convocati a Roma per l'11 febbraio. La mattina del giorno 7, era un martedì, non riuscì ad alzarsi dal letto, ma volle egualmente proseguire nella stesura del discorso dopo aver detto al suo medico, Aminta Milani, di tenerlo in vita almeno fino a tutto sabato. Pacelli lo scongiurava di non affaticarsi, di soprassedere a ogni impegno. Il pontefice non gli diede ascolto e, all'alba del giorno 10, venerdì, un attacco cardiaco lo stroncava.

Era stato davvero un attacco cardiaco a ucciderlo, alla vigilia del discorso? Questo era l'interrogativo che cominciò a circolare nei più svariati ambienti. Si diceva che Pio XI si proponesse di rivolgere nel discorso aspre critiche a Hitler e a Mussolini per condannarli di fronte al mondo intero. Sembrava altresì che egli volesse confessare di aver sbagliato nel giudicare positivamente uomini e partiti politici e che intendesse perciò rimediare sfidando le potenze terrene nel nome della legge cristiana. Si pensava infine che il duce temesse addirittura di essere scomunicato. Sempre secondo le mormorazioni, cui il cardinale Eugène Tisserant, decano del sacro collegio, prestava credito, Mussolini, con questo terrore in corpo, si era rivolto per una missione speciale al professor Francesco Petacci. Il Petacci, oltre ad essere il padre di Claretta, la giovane amante del duce, era anche uno dei medici del papa. Grazie a questo ruolo gli sarebbe stato possibile sopprimere il pontefice con una iniezione di veleno, e quindi liberare Mussolini di ogni timore. C'era perciò chi, senza andare troppo per il sottile, credeva al giallo in cui Petacci nottetempo uccideva Pio XI su commissione dell'uomo che aveva fatto la fortuna della sua famiglia.

Nei giorni in cui Pio XI preparava il discorso ai vescovi c'era in effetti molta agitazione a palazzo Venezia e al ministero degli Esteri. Ciano parlava di «aria torbida», e Mussolini si era già lamentato dell'atteggiamento critico della Santa Sede nei confronti della politica razzista dell'Asse. Diceva che i preti «non dovevano illudersi» sulle possibilità della Chiesa di tenere «sotto tutela» l'Italia. Pur riconoscendo che le forze ecclesiastiche erano imponenti, si proclamava convinto che più imponenti erano quelle dello Stato e «in specie di uno Stato come quello fascista». Aggiungeva: «Non vogliamo l'urto, ma siamo pronti a sostenerlo, e in tal caso risusciteremo tutti i sopiti rancori anticlericali». Quindi concludeva con una sparata finale: «Il papa ricordi che l'Italia è ghibellina!».

Con la morte di Pio XI, Pacelli cessava *ipso facto* dalla carica di segretario di Stato e diventava Camerlengo di Santa Romana Chiesa. Constatato il decesso del papa, prendeva possesso dei palazzi vaticani. Poi apponeva i sigilli alle stanze private dell'estinto di cui, dopo aver spezzato l'anello piscatorio che ne recava inciso il nome, provvedeva alla conservazione delle spoglie terrene. Queste, chiuse in una bara di cipresso, venivano trasportate nella Cappella Sistina. Quindi convocava a Roma i cardinali per il conclave, un momento democratico nella vita della Chiesa, destinato a eleggere il successore del papa scomparso.

Pacelli dava ordine a suor Pasqualina di etichettare tutte le sue carte e imballare i mobili del suo appartamento, nutrendo il proposito di lasciare il Vaticano subito dopo la conclusione dell'imminente conclave. Sarebbe quindi partito alla volta del lago di Costanza, ospite dell'Istituto Stella Maris, per qualche giorno di riposo. Ne aveva bisogno perché la sua fibra dava segni di cedimento. Sollecitò suor Pasqualina e le sue due consorelle di far vistare i loro passaporti, precisando che al proprio aveva già provveduto.

Preparava in tranquillità il conclave che ebbe inizio nel pomeriggio del primo marzo, un mercoledì. I cardinali si disposero in corteo. Erano in sessantadue. Passando per il cortile dei Pappagalli entrarono nel cortile di San Damaso. Il prefetto delle cerimonie pontificie – esaminato il regolare funzionamento delle rote che sarebbero servite a introdurre derrate e commestibili provenienti dalla cucina vaticana, e provata la sicurezza degli sportelli di chiusura – dava ad alta voce l'ordine sacramentale: «Extra omnes!», tutti fuori. Al che le persone del seguito si avviavano rapidamente all'uscita, a esclusione di segretari, cerimonieri, cuochi, barbieri, inservienti e altri conclavisti, un frate confessore, un medico, un chirurgo, un farmacista, un paio di architetti, cui si imponeva, come ai cardinali, un giuramento di assoluta segretezza. Il recinto del conclave comprendeva gli appartamenti del pianterreno e dei tre piani tutto intorno al cortile di San Damaso. In esso erano installati vari servizi e le cucine. L'ingresso del conclave si trovava sulla scala che dal portone di Bronzo conduce appunto in San Damaso.

Il prefetto, esattamente alle ore 19,15, chiudeva la porta prendendone in consegna la chiave. Di qui il termine conclave, in latino *cum clave*, con la chiave. Riuniti nella Cappella Sistina i cardinali sedevano sotto il baldacchino dei loro tronetti damascati disposti lungo le pareti del presbiterio; indossavano paramenti luttuosi come era d'obbligo per la morte di Pio XI: sottana nera con fascia di lana e fiocchi neri, camice liscio di lino bianco senza merletto (il famoso rocchetto), mantelletta nera, berretta violacea con fiocco. Sopra l'altare era dispiegato un arazzo raffigurante la discesa dello Spirito Santo. Sul più alto gradino appariva imponente la poltrona papale destinata all'eletto. Accanto all'altare era collocata una piccola stufa nera, nella quale si sarebbero bruciate le schede dopo le votazioni, sormontata da un lungo tubo bianco.

Su quegli eminentissimi padri gravava l'immane compito

di scegliere il nuovo pontefice. Trentacinque erano italiani, ma non bastavano a garantire l'elezione d'un loro connazionale essendo richiesta una maggioranza di quarantadue voti in rapporto al loro numero complessivo. Appariva comunque certa l'esclusione d'uno straniero. In proposito, Mussolini mostrava indifferenza. «Se il papa sarà italiano», diceva «va bene. Se sarà straniero, va bene lo stesso». Se ne sorprendeva il ministro degli Esteri, Ciano, il quale, incontrando Pacelli qualche giorno addietro in Vaticano per presentare le condoglianze del governo e del «popolo fascista», lo aveva trovato «conciliante e speranzoso» sulle relazioni fra Stato e Chiesa.

Dall'ambasciatore italiano presso la Santa Sede, Pignatti di Custoza, il ministro aveva saputo che Pacelli era il favorito dei tedeschi, essendo migliorate le relazioni fra il Vaticano e la Germania. Ma il decano del corpo diplomatico presso il Vaticano, ambasciatore Diego von Bergen, andava oltre. Si augurava un papa capace di interpretare le esigenze di quel «mondo nuovo» che si era emancipato dalle «rovine del passato»; e la sua era una chiara allusione a un pontefice quanto mai vicino a Hitler che il mondo nuovo aveva fondato.

I romani attendevano con trepidazione il responso del conclave. Anch'essi congetturavano sui papabili, e con ironia dicevano che Eugenio Pacelli era il candidato degli uomini; Massimo Massimi, di Dio; Ildefonso Schuster, del diavolo. Il cardinale Massimi, romano come Pacelli, era uomo di grande fede; in polemica col regime accusava i fascisti di «mandare in giro» i ragazzi armati di pugnale. Poi c'erano i rapporti confidenziali della polizia segreta che però lo stesso Mussolini prendeva con le molle, quando se li vedeva arrivare sul tavolo a palazzo Venezia. «Il cardinale Marmaggi», si riportava in una di quelle informative, «ha poche probabilità di essere eletto, dato che ha una numerosa parentela formata da gente del popolo, fra cui un noto "stracciarolo", tutti individui che diventerebbero "eccellentissimi". Il cardinale Maglione è stato fotografato insieme a una donna. E ove sorgesse il nome del cardinale Tedeschini, si presenterebbe ancora il caso di certe sue relazioni femminili».

Parte seconda

LA STELLA DI SION

Il prezzo del silenzio

I

Ogni cardinale si era ritirato durante la notte in una cella numerata estratta a sorte, ma ben pochi di quegli abitacoli erano comodi e accoglienti. Alcune celle si trovavano molto in alto, tra la seconda e la terza loggia del palazzo, e per arrivarvi bisognava salire molte scale. Per un gesto di riguardo, Pacelli aveva potuto usufruire del suo vecchio appartamento, dai mobili imballati, nel quale aveva trascorso nove anni da segretario di Stato. Formalmente anche il suo appartamento era considerato una cella e recava un numero, il 13. Tutte le finestre erano ermeticamente chiuse e oscurate, né era consentito avvicinarvisi, secondo le regole di segretezza del conclave. Si trovavano nell'appartamento con Pacelli sia suor Pasqualina, sia le altre due consorelle addette al suo servizio.

Al mattino i cardinali, richiamati dal suono d'una piccola campana, tornarono in «Sacellum Sixtinum», come essi dicevano, e si accinsero ad affrontare il primo scrutinio. Erano le ore 11 del 2 marzo. In quello stesso giorno Pacelli compiva sessantatre anni. Sessantatre erano pure i cardinali in conclave, compresi lui stesso e l'americano O' Connell ch'era arrivato in ritardo da Honolulu. Scrutinate le schede si constatò che si erano concentrati sul suo nome trentasei suffragi. Non erano sufficienti all'elezione che richiedeva la maggioranza dei due terzi dei cardinali, e si ebbe la prima fumata nera. Gli erano mancati sei voti. Un po' di paglia bagnata era stata gettata nella stufa dove immediatamente vennero bruciati i foglietti con i voti. I votanti dovevano scrivere il nome del cardinale prescelto su una scheda che recava una dicitura in latino: «Eligo in Summum Pontificem Em.mum D.num Card...» (Eleggo come Sommo Pontefice l'Eminentissimo Signor Cardinale...). Dovevano altresì scrivere il proprio nome su un lembo della scheda da ripiegare, con il reciproco impegno di mantenere il segreto sul voto. Era proibito votare per se stessi, pena l'annullamento della scheda. Prima di deporre la scheda in un grande calice d'argento, i cardinali, genuflessi, erano obbligati a pronunciare una formula di rito: «Chiamo a testimone Cristo Signore, il quale mi giudicherà, che il mio voto è dato a colui che, secondo Dio, ritengo debba essere eletto».

In quel primo tentativo avevano votato per Pacelli gli stranieri, con in testa i tedeschi, e gli avevano dato il voto non più di dieci o undici dei trentacinque cardinali italiani, tra i quali si potevano certamente annoverare Canali, Pizzardo, Piazza – come suoi tenaci alfieri – insieme a Maglione, Tedeschini, Dalla Costa, Salotti, Marchetti Selvaggiani. Gli era mancato il sostegno di Schuster, che lavorava per una propria elezione, e di alcuni altri cardinali di curia. L'appoggio dei cardinali tedeschi non era in linea con le opinioni dei nazisti a Berlino dove il «Morgenpost» scriveva che l'elezione di Pacelli non sarebbe stata ben vista in Germania in quanto egli già con papa Ratti si era rivelato un «oppositore del nazismo».

Un informatore della polizia fascista sosteneva che nella redazione dell'«Osservatore romano» si dava per certa la sconfitta di Pacelli. Sembrava che gli oppositori fossero per un papa meno politico e meno duttile, cioè meno diplomatico e più deciso nelle sue battaglie, almeno quanto il predecessore. Tuttavia al secondo scrutinio Pacelli guadagnò cinque voti, che gli provenivano da altri cardinali italiani impressionati dal plebiscito degli stranieri. Arrivò a quota quarantuno, ma senza raggiungere, per una sola scheda, il quorum necessario dei due terzi. Ci fu quindi una nuova fumata nera. Al di fuori del conclave serpeggiava una strana voce. Si diceva che Pacelli era stato eletto papa già da quello scrutinio, ma che egli stesso, sconcertato dalla fulminea designazione e preoccupato per aver ottenuto la maggioranza di un solo voto, aveva richiesto e ottenuto dal sacro collegio di ripetere la prova.

Era ormai passato mezzogiorno, e fu deciso di rinviare al pomeriggio la terza votazione. I cardinali tornarono nelle loro celle, Pacelli raggiunse il suo appartamento. Con suor Pasqualina parlò delle ultime casse che ancora dovevano essere chiuse. «Le chiuderemo domani, Eminenza. Siamo tutte molto stanche», azzardò a dire la suora. E lui, di rimando: «No, no. Perché perdere tempo? Ci riposeremo quando tutto sarà finito». Poi si mise a tavola, ma non bevve che un bicchiere d'acqua. Scese nel cortile di San Damaso e, immerso nella lettura del breviario, passeggiò per poco meno d'un'ora. Appariva pallido. Pallido, ma tranquillo.

Nel pomeriggio i cardinali si avviavano nuovamente nella Cappella Sistina. Pacelli camminava soprappensiero, quasi a occhi chiusi. Doveva scendere lo scalino che separa l'Aula dei Paramenti dalla Sala Ducale, ma non ci fece caso pur essendo padrone del luogo. Mise un piede in fallo e cadde a terra, senza riuscire a sorreggersi al cardinale di Boston, O' Connell, che gli era al fianco. Il cardinale di Parigi, Verdier, non poté trattenersi dall'esclamare: «Il vicario di Cristo in terra!». Pacelli subito si alzò, mentre portava una mano al braccio sinistro dolorante.

Ripresi i loro posti nella Cappella Sistina, i cardinali diedero avvio al terzo scrutinio. L'esclamazione di Verdier, nella sua serafica ironia, preannunciava il risultato finale e dimostrava che nel sacro collegio la scelta era idealmente già compiuta. Sempre Verdier pochi giorni prima, all'atto della morte di Pio XI, aveva fatto un'osservazione sulla gravità del momento. «La Chiesa», aveva detto, «va verso tempi così agitati che il nuovo papa dovrà essere o un Eroe o un Santo».

Il cardinale patriarca di Lisbona, Gonçalves Cerejeira, precedeva per ragioni protocollari Pacelli e gli era quindi assai vicino. Durante le prime votazioni lo aveva visto completamente assorto in se stesso, quasi che il conclave non lo riguardasse. Apparendo ormai chiare le conclusioni, Pacelli si era messo a pregare con fervore: «Domine Jesu, miserere mei!». Era accanto a lui anche il cardinale Lavitrano, inizialmente candidato al soglio, il quale cercava di animarlo dicendogli che l'elezione avrebbe significato un segno di predilezione del Signore, e lui rispondeva: «Ma è pure una tremenda responsabilità!».

Lo scrutinio volgeva al termine. Gli eminentissimi padri videro Pacelli pallido e commosso, come «impietrito e terrificato in una profonda preghiera». Non c'erano più dubbi, egli era il nuovo papa. Aveva ottenuto quarantotto voti, sei più del necessario. Il che equivaleva a un'elezione trionfale, sebbene Pacelli, visto che ci si trovava, avrebbe ormai preferito una votazione plebiscitaria. Avevano votato per lui cardinali di varia estrazione, dal liberale Verdier all'ultraconservatore Baudrillart. L'ottantenne decano, Granito di Belmonte, nel mettergli al dito l'anello piscatorio, gli chiedeva: «Acceptasne electionem de Te canonice factam in Summum Ponteficem?». Pacelli rispondeva: «Accepto». E subito aggiungeva: «Accipio in crucem», accetto come una croce. Contemporaneamente si piegavano tutti i baldacchini che sormontavano i seggi. Soltanto il suo restava alzato. Quindi il decano gli domandava quale nome intendesse darsi: «Quo nomine vis vocari?», ed egli diceva: «Pius XII», richiamando nel proprio nome quello del predecessore.

Ora il mondo poteva conoscere i risultati del rapidissimo conclave, sicché alle ore 17,27 dal vecchio fumaiolo, che in una strana forma ad angolo retto sovrastava la Cappella Sistina, si levò uno sbuffo di fumo bianco. Sconfinata era l'esultanza dei duecentomila romani che si erano raccolti ondeggiando nella piazza di San Pietro, fra le braccia del colonnato del Bernini. Alle ore 18 e sette minuti il cardinale Caccia Dominioni, uno dei tre porporati che nel conclave avevano svolto il ruolo di Capi d'Ordine, si affacciava al balcone centrale della basilica di San Pietro addobbato con un bianco arazzo orlato di rosso. Davanti ai microfoni dava l'annuncio che, pur ripetuto nei secoli innumerevoli volte, appariva sempre nuovo: «Annuntio vobis gaudium magnum. Habemus Papam!...». Seguiva una sospensione che, pur brevissima, moltiplicava l'ansia nell'animo della gente. «Chi è, chi è il papa?», si chiedevano i romani nella piazza. E il nome fu detto: «Eminentissimum ac Reverendissimum Dominum Eugenium, Sanctae Romanae Ecclesiae Cardinalem Pacelli, qui sibi nomen imposuit Pium Duodecimum». Esplose un boato di gioia.

Nella sacrestia della Cappella Sistina, detta «stanza delle lacrime», era già avvenuta con grande lentezza e gravità la vestizione del nuovo papa il quale, fra le tre tuniche di diversa misura disposte su un piccolo tavolo, aveva scelto naturalmente la più lunga. Forte era il contrasto fra l'abito bianco pontificale e il damasco scarlatto delle pareti. Altrettanto forte era stato il contrasto fra la solennità del momento e l'intervento del medico del conclave, il dottor Aminta Milani, chiamato a curare l'escoriazione a un dito causatagli dalla caduta nella Sala Ducale. Il nuovo papa aveva cinto i fianchi con una fascia di seta bianca, indossato il rocchetto di pizzo, la mantellina scarlatta, lo zucchetto di velluto e le pantofole dorate e tempestate di gemme.

Al termine della cerimonia della vestizione Pio XII tornava nella Cappella Sistina dove per la prima volta sedeva sulla sedia gestatoria che simboleggiava la suprema dignità papale. Attorniato dal michelangiolesco Giudizio Universale che campeggiava sulle pareti, i cardinali in ginocchio gli rendevano la loro prima e umile adorazione in rappresentanza dell'intero mondo cattolico. Subito dopo, lasciata la Sistina, il nuovo pontefice, il duecentosessantesimo vicario di Cristo, comparve sul balcone centrale dal quale aprendo solennemente le braccia a imitazione della croce – egli stesso raffigurava una grande, bianca croce – e levando lo sguardo al cielo impartì la benedizione apostolica Urbi et Orbi tra la commozione e le manifestazioni di entusiasmo della gente. Il suo volto lungo e scavato era quanto mai esangue in una intensa e infinita concentrazione che ne faceva l'immagine d'un doloroso interprete di tutte le pene umane.

A quel balcone era già apparso al momento dell'elezione il suo predecessore Pio XI che aveva ripreso l'antica usanza interrotta nel 1870 a causa della lotta fra Stato e Chiesa. Nella piazza si propalava rapidamente la sensazione che Pacelli fosse stato eletto plebiscitariamente al primo scrutinio. Ma in realtà quattordici cardinali, per lo più italiani, non lo avevano votato, escludendo il voto che verosimilmente egli aveva dato all'ascetico arcivescovo di Firenze, Dalla Costa, il preferito dal regime ritenendolo ancor più malleabile. Per ammissione dello stesso Pacelli, persino la scelta del nome, Pio XII, stava a dimostrare che, data la rapidità della decisione presa dai cardinali, egli non aveva avuto il tempo di pensarne un altro, per cui si era collegato al papa che aveva amato con abnegazione e servito con ardore, nonostante la diversità di temperamento.

I romani avevano un papa «romano de Roma», un papa loro concittadino, e ne erano felici. Gli abitanti del rione Borgo, una sorta di popolosa anticamera della basilica di San Pietro, erano i più entusiasti. Per tanti anni i «borghigiani» avevano lamentato che Pio XI avesse riempito la Santa Sede di lombardi, ne avesse fatto la «Città del Vaticano milanese». Non ne potevano più, ma ora avevano alfine un papa romano. Un tale evento non si era più verificato dal 1670 quando era asceso al soglio Clemente X, non Innocenzo XIII ch'era nato a Poli. L'elezione del cardinale Emilio Altieri aveva però richiesto cinque mesi, invece per Pacelli era bastato un solo giorno. E ciò non succedeva da tre secoli, dal 1534 con l'elezione di Paolo III. Né dal 1667 assurgeva al pontificato un segretario di Stato, da quando cioè fu papa Clemente IX. Si diffondeva l'opinione che Pacelli avesse anche sfatato la massima «Nemo pontifex in Curia» – che ricalcava una famosissima sentenza evangelica, «Nemo propheta in patria» —, e che avesse soprattutto neutralizzato una credenza popolare secondo la quale chi entrava papa in conclave ne usciva ancora cardinale.

Ma non poteva dirsi che Pacelli fosse il candidato sicuro alla successione di Pio XI, poiché, nonostante la fulmineità del conclave, l'opposizione d'un forte nucleo di cardinali italiani e di curia poteva metterne in forse l'elezione. Nemmeno lui era certo dei risultati, e lo dimostrava il proposito espresso a suor Pasqualina di partire per la Svizzera all'indomani del conclave. Quando in quel memorabile pomeriggio tornò nel suo appartamento con indosso la veste bianca pontificale, disse con semplicità a suor Lehnert e alle due consorelle che si gettavano ai suoi piedi: «Loro vedono come mi hanno combinato!». Poi, dando uno sguardo ai mobili imballati e alle casse di documenti – alcune carte gli servivano subito – aggiunse: «Questo almeno avrei potuto risparmiarvelo!».

Tra le note del *Tu es Petrus*, quelle del *Te Deum* e con l'*Oremus*, il mattino successivo ancora una volta nella Sistina si svolse una sacra funzione. Al termine il dodicesimo Pio lesse non senza trepidazione la sua prima allocuzione che conteneva un'invocazione alla pace e un affettuoso messaggio rivolto ai cristiani dissidenti. Definì la pace «dono sublime del Cielo, frutto della carità e della giustizia». Esortò ad essa gli uomini e le nazioni attraverso il «fraterno aiuto scambievole, l'amichevole collaborazione e le cordiali intese per i superiori interessi della grande famiglia umana». Sempre in nome della pace elevò al Signore una speciale preghiera per i sovrani, per i governanti, per tutti coloro cui incombeva «l'altissimo onore e il peso gravissimo di guidare i popoli nelle vie della prosperità e del progresso». Rivolgendosi indiscriminatamente a tutti, egli dava la sua prima dimostrazione di volersi mantenere neutrale. In tema più specificamente religioso parlò infine ai dissidenti. «In questo solenne momento», disse, «il Nostro pensiero corre anche a tutti quelli che sono fuori della Chiesa, ai quali farà piacere sapere che il Papa innalza per essi a Dio ottimo massimo preghiere e voti di ogni bene».

Con le persone a lui più vicine, il nuovo papa si compiaceva che nel suo stesso cognome fosse contenuta la parola pace, che significasse la pace del cielo – *Pax coeli* – e che fin nello stemma di famiglia figurasse una colomba, con un ramoscello d'ulivo nel becco, mentre sorvolava i colli di Roma. Alla significativa raffigurazione araldica aggiunse le parole già prescelte al momento della consacrazione a vescovo: *Opus iustitiae pax*, la pace frutto della giustizia. Già in sant'Agostino, il preferito fra i santi fin dagli anni della prima giovinezza, aveva letto una straordinaria definizione della pace, tranquillitas ordinis.

I cardinali, gli arcivescovi, i vescovi ricevevano l'impressione di non aver mai visto Pacelli prima di allora in tutta la nobiltà del suo portamento, l'ascetismo e l'intensità di fede. Ieratico, si disse subito. Egli appariva immerso in un alone di misticismo con il suo eloquio di grande giurista dagli accenti latineggianti, ciceroniani. Era molto dissimile dal predecessore, che aveva un'oratoria nervosa, fatta di scatti, di accelerazioni e di improvvise cesure. Un giornale londinese scrisse: «Il conclave ha eletto papa il più esperto e brillante diplomatico della Curia». Un quotidiano parigino annotava: «L'uomo asceso alla cattedra di Pietro è più di un diplomatico. È un asceta che avrebbe preferito rinunciare a questo onore. È un mistico, è il più zelante servitore dell'ideale cristiano, un difensore dello spirito contro il materialismo». Uno scrittore francese osservava: «Pio XII offre la visione di un essere che sta al di sopra delle cose materiali, che solleva le cose verso il cielo con le mani per offrirle a Dio in olocausto».

Il suo diretto predecessore, nel farne un segretario di Stato, gli aveva detto: «È il Suo spirito di pietà e di preghiera che fra l'altro Ci ha decisi a questa nomina». Furono invece critici i giornali tedeschi. Il berlinese «Der Angriff», che rifletteva le opinioni di Goebbels, scriveva: «Pacelli condurrà una crociata contro le nazioni a regime forte, contro il fascismo e il nazionalsocialismo». Difatti in America il «New York Times» osservava che le dittature non ne gradivano l'elezione, mentre sir Robert Vansittart del Foreign Office si esprimeva in termini meno positivi ritenendo che Pacelli avrebbe cercato di «temporeggiare» con Hitler e Mussolini.

Il profetico Malachia lo aveva designato come «Pastor angelicus». Intorno a Malachia, il santo irlandese dell'undicesimo secolo, si era formata una leggenda secondo la quale il prelato aveva avuto una visione dei papi che si sarebbero susseguiti da Celestino II in poi fino alla fine del mondo in coincidenza con il Duemila. A ognuno di essi aveva dedicato un vaticinio in latino, per un totale di centoundici pontefici. Il predecessore di Pacelli era indicato con il motto «Fides intrepida», con il numero d'ordine centocinque, e quindi secondo la sua profezia dovrebbero succedere al «Pastor angelicus» soltanto altri cinque pontefici, gli ultimi, designati con i motti «Pastor et nauta», «Flos florum», «De medietate lunae», «De labore solis», e infine «De gloria olivae».

Malachia si era altresì esercitato in un'apocalittica previsione. Diceva che la storia della Sacra Romana Chiesa si sarebbe conclusa con l'ascesa al soglio di un papa – sarà un negro – che oserà chiamarsi Pietro Romano o Pietro II. Egli avrebbe guidato il suo gregge in mezzo a innumerevoli tribolazioni che si sarebbero concluse con la distruzione della città dai sette colli e con una condanna emessa contro il suo popolo da un giudice implacabile. Amen. La Chiesa parla però di apocrife profezie falsamente attribuite al santo dalla fine del Cinquecento, tanto che i motti appaiono spesso in contrasto con gli elementi della realtà storica oltre che insulsi. Comunque il vaticinio di «Pastor angelicus» indicato per Pacelli piacque molto ai fedeli fin dal primo momento.

Il 12 marzo si svolse la festa dell'Incoronazione, e piazza San Pietro era nuovamente affollata fino all'inverosimile. Il nuovo pontefice apparve sulla soglia della basilica dall'alto della sedia gestatoria. I romani esclamavano entusiasti: «È un bel papa», ripetendo le parole di Pio XI che già se lo era immaginato su quella sedia. Nella cittadina di Onano, dove sapevano molte cose su di lui e soprattutto dei suoi anni giovanili, i più anziani commentavano sorridendo: «Se Lucia gli avesse detto sì, oggi non lo avremmo avuto nostro pontefice». Così dicendo ricordavano i sentimenti amorosi di Eugenio per quella ragazzetta, Lucia appunto, che gli aveva anche ispirato un romantico sonetto d'amore.

Al culmine della cerimonia gli fu imposta la tiara ornata di tre corone che lo faceva «il padre dei sovrani e dei re, il reggitore dell'intero orbe terrestre, il vicario del Salvatore». Proprio in quel solenne giorno Pacelli ebbe la conferma di quanto in quel momento fosse profondo il dissidio con la Germania nazista, poiché fra i rappresentanti ufficiali delle quaranta nazioni presenti alla sacra cerimonia mancava la delegazione tedesca. Il Führer aveva così voluto dimostrare il suo odio per la Chiesa e la rabbia per l'elezione di un pontefice che osava contraddire la potenza del nazismo. Il giornale «Das Reich» aveva scritto che, «se papa Ratti era ebreo per metà essendo la madre un'ebrea olandese, Pacelli lo era al cento per cento».

La Wilhelmstrasse incaricava tuttavia l'ambasciatore presso la Santa Sede, Diego von Bergen, di portare al nuovo eletto le congratulazioni del Führer e del governo del Reich. Quelle congratulazioni dovevano essere formulate «oralmente». Nelle istruzioni al diplomatico si precisava che i complimenti erano consueti, e che «in considerazione del ben noto atteggiamento dell'ex cardinale Pacelli verso la Germania e il movimento nazionalsocialista, non dovevano essere formulati in maniera particolarmente calda».

II

Pio XII, prendendo possesso dell'appartamento pontificio al terzo piano del palazzo apostolico, apportò alcune modifiche alla disposizione dei mobili. Lo scrittoio, che originariamente fronteggiava una finestra alla quale Pio XI volgeva le spalle, ora si trovava alla destra della porta d'ingresso, nella stessa posizione preferita da Pio X e Benedetto XV. Quello scrittoio, che con Pio XI era ingombro di carte, di libri, di giornali e di piccoli oggetti d'ogni tipo, ora si mostrava nitido, come il tavolo del più ordinato fra gli uomini di gusto teutonico. Non cambiò invece la disposizione dei mobili nella camera da letto, così come volle usare il letto sul quale il suo predecessore era morto. Sul tavolo d'un piccolo salotto d'attesa mise egli stesso una foto che lo ritraeva fanciullo, affettuosamente appoggiato alla madre.

Tra i colori Pacelli preferiva il bianco. Di nero sul suo tavolo c'erano soltanto l'inchiostro e un nettapennini che lui usava prima di mettersi a scrivere per assicurarsi che nel pennino – era un *perry* – non si fosse infilato qualche fastidioso peluzzo. Non appena aveva finito di scrivere, puliva nuovamente il pennino «perché altrimenti si arrugginiva e graffiava il foglio». Bianchi dovevano essere i fiori che rallegravano la sua mensa e il tavolo di lavoro e che ornavano l'altare. Bianco era il telefono sullo scrittoio, bianca la macchina da scrivere. Bianco era lo scacciamosche di crine di cavallo dal manico d'avorio. I suoi pasti erano sempre frugali e rapidi, e anch'essi sovente in bianco. Mangiava riso, beveva latte sotto lo sguardo attento di suor Pasqualina che serviva a tavola. Pensava a tutto lei, e fu lei a introdurre nell'appartamento pontificio alcuni lieti canarini insieme a un pappagallo brontolone, che il papa, francescanamente, accolse volentieri. Uno di quei canarini, dono di monsignor Kaas, si chiamava Gretchen, come aveva suggerito la suora, e gli si andava a posare sulla spalla mentre egli si faceva la barba. Usava un rumoroso rasoio elettrico, uno dei primi a Roma, che aveva avuto in dono dal cardinale Spellman. Anche al pappagallo fu imposto un nome tedesco, Dompfaff. Il papa chiese perché mai lo si dovesse chiamare «canonicaccio», che era la traduzione italiana di Dompfaff, e fu Kaas a spiegare la cosa dicendo: «Proprio come certi canonici, mangia molto e canta poco».

La figura severa di Pio XII, il gesto misurato, l'incedere solenne apparivano in stridente contrasto con la passione che egli nutriva per la velocità. In automobile voleva che l'autista premesse a tavoletta il pedale dell'acceleratore. La sua grossa macchina nera, con la targa SCV 1, sfrecciava nelle strade di Roma e raggiungeva Castel Gandolfo in un lampo. SCV: Stato della Città del Vaticano, che i romani traducevano: Se Cristo Vedesse, considerando troppo lussuose l'automobile e la vita del pontefice. All'interno di ognuna delle sue automobili, alla destra del tronetto in velluto cremisi, egli aveva a disposizione un quadro di comandi con otto bottoni con le scritte che corrispondevano ad altrettanti ordini per l'autista: «avanti», «indietro», «adagio», «forte», «destra», «sinistra», «ferma», «Vaticano». Il tasto preferito era il «forte», per cui l'autista doveva spesso superare anche i centoventi chilometri orari con evidente soddisfazione del papa, il quale aveva fatto di una parola – «Presto!», «Presto!» – il suo motto quotidiano. Né, quando era ancora cardinale negli anni di Nuvolari, un incidente lo aveva indotto a rinunciare alla velocità, o meglio all'incalzante desiderio di fare ognora presto. L'autista da lui stimolato premeva sempre più l'acceleratore della macchina e a una curva, per una brusca frenata, Pacelli, urtando contro il sedile anteriore, vide andare in frantumi le lenti dei suoi occhiali.

Ci fu uno strano personaggio che chiedeva al pontefice di sostituire le sue automobili con un asinello. E si presentò all'Arco delle Campane, un ingresso del Vaticano, trascinando un somarello che a suo dire era quello stesso cavalcato da Gesù Cristo nei suoi viaggi in Galilea. Glielo aveva affidato l'arcangelo Gabriele con l'incarico di consegnarlo personalmente al papa perché se ne servisse nelle sue predicazioni itineranti tra una parrocchia e l'altra di Roma.

Ancora un contrasto si ravvisava in lui, ed era conosciuto a pochissime persone, soltanto a quelle che gli erano più vicine. Tanto era austero e magnifico nei suoi discorsi, quanto semplice e spontaneo era nei suoi rapporti quotidiani. Gli piacevano le inflessioni e le cadenze del dialetto romano. In privato si avvertiva fortemente che egli era nato a Roma. Una mattina un giornalista sentì che si rivolgeva all'autista chiamandolo familiarmente: «A Giovà».

Mussolini si mostrava lieto dell'elezione di Pacelli. Preannunciava a Ciano l'intenzione di inviargli «alcuni consigli» perché governasse «utilmente» la Chiesa. Ma qualche giorno dopo si contraddiceva. Sembrava che egli volesse opporsi alla nomina del cardinale Luigi Maglione a segretario di Stato. Maglione, un napoletano, era nel cuore di Pacelli. Di un anno più giovane di lui, nutriva per il nuovo papa profondi sentimenti di amicizia fin dai tempi del seminario trascorsi insieme a Marchetti Selvaggiani, ad Aloisi Masella e a Micara. Molti si attendevano che Pacelli scegliesse un segretario di Stato filotedesco, ma la nomina cadde proprio su Maglione che, essendo vissuto per un decennio come nunzio a Parigi, sapeva tutto della Francia. Del resto, per le questioni tedesche, Pacelli non aveva alcun bisogno di collaboratori: poteva far da solo.

Il duce incaricò il genero di smentire la voce contraria a Maglione, aggiungendo: «Io mi infischio del papa, del cardinale segretario di Stato e di chi è a tali posti». Ciano fece la smentita, ma, come lui stesso diceva ridacchiando, «in altri termini». Per di più Mussolini voleva erigere una moschea a Roma per dare un tempio ai sei milioni di italiani seguaci dell'Islam, e Pio XII ne era costernato, per la violazione del concordato che l'iniziativa comportava.

Erano trascorsi appena tredici giorni dalla elezione di Pacelli quando le truppe tedesche entrarono a Praga, a dimostrazione di come il mondo fosse sull'orlo d'un precipizio, sebbene Hitler avesse voluto far credere che non c'erano imminenti pericoli di guerra. Il nunzio a Berlino, monsignor Orsenigo, dava a Maglione le prime notizie sugli umori dei tedeschi: il popolo cattolico taceva; appariva esternamente concorde, ma soffriva sotto il «peso morale» delle prepotenze e delle violazioni compiute dal governo nazista. Il popolo protestante invece si mostrava meno sensibile alle considerazioni di carattere morale e plaudiva «più facilmente al successo politico» hitleriano. I giovani, iscritti o no al partito nazionalsocialista e appartenenti a qualsiasi confessione, erano fanaticamente entusiasti dell'occupazione; la acclamavano perché incruenta, ma non si preoccupavano né delle lacrime che essa costava e sarebbe costata all'intera popolazione ceca, né dell'avvenuta violazione dei trattati internazionali. Orsenigo con amarezza osservava che quello era «il fanatismo della nuova generazione eretto a norma suprema della vita delle nazioni».

Con l'occupazione, la Cecoslovacchia subiva lo smembramento che il Führer aveva preteso: la Slovacchia decadeva a Stato vassallo, la Boemia e la Moravia diventavano un protettorato tedesco. «La Boemia», diceva Mussolini con rabbia, «è uno dei territori più ricchi del mondo. E ora fa parte del Reich!». Qualche giorno più tardi la Germania ingoiava la cittadina lituana di Memel. Hitler aveva così posto le basi strategiche della marcia verso est. A quel punto tra gli obiettivi da colpire rientrava l'Unione Sovietica per la conquista dello «spazio vitale», il *Lebensraum* cui il Führer aveva da sempre mirato. Di fronte alle annessioni che Hitler realizzava «pacificamente» – cioè senza incrociare le armi, ma grazie alla sua abilità manovriera e all'arrendevolezza delle democrazie occidentali – Mussolini voleva una rivincita, e Ciano gli offriva l'Albania. «È inutile nasconderci», gli diceva il genero, «che i successi di Hitler, preoccupano e umiliano gli italiani. Dobbiamo dare al nostro popolo un compenso: l'Albania». Così il 7 aprile, giorno di Venerdì Santo, le truppe di Mussolini sbarcavano a Durazzo, l'aviazione bombardava Tirana e le città italiane venivano imbandierate. Vittorio Emanuele si accingeva a ricevere una nuova corona dalle mani del non amato duce. «Un piccolo omino seduto su una grande sedia dorata, ai piedi del quale sta un bronzeo gigante: Mussolini», osservava Ciano che col suo aereo aveva partecipato al bombardamento della capitale albanese.

Grande e generalizzato era l'allarme per la politica aggressiva della Germania. Pio XII non mancava di esternare viva preoccupazione proprio a Ciano che gli aveva chiesto udienza, e a sera il ministro registrava nei suoi quaderni l'essenza del colloquio. Nei confronti della Germania, Pacelli, rispetto al predecessore, si proponeva di seguire una politica «più conciliante» – ecco il papa duttile osteggiato dai duri del conclave! – ma riconosceva che gli era necessaria una rispondenza dell'interlocutore, altrimenti il suo sarebbe stato un «vano soliloquio». C'era però chi pensava che con l'elezione di Pacelli si era cambiata macchina, ma che si sarebbe continuato a marciare sullo stesso binario. Il governo tedesco si mostrava ostile a Pio XII, e l'organo delle SS, «Das Schwarze Korps», prendeva posizione scrivendo che in lui si potevano riporre «ben poche speranze». Il nuovo papa, nelle vesti di nunzio e di segretario di Stato, non aveva lesinato critiche al nazionalsocialismo, per quanto si fosse sempre adoperato perché i rapporti fra Santa Sede e Reich non degenerassero. Si era mantenuto su una linea di moderazione sebbene il concordato con la Germania hitleriana non avesse salvaguardato la Chiesa dalle prepotenze naziste.

Si era già visto come l'arcivescovo di Monaco, cardinale Faulhaber, avesse esercitato un'azione frenante con papa Ratti a proposito della *Mit brennender Sorge* nella quale si era evitato di menzionare esplicitamente il razzismo nazista. Ora la questione si riproponeva col nuovo pontefice che aveva subito indetto una conferenza con i cardinali tedeschi Bertram, Schulte, Innitzer e lo stesso Faulhaber. Fra i problemi da discutere figurava al punto 9 una domanda assai delicata: «È consigliabile, auspicabile o no, che il Magistero tratti della questione razziale, eventualmente nella forma di un'enciclica?». Nel corso della conferenza quei cardinali nei loro vari interventi auguravano che si evitassero scontri aperti col regime e che si ricercasse invece un'intesa fra Chiesa e nazionalsocialismo. In realtà c'era poco da ricercare, e stava a dimostrarlo il corso degli eventi. Hitler – stringendosi sempre più a Ribbentrop, Himmler, Hess e Bormann – si era già liberato dei ministri moderati, come Neurath e Schacht, e dei capi militari che gli apparivano infidi come il comandante supremo dell'Esercito, generale Fritsch, e il capo di stato maggiore, generale Ludwig Beck.

A nessuno sfuggiva che il paragrafo 9 era fra i più rilevanti all'ordine del giorno della conferenza poiché l'ideologia razziale costituiva l'elemento portante del nazismo e il punto di maggior frizione fra la Chiesa e il Reich. Il Führer definiva gli ebrei «insetti nocivi» e Himmler chiamava gli slavi «animali umani». Ma venne deciso di non affrontare questo argomento, in seguito all'influenza moderatrice – frenante – che i cardinali tedeschi esercitarono su Pio XII, a cominciare da Faulhaber e Bertram, i quali non volevano entrare in collisione con il governo hitleriano. Il vescovo di Berlino, Preysing, tornò in patria piuttosto turbato, e in una conversazione col prelato Walter Adolph disse che i quattro cardinali, ma soprattutto Faulhaber, avevano seminato «erba cattiva». Preysing da tempo conosceva molto bene Faulhaber essendone stato il segretario nell'arcivescovado berlinese. Sapeva quindi ciò che diceva.

I cardinali tedeschi – Faulhaber, Bertram, Innitzer, Schulte – invitavano il papa a rivolgersi direttamente al Führer per esporgli l'esigenza d'un'intesa sui punti di contrasto fra la Chiesa e il Reich. E Pacelli, appena eletto, riceveva per primo, fra tutti i diplomatici, l'ambasciatore tedesco presso il Vaticano, Diego von Bergen. Dopo di che inviava una lettera autografa a Hitler seguendo il consiglio dei porporati tedeschi. Ma come scrivergli, in tedesco o in latino? Come chiamarlo, «illustrissimo», *hochzuverehrender*, («Mi sembra troppo», disse Schulte), o più semplicemente «illustre», *hochzuehrender*? Il papa gli scrisse in tedesco e intestò la lettera all'«Illustre signore Adolf Hitler, Führer e Cancelliere del Reich tedesco», *Dem Hochzuehrenden Herrn Adolf Hitler Führer und Kanzler des Deutschen Reiches.* Si firmò *Pius Papst XII.* Nella missiva ricordava con grande piacere i molti anni trascorsi in Germania e l'azione che vi aveva svolto per stabilirvi rapporti di armonia fra Chiesa e Stato in uno spirito di intesa reciproca e di collaborazione leale, nell'interesse delle due parti. Quindi si confermava dedito al benessere spirituale del popolo «affidato alla Vostra direzione» (cioè al destinatario del messaggio), e precisava di operare, ora che erano aumentate le sue responsabilità, per una sempre maggiore prosperità di quelle genti.

Non andò più a fondo, mentre assai più articolato fu il messaggio a Franco nel quale egli esprimeva soddisfazione perché in Spagna i falangisti avevano sconfitto la repubblica in coincidenza della sua ascesa al soglio. Sulla stessa onda ideologica del predecessore, definiva la Spagna una nazione «eletta da Dio», chiamata a fungere da «principale istrumento di evangelizzazione del Nuovo Mondo» e da «baluardo inespugnabile della fede cattolica». Con la vittoria dei giusti, quella terra aveva offerto «ai proseliti dell'ateismo materialistico del nostro secolo la più elevata prova che al disopra di ogni cosa stanno i valori eterni della religione e dello spirito». I nemici di Cristo avevano voluto dare in Spagna una prova suprema delle «forze dissolvitrici» di cui dispongono, e, benché l'Onnipotente non abbia loro permesso di raggiungere l'intento, «ha egualmente tollerato la realizzazione di almeno alcuni dei terribili effetti, affinché il mondo vedesse come la persecuzione religiosa, minando le basi stesse della giustizia e della carità, può trascinare la società moderna a insospettati abissi di discordia ed iniqua distruzione».

Dal '36 un'atroce guerra civile aveva insanguinato la penisola iberica. Il conflitto aveva rivelato al mondo una nuova figura di dittatore, Francisco Franco, e aveva offerto agli altri due dittatori europei, Mussolini e Hitler, l'occasione di sperimentare una comune militanza antibolscevica. A Madrid nelle elezioni comunali dell'aprile '31 i repubblicani e i socialisti avevano ottenuto una vittoria che comportò l'esilio per il re Alfonso XIII e la nascita della repubblica. La Chiesa rimase fedele ai princìpi monarchici in nome di un'alleanza fra trono e altare. Nelle elezioni successive e con i conseguenti rimpasti del '33 si affermarono le forze di centro e quelle cattoliche di destra. Le sinistre e gli anarchici reagirono scatenando l'insurrezione, e quindi, con la vittoria del «Frente popular» nelle elezioni del febbraio '36, riconquistarono il potere.

A metà luglio cadeva assassinato un ufficiale repubblicano, il tenente Castillo; per tutta risposta veniva trucidato a Madrid il capo dell'estrema destra monarchica, José Calvo Sotelo. Subito i militari organizzavano nel Marocco spagnolo il *pronunciamiento*, una rivolta capitanata dal generale Francisco Franco. Per gli antifascisti italiani e stranieri la Spagna divenne, come diceva Carlo Rosselli di Giustizia e Libertà, il luogo di tutti i rivoluzionari. Si verificò una profonda presa di coscienza per cui da quel momento fu netta la distinzione tra fascisti e antifascisti: ora si sapeva che cosa fossero il fascismo e il nazismo, e non era più tempo di ambiguità. Per le destre invece sul terreno spagnolo si scontravano le imbelli democrazie che avevano fatto il loro tempo e le gagliarde forze delle nuove nazioni totalitarie, l'Italia e la Germania.

La Spagna era immersa in un bagno di sangue. Il popolo rispondeva alla violenza con violenze contro i grandi proprietari terrieri, i funzionari dello Stato e non ultimi i religiosi; si occupavano fabbriche, si devastavano chiese. Il movimento della Falange, di netta ispirazione filofascista, catalizzava le forze militari del paese e a sua volta formava squadre armate dedite al terrorismo più spietato. Il Vaticano ravvisava nei franchisti i difensori del cattolicesimo. Papa Ratti, nel settembre del '36, li benediva per essersi assunti il «difficile e pericoloso compito di restaurare i diritti di Dio». Quindi osservava che una forza «satanica» aveva riacceso in Spagna «quella fiamma di odio e di più feroce persecuzione confessatamente riservata alla Chiesa e alla Religione cattolica, come l'unico vero ostacolo al prorompere di quelle forze che hanno già dato saggio e misura di sé nel conato per la sovversione di tutti gli ordini, dalla Russia alla Cina, dal Messico al Sud America».

Come Mussolini era stato l'«uomo della Provvidenza», così Franco era diventato il «soldato di Dio». Come Mussolini si era chiamato Duce e Hitler era ricorso all'appellativo di Führer, così Franco aveva assunto un titolo, quello di Caudillo, per presentarsi a sua volta nelle vesti di un capo assoluto, un superuomo nelle armi e nella politica. E non solo per questo il suo peso nel «club» dei dittatori era tenuto in grande considerazione. Ma egli rimaneva fuori dal conflitto, e gravi problemi creava alle nazioni, come l'Italia e la Germania, che lo avrebbero voluto arrendevole alleato nella nuova guerra. Durante la guerra intestina, la Spagna era divisa in due, da un lato la zona rossa antireligiosa; dall'altro lato il Movimiento nacional strettamente collegato alle gerarchie ecclesiastiche. Mentre si profilava la vittoria dei franchisti veniva riammessa la Compagnia di Gesù, che era stata scacciata dal territorio spagnolo, e quindi abrogata la legislazione repubblicana in tema di divorzio e di matrimonio civile. A vittoria finale conseguita, la Chiesa via via tornava a controllare la gioventù, con particolare riguardo per quella studentesca.

Pacelli non si mostrava preoccupato soltanto delle relazioni fra la Chiesa e il Reich, ma temeva anche le nuove mosse di Hitler verso l'est europeo, ai danni della Polonia, paese profondamente cattolico. Il Führer reclamava infatti la «restituzione» di Danzica e il passaggio attraverso una striscia di terra, il corridoio polacco, per collegare la Prussia occidentale con la Prussia orientale che il trattato di Versailles aveva separato dal Reich. Pio XII decise perciò di assumere una rilevante iniziativa diplomatica. Attraverso il suo segretario di Stato Maglione e i nunzi dei paesi interessati, suggeriva la convocazione d'una conferenza in difesa della pace con la partecipazione della Germania, dell'Italia, della Francia, dell'Inghilterra e naturalmente della Polonia.

Non se ne fece nulla, così come era caduto nel vuoto il messaggio che il presidente Roosevelt, col quale Pacelli era in corrispondenza dai giorni del suo viaggio in America, aveva inviato al Führer e a Mussolini per invitarli a sottoscrivere con altri trentuno paesi un patto decennale di non aggressione. Hitler gli aveva risposto che sapeva bene come andavano a finire certe cose, in quanto la Germania ne aveva fatto un'esperienza con la conferenza di Versailles: «Significava fare la fine dei capi Sioux, subire espropriazioni ed essere trattati con disonore». Mussolini era stato più duro e meno riguardoso; aveva definito il messaggio del presidente americano, con riferimento alle sue condizioni di salute, il «frutto della paralisi progressiva». Il presidente Roosevelt aveva chiesto al nuovo papa di appoggiare presso Mussolini e Hitler la sua proposta, ma il Vaticano gli aveva fatto sapere che, a causa della tensione tra la Santa Sede e la Germania, non poteva agire su Hitler, e che, per quanto concerneva Mussolini, non c'erano speranze di successo, considerata l'«intima collaborazione» che si era instaurata fra Roma e Berlino.

Proprio dalla proposta di Roosevelt era tuttavia scaturita l'idea pontificia della conferenza a cinque. Ai primi di maggio Pio XII aveva deciso di far pervenire in proposito un suo appello a Vittorio Emanuele III. Aveva già vergato il messaggio, ma poi, essendo risultata dai sondaggi preliminari l'indisponibilità dei governi alla conferenza, aveva rinunciato a spedirlo. «Diletto Figlio», così aveva scritto al sovrano, «ci rivolgiamo a Te chiedendo che il Tuo Governo, accogliendo la Nostra proposta, non rifiuti di radunarsi in amichevole "conferenza" con i Rappresentanti della Francia, della Germania, dell'Inghilterra e della Polonia. Ci arride la speranza che gli autorevoli Rappresentanti Tuoi e di quelle grandi Nazioni europee, insieme adunati, sapranno, attraverso serene e leali discussioni, trovare il modo di giungere alle auspicate intese». Quindi aveva proseguito: «Compiendo l'obbligo Nostro di Pastore e di Padre, crediamo opportuno di astenerCi dall'entrar comechessia nei programmi e, tanto meno, nei particolari di tale desiderato convegno: ma ognuno vede che non potrà ritornare la tranquillità negli animi se innanzi tutto non siano durevolmente composte le questioni pendenti fra la Germania e la Polonia, la Francia e l'Italia e le altre che da queste derivano».

Pacelli aveva inviato suoi messaggeri al Führer e al duce. Il nunzio a Berlino, monsignor Orsenigo, fu sollecitamente e teatralmente ricevuto da Hitler nel suo ritiro fra i monti di Berchtesgaden, al Berghof, ma il colloquio non approdò a risultati concreti. Il gesuita Tacchi Venturi, l'altro messaggero del papa, non ebbe maggior fortuna. Il suo incontro con Mussolini si concluse egualmente con un esito incerto, nonostante la generica disponibilità del dittatore italiano a non contrastare l'idea di un'eventuale conferenza. Con lucidità Mussolini osservò che la Germania non poteva illudersi di continuare a ingrandirsi senza spargimento di sangue; con la Polonia tutto sarebbe stato diverso, per cui sarebbe esplosa una guerra europea. Infatti, di lì a qualche settimana la Gran Bretagna e la Francia – che avevano taciuto davanti all'*Anschluss*, allo smembramento della Cecoslovacchia, all'annessione di Memel e alla conquista italiana dell'Albania – si dissero alfine pronte a intervenire in difesa della Polonia.

«Qualora un'azione minacci apertamente l'indipendenza della Polonia», dichiarò il premier Chamberlain ai Comuni, «il governo di Sua maestà darà subito al governo di Varsavia ogni sostegno. Il governo francese mi ha autorizzato a rendere noto che la sua posizione è identica a quella inglese». Le due potenze occidentali avevano già fatto cadere anche la proposta della conferenza a cinque avanzata dal Vaticano. Nemmeno su di loro aveva avuto effetto l'accorata parola del pontefice, che si era così espresso: «Sentiamo oggi imperioso il dovere di fare appello a coloro dai quali dipende il componimento degli attuali pericolosi dissensi e invitarli, in nome di Dio e di quella umanità da loro così profondamente sentita, ad esperire in pacifiche conversazioni le vie che sembrino adatte a scongiurare il pericolo di cruenti conflitti».

Era troppo vivo in loro, e soprattutto fra gli inglesi, lo smacco subìto a Monaco a causa dell'*appeasement* di Chamberlain, per poterci riprovare. Il ministro degli Esteri, lord Halifax, lo disse esplicitamente, in preda a una vera e propria sindrome di Monaco. In una nota al segretario di Stato Maglione, il nunzio a Parigi monsignor Valerio Valeri riassumeva la situazione osservando che gli Stati «cosiddetti democratici» non volevano altri contatti, ma puntavano a impedire che gli Stati totalitari italiano e tedesco si espandessero ulteriormente. Anche i francesi si mostravano restii ad accogliere le esortazioni papali. Il ministro degli Esteri, Georges Bonnet, diceva di non avere notizie di preparativi militari tedeschi ai danni di Danzica e che comunque si attendeva molta prudenza dal collega polacco, Josef Beck. Le richieste italiane, esposte da Ciano all'ambasciatore François Poncet, gli sembravano accettabili in quanto Mussolini si accontentava di un porto franco a Gibuti, con diritti sulla ferrovia per Addis Abeba, e due posti nel consiglio di amministrazione del canale di Suez. Quindi Bonnet insisteva nel dirsi preoccupato che il messaggio pontificio fosse giudicato un «sintomo di debolezza nella compagine delle potenze democratiche». Monsignor Valeri obiettava che questo timore era «insussistente» poiché il Santo Padre si era rivolto non soltanto alle potenze democratiche ma anche a quelle totalitarie.

Il papa proseguiva nella politica della moderazione, e ancora una volta volle consigliare la calma. Sempre attraverso padre Tacchi Venturi inviò un suo appunto a Mussolini per pregarlo di usare la sua «grande influenza» su Hitler al fine di convincerlo a trattare la questione di Danzica con la «calma» che la situazione internazionale richiedeva. Nel colloquio con il gesuita, che si svolse in un clima di glaciale freddezza, il duce disse che la guerra era «certissimamente» inevitabile: «La guerra scoppierà in agosto, o anche prima»!». Quando il papa conobbe questo convincimento non poté trattenersi dall'esclamare: «È terribile!». Poco dopo dava però credito a un'opinione opposta che Ciano aveva manifestato al nunzio Borgongini Duca. Il ministro degli Esteri si era congratulato per l'udienza concessa dal pontefice ai reduci di Spagna, e osservando che anche Himmler, il Reichsführer SS e capo della polizia tedesca, approvava «il tatto e la prudenza» del nuovo papa, si diceva certo che la Germania non avrebbe attaccato la Polonia. Da ciò ricavava l'impressione che la pace fosse assicurata almeno per altri sei mesi.

Sulla base di questa opinione, peraltro in contrasto con i movimenti della Wehrmacht alla frontiera polacca, Pio XII si affrettò a raccomandare «prudenza e moderazione» al governo di Varsavia, attraverso il nunzio monsignor Cortesi. Era stato lo stesso Ciano a ritenere che eventualmente qualche pericolo sarebbe potuto derivare proprio dai polacchi «nel timore di essere attaccati e oltre tutto aizzati alla guerra dalla Gran Bretagna». Il ministro diceva a Borgongini Duca: «La Polonia ascolta il papa, quindi è sulla Polonia che Sua Santità dovrebbe fare opera di persuasione». Forte era però la tensione fra la popolazione polacca e quella tedesca, tanto che, come temeva il nunzio Orsenigo, «alcuni fanatici e degenerati» abitanti della città polacca di Thorn «avevano assalito ed evirato tre tedeschi». Sugli eccidi e i maltrattamenti, abilmente propalati dai giornali tedeschi e in realtà in gran parte preparati dalla polizia politica nazista, faceva leva Hitler per accendere gli animi del suo popolo contro i polacchi.

III

Nelle more della questione polacca si verificavano altri eventi di primaria importanza. Il 22 maggio il conte Ciano e il ministro degli Esteri tedesco, von Ribbentrop, firmavano a Berlino un'alleanza militare che Mussolini battezzò con il risonante nome di «patto d'acciaio». Ciò poteva rendere ineluttabile la partecipazione dell'Italia a un'eventuale guerra scatenata da Hitler, e gli italiani se ne mostravano preoccupati, giustamente considerando quel patto un nodo scorsoio intorno al loro collo. Nella notte del successivo 23 agosto la Germania e l'Urss, benché nemici mortali, sottoscrivevano con un sorprendente colpo di scena un patto decennale di non aggressione. Sbigottito, il mondo apprese che, a Mosca, Ribbentrop e il ministro degli Esteri sovietico Molotov si stringevano la mano da buoni alleati, mentre Stalin affermava che le differenze ideologiche fra i due regimi non potevano essere motivo di ulteriori tensioni.

Grazie a questa mossa, Hitler poteva predisporsi concretamente ad aggredire la Polonia. Il ministro degli Esteri inglese, lord Halifax, si rivolgeva con insistenza al papa perché prendesse pubblica posizione contro il nazismo. L'alto commissario della Società delle nazioni a Danzica, Karl Joseph Burckhardt, s'incontrava con Hitler, e Osborne informava Maglione sul contenuto del colloquio che cancellava definitivamente le ultime speranze di pace. Si era al 24 agosto, e tutto precipitava. Il segretario di Stato, Maglione, che si trovava nella natia Casoria per una breve vacanza, tornava immediatamente a Roma, mentre Pacelli, dalla residenza estiva di Castel Gandolfo, annunciava al suo segretario di voler parlare dai microfoni della Radio Vaticana, incaricandolo di approntare con la massima rapidità le trasmissioni. Aveva alfine deciso di superare il terreno delle mosse diplomatiche più o meno segrete e di assumere un pubblico atteggiamento in un messaggio. In preparazione di ciò aveva chiesto a monsignor Giovanni Battista Montini, l'ascetico sostituto della segreteria di Stato, di suggerirgli alcuni passaggi del discorso.

Il papa parlò all'imbrunire del 24 agosto. Solennemente, e con strazio disse: «Oggi, nonostante le Nostre ripetute esortazioni e il Nostro particolare interessamento, più assillanti si fanno i timori di un sanguinoso conflitto internazionale. Rivolgiamo perciò un nuovo e più caldo appello ai governanti e ai popoli perché tentino di risolvere le divergenze coll'unico mezzo a ciò adatto, cioè con comuni e leali intese. EccoCi con voi, condottieri di popoli, uomini della politica e delle armi, scrittori, oratori della radio e della tribuna, e quanti altri avete autorità sul pensiero e l'azione dei fratelli, responsabilità delle loro sorti. È con la forza della ragione, non con quella delle armi, che la giustizia si fa strada». Così dicendo Pacelli mostrava di non aver perso la fiducia nella ragionevolezza umana. Quindi aggiungeva: «Imminente è il pericolo, ma è ancora tempo. Nulla è perduto con la pace. Tutto può esserlo con la guerra. Ritornino gli uomini a comprendersi». Invitava, dunque, a trattare. «Nulla è perduto con la pace...», una frase, un aforisma che monsignor Montini aveva tracciato sui fogli degli appunti proposti per il discorso pontificio.

«Vox clamans in deserto». Hitler annunciava infatti ai suoi generali la decisione irrevocabile di attaccare la Polonia il 1° settembre. Non si potevano avere più dubbi sui suoi propositi bellici, ma ciò non impediva, sia al papa sia a Mussolini, di proseguire nei tentativi di mediazione. Per incarico del suocero, Galeazzo Ciano proponeva alla Polonia di restituire Danzica al Reich; il che avrebbe consentito di aprire i negoziati per una grande conferenza della pace. Comunicava la proposta anche al nuovo ambasciatore inglese a Roma, sir Percy Loraine, il quale però gli cadeva svenuto tra le braccia. Il ministro commentava: «Ha trovato asilo e riposo nel gabinetto: in quello non diplomatico».

Il papa autorizzava Tacchi Venturi a incontrarsi nuovamente con il duce per esortarlo a conservare la pace e comunque a tener fuori l'Italia dalla guerra. Il Santo Padre, diceva il messaggero a Mussolini, era «molto soddisfatto» di tutti i tentativi del governo italiano a favore della pace e lo pregava di intensificare gli sforzi di fronte all'aggravarsi del pericolo. Mussolini, dichiarandosi lusingato, illustrava la sua proposta secondo la quale il pontefice avrebbe dovuto scongiurare il presidente della repubblica polacca, Ignacy Moscicki, a non opporsi al «ritorno» di Danzica al Reich e a trattare, direttamente con la Germania, la soluzione dell'intera questione. Mussolini si diceva certo che Hitler avrebbe accettato questa via d'uscita, ma aggiungeva che, senza la «restituzione» di Danzica, la Germania sarebbe scesa in guerra e l'avrebbe vinta.

C'era in Vaticano chi nutriva seri dubbi sulla bontà delle pressioni che la Santa Sede si accingeva a compiere nei confronti della Polonia. E fra questi figurava il segretario della congregazione degli Affari ecclesiastici straordinari, Domenico Tardini, un energico conservatore, il quale indicava con franchezza alcuni gravi inconvenienti connessi all'operazione. Si poteva pensare, diceva, che la Santa Sede volesse «fare il gioco» di Hitler; il Führer avrebbe mangiato un altro boccone, Danzica, e in primavera avrebbe «cominciato da capo»; si poteva altresì sospettare che la Santa Sede volesse procurare all'Europa «un'altra Monaco». Monsignor Tardini spiegava accuratamente le sue obiezioni. «Monaco», diceva, «consistette in questo: Hitler gridò, minacciò ed ottenne quanto voleva. Così per Danzica le grida e le minacce di Hitler otterrebbero, auspice la Santa Sede, quel ritorno di Danzica al Reich che non si è potuto ottenere con trattative pacifiche». Il monsignore prospettava un ultimo rischio, quello di dare l'impressione che la Santa Sede fosse «troppo legata» a Mussolini, in quanto dalla vicenda sarebbe emerso con chiarezza che «il suggeritore... era stato lui». Ma il papa decise egualmente di incaricare il nunzio a Varsavia, Cortesi, di recarsi ancora una volta dal presidente polacco per prospettargli le sue nuove proposte.

La Wehrmacht aveva già ricevuto l'ordine di marciare sulla Polonia quando Mussolini comunicò al Führer che l'Italia non era in grado di seguirlo immediatamente in una guerra e di non poterlo fare prima di tre o quattro anni. Anche a re Vittorio non sfuggivano le pietose condizioni in cui versava l'esercito italiano. Era in questo quadro disastroso che Mussolini e Ciano si affannavano a discutere sulle prospettive belliche. Il ministro diceva: «Hitler ci ha ingannato e mentito. Oggi sta per tirarci in un'avventura che noi non abbiamo voluto. Dato il contegno tedesco ritengo che l'Italia debba dichiararsi neutrale». Il duce, annuendo, esclamava: «Conosco bene quel pazzo!». E Ciano: «Quell'energumeno cerca la scusa del "corridoio", ma si propone di prendersi tutto l'appartamento. In ciò forse d'accordo con l'orso sovietico». «È un criminale», incalzava Mussolini, al che il genero, incoraggiato, soggiungeva: «Siccome l'appetito vien mangiando, forse quell'ossesso ha anche voglia di fare una villeggiatura al mare, sull'Adriatico... San Giusto». «Ciò potrebbe procurargli un'indigestione, bisognerebbe mandarlo in un campo di concentramento», interrompeva Mussolini.

Il papa tentava un nuovo gesto diplomatico. Da un lato supplicava i governi tedesco e polacco di «evitare qualsiasi incidente»; dall'altro lato chiedeva «in nome di Dio» ai governi inglese, francese, italiano e polacco di appoggiare la sua richiesta volta a conservare la pace. Hitler aveva nel frattempo preparato il pretesto per attaccare la Polonia, sicché la sera del 31 agosto un reparto di SS con indosso mentite uniformi polacche irrompeva nella sede della radio di lingua tedesca di Gleiwitz, presso Danzica, simulando una provocazione polacca che portò all'uccisione di alcune persone. Com'era sua sperimentata consuetudine, ancora una volta egli aveva meticolosamente preparato il *casus belli* per giustificare l'attacco. Inoltre l'incidente di Gleiwitz non era che l'episodio culminante di tutta una serie di colpi di mano inscenati dai tedeschi ai danni dei polacchi. A costringerlo alla guerra, diceva Hitler, erano «i maltrattamenti divenuti inumani» che i polacchi perpetravano contro la minoranza tedesca.

Il nunzio Orsenigo constatava la gravità della situazione. Faceva sapere al cardinale Maglione come a Berlino tutti fossero pronti alla guerra «con una freddezza terrificante». Aggiungeva che i «recenti eccidi di tedeschi» avevano scosso le ultime resistenze, per cui la guerra contro la Polonia non era più la «minuscola contesa» su Danzica, ma la «grande lezione che un popolo, armato fino ai denti, credeva di dover dare a chi aveva leso il suo onore»; era una «guerra urgente» per la quale la Germania si accingeva a marciare, «quasi esultante, tutto un popolo di ben ottanta milioni».

Il 1° settembre, alle ore 5,25 del mattino, la Wehrmacht penetrava in Polonia senza una preventiva dichiarazione di guerra. Alle ore 6 il cardinale Maglione informava dell'evento il papa che non poté trattenere le lacrime. Galeazzo Ciano testimoniava invece che il duce era calmo e che aveva ordinato di «riaccendere le luci» delle città, sospendendo l'oscuramento, per allentare la tensione della gente. A Berlino i giornali, distribuiti gratuitamente ai passanti, recavano grandi titoli per annunciare che l'attacco era cominciato e che le colpe erano tutte dei polacchi i quali avevano rifiutato ogni proposta di mediazione.

Si erano così consumati gli ultimi istanti d'una tormentata estate di pace. Due giorni dopo il premier conservatore inglese Chamberlain, l'uomo dell'*appeasement*, dichiarava guerra alla Germania, anche se sotto la minaccia d'un voto di sfiducia della Camera dei Comuni. La Francia si accodava. Più rapidamente Mussolini, nella stessa giornata del 1° settembre, aveva preso le distanze da Hitler proclamandosi neutrale. Ma il termine di neutralità non era di suo gradimento e decise di adottare la dizione di non belligeranza ritenendola più maschia e quindi più fascista.

Un giornale inglese, il «Manchester Guardian», rivelava che, prima dell'esplosione del conflitto, erano da più parti arrivate numerose sollecitazioni al papa perché facesse ancora uno sforzo e si recasse «immediatamente e personalmente» a parlare con Hitler. Il papa inviava alla redazione dell'«Osservatore romano» una sua nota autografa, che il giornale doveva pubblicare anonimamente, nella quale dichiarava di aver fatto tutto quanto era nelle sue possibilità: «Siamo in grado di affermare che Sua Santità, fino nelle ultime ore che hanno preceduto il principio delle ostilità, si è incessantemente adoperato per scongiurarle, non solo coll'azione già conosciuta dal pubblico, ma anche con passi confidenziali, e di ordine pratico. Egli ha esaurito tutte le possibilità che in qualsiasi modo davano ancora qualche speranza di mantenere la pace o almeno di escludere un immediato pericolo di guerra». Charles-Roux e Osborne, rappresentanti francese e inglese presso la Santa Sede, gli chiedevano mediante il segretario di Stato di condannare esplicitamente l'aggressione nazista, e il cardinale Maglione rispondeva che parlava da sé l'appello pontificio del 31 agosto rivolto alle cinque grandi potenze affinché evitassero un aggravarsi della situazione.

Il diplomatico francese insisteva nel reclamare un solenne e fermo intervento pontificio di protesta, e Maglione, alla Ponzio Pilato, soggiungeva: «I fatti parlano da soli!». Da tutto ciò appariva chiaro che Pio XII non riteneva giusto «ergersi a giudice» fra le parti volendo imporsi un riserbo di fronte agli eserciti in lotta e quindi evitare che un esplicito atteggiamento di condanna gli impedisse di ricercare le vie d'una mediazione. Ricevendo a Castel Gandolfo alcuni gruppi di pellegrini tedeschi e polacchi residenti a Roma, si teneva lontano dal formulare opinioni di natura politica. In occasione della visita d'un rappresentante lituano parlò di questo suo comportamento, che poteva non essere colto appieno: «Coscienti dei doveri propri al Nostro ufficio di pastore supremo, Noi non lasceremo, senza esserne richiesti, che la Nostra azione, sempre orientata verso la salvezza delle anime, si impegni nelle controversie puramente temporali e nelle competizioni territoriali tra gli Stati». Ma essendo già avvenuto, a metà settembre, che gli eserciti dell'Unione Sovietica fossero a loro volta penetrati in Polonia in base al patto Ribbentrop-Molotov, il papa si espresse con maggiore chiarezza, usando un altro peso e un'altra misura contro i comunisti. «Il dovere stesso di questo Nostro ufficio» disse, «non Ci permette di chiudere gli occhi, quando, precisamente per la salute delle anime, sorgono nuovi e incommensurabili pericoli; quando sull'Europa cristiana si allunga ogni giorno più minacciosa e più vicina l'ombra sinistra dei nemici di Dio». Ecco che la condanna del bolscevismo si faceva tanto fremente da far apparire più misurata l'opposizione al nazismo, pur essendo anch'esso nemico di Dio.

Già in ambasce per l'esplosione e l'estensione del conflitto, Pacelli doveva subire un nuovo colpo. Hitler, affermando di dover proseguire nella cosiddetta opera di «risanamento» del popolo tedesco, approvava un decreto che consentiva la morte per grazia, *Gnadentod*. Con l'idea dichiarata di arrestare la «degenerazione biologica della razza», ma col proposito occulto di sterminare a migliaia gli avversari del regime, si ammetteva l'eutanasia nei confronti dei malati inguaribili e di chiunque fosse colpito da una malattia mentale o semplicemente sospettato di esserne affetto.

Pacelli cominciò subito a occuparsi sia delle conseguenze del conflitto, istituendo un Ufficio informazioni sui prigionieri, sia dei modi per evitare che anche l'Italia entrasse in guerra, pur sapendo che Mussolini, nonostante la cosiddetta non belligeranza, avrebbe per l'intanto sostenuto moralmente la Germania. Per le più varie considerazioni, e anche per gelosia nei confronti di Hitler, il duce esprimeva però giudizi quanto mai contraddittori. Arrivava perfino a dire al ministro degli Esteri ungherese, Csàki De Körösszegh, che l'Italia, essendo cattolica, si sentiva a disagio di dover combattere al fianco dei «nuovi pagani contro uno Stato cattolico» come la Polonia. A quel colloquio partecipava Ciano, il quale rivelava che fra le clausole segrete del trattato militare italo-tedesco c'era l'impegno di Hitler a non scatenare una guerra prima di tre anni. E l'invasione della Polonia era quindi una palese violazione del patto.

IV

Pio XII preparava la sua prima enciclica, *Summi pontificatus*, che fu resa pubblica il 20 ottobre da Castel Gandolfo. Anche se espressa implicitamente, chiara vi appariva la condanna del fascismo, del nazismo e del bolscevismo attraverso la riprovazione della statolatria: «Considerare lo Stato come fine, al quale ogni cosa dovrebbe essere subordinata, non potrebbe che nuocere alla vera e durevole prosperità delle nazioni». Da cinquanta giorni Hitler aveva invaso la Polonia, e perciò nella lettera apostolica si rifletteva tutta la drammaticità del momento che il papa, con un richiamo evangelico, definiva *hora tenebrarum* per lo spirito di violenza che la dominava. Nell'enciclica era continuo il riferimento al «terribile uragano» della guerra che egli aveva cercato di evitare: «Nulla lasciammo di intentato, nella forma suggeritaCi dal Nostro Apostolico Ministero e dai mezzi a Nostra disposizione, per impedire il ricorso alle armi e tener aperta la via a un'intesa, onorevole per ambedue le parti». Rivolgeva altresì il pensiero alla «diletta Polonia», alla Polonia già smembrata: un pezzo a Hitler, un pezzo a Stalin che l'aveva a sua volta invasa. Rivolgeva altresì il pensiero a tutti i popoli «travolti nel tragico vortice della guerra». E assicurava che avrebbe continuato ad adoperarsi «per accelerare il giorno in cui la colomba della pace su questa terra, sommersa dal diluvio della discordia, troverà dove posare il piede». Non figurava nel suo stemma una colomba?

Nell'enciclica il papa dichiarava di fare affidamento, nella sua opera pacificatrice, in quegli uomini di governo che ancor prima dello scoppio della guerra gli erano stati al fianco. E dagli Stati Uniti era pervenuto un segnale confortante con la nomina di Myron Taylor – che, come lo stesso Roosevelt, apparteneva alla Chiesa protestante episcopale — a rappresentante personale del presidente americano presso Pio XII, col rango di ambasciatore straordinario, ma senza il titolo formale. Era una scelta oculata non soltanto per la personalità molto aperta e concreta di Taylor – che si trovava alla testa d'un complesso siderurgico –, ma anche perché a Pacelli non era mancato il modo di apprezzarne da vicino le qualità a New York durante la sua visita in America. Pur essendo un protestante, l'ambasciatore davanti a lui si inginocchiava chiedendone la benedizione.

Contro il gesto di Roosevelt insorse con veemenza, sebbene inutilmente, l'«Episcopal Church» considerandolo una violazione al principio della separazione fra Chiesa e Stato. Si voleva cioè non modificare la situazione esistente caratterizzata dall'assenza di rapporti diplomatici fra le due entità. Ma sia il pontefice sia il presidente americano – che scriveva a Pacelli firmandosi «il Vostro vecchio e buon amico» – la pensavano diversamente volendo coordinare i loro sforzi per ristabilire la pace in Europa. E anche per soccorrere i sofferenti, proprio come era detto nell'enciclica: «Tutte le vittime della guerra hanno diritto alla pietà e al soccorso». Fin dall'inizio della guerra, intensa fu l'opera di soccorso della Santa Sede protesa fra l'altro a favorire l'emigrazione dei perseguitati, non esclusi gli ebrei. Il Brasile apriva le porte agli infelici, ma poneva la vessatoria condizione che chiunque volesse emigrare doveva dimostrare di essere cattolico. Avveniva, come scriveva a Maglione il nunzio a Bruxelles, Clemente Micara, che i certificati di battesimo non fossero in regola. Spesso se ne scopriva la falsità, come era successo a un nipote dell'ex cancelliere socialista del Reich, Hermann Müller, il quale per questa ragione non poté più emigrare.

Con la Polonia liquidata, Mussolini mordeva il freno. A

causa dell'impreparazione militare doveva starsene fermo in un «momento tempestoso» in cui si rimetteva in gioco la carta dell'Europa. A guardare però la scena europea si poteva avere la sensazione che le parti in lizza cercassero ancora di evitare un immane conflitto. Perfino Hitler, a Danzica, aveva parlato di pace. A Roma non soltanto il Vaticano, ma anche il Quirinale operava per evitare un coinvolgimento bellico dell'Italia. Il papa e il re cominciarono a sperare in Galeazzo Ciano che prendeva le distanze da Mussolini. Pio XII gli conferiva un'altissima onorificenza vaticana, quella dello Speron d'oro, per celebrare, come gli scriveva il cardinale Maglione, l'opera da lui svolta a favore della «causa nobilissima della pace».

In questo clima assumeva un particolare significato un evento che in altri momenti non avrebbe avuto che un rilievo protocollare. I reali d'Italia si recavano a visitare il nuovo papa in Vaticano e soprattutto il papa restituiva la cortesia. In piazza San Pietro la guardia palatina intonava la Marcia reale e l'inno fascista *Giovinezza*, sebbene Mussolini avesse sdegnosamente rifiutato di partecipare alle cerimonie. Pacelli, accogliendo nei palazzi apostolici il re imperatore e la regina imperatrice – «fulgido esempio di bontà alle donne italiane» – metteva in rilievo il fatto che l'Italia fosse in pace, proprio per consigliare i governanti a non abbandonare la retta via. Mussolini non era presente, ma il papa si rivolgeva anche a lui: «Mentre altri popoli sono travolti o minacciati dalla guerra, l'Italia, pur sempre vigile e forte, sotto l'augusta e saggia mano del suo Re Imperatore e per la chiaroveggente guida dei suoi Governanti, posa pacifica nel vivere civile, nella concordia degli spiriti, nel culto delle lettere, delle scienze e delle arti, nelle opere dei campi e delle industrie, nelle vie del cielo e dei mari, nei solenni riti della religione cattolica». Erano parole cerimoniose, ma comunque indirizzate a tener fuori l'Italia dalla guerra.

A distanza di otto giorni Pacelli restituiva la visita. Un pontefice tornava per la prima volta al Quirinale dopo esserne stato scacciato nel 1870. Sulla Torre della Campana apparivano appaiate sotto la pioggia di quel mattino di dicembre la bandiera pontificia e il tricolore. Suonavano all'unisono le campane di San Pietro e quelle del Campidoglio. Nonostante la pioggia, molta gente era scesa nelle strade per assistere al passaggio del corteo pontificio. Il nuovo papa apparve benedicente su una vettura scoperta che procedeva con lentezza lungo le strade della città, dal Vaticano al Quirinale. Il pontefice trasmetteva ai romani acclamanti la straordinaria impressione che da quella vettura li guardasse e li benedicesse a uno a uno e che quasi li conoscesse singolarmente.

Nel saluto a re Vittorio – «saggio» – e alla regina Elena – «specchio di soave maternità e di virtù domestiche» – Pio XII poneva in rilievo il fatto che, nella «splendida aula» del Quirinale dove avveniva la cerimonia, «per la prima volta dopo decenni la mano di un Pontefice romano si alzava benedicente in segno di pace». Ciano osservava che quell'evento «senza precedenti» non avrebbe certo «riavvicinato» l'Italia alla Germania dove la «lotta al cattolicesimo proseguiva spietata, e idiota». Pacelli mostrava altresì la propria soddisfazione per la neutralità italiana e tornava ad augurare un sollecito ristabilimento d'una onorevole e durevole pace dei popoli. Dal giorno della Conciliazione, nuovi erano i rapporti fra Chiesa e Stato, per cui il papa diceva: «Il Vaticano e il Quirinale, che il Tevere divide, sono riuniti dal vincolo della pace coi ricordi della religione dei padri e degli avi. Le onde tiberine hanno travolto e sepolto nei gorghi del Tirreno i torbidi flutti del passato, e fatto fiorire sulle sue sponde i rami d'olivo».

Ciano, che accompagnava il re, si soffermava nell'anticamera a conversare con monsignor Tardini. Ricordando l'incontro avuto con Hitler a Salisburgo nell'agosto in cui aveva constatato che i tedeschi erano presi dal «demone» della distruzione, gli diceva: «Andai a Salisburgo per dire: pace, pace! Ma quelli risposero: guerra, guerra! Così ho potuto salvare la pace d'Italia ma non la pace dell'Europa».

Ciano e Tardini commentavano anche un articolo apparso sul «Messaggero» in cui si criticava «ferocemente» l'«Osservatore romano». Al «Messaggero» erano su tutte le furie poiché il giornale della Santa Sede aveva dato scarso rilievo all'annuncio della visita dei reali al papa. Ma come mai la stampa fascista mostrava tanta sensibilità per un evento che riguardava il non amato Quirinale? Mussolini intendeva colpire il Vaticano, e pur di attaccare il papa si ergeva a paladino di Vittorio Emanuele, il sovrano «mezza cartuccia» col quale, come diceva, era costretto a dividere il potere in una diarchia sempre più rissosa. Quindi, nell'imminenza della visita dei reali in Vaticano, aveva ordinato al Minculpop di emettere una «velina» nella quale si diceva che l'«Osservatore romano» aveva commesso lo sgarbo di pubblicare l'annuncio della visita «in coda tra le udienze». Ci voleva una lezione, e perciò la «velina» così proseguiva: «Dare una "toccata" anche forte per far rilevare l'enorme sconvenienza costituita dall'aver pubblicato l'annuncio della visita tra le altre udienze di scarsa importanza».

La stampa doveva inoltre tenere a bada anche la divina provvidenza, per quanto, sia papa Ratti in occasione dei Patti lateranensi, sia Pio XII, l'avessero incomodata a favore di Mussolini. Ai giornali si era imposto di non dare la notizia del pontefice riapparso al balcone di piazza San Pietro e di «non decampare» nei loro articoli «in considerazioni di contingente politica internazionale e di pacifismo». Mussolini faceva di tutto per svalutare l'importanza della visita del papa al re, alla quale non aveva partecipato così come non si era recato in Vaticano. Aveva perfino scritto al Führer per rassicurarlo sulla portata di quegli eventi che egli definiva di carattere interno e non internazionale, e comunque, aggiungeva, le conversazioni erano state «brevi e generiche». Mai come in quei giorni il duce, diceva Ciano, si compiaceva di definirsi «miscredente». Ma il ministro non mancava di testimoniare che al contrario la visita piaceva molto al popolo italiano in quanto le conferiva un «sapore antitedesco e antibolscevico».

Tornando dal Quirinale in Vaticano, il papa si mostrò vibrante di gioia e pienamente soddisfatto dell'incontro. Era zuppo di pioggia e suor Pasqualina gli offrì un bicchiere di latte caldo. Il medico gli diceva che almeno per il ritorno avrebbe potuto usare una vettura chiusa. Lui rispose di essere un soldato di Cristo e che quindi, come avveniva per tutti i soldati, non doveva aver paura d'un po' d'acqua. E aggiunse: «Ma i romani non si sono bagnati per vederCi passare?». Quel giorno non volle neppure rinunciare alla consueta passeggiata tra i cedri e i lecci dei giardini vaticani. «Questi giardini», diceva, «mi fanno l'impressione di un cimitero. Ma devo accontentarmi, visto che non posso più frequentare villa Borghese».

Il nuovo pontefice tentava di indurre i belligeranti a dichiarare una tregua di ventiquattro ore nei combattimenti durante la notte e il giorno del primo Natale di guerra. Nel frattempo dal nunzio in Svizzera, monsignor Bernardini, riceveva alcune indiscrezioni sulla preparazione d'un «serio» colpo di Stato militare in Germania contro Hitler per rovesciare il nazionalsocialismo e avviare trattative di pace con la Francia e l'Inghilterra. Egli seguiva con particolare cura quelle indiscrezioni e le sollecitava nell'augurarsi che i militari potessero realmente avere il sopravvento sul regime.

La tregua natalizia, con la sospensione dei bombardamenti sulle città, avrebbe potuto anzitutto consentire alle popolazioni civili di assistere tranquillamente nelle chiese alla messa di mezzanotte. Ma alla sospensione non si pervenne. Hitler tergiversava, mentre la Francia e l'Inghilterra, nell'opporsi alla sosta, adducevano ragioni tecniche – come rimuovere le mine? come avvertire i sottomarini? – e ragioni psicologiche – si poteva dare un'impressione di debolezza –. In più c'era il timore che la Germania potesse violare la tregua e colpire a tradimento. Nei colloqui con gli ambasciatori francese e inglese, il cardinale Maglione si diceva certo che qualora i tedeschi avessero accettato la sospensione delle ostilità, l'avrebbero mantenuta. «Se danno una parola in faccia al mondo», disse, «la rispettano».

V

Deluso e amareggiato per la mancata tregua, il papa, la mattina del 24 dicembre, lanciò con sonora voce tenorile incrinata dalla commozione un radiomessaggio natalizio. Lamentava che la ricorrenza si celebrasse «tra il funesto rombar dei cannoni, sotto il terrore di bellici ordigni volanti, in mezzo alle minacce e alle insidie dei navigli armati». Ma egualmente mostrava di non perdere la speranza in una pace futura, e per il suo raggiungimento indicava come punti irrinunciabili sia il diritto alla vita e all'indipendenza di tutte le nazioni, grandi e piccole, potenti e deboli, sia l'abbandono della schiavizzante corsa agli armamenti. Nell'elencare i terribili atti di guerra susseguitisi nei primi quattro mesi del conflitto condannò anzitutto la «premeditata aggressione» perpetrata «contro un piccolo, laborioso e pacifico popolo, col pretesto di una minaccia né esistente né voluta e nemmeno possibile». Era evidente in queste parole il richiamo all'invasione della Finlandia che i sovietici avevano attuato in dispregio di ogni regola bellica. Poi stigmatizzò le «atrocità, da qualsiasi parte commesse, e l'uso illecito di mezzi di distruzione anche contro non combattenti e fuggiaschi, contro vecchi, donne e fanciulli».

Pur fra molte incertezze, Mussolini sapeva che prima o poi sarebbe dovuto entrare in guerra. «L'Italia», diceva ai gerarchi e ai militari, «non può rimanere neutrale per tutta la durata del conflitto senza ridursi a una Svizzera moltiplicata per dieci. Il problema non è sapere se entreremo o no in guerra, si tratta di sapere soltanto quando e come». A chi gli obiettava l'impreparazione dell'esercito, a cominciare dal re, parlava dei successi dei tedeschi per cui tutto sarebbe ben presto finito. Quindi soggiungeva: «Io ho bisogno di alcune migliaia di morti per sedermi al tavolo della pace!».

Il Vaticano e gli Stati Uniti operavano per cercare di tenerlo fuori dalla guerra, e consigliavano gli anglofrancesi di «non irritarlo». Dovevano insomma tenerlo buono. Roosevelt inviò in Europa uno dei suoi più fidi collaboratori, il sottosegretario Sumner Welles, con l'incarico di compiere tra le capitali del vecchio continente una missione per individuare qualche spiraglio di pace. Ma proprio l'incontro tra Welles e Mussolini fu il più improduttivo, mentre assai utile fu il colloquio con Pacelli.

In quelle stesse settimane il papa accettò di incontrarsi anche con Ribbentrop che gli aveva segretamente chiesto udienza. A Berlino il ministro nazista in un colloquio con il nunzio Orsenigo si era vivacemente lamentato degli attacchi che in varie lingue erano mossi dalla Radio Vaticana alla Germania. Ora egli era a Roma, e vi era arrivato quasi all'improvviso, tanto che Ciano, offeso, definì la visita un «colpo di teatro, caro al gusto cafone dei tedeschi». Ribbentrop aveva preso a pretesto del viaggio il fatto di dover consegnare personalmente la risposta del Führer a una lettera del duce, una lettera alla quale in realtà Mussolini attendeva un riscontro da oltre due mesi. Nella missiva, Mussolini consigliava il Führer di tentare ancora un accordo con l'Occidente e di far marciare i soldati tedeschi contro l'Unione Sovietica poiché il «nemico mondiale numero uno» era il comunismo. Ora Hitler chiedeva al collega italiano di incontrarlo quanto prima al passo del Brennero. E così fu stabilito.

Pio XII non nascondeva una certa inquietudine per l'udienza che Ribbentrop gli sollecitava attraverso l'ambasciatore von Bergen, anche perché da essa non sperava molto. A scanso di eventuali strumentalizzazioni da parte tedesca, decise di consegnare all'ospite un appunto con i temi dell'incontro incentrati sulle sue richieste volte al «bene delle anime». Il ministro fu in Vaticano la mattina dell'11 marzo del '40, e il papa lo trattenne a colloquio per settanta minuti, dalle ore 11 alle 12,10. All'inizio Ribbentrop si soffermò a parlare di sé senza nascondere di essere un mercante di vini. Ma tacque sulle sue origini plebee, e difatti poteva fregiarsi di un «von» soltanto per essere stato adottato da una nobile signora, la zia Gertrud.

Quando si entrò nel vivo dell'udienza, Pacelli toccò fin dalle prime battute il tema della pace, ma l'ospite lo interruppe dicendo che ogni accenno a tale argomento doveva basarsi sulla «sicura premessa» che la Francia e l'Inghilterra entro l'anno avrebbero chiesto la pace alla Germania. «Come può fare, Eccellenza, questa previsione con tanta sicurezza? Le vicende della guerra sono incerte», obiettò il papa. E il ministro di rimando: «Ripeto, *Heiligkeit*, Santità, entro quest'anno Francia e Inghilterra chiederanno la pace». «Questa è la Sua opinione, ma che ne pensa il Führer?». «Il Führer e io sappiamo che, prima della fine dell'anno, Francia e Inghilterra ci chiederanno la pace». «Ma il popolo tedesco che cosa pensa?», incalzò Pacelli. «Il popolo tedesco ha fiducia nei suoi capi!». Detto questo, alzando la voce e gesticolando animatamente, Ribbentrop aggiunse che la Germania era fortissima e confermò ancora una volta la previsione che avrebbe vinto la guerra entro l'anno in corso. Il papa lamentò che la Germania faceva guerra anche alla Chiesa colpendo gli istituti di educazione, scacciandone in malo modo dalla sera alla mattina i legittimi proprietari. Eppure il clero tedesco si era sempre «dimostrato patriottico», e ne aveva dato un'ulteriore conferma in occasione del plebiscito nella Saar.

Ribbentrop, facendosi meno irruento, ricordò al papa di averlo una volta incontrato, quando era nunzio, a Berlino in un ricevimento. Pacelli, compiaciuto, gli diceva come egli spesso riandasse con gioia agli anni trascorsi in Germania, come amasse il popolo tedesco e ne apprezzasse la cultura. Metteva anche in rilievo come qualche giorno prima avesse rivolto buone e gentili parole a un gruppo di pellegrini tedeschi, e come nella sua recente enciclica fosse stato attento a «non offendere la Germania pur dovendo per la sua missione dire la verità». Quindi precisava che, quando nel messaggio natalizio aveva condannato la «premeditata aggressione contro un piccolo e pacifico popolo», non intendeva riferirsi all'occupazione tedesca della Polonia, come si era detto a Berlino, ma alla Finlandia, aggredita dai sovietici.

Il ministro tedesco gli diceva che lui e il Führer non erano nemici della Chiesa, ma del cattolicesimo politico. Il papa replicava che, pur non volendo mettere in discussione le intenzioni di Hitler, i fatti stavano a dimostrare incontestabilmente l'esistenza delle persecuzioni naziste contro la Chiesa cattolica. Al che Ribbentrop dichiarava che il nazionalsocialismo era comunque una rivoluzione, e che nonostante ciò non aveva apportato gravi danni alle Chiese. Ma come dimenticare, soggiungeva, le «troppo forti» parole che Pio XI aveva pronunciato contro la Germania? Pacelli, che rispetto al suo predecessore tentava con il Reich una politica più conciliante preoccupato delle sorti della Chiesa cattolica in quella nazione e in Polonia, gli chiese se credeva in Dio. Lui rispose: Ich glaube an Gott, aber ich bin unkirchlich, credo in Dio, ma non sono praticante, e con arroganza aveva evitato di inginocchiarsi al suo cospetto. Poi affrontò il tema del comunismo affermando che il nazionalsocialismo aveva impedito il trionfo di quella ideologia in Germania, senza di che nel suo paese non sarebbe rimasta in piedi neppure una chiesa, come era accaduto in Russia. Il pontefice, interrompendo, gli domandò: «La Germania non ha proprio nulla da temere dalla sua alleanza con il comunismo?». E Ribbentrop: «No. Quell'alleanza è solo esteriore, è finalizzata alla guerra». Pacelli, che intendeva ancora riprendere il discorso della pace, si ebbe dall'ospite una filippica contro l'Inghilterra, una filippica che si concluse con un terribile annuncio: «Sarà necessaria un'offensiva sul fronte occidentale».

Al termine del colloquio monsignor Tardini incontrava Pacelli, cui si rivolse esclamando: «Prosit, Santità!». Il papa gli fece su due piedi un ritrattino di Ribbentrop: «È un uomo giovane, ma non troppo. Vigoroso che quando parla si accende come un esaltato». Disse che l'incontro era stato improntato a gentilezza. Tardini invece osservava che Ribbentrop era entrato in udienza un po' preoccupato e nervoso e ne era uscito con aria soddisfatta. Nel frattempo il ministro tedesco si intratteneva con il segretario di Stato, Maglione, al quale diceva di aver constatato con soddisfazione come il papa avesse sempre nel cuore la Germania e come fosse animato dalla volontà di arrivare a una durevole intesa con Hitler. Ricordava che in Germania, quando Pacelli vi era nunzio, i cattolici lo rimiravano come un santo. Ricordava altresì che egli stesso, al momento della sua ascesa al soglio, non aveva potuto non esclamare: «Ecco un vero papa!». Al termine di questa *ouverture* il colloquio si fece più acceso, anzi aspro. Maglione, con la sua irruenza partenopea, accusava il regime nazionalsocialista di perseguitare vescovi e sacerdoti, trascinandoli nelle carceri di Lublino. «Quei preti svolgevano attività politica, e poi come chiudere gli occhi al cospetto delle atrocità commesse dai polacchi contro i tedeschi?», ribatteva Ribbentrop con decisione che non ammetteva repliche.

Alla notizia di questi colloqui, in Germania si mostrava soddisfazione poiché si sperava in una nuova politica religiosa del regime, almeno per isolare gli estremisti che reclamavano il totale abbattimento del cristianesimo. In Francia e in Gran Bretagna il papa veniva invece aspramente criticato per il semplice fatto di aver ricevuto un ministro nazista. E non si sapeva quanto in Vaticano avessero sofferto per la visita di Ribbentrop che qualcuno nei corridoi del palazzo apostolico chiamava a fior di labbra *lump*, straccione.

Il papa scriveva in tedesco e in latino accorate lettere ai cardinali e ai vescovi in Germania sulla «penosa situazione» in cui si trovava la Chiesa cattolica nel Reich. La segreteria di Stato aveva formulato una lunga lista dei provvedimenti che il regime nazista stava adottando in violazione del concordato. Alcuni punti dell'elenco erano già stati segnalati dal pontefice a Ribbentrop. Ma la situazione non migliorava. Si chiudevano le scuole private confessionali; si eliminava ogni forma di educazione religiosa nella scuola unitaria sostituendo all'insegnamento del catechismo quello della Weltanschauung nazionalsocialista ispirata alla ideologia del sangue secondo gli schemi di Rosenberg; si toglievano i crocifissi dalle aule scolastiche; si chiudevano numerosi seminari, collegi e convitti cattolici; si sopprimevano antiche abbazie, anche di rinomanza mondiale; si confiscavano i patrimoni religiosi; si imprigionavano sacerdoti come negli anni del *Kulturkampf* bismarckiano, della cosiddetta «lotta per la civiltà»; si perpetravano infine un po' dovunque gravi vandalismi di natura sacrilega.

Sia Pio XII sia il suo segretario di Stato erano ormai convinti dell'impossibilità di frenare l'espansionismo hitleriano, e quindi decisero di intensificare gli sforzi per indurre Mussolini a non scendere in campo. Ma tutto diventava più difficile. Proprio in quei giorni il duce s'incontrava al Brennero con il Führer, secondo quanto si era concordato durante la visita di Ribbentrop a palazzo Venezia. Nel colloquio il capo nazista annunciava a Mussolini la decisione di attaccare i francoinglesi, senza tuttavia indicare la data d'inizio dell'operazione. E il duce non mancava di rassicurarlo che l'Italia non sarebbe rimasta neutrale a lungo, desiderosa com'era di marciargli al fianco. Ma a sua volta si riservò la scelta del momento più opportuno per imbracciare le armi, non essendo ancora completata la preparazione militare. «L'albero di Bertoldo!», fu il mordace commento di Ciano che temeva di veder precipitare nel nulla la sua azione pacificatrice.

«Ma io insisterò. Che Iddio mi aiuti!», disse poi al nunzio Borgongini Duca, in un colloquio a palazzo Chigi, sede del ministero degli Esteri. E aggiunse: «Dite al Santo Padre che ogni tanto pensi a me e preghi per me. Ogni tanto mi benedica perché ne ho molto bisogno». Borgongini Duca lo consigliò di fare attenzione alla sua persona, ed egli esclamò: «Avete ragione, io vado sempre senza guardie. Certo i tedeschi, se potessero, mi sparerebbero». «Fate attenzione anche agli italiani», ribatté il nunzio. «E voi fate attenzione ai diplomatici accreditati presso la Santa Sede. Ciò che scrivono nei loro telegrammi non è sempre vero». Borgongini Duca, come confidò al cardinale Maglione, si congedò dal ministro pensando che le ambasciate estere potessero effettivamente avere in Vaticano alcuni infidi informatori segreti.

VI

Il 9 aprile la Wehrmacht invadeva la Norvegia e senza incontrare ostacoli occupava la Danimarca. A metà di quello stesso mese il cardinale Maglione riceveva da Washington un telegramma in cui il delegato apostolico monsignor Amleto Cicognani lo metteva al corrente d'una indiscrezione appresa da un'alta autorità del governo americano. «L'Italia», si diceva nel dispaccio, «entrerà in guerra entro pochi giorni come alleata della Germania». La notizia si diffuse rapidamente, e da più parti si intensificarono i tentativi volti a scongiurare l'estensione del conflitto. Si mosse il premier francese Paul Reynaud, che era appena succeduto a Daladier. Si mosse Roosevelt. Si mosse il pontefice che inviò a Mussolini il 24 aprile uno struggente messaggio autografo dandogli del tu e riconoscendo la nobiltà dei suoi sforzi protesi a evitare la guerra, fin dalla conferenza di Monaco. Il messaggio, che rientrava in un'azione strettamente concertata fra la Santa Sede e la Casa Bianca, così concludeva: «Formuliamo dall'intimo del cuore il voto ardente che siano risparmiati all'Europa, grazie alle Tue iniziative, alla Tua fermezza, al Tuo animo d'Italiano, più vaste rovine e più numerosi lutti».

Il messaggio del presidente statunitense a Mussolini era diverso da quello del papa. Conteneva alcune durezze e la minaccia d'un intervento americano, pur facendo balenare tra le righe compensi coloniali qualora l'Italia fosse rimasta neutrale. Ma, a leggere le risposte di Mussolini, tutto si rivelava inutile. Alla lettera del papa – era la prima volta che Pacelli scriveva al duce – replicava in tono «scettico», «freddo» e «sarcastico». Lo rilevava Ciano il quale, in quanto ministro degli Esteri, aveva conferito alla missiva del suocero una forma diplomatica. Altri camerati gli avevano sentito dire: «Chiamano il papa "Pastor angelicus". Io lo chiamerei invece Volpe angelica». Comunque, nella sua risposta a Pio XII, Mussolini scriveva seccamente: «Comprendo il Vostro desiderio che sia dato all'Italia di evitare la guerra. Questo è accaduto fino ad oggi, ma non potrei in alcun modo garantire che ciò possa durare fino alla fine».

Considerata l'inefficacia delle iniziative diplomatiche, ancora una volta il papa volle rivolgere un pubblico e chiaro appello alla pace. Il 5 maggio lasciò il Vaticano, dal quale usciva raramente, per raggiungere la chiesa di Santa Maria sopra Minerva, nei pressi del Pantheon, e pronunciarvi tra la folla immensa un panegirico dei patroni d'Italia san Francesco d'Assisi e santa Caterina da Siena. Egli stesso l'anno prima li aveva proclamati patroni e ora, davanti alle reliquie della santa conservate sotto l'altare maggiore, si rivolgeva a Dio che guardava quaggiù alla ricerca di un «uomo che mediti su tante rovine e se ne accori, e porga la mano alla giustizia che richiama la pace».

Il duce non se ne dava per inteso, anzi accentuava la polemica contro la Chiesa attribuendole la responsabilità di «rammollire, disarmare, svirilizzare» il popolo italiano. Ormai per l'Italia prendere le armi non era che una questione di calendario essendo imminente l'offensiva tedesca a occidente. Difatti Hitler alle ore 5,30 del mattino del 10 maggio balzava con l'esercito e l'aviazione su tre paesi neutrali, l'Olanda, il Belgio, il Lussemburgo, naturalmente senza ultimatum, senza dichiarazione di guerra e perfino senza preavvertire il collega italiano. Poteva così entrare di sorpresa in Francia attraverso le foreste delle Ardenne belghe senza doversi misurare con le massicce fortificazioni della linea Maginot. Il mondo era percorso da un fremito di sdegno. In quello stesso giorno di maggio cadeva in Gran Bretagna il governo Chamberlain, accusato della fallimentare politica dell'*appeasement*. Gli succedeva Winston Churchill, anch'egli conservatore ma fortemente ostile a Hitler e al nazismo. Appresa la notizia delle aggressioni, Pio XII batteva personalmente a macchina tre accorati messaggi e all'istante li inviava in segno di solidarietà a re Leopoldo, alla regina Guglielmina e alla granduchessa Carlotta, pur senza indicare esplicitamente la Germania come il paese aggressore. E ciò, si diceva, per non venir meno alle regole della diplomazia.

I messaggi furono pubblicati soltanto dall'«Osservatore romano» che arrivò a vendere quel giorno centottantamila copie, una cifra mai toccata prima. Le edicole furono aggredite da squadre di militi fascisti i quali – a un ordine del nuovo segretario del partito, Ettore Muti, che aveva sostituito Achille Starace – davano il giornale alle fiamme. Mussolini reagiva con pari violenza, anche se soltanto verbale. Minacciava di mettere la museruola al Vaticano, quindi aggiungeva: «Il papato è il cancro che rode la nostra vita nazionale. Forse è arrivato il momento di liquidare la questione una volta per tutte. Non creda il papa di cercare alleanza nella monarchia perché sono pronto a far saltare le due cose insieme. Bastano le città della Romagna per far fuori contemporaneamente re e papa». Ciano era di diverso avviso. Riteneva che non convenisse aprire una crisi con la Chiesa, tanto più se si intendeva entrare in guerra. Soggiungeva: «Il popolo italiano è cattolico. Non è bigotto. Magari in superficie è strafottente, ma nel fondo è religioso. Soprattutto nelle ore del pericolo si avvicina agli Altari».

Mussolini incaricava Dino Alfieri di protestare a suo nome con il pontefice, come ultimo atto della sua ambasceria presso la Santa Sede. Alfieri era destinato a Berlino, e dalla capitale tedesca arrivava a Roma per sostituirlo Bernardo Attolico, il quale commentava il cambio della guardia esclamando: «Dal diavolo all'acqua santa». Alla protesta di Alfieri, basata sulla convinzione di Mussolini che il Vaticano con i tre telegrammi avesse voluto ostacolare la sua politica, il papa rispondeva con una lunga spiegazione. L'udienza perdeva l'iniziale carattere protocollare, per cui la signora Alfieri, che accompagnava il marito, chiese di lasciare la sala.

Pacelli diceva all'ambasciatore che nei suoi telegrammi «non potevano riscontrarsi parole direttamente offensive neppure per la Germania» e che comunque egli avrebbe scritto le stesse cose anche se a violare la neutralità fossero stati altri. Alfieri ribatté annunciando che negli ambienti fascisti c'era una forte tensione. Quindi minacciò «gravi conseguenze». Il pontefice, pur mantenendo la calma, rispose di essere pronto anche a subire la deportazione in un campo di concentramento. Nel ricordare quando, nunzio a Monaco, fu assalito dagli spartachisti, incalzò: «Non abbiamo avuto timore delle rivoltelle puntate contro di Noi una prima volta, ne avremo tanto meno una seconda. Il Papa in certe circostanze non può tacere». Osservava che i governi mettono in primo luogo le considerazioni politiche e militari e trascurano di proposito quelle della morale e del diritto. Per il papa invece tutto ciò che riguardava la morale e il diritto aveva la precedenza. Ricordava ad Alfieri di aver avuto ultimamente occasione di leggere le lettere di santa Caterina da Siena, la quale, scrivendo al suo pontefice, lo ammoniva che Dio lo avrebbe sottoposto al giudizio più strettamente rigoroso qualora non avesse reagito al male o non avesse compiuto ciò che credeva suo dovere.

Non gli si poteva chiedere, aggiunse, di assistere indifferente alla sciagura della guerra, quando tutto il mondo attendeva da lui una parola: «Il Governo italiano non potrà pretendere che il Papa stia silenzioso perché così ad esso piace. Dove sarebbe la libertà del Papa? Gli italiani sanno quali orribili cose avvengono in Polonia. Noi dovremmo dire parole di fuoco contro simili cose, e solo Ci trattiene dal farlo il sapere che, se parlassimo, renderemmo la condizione di quegli infelici ancora più dura». Pacelli avrebbe voluto far pervenire attraverso il suo interlocutore Alfieri un messaggio per Hitler e Ribbentrop, ma nella stessa giornata accantonò l'idea. Proprio per le ragioni espresse ad Alfieri, rinunciò a una più esplicita e vibrante nota di condanna che Tardini aveva già preparato in bozza.

Questa era la linea di condotta del pontefice, del resto già emersa nel colloquio con lo stesso Alfieri al momento in cui il diplomatico aveva presentato le credenziali di ambasciatore, cinque mesi prima. Il papa non proclamava un'aperta crociata contro il nazismo, ma non per questo tralasciava di attribuirgli la responsabilità della guerra. Il regime hitleriano, che non era da lui esplicitamente citato, era indicato come un «errore», un «falso processo di pensiero e di azione che umanizzava il divino e divinizzava l'umano». E metteva sull'avviso i propalatori osservando che, come per ogni cosa, anche per quell'errore sarebbe arrivato il «crepuscolo», il «tramonto precipitoso».

Parigi veniva bombardata. Subito l'ambasciatore degli Stati Uniti in Francia, William Bullit, si recava dal nunzio monsignor Valeri. Gli diceva che l'ingresso in guerra dell'Italia era ormai questione di giorni e che soltanto la minaccia d'una scomunica papale avrebbe potuto fermare Mussolini. E se quella minaccia fosse caduta nel vuoto, il papa avrebbe dovuto procedere senz'altro alla scomunica, a dimostrazione della sua fermezza. Questo diceva l'ambasciatore chiedendo al nunzio di implorare il pontefice affinché si risolvesse a compiere il passo estremo della scomunica. Sentiva però rispondersi che il Santo Padre aveva già esperito tutti i tentativi in suo potere. Valeri aggiunse proprie considerazioni. Disse che la scomunica era stata «da qualche secolo ridicolizzata dal cosiddetto progresso moderno» e che aveva per altro prodotto effetti «più che dubbiosi». A Berlino, Göring interpellava Alfieri sull'effettiva possibilità che il papa scomunicasse il duce, e l'ambasciatore lo rassicurava affermando che comunque fossero andate le cose la scomunica non faceva al popolo italiano né caldo né freddo.

Se si scomunicava Mussolini, si doveva colpire anche e soprattutto Hitler. Questo diceva a monsignor Valeri un senatore francese, Jacques Bardoux. Il nunzio gli rispondeva che forse il Führer non era neppure battezzato, e ciò aveva il sapore d'una scappatoia poiché ben si sapeva che Hitler era di religione cattolica. Anche il segretario generale del World

Jewish Congress scrisse a don Sturzo perché suggerisse al papa di decidersi a scomunicare Hitler. Ma a sua volta Sturzo riteneva che la scomunica fosse ormai un'arma spuntata, e così argomentava: «Elisabetta regina d'Inghilterra e Napoleone, sebbene fossero stati scomunicati, non cambiarono rotta. Temo che Hitler risponderebbe alla scomunica uccidendo un maggior numero di persone, a cominciare dagli ebrei. Nessuno potrebbe impedirgli di farlo».

L'arcivescovo di Parigi, Emmanuel Suhard, implorava il papa di compiere ogni tentativo per bloccare Mussolini sulla china della guerra. Il pontefice continuava nei suoi sforzi pur ritenendo, sul terreno delle proteste e delle condanne, di non poter andare oltre quanto aveva detto nei telegrammi. Del resto i messaggi, soprattutto quelli indirizzati ai sovrani del Belgio, Olanda e Lussemburgo, già contenevano una riprovazione, sebbene espressa in termini attenuati rispetto al contenuto degli appunti preparatigli da monsignor Tardini. Naturalmente, alle tre nazioni proditoriamente invase dalla Wehrmacht i telegrammi non bastavano, e quindi insistevano perché il pontefice colpisse con un'immediata, totale e solenne condanna gli abominevoli crimini nazisti. Con la condanna papale si doveva anche richiamare l'opinione pubblica italiana a un'azione più decisa in favore della neutralità. In particolare il Belgio si appellava ai legami dinastici che intercorrevano con l'Italia in forza del matrimonio tra il principe ereditario Umberto e la principessa Maria José di Brabante. Proprio in considerazione di questi legami il papa, alla vigilia dell'aggressione hitleriana, era stato indotto a ricevere premurosamente la coppia per avvertirla della presumibile imminente invasione.

All'ambasciatore belga di nuova nomina, Adrien Nieuwenhuys, aveva scritto: «Nous n'avons rien omis, de ce que Nous pouvions tenter, – soit par des prières et des exhortations publiques, soit par des démarches confidentielles, réitérées et précises, – pour éclairer les esprits sur la gravité du péril». Anche l'ambasciatore di Francia presso la Santa Sede, Charles-Roux, aveva detto che tutti i cattolici – francesi, inglesi, belgi, olandesi e lussemburghesi – si attendevano dal papa una ferma condanna. I tre telegrammi di Pacelli, osservava l'ambasciatore, erano «magnifici», ma una cosa era la «simpatia per chi soffre» e un'altra la «condanna per il delitto compiuto». Il pontefice, ancora sollecitato dall'ambasciatore francese perché intervenisse su Mussolini, disse che aveva tentato tutte le strade, ma che ormai il duce non rispondeva più nemmeno alle sue lettere.

Il pericolo che il conflitto si estendesse all'Italia rendeva tutti più nervosi. Difatti tra i familiari di Pacelli cresceva l'insofferenza per il ruolo sempre più assoluto che suor Pasqualina svolgeva accanto al papa. All'inizio, quando don Eugenio era tornato dalla Germania, l'avevano riguardata con simpatia, ma poi a poco a poco le cose erano cambiate e ormai non potevano più sopportarla. La giudicavano invadente e dispotica, e quindi con sufficienza avevano cominciato a chiamarla «virgo potens». Si dicevano convinti che don Eugenio non avrebbe voluto averla con sé a Roma avendo cessato di stimarla, e che in suo luogo avrebbe desiderato Elisabetta, Bettina, la sorella minore cui era particolarmente affezionato.

Appena tornato a Roma, don Eugenio aveva preso in affitto dal fratello Francesco un appartamentino nell'edificio di via Boezio: un ingresso, lo studio, una camera da letto e la Cappella. A pranzo e a cena sedeva però alla mensa di Francesco. Aveva detto a Bettina che sperava di averla come amministratrice della sua casa in vista d'un ampliamento. Bettina gli aveva risposto che purtroppo i suoi doveri di sposa e di madre le impedivano di accettare la proposta, pur allettante e lusinghiera. Il fratello le aveva già suggerito di portare con sé anche la famiglia, quando, con l'arrivo a Roma di suor Lehnert, la situazione mutò. La suora aveva preso alloggio presso certe monache di via Nicolò V nei dintorni del Vaticano, e pochi giorni dopo don Eugenio aveva chiesto a Bettina di accoglierla nella sua casa per evitarle di pagare la retta al monastero. Bettina non aveva saputo opporsi al desiderio del fratello, e quindi la suora si era trasferita da lei rimanendo sua ospite per circa un semestre. Erano stati mesi difficili per Bettina e la famiglia poiché suor Pasqualina tendeva sempre più a spadroneggiare. Alfine Bettina, stanca della situazione, aveva detto al fratello che, in occasione d'una sua lunga permanenza a Lourdes, aveva deciso di chiudere il suo appartamento romano. E ciò era naturalmente suggerito dalla volontà di farla finita con quella ingombrante suora tedesca.

Sempre in relazione a suor Lehnert, a Elisabetta tornavano alla mente antiche vicende di molti anni prima. Una di quelle storie risaliva al 1923 e riguardava una lettera che il fratello le aveva inviato da Monaco dopo una visita da lei compiuta in Baviera con la figlia Elena. Don Eugenio le parlava del vivo risentimento che serpeggiava nella nunziatura a causa del temperamento dispotico della suora. Era opinione corrente che suor Pasqualina si comportasse così col nunzio, approfittando della forte simpatia che li legava. Don Eugenio diceva però a Elisabetta che quella era una calunnia, volgarmente concepita negli ambienti della nunziatura per costringerlo a liberarsi della suora.

A riprova della sua onestà don Eugenio accludeva alla missiva la copia d'una lettera che aveva inviato al cardinale Laurenti, prefetto della congregazione dei Religiosi, per pregarlo di aiutarlo a sfatare l'orribile insinuazione, magari aprendo un'inchiesta. L'inchiesta ci fu, e si concluse con il riconoscimento della più completa innocenza dei due «imputati». Un altro episodio era più recente. Suor Pasqualina aveva tra gli altri il compito di ricevere le persone che intendevano chiedere udienza a Pacelli, allora segretario di Stato. Le riceveva in una sala della villa Bready, e un giorno Carlo, il nipote di don Eugenio, riuscì senza farsene accorgere a scattare una fotografia in cui si vedeva la suora in atteggiamento troppo confidenziale con l'ingegner Enrico Galeazzi, fratellastro del medico pontificio. La foto fu subito portata a don Eugenio il quale, profondamente turbato, si affrettò a mostrarla, con aria di rimprovero alla suora.

Dunque a Roma suor Lehnert, a causa del viaggio di Bettina a Lourdes, si trovò senza alloggio. Ma non era persona da perdersi d'animo. Ottenne difatti una sistemazione migliore. Entrò in Vaticano, e fu più che mai vicina a Pacelli. Riusciva sempre a imporre la propria volontà, anche col sostegno della *lobby* dei gesuiti tedeschi suoi connazionali di cui Pacelli si era da sempre attorniato, a cominciare da padre Leiber. Del resto don Eugenio aveva in grande considerazione la Compagnia di Gesù per la sua organizzazione e la sua efficienza. Diceva che i gesuiti erano i più fedeli: «Lo sperimento in ogni cosa. Sono sempre pronti!».

Suor Pasqualina era scaltra, energica, dinamica e dotata di grande abilità manovriera. Si comportava sagacemente con lo stesso pontefice il quale infatti non riusciva a liberarsene. E quando tentava di farlo, lei sapeva come difendersi, a chi appoggiarsi e a quali argomenti appellarsi, non esclusa la minaccia che al suo eventuale allontanamento sarebbe potuto seguire uno scandalo. Tra i familiari del papa si osservava che lui, essendo impressionabilissimo, non riusciva a tenerle testa, per cui la suora continuava a farla da padrona ed era perfino diventata un'influente consigliera del papa. Le accuse e le insinuazioni non avevano più termine. Il contrasto si fece particolarmente aspro quando, in occasione d'una malattia di Pacelli, una polmonite, suor Pasqualina si oppose a un consulto pretendendo che a visitarlo fosse soltanto l'archiatra, il professor Riccardo Galeazzi Lisi, suo protetto.

I parenti del pontefice disistimavano il professore; lo consideravano un mediocre oculista che però era riuscito ad assumere nelle sue mani tutti i servizi sanitari del Vaticano. La suora sosteneva invece che non c'era un medico migliore di lui, e che se lo attaccavano lo facevano per gelosia. Si aveva l'impressione che non fosse simpatico neppure al papa. Un giorno Pacelli era sotto i ferri del dentista quando entrò nel gabinetto medico l'archiatra. Il papa non gli rivolse uno sguardo, e lui si mise in un angolo della stanza rimanendo silenzioso in ginocchio per l'intera durata della seduta. Al termine della visita il papa lasciò il gabinetto dentistico senza minimamente accorgersi della presenza dell'archiatra. Insomma Pio XII nutriva nei suoi confronti sentimenti di sopportazione, ben conoscendone i limiti scientifici e professionali. Non usufruiva neppure della sua «inesistente arte» oculistica.

Non lo rimuoveva per non provocare squilibri e suscitare scandali, per non danneggiare il fratellastro conte Enrico, valido e retto amministratore della Città del Vaticano.

Suor Pasqualina si intrometteva in tutte le vicende della casa apostolica, non escluse le più delicate. Né le più futili. Spesso il vicedirettore dell'«Osservatore romano» Cesidio Lolli si recava dal pontefice con le bozze dei discorsi o per concordare qualche articolo. In genere egli era accolto nello studio del pontefice, nel suo appartamento privato. Ma un giorno il papa lo ricevette nel salottino attiguo allo studio, e gli disse: «C'è una novità. Dobbiamo incontrarci in questo salottino. Bisogna avere pazienza. Lei vede che qui a terra ci sono i tappeti, mentre nel mio studio c'è un parquet lucidato a cera. Ebbene, Madre Pasqualina dice che lei lascia l'impronta delle scarpe su quel parquet. Perciò vediamoci qui». La suora era ognora presente perfino agli incontri del pontefice coi parenti i quali scalpitavano non sentendosi liberi di parlargli nemmeno nelle riunioni familiari. Quelle riunioni si verificavano per altro assai raramente – a Pasqua, a Natale – e si supponeva che ciò avvenisse anche a causa delle interferenze della Lehnert. Sempre più irritata, Bettina era arrivata alla conclusione che quella suora costituisse per il papa una vera croce, una croce che egli accoglieva dalle mani di Dio come un mezzo di santificazione.

VII

Hitler vinceva su tutti i fronti, sembravano avverarsi le previsioni della guerra lampo, *Blitzkrieg*. L'Olanda era sconfitta, il Belgio si era arreso. Dunkerque stava per essere conquistata e la Francia non aveva più speranze. L'Italia si manteneva neutrale da nove mesi, ma il suo ingresso in guerra era ormai cosa certa. Si doveva soltanto decidere la data d'inizio delle ostilità, fra il 5 e l'11 giugno. Anche in questo bisognava tener conto della volontà dell'«esagitato» Führer. Mussolini diceva di non potersi più tirare indietro: «Dopo la Francia, potrebbe toccare a noi. Sarebbe il colmo aver firmato un patto che si chiama d'acciaio, per essere invasi dalla Germania. Trovarsi cioè dalla parte dell'incudine».

Il capo di stato maggiore Badoglio ancora chiedeva un rinvio, e Vittorio Emanuele, insieme a Ciano, sperava in un intervento dell'America. Il re non voleva cedere il comando militare a Mussolini, mentre il duce già vedeva in Hitler l'alleato per liberarsi dei Savoia: «Alla fine della guerra dirò al Führer di far fuori tutti questi assurdi anacronismi che sono le monarchie». Fra tanti problemi il Minculpop si preoccupava di sollecitare i giornali affinché inviassero un redattore ad Acilia, nei pressi di Roma, «per fare un pezzo sul primo nato in quella nuova contrada».

Pacelli il 2 giugno, giorno del suo onomastico, prendeva nuovamente la parola in pubblico. Si rivolgeva al Sacro collegio cardinalizio per richiamare all'insegnamento di sant'Agostino un'Europa sconvolta da rovine materiali e da non meno gravi rovine morali. Diceva che il patrimonio spirituale veniva distrutto da idee contrastanti, da odi, rancori e vendette tali da dividere gli uomini, e si chiedeva come non condannare chi aveva «trascinato nell'uragano della guerra regioni e genti più di altre tradizionali fautrici della pace». Sant'Agostino invitava a non perdere mai di vista la pace, anche in guerra, e ad essere pacifici perfino quando ci si affrontava sui campi di battaglia.

Il papa pur constatando l'inutilità dei suoi sforzi di pace ancora sperava, anche se flebilmente, di poter evitare un estendersi del conflitto; con vigore si rivolgeva a tutte le parti avverse perché ricordassero i doveri di umanità, doveri che non perdevano di valore nemmeno in guerra. Egli, intendendo «promuovere il bene» e «contenere il male», affermava di non essere guidato da spirito di parte, ma soltanto dal rispetto della vita di ognuno. «Desiderosi almeno di lenire le conseguenze della guerra», diceva, «rivolgiamo il Nostro amore paterno a tutti, sia alle popolazioni germaniche, sempre a Noi care, in mezzo alle quali trascorremmo lunghi anni della Nostra vita, sia degli Stati alleati, cui pure ci legano grati e pii ricordi, memori anche con costante sollecitudine della tanto provata e a Noi diletta Nazione polacca e di altri nobili popoli».

Mussolini decise di annunciare nel pomeriggio del giorno 10 dal balcone di palazzo Venezia il suo ingresso in guerra, convinto che la neutralità non gli avrebbe consentito di cogliere accanto al Führer i frutti d'una prossima vittoria finale. La sera precedente aveva fatto oscurare Roma, come per dare un silenzioso preavviso. Churchill, che al momento dell'ascesa al potere aveva promesso al suo popolo «sangue, dolore, sudore e lacrime», parlò ai Comuni per annunciare che la Gran Bretagna non temeva l'invasione e che comunque mai si sarebbe arresa. In quello stesso discorso il premier inglese definiva un «pietoso episodio», *pitiful episode*, l'inattesa capitolazione decisa da Leopoldo re del Belgio senza neppure avvertire il comando alleato e contro il parere di gran parte dei suoi ministri. Il delegato apostolico a Londra, monsignor William Godfrey, ne scriveva al cardinale Maglione e osservava che la resa di un sovrano cattolico, anche per le sue ingloriose modalità, «non aveva fatto del bene alla Chiesa».

Il 14 giugno, nell'atto in cui le *Panzerdivisionen* tedesche entravano in Parigi, le truppe italiane si muovevano sul fronte alpino occidentale e Genova era bombardata dal mare. Il nuovo capo del governo francese, Philippe Pétain, chiedeva la resa alla Germania attraverso la Spagna e, mediante la Santa Sede, faceva sapere all'Italia di essere pronto a sottoscrivere la pace con Roma. Mussolini era già in viaggio per Monaco dove si incontrava con Hitler proprio per decidere come trattare la Francia. Il giorno 21 il governo di Pétain firmava nella storica foresta di Compiègne l'armistizio con i tedeschi, e contemporaneamente l'Italia, per poter dire di avere a sua volta attaccato la Francia e quindi poter partecipare alla spartizione del bottino, scatenava l'offensiva sull'intero fronte occidentale, dal Monte Bianco al mare di Mentone. Non passarono quattro giorni che la Francia firmava un armistizio anche con Roma.

Si poteva ritenere che fosse il momento buono per un nuovo passo del papa a favore della pace. Maglione e Tardini lo consigliarono a muoversi ancora una volta in quel senso, e lui, superata qualche difficoltà, chiese alla Germania, all'Italia e all'Inghilterra se erano disposte ad ascoltare un suo appello. L'appello, preparato dal cardinale Maglione e corretto dal papa, fu inviato il 28 giugno ai nunzi apostolici dei paesi belligeranti, ed era così concepito: «Angosciato per la previsione degli innumerevoli lutti e delle irreparabili rovine cui darà luogo il riaccendersi, ormai prossimo, delle ostilità, il Santo Padre, di Sua iniziativa, nell'unico intento di fare un supremo sforzo per la salvezza dell'umanità e della civiltà, sicuro che una pace giusta e onorevole è nel desiderio dei popoli e che il prolungamento della guerra potrebbe facilmente generare altre lotte ed altre crisi, avrebbe in animo di indirizzarsi ai Governi di Germania, Inghilterra e Italia per pregarli di tentare le vie delle comuni intese al fine di giungere a una cessazione del conflitto. Prima, però, di fare questo passo Sua Santità desidera che V.E. chieda confidenzialmente a cotesto Governo quale accoglienza si può attendere che avrebbe da parte sua un tale invito».

Il conte Ciano parlò della questione al telefono con il suocero il quale si disse subito «decisamente ostile» al progetto. Anche gli inglesi si dichiararono contrari, decisi a non consentire che l'Europa cadesse sotto la dominazione nazista. Il «no» di Churchill e di Halifax era netto sebbene, sia il premier sia il ministro degli Esteri, non mancassero di apprezzare l'iniziativa del pontefice, al quale lasciavano la decisione se fare o no egualmente l'appello.

Hitler invece scavalcò il Vaticano e si rivolse direttamente alla Gran Bretagna proponendole la pace in un toccante discorso al Reichstag. In quell'occasione egli si mostrò più che mai un grande attore usando toni di voce suadenti e rifuggendo dalle grida cui aveva abituato il suo popolo. Si presentava come il vincitore che generosamente offriva al nemico sconfitto il ramoscello della pace. «In nome della ragione», disse, «imploro qui, in questo momento, l'Inghilterra e gli altri paesi affinché trattino la pace». La platea applaudiva all'infinito, e lui si commuoveva fino alle lacrime. Eppure già preparava il piano d'attacco *See-Löwe*, «Leone Marino», per lo sbarco in Gran Bretagna. Oltre tutto il «discorso della vittoria», come egli chiamò il suo intervento al Reichstag, era intessuto di contumelie e improperi nei confronti di Churchill. Lo definiva un «dilettante sanguinario» e lo accusava di aver già trasferito all'estero le proprie ricchezze in vista d'una sua imminente sconfitta. Anche Ciano, che era presente al Reichstag, si lasciò affascinare dalle parole del Führer. «Ha parlato», diceva, «con una umanità inconsueta. Credo sincero il suo desiderio di pace». Quindi soggiungeva: «A sera, quando arrivarono le prime gelide reazioni inglesi al discorso, si diffuse a Berlino un senso di malcelato disappunto».

Dopo questo discorso si metteva invece in moto il rappresentante degli Stati Uniti in Belgio, John Cudahy, un fautore dell'isolazionismo americano e amico di Joseph Kennedy. Egli chiese al papa, che lo aveva ricevuto in udienza, di compiere un ulteriore passo sul governo inglese a favore della pace, magari attraverso l'arcivescovo di Westminster, cardinale Arthur Hinsley. A suo avviso non si doveva dare l'impressione di lasciar cadere, per ciò che valevano, le proposte di Hitler. Comunque Cudahy, certo che l'Inghilterra non sarebbe stata in grado di resistere a un attacco tedesco, riteneva opportuno chiedere al governo germanico l'enunciazione di proposte più precise. Sotto questa pressione il cardinale Maglione preparò un messaggio da inviare al delegato apostolico a Londra, Godfrey, per incaricarlo di trattare la questione con il cardinale Hinsley. Il papa ne corresse il testo e ne sottolineò alcune parole volendo marcarne la rilevanza: «Autorevoli persone fautrici di una giusta pace hanno espresso il desiderio che la Santa Sede intervenga affinché governo inglese non lasci cadere senz'altro offerta pace Cancelliere germanico e chieda invece al Governo tedesco di specificare basi concrete per iniziare eventuali trattative. Santa Sede accogliendo tale desiderio, incarica V.E. di intrattenere della cosa cotesto Cardinale arcivescovo, e se ambedue lo ritengono opportuno, di fare, a nome S. Padre che così fervidamente prega e si adopera per la pace, confidenzialmente e colla dovuta delicatezza un passo presso cotesto governo».

Ma da Londra pervenne un nuovo «no» di Churchill. Infatti monsignor Godfrey informava Maglione che il governo inglese avrebbe potuto male interpretare il passo della Santa Sede, come se essa volesse associarsi all'«invito alla resa», pregando la Gran Bretagna di chiedere i termini della pace. Più esplicitamente Godfrey scriveva che il governo inglese non considerava il discorso di Hitler come un'offerta di pace, ma piuttosto come una manovra, e che lo stesso arcivescovo di Westminster, Hinsley, giudicava il discorso al Reichstag come «una serie di insulti, sfide e minacce», anche perché non conteneva alcun cenno di garanzia o riparazione per le nazioni invase secondo le richieste già avanzate dal papa nell'ultimo radiomessaggio natalizio.

Nella nuova situazione il primo pensiero di Pacelli fu di chiedere agli anglofrancesi di «voler rispettare» la città di Roma. Alcuni aerei inglesi avevano nottetempo sorvolato la città lanciando manifestini, e subito il cardinale Maglione protestò con Churchill, sempre mediante il delegato apostolico a Londra, Godfrey. Si potevano temere bombardamenti anche perché il londinese «Daily Telegraph» ne aveva già dato il preannuncio. A Pacelli si consigliava di lasciare la città. Anzi, l'arcivescovo di New York, Spellman, gli prospettava addirittura l'opportunità di rifugiarsi in un lontano paese, in Brasile. Ma lui decise di rimanere in Vaticano e la notizia apparve sull'«Osservatore romano» il quale scrisse che il papa non si sarebbe mai assentato dalla capitale per offrire «il conforto della sua presenza continua ai suoi figli più vicini della diocesi di Roma».

In realtà il papa aveva cercato di convincere il governo italiano e lo stesso Mussolini ad allontanarsi dalla capitale per non offrire appigli al nemico. In un primo tempo era parso possibile uno sfollamento dei comandi militari, con l'obbligo per gli ufficiali addetti ai ministeri di indossare abiti civili e di entrare nei palazzi ministeriali attraverso porticine laterali, ma poi non se ne fece nulla. «Senza di noi fascisti», aveva detto Mussolini, «Roma tornerebbe ad essere papalina». Per di più il duce fin dal principio si era opposto a trasferire altrove le industrie belliche romane, a cominciare dalla più importante, la Breda.

Pacelli non aveva più frecce al suo arco. Tutti i tentativi per salvaguardare la pace o limitare il conflitto si erano rivelati inutili. Inoltre, dal momento dell'ingresso dell'Italia in guerra, i suoi sforzi di pacificazione apparivano improntati a sempre maggiore cautela, in nome di un'accentuata politica di neutralità. L'11 giugno del '40, proprio all'indomani della dichiarazione di guerra da parte di Mussolini, il prefetto della Congregazione orientale, cardinale Tisserant, condannava l'estrema prudenza della Chiesa in una lettera al connazionale arcivescovo di Parigi, Emmanuel Suhard. «Temo», diceva in quella lettera, «che la storia dovrà rimproverare alla Santa Sede di aver fatto la politica della propria esclusiva convenienza e non qualcosa di più. Ciò è assai triste, soprattutto per chi è vissuto sotto Pio XI». Già all'inizio dell'anno, un celebre scrittore cattolico anche lui francese, Georges Bernanos, si era espresso in termini molto aspri: «Si può forse credere che l'opinione pubblica mondiale sia così stupida da non capire che oggi la politica estera di Pio XII è suggerita dalle necessità della politica italiana?».

Per altri l'atteggiamento di cautela di Pacelli era suggerito dai suoi sentimenti di filotedesco, *deutschfreundlich*, e dalla convinzione che Hitler avrebbe vinto la guerra. Ribbentrop chiese in proposito un rapporto all'ambasciatore presso la Santa Sede, von Bergen, movendo dalla voce, arrivata fino a Berlino, secondo cui Pacelli avrebbe parlato della probabile vittoria tedesca durante un'udienza ai rappresentanti dell'aristocrazia nera romana. Von Bergen rispose al ministro che certe dicerie sull'atteggiamento del papa andavano ben controllate, se non altro perché egli si esprimeva sempre con grande accortezza, *geradezu ängstlich*. Non si doveva neppure dimenticare, aggiungeva l'ambasciatore, che Pacelli era italiano e che naturalmente come tale non poteva augurarsi la sconfitta dell'Asse. Ma, al di là della sua simpatia per l'Asse, egli considerava molto pericolosa la totale distruzione dell'Inghilterra e della Francia, così come temeva che un prolungarsi del conflitto avrebbe portato i bolscevichi nel cuore dell'Europa. «L'obiettivo di Pacelli», concludeva von Bergen, «è di abbreviare la guerra, operando dietro le quinte, pronto a svolgere un ruolo di mediatore al momento opportuno».

Il papa esprimeva una grande angoscia in un'omelia del 24 novembre, ultima domenica *post Pentecostem*. Con un periodare involuto implorava dal Signore il ritorno alla pace della concordia e della giustizia: «Dite, o Signore, quella parola che seda le tempeste. La pace che anche Voi amate è morta: risuscitatela, o divino Vincitore della morte; e per Voi si tranquillino alfine la terra e il mare; cessino nei cieli i turbini, che, sfidando i raggi del sole od occulti fra le tenebre della notte, gettano su inermi popolazioni il terrore, gl'incendi, le distruzioni, le stragi. Così sia».

Ormai, dal giugno '41, il conflitto si era talmente esteso da assumere le proporzioni d'una guerra mondiale, con il sorprendente attacco tedesco all'Unione Sovietica – in spregio al patto Ribbentrop-Molotov – e, nel dicembre successivo, con l'aggressione giapponese di Pearl Harbor agli Stati Uniti, i quali avevano immediatamente preso a loro volta le armi. In tale drammatico frangente il Vaticano non si opponeva tuttavia alla nomina di un rappresentante giapponese presso la Santa Sede. L'ambasciatore della Gran Bretagna, Osborne, consegnava al pontefice una formale protesta del suo governo in cui si constatava come Sua Santità avesse ancora una volta ceduto alle «pressioni dell'Asse». Maglione rispondeva che le trattative tra Vaticano e Giappone si protraevano dal '22 e che comunque la presenza di rappresentanti diplomatici avrebbe consentito alla Santa Sede di svolgere meglio la sua opera assistenziale. Gli americani poi sollevarono una questione di forma lamentando che l'ambasciatore giapponese era stato ricevuto da Pacelli nella Sala grande del trono, mentre Myron Taylor era stato a suo tempo ammesso soltanto nella Saletta del trono. «Era una questione di protocollo», rispose facilmente Maglione, perché Taylor in Vaticano non rappresentava gli Stati Uniti d'America ma esclusivamente il suo presidente.

La Spagna di Franco riusciva a conservarsi neutrale, imitando la Spagna di Alfonso XIII che si era astenuta dal partecipare al primo conflitto mondiale. Eppure forti erano le insistenze del Führer che pretendeva dal caudillo un aiuto militare. Nella guerra contro l'Urss, Hitler si proclamava il difensore della civiltà occidentale minacciata dall'ateismo bolscevico, così come giustificava la persecuzione degli ebrei rappresentandoli uniti ai marxisti e ai massoni in una congiura internazionale. Riteneva che bastasse prodursi in queste affermazioni e agitare i pericoli di supposte «sinagoghe di Satana» per far dimenticare le persecuzioni anticristiane operate dalla Gestapo di Himmler, tra chiusura di chiese, espulsioni di suore dai conventi, occupazione di abbazie, sequestri di beni ecclesiastici, arresti di gesuiti, deportazioni di sacerdoti nel campo di concentramento di Dachau. La violenza nazista si esercitava soprattutto contro le suore che venivano perfino ridotte alla fame, tanto che la Santa Sede prese in esame la possibilità di trasferirle in America Latina.

Il Führer s'intrometteva altresì nella nomina dei vescovi, in aperta violazione delle norme concordatarie, e Pacelli incaricava i collaboratori della segreteria di Stato di reagire con una nota di cui suggeriva egli stesso le linee di fondo, a cominciare dalla riproposizione della prima lettera autografa che, al momento della sua ascesa al soglio, aveva inviato a Hitler per esprimergli le «buone disposizioni» del Vaticano. La nota doveva mostrare la persistente «buona volontà» della Santa Sede, riaffermare i suoi diritti sulla nomina dei vescovi e «guadagnare tempo». Il papa dava un'ultima indicazione «Naturalmente il documento dovrà essere solido nella dottrina, persuasivo nell'argomentazione, gentile ed elevato nella forma». Pur perseguitando così platealmente la Chiesa, il Führer sollecitava Pio XII a pronunciare una parola in favore della «crociata» nazista antibolscevica, ma non poteva non aspettarsi che una risposta negativa. Alla Chiesa bastava mantenersi sulla propria linea di condanna al comunismo, e pertanto essa rispondeva con un «no» anche alle medesime sollecitazioni provenienti da Mussolini. L'ambasciatore Attolico diceva in proposito al cardinale Maglione che «il silenzio del pontefice era una spina nel cuore del Duce».

Lo era anche per Francisco Franco. Il nunzio a Madrid, Gaetano Cicognani, scriveva a Maglione che in Spagna la guerra scatenata in quei giorni dalla Germania contro l'Urss veniva considerata come la «logica continuazione della crociata spagnola contro il comunismo sovietico». I giornali ricordavano la «tenebrosa storia» della nazione russa, i suoi uomini «celebri per la loro crudeltà», il pericolo costante che essa rappresentava per la civiltà romana e cristiana. Rivolgevano al papa un implicito invito a prendere posizione: «Nella presente lotta urge decisione. Mezzi termini non sono più possibili». Pacelli taceva evitando sia di confortare col suo sostegno la guerra contro la Russia sia di definirla una crociata contro l'ateismo, tanto più che i nazisti non erano da meno dei sovietici sul terreno della scristianizzazione dell'Europa. Egli cercava piuttosto il modo di inviare alcuni sacerdoti in Russia, «per il bene delle anime», prima che i tedeschi fossero penetrati profondamente nel territorio sovietico e li avessero bloccati alla frontiera. Per far passare quei nuovi missionari si poteva tentare di aggregarli come cappellani alle truppe italiane o ungheresi che si preparavano a marciare verso est.

Pressoché immobilizzato dalla situazione, Pacelli ancora premeva sui paesi belligeranti con mosse diplomatiche affinché ponessero fine al conflitto. L'influenza della Chiesa perdeva vigore a mano a mano che i paesi sconfitti e occupati passavano sotto l'amministrazione tedesca. In conseguenza di ciò le rappresentanze diplomatiche del Vaticano venivano rimosse e al papa diventava estremamente difficile comunicare con le genti e le gerarchie ecclesiastiche di quelle nazioni. Non meno arduo era il mostrarsi al di sopra delle parti. Egli era fatto oggetto di attacchi convergenti che gli provenivano da entrambi gli schieramenti in lotta. Ora veniva accusato di complicità con il nazismo, ora gli si rivolgeva l'imputazione opposta, ora lo si riguardava come un'entità trascurabile.

Al tempo stesso ognuno dei due blocchi cercava di attirarlo nel suo campo. Avveniva anche che ogni iniziativa della Santa Sede provocasse una qualche reazione. Cosicché il papa, per evitare pronte rappresaglie, aveva ordinato la sospensione delle trasmissioni della Radio Vaticana in cui il primate polacco, cardinale Auguste Hlond, rifugiatosi in Occidente, denunciava le atrocità che i nazisti commettevano in Polonia contro la Chiesa. I preti erano imprigionati senza processo; alcuni giovani, maschi e femmine, erano stati sottoposti a sterilizzazione; l'edificio di un seminario era stato ridotto a scuola di polizia; una chiesa di Cracovia, santa Maria Maddalena, era stata trasformata in una sala per concerti.

VIII

Pacelli si muoveva con prudenza, come aveva detto nel Natale del '41: «Noi amiamo, ce n'è testimonio Dio, con uguale affetto tutti i popoli senza alcuna eccezione; e per evitare anche solo l'apparenza di essere mossi da spirito di parte, C'imponiamo il massimo riserbo». Non voleva però chiudere gli occhi davanti all'«anemia religiosa», alla «triste visione del progressivo scristianamento individuale e sociale»; di qui, «nella politica, il prevalere di un impulso sfrenato verso l'espansione»; di qui la mortificazione della persona umana, la cui dignità era «soppressa dall'idea della forza che crea il diritto». In alcuni paesi «una concezione dello Stato atea o anticristiana con i suoi vasti tentacoli ha avvinto a sé talmente l'individuo da quasi spogliarlo d'indipendenza» nella vita pubblica e in quella privata. Con animo straziato constatava come non apparisse «alcun sentiero d'intesa tra le parti belligeranti», ma non evitava di ripetere le sue proposte di pace protese alla costruzione di un nuovo ordine fondato sulla giustizia.

Mussolini, come sempre contraddittorio, a volte si scagliava con violenza contro il papa, a volte si mostrava conciliante. I più autorevoli o i più prepotenti fra i gerarchi perseguivano spesso propri obiettivi. Dalle pagine del «Regime fascista», il ras di Cremona Roberto Farinacci sparava bordate contro il Vaticano con l'ausilio di Giovanni Preziosi, un ex prete che si distingueva per la sua asprezza nella lotta antiebraica. Il nunzio Borgongini Duca protestava con Ciano, il quale gli rispondeva: «Vi consiglio di fare come faccio io. Non leggete il "Regime fascista"». Ma dal Minculpop non arrivavano ordini per tenere a bada Farinacci. Il ministro Pavolini aveva altro cui pensare! Una sua «velina» dava disposizione ai giornali affinché non si pubblicassero fotografie di sposi in tight e neppure notizie sulle preghiere degli scolari per la pace. Né l'una né l'altra cosa era consona al clima di guerra. Il Minculpop consigliava inoltre di dare poco spazio ai discorsi di Pio XII; anzi, meglio passarli sotto silenzio. E difatti una delle disposizioni più ricorrenti era: «Poco papa». Al contrario si imponeva di definire «sempre grandi» i bellicosi discorsi del Führer e di mostrare «sempre» negli articoli «la massima simpatia per la Germania». I giornali potevano uscire in edizione straordinaria, vista la scarsità di carta, soltanto se impostavano la prima pagina sui discorsi di Mussolini o di Hitler.

Ancora di pace parlava il pontefice in un radiomessaggio trasmesso in occasione del suo giubileo episcopale nel maggio del '42. Per celebrare il venticinquesimo anniversario di quella ricorrenza il Centro cattolico cinematografico aveva realizzato intorno a una giornata ideale di Pacelli un film documentario che nel titolo si richiamava alla profezia di Malachia, *Pastor Angelicus*. Nel film, di cui fu regista Romolo Marcellini e aiuto regista Ennio Flaiano, il papa appariva spesso come oratore davanti a grandi folle in nome della pace. La macchina da ripresa entrava in Vaticano e penetrava fin nello studio privato di Pacelli per i primi piani che però l'operatore aveva dovuto effettuare senza l'impiego delle grandi e accecanti lampade. Pur tuttavia il papa si era adeguato con pazienza alle esigenze della tecnica cinematografica per la migliore riuscita del film, ben conoscendo la forza propagandistica di quello strumento. «I cattolici», scriveva il conte Giuseppe Dalla Torre, «non possono astrarre da un'arma come quella del cinema che in mano all'onestà è difesa e conquista; in pugno alla cattiveria è distruzione; in balia degli ignavi è sventura».

In quei mesi Pacelli volle mettere ordine nelle finanze vaticane, nel quadro della drammatica situazione bellica che sconvolgeva il mondo. E diede vita a un organismo finanziario, in sostanza a una banca del Vaticano, che prese il nome di IOR, Istituto per le Opere di Religione, con il compito dichiarato di provvedere alla custodia e all'amministrazione di capitali, in contanti o in azioni, e di immobili trasferiti o ad esso affidati e destinati a opere di religione o di carità cristiana. Questa iniziativa si riallacciava, ma l'ammodernava profondamente, a organismi del genere di cui si erano fatti promotori Leone XIII e Pio X, come la Commissione *ad pias causas* e la Commissione per le Opere di religione, entrambe cardinalizie.

Anche nel radiomessaggio di quell'anno Pacelli protestava la sua «assoluta imparzialità» verso tutti i belligeranti e l'«affetto» verso tutti i popoli, senza eccezioni. Sempre con prudenza. «Ben sappiamo», diceva, «come non avrebbe fondata probabilità di buon successo il formulare particolareggiati propositi per la pace. Anzi ogni volta che si pronunzia una parola di pace, si rischia di offendere l'una o l'altra parte; mentre gli uni fanno fondamento sui risultati ottenuti, gli altri ripongono la loro speranza su futuri combattimenti».

Sui rapporti con l'Urss, ormai alleatasi alle grandi democrazie occidentali nella guerra contro il nazifascismo, si apriva un contrasto fra gli Stati Uniti e il Vaticano poiché il papa temeva un espandersi dell'ideologia comunista attraverso l'avanzata dell'esercito sovietico in Europa. I governanti americani sostenevano invece che il pericolo nazista era «più immediato» di quello comunista, e ciò imponeva di sostenere i sovietici, per altro alleati, oltre che con armi e munizioni anche dal punto di vista morale. A nome dei cattolici il delegato apostolico a Washington, monsignor Amleto Cicognani, reagiva vivacemente a questa idea definendola «contraria agli insegnamenti pontifici». Per il tramite dell'ambasciatore Taylor, il presidente americano cercò di convincere Pacelli sulla bontà della sua tesi. Gli inviava una lettera in cui si diceva certo che l'Urss non era tanto dannosa per la religione quanto la

Germania. Il Vaticano rimaneva sulle sue posizioni, e ricordava che i nazisti, a differenza dei bolscevichi, non avevano sbarrato ai fedeli i luoghi di culto. Gli americani «si sbagliano e si illudono», diceva monsignor Tardini, nel credere possibile che il governo comunista, vinta la guerra, possa entrare come un «mansueto agnellino» nella famiglia europea. A suo parere la realtà era ben diversa: se Stalin vincerà «sarà il leone che divorerà l'Europa». Un po' avvilito, commentava: «Mi meraviglio che cose così evidenti non siano capite da personalità politiche tanto elevate».

Durante la primavera-estate si esauriva la spinta del militarismo giapponese, poiché l'America metteva a segno decisive affermazioni nel mar dei Coralli e alle isole Midway. L'asse Roma-Berlino, anzi il Tripartito Roma-Berlino-Tokio, attraversava una fase tragica con l'avanzata degli angloamericani. I tedeschi e gli italiani perdevano su tutti i fronti, nel Pacifico, in Africa, nel Mediterraneo, a Stalingrado. Al Quirinale tornava a circolare la voce d'una possibile sostituzione di Mussolini con Dino Grandi, essendo sfumate le speranze di far leva su Ciano. Allontanare Mussolini significava abbandonare Hitler e chiedere una pace separata. Ma in molti non si nascondevano i rischi dell'operazione che, tristemente anche se efficacemente, venivano così riassunti: «Se i tedeschi perdono, noi siamo perdenti; se vincono, noi siamo perduti».

Torino, Genova, Milano erano bombardate dagli apparecchi della Royal Air Force, e Mussolini strepitava contro il papa che ospitava in Vaticano i diplomatici inglesi e americani salvaguardandone l'incolumità mentre gli italiani morivano sotto le bombe. Minacciava di far costruire intorno al Vaticano – intorno «a quel nido di spie» – una cinta armata per controllare chi vi entrava e chi ne usciva. Ma forse ciò nemmeno bastava, soggiungeva, poiché «quegli spioni» disponevano di radiotrasmittenti. Accusava soprattutto Myron Taylor sostenendo che a lui si dovevano i bombardamenti sulle città italiane. Farinacci, sul «Regime fascista», rincarava la dose. Ispirato dallo stesso Mussolini scriveva che Taylor, in un viaggio a Washington, aveva consigliato il «giudeo Roosevelt» di far bombardare le città italiane perché sarebbero bastate poche incursioni aeree a «scardinare la resistenza e la fiducia» del popolo. Sempre il «Regime fascista», insieme ad altri giornali, pubblicava la notizia che dagli aerei nemici erano state lanciate numerose matite esplosive sui centri abitati italiani. La gente, soprattutto i ragazzi, le raccoglieva e rimaneva gravemente ferita. Il papa aveva chiesto di vedere qualcuna di quelle matite; intanto si diffondeva la sensazione che fossero i tedeschi a disseminarne le strade per far ricadere odiosamente la responsabilità sul nemico.

Nonostante il rincrudirsi delle polemiche, il duce si riprometteva di sollecitare un colloquio al papa. Voleva chiedergli di passare dall'enunciazione di princìpi generici a proposte concrete di pace, addirittura a un arbitrato. Il cardinale Maglione si affrettava a spiegare al sottosegretario agli Interni Buffarini Guidi il punto di vista del pontefice, il quale aveva detto che parlare di pace, quando una parte credeva ancora di vincere, equivaleva a venir meno alla neutralità. Vittorio Emanuele era invece pienamente convinto che Pacelli dovesse mantenersi neutrale, e lo diceva in una lunga udienza concessa al nunzio Borgongini Duca. Durante il colloquio il sovrano attaccò violentemente Woodrow Wilson che, da presidente degli Stati Uniti, aveva visitato Roma agli inizi del '19. Il re si augurava che fossero tenuti fuori dalle trattative di un'eventuale pace uomini come Lloyd George e Clemenceau, e naturalmente come Wilson, per essersi dimostrati deleteri e ignoranti. Come rivelava il re a Borgongini Duca, il presidente americano affacciandosi al balcone del Quirinale, aveva esclamato: «Non credevo che Roma fosse un paese così grande». E poi, a colazione, chiedeva a Vittorio se realmente a Roma c'erano stati gli stranieri. Il re gli rispose che quando egli nacque c'erano i francesi. Wilson gli disse che non lo credeva possibile. Poi voleva sapere la storia dei papi, e il re gli rispose che non poteva narrargliela in poche parole: ci sarebbe voluto un corso universitario.

Molti spingevano Pio XII perché rinunciasse alla neutralità. Avveniva che il maresciallo Badoglio inviasse al cardinale Maglione una lettera volendo sapere se effettivamente il papa aveva ordinato all'arcivescovo di Palermo, Lavitrano, di conferire con il re per consigliarlo di licenziare Mussolini e se il sovrano in quel colloquio si era detto pronto ad affidare a lui, Badoglio, la guida d'un nuovo governo. Con prontezza Maglione rispose ch'era tutta roba «inventata di sana pianta», frutto di «fantasia accesa, folle e colpevole». Il cardinale aggiunse che il maresciallo era stato «turlupinato»; quindi si guardasse «dagli amici e dai nemici». Ancora un maresciallo, Ettore Bastico, che aveva comandato le truppe italiane nell'Africa del nord, in una breve udienza concessagli dal pontefice, aveva tentato di parlargli dell'esigenza per gli italiani di staccarsi immediatamente dalla Germania e di allontanare Mussolini dal governo. Ma, per sua stessa ammissione, il papa, tenendosi «molto in alto», aveva evitato di manifestargli il suo pensiero.

Gli italiani dovettero ben presto rinunciare all'impero, durato cinque anni appena, e dopo alterne fortune si trovarono in difficoltà anche in Africa settentrionale. Galeazzo Ciano era stato licenziato all'improvviso da ministro degli Esteri e nominato ambasciatore presso la Santa Sede, cioè «sacrestano», secondo la definizione del duce che si riprendeva la poltrona di palazzo Chigi, sede del ministero. Mussolini puniva il genero per aver rotto con la Germania, ma stranamente gli affidava un incarico che ancor più lo inseriva negli ambienti del Vaticano dove Hitler, l'Anticristo, non era certo amato. Pio XII si affrettò a concedergli un'udienza particolare nella sua nuova veste. Ciano si recò in Vaticano con l'intera sua famiglia, la moglie Edda, i figli Carolina, Fabrizio e Marzio. Durante l'udienza il piccolo Marzio, che aveva adocchiato sullo scrittoio del papa un magnifico telefono, scattò dalla sedia per avventarsi sull'apparecchio facendo il gesto di impossessarsene. Non meno sollecito di lui fu Pio XII nel difendere il telefono, e tutti e due, il papa severo e il bambino discolo, insieme rimasero aggrappati all'apparecchio per alcuni secondi. «Bene, bene, bene!», esclamò seccato il pontefice, che interruppe bruscamente l'udienza.

Erano trascorsi tre anni di guerra, e in un grande radiomessaggio, in occasione del Natale, Pacelli esortava con fermezza alla costruzione d'un nuovo ordine sociale in difesa dei diritti della persona e della libertà: «Non lamento, ma azione è il precetto dell'ora; non lamento su ciò che è o che fu, ma ricostruzione di ciò che sorgerà e deve sorgere a bene della società». L'obiettivo andava raggiunto in nome degli «innumerevoli morti che giacevano sepolti nei campi di guerra»; dell'«infinita dolente schiera di madri, di vedove, di orfani che si son veduti strappare la luce, il conforto, il sostegno della loro vita»; degli «innumerevoli esuli che l'uragano della guerra ha spiantati dalla loro patria e dispersi in terra straniera»; delle «centinaia di migliaia di persone, le quali, senza veruna colpa propria, talora solo per ragione di nazionalità o di stirpe, sono destinate alla morte o a un progressivo deperimento»; delle «molte migliaia di non combattenti, donne, bambini, infermi, vecchi, a cui la guerra aerea, senza discernimento o con insufficiente esame, ha tolto vita, beni, salute, case, luoghi di carità e di preghiera»; della «fiumana di lagrime e amarezze che procedono dalla rovina micidiale dell'immane conflitto».

Roosevelt e Churchill, con una conferenza indetta a Casablanca nel gennaio del '43 cui partecipò anche De Gaulle che capeggiava la Francia libera, avevano deciso di non porre fine alla guerra se non dopo aver costretto il nemico a una resa incondizionata, *unconditional surrender*. Il papa chiese notizie precise sulla conferenza, dopo di che si mostrò contrariato dalla irriducibile volontà espressa dai due statisti di non ricercare altre vie di pace. Gli anglo-americani, per costringere i tedeschi ad attenuare la pressione sui sovietici, avevano altresì deciso di aprire un secondo fronte con obiettivo la Sicilia. In previsione dello sbarco intensificavano i bombardamenti sull'Italia. Era in pericolo anche Roma già fatta segno di alcune incursioni incruente. Il papa chiedeva che la capitale d'Italia fosse dichiarata «città aperta», in considerazione del suo carattere sacro. Ma il delegato apostolico a Washington, Cicognani, non tardava a trasmettere una lettera in cui Roosevelt diceva che non sarebbe stato possibile ignorare gli obiettivi militari di Roma e dintorni, se la condotta della guerra lo avesse richiesto.

In seno alla segreteria di Stato si cominciava alfine a pensare all'utilità d'un concreto passo della Santa Sede. Vista l'eccezionale gravità della situazione, monsignor Tardini preparava un appunto per il pontefice. In esso faceva presente che la diffusa desolazione, la fame e la miseria avevano già sviluppato «germi di comunismo» in Italia. Tardini non tralasciava di riconoscere che la Santa Sede si era sempre e giustamente dichiarata neutrale nel conflitto armato, ma non mancava neppure di osservare che essa, «collocata per divino volere nel centro della penisola», non poteva disinteressarsi di ciò che vi accadeva. Di fronte all'«incoscienza» di Mussolini, proseguiva il monsignore, sarebbe utile poter dimostrare domani che la Santa Sede ha fatto il possibile in favore dell'Italia. «Non è da dimenticare», osservava, «che tutti gli anticlericali e molti antifascisti accusano la Santa Sede di aver sostenuto il fascismo», e che, avendo gli anticlericali di tutti i tempi ripetuto che essa è sempre stata la rovina d'Italia, «sarebbe utilissimo anche dal punto di vista apologetico» far vedere come in effetti l'abbia salvata. Quindi bisognava agire.

Il passo, da mantenere segreto, non andava compiuto su Vittorio Emanuele, ma direttamente su Mussolini per non ingelosirlo. Il tramite della nota verbale doveva essere Ciano, e difatti il cardinale Maglione la comunicò all'ambasciatore, il quale prendeva appunti per poterla riferire con esattezza al sospettoso suocero. Nel messaggio il papa si mostrava preoccupato per «i lutti e le rovine» che minacciavano «il buon popolo italiano», e quindi, pur senza parlare di pace separata e senza offrire una mediazione, dichiarava di essere «disposto a fare il possibile per aiutare il popolo che soffre». Simultaneamente Pacelli scriveva anche a Roosevelt affinché gli angloamericani non si accanissero con gli indiscriminati bombardamenti sull'Italia. Il conte Ciano tornava da Maglione con il «no» di Mussolini. Il duce, non soltanto «non aveva gradito» la mossa del pontefice facendogli ombra il suo prestigio, ma aveva affermato che avrebbe continuato a combattere «fino all'ultimo italiano». Il cardinale diceva all'ambasciatore che così Mussolini avrebbe combattuto a favore degli ottentotti, intendendo riferirsi con questa immagine ai tedeschi, barbari e rozzi.

Anche dall'America pervenne una risposta deludente, e comunque in linea con le decisioni di Casablanca. Insomma l'Italia poteva evitare il peggio solo cedendo le armi. Da Washington il cardinale Cicognani faceva sapere che in caso contrario, come gli aveva detto l'ambasciatore Taylor, sarebbero continuate le «orribili rovine, i massacri di vite umane»; gli italiani avrebbero così patito «la misera sorte dei vinti». Non aveva parlato il ministro degli Esteri inglese, Eden, di polverizzazione delle città italiane? Per evitare questa sciagura il papa si accingeva a scrivere anche al re; nel frattempo il re si incontrava con Ivanoe Bonomi e con Marcello Soleri per studiare le forme di un mutamento di governo. Ciò avveniva mentre capitolava l'isola di Pantelleria e mentre Roosevelt lanciava all'Italia un vero e proprio ultimatum: se non usciva immediatamente dalla guerra, gli angloamericani avrebbero bombardato i presìdi militari e qualsiasi altro obiettivo, compresa Roma, con l'intento di stremare il nemico.

IX

Gli americani volevano sapere che cosa il Vaticano poteva fare in concreto per facilitare la formazione d'un nuovo governo in Italia, essendo essi disposti a trattare con nuovi governanti ai quali offrire sostegno e protezione. Monsignor Tardini a questo punto si chiedeva: «Come si fa a dire a Mussolini di andarsene? E poiché gli alleati hanno posto Mussolini tra i criminali, come si fa a dirgli "Va a morì ammazzato (sit venia verbo) per mano degli Alleati?". Questo è il passaggio scottante e bruciante». Gli americani sollecitavano inoltre la Santa Sede a operare in favore di una nuova forma istituzionale, considerando la monarchia sabauda estremamente compromessa col fascismo. Il delegato apostolico a Washington e il cardinale Maglione si scambiavano in proposito numerosi rapporti cifrati, tutti da bruciare non appena letti. Monsignor Amleto Cicognani informava il Vaticano che, secondo gli americani, era anzitutto necessario rispondere a questi interrogativi: conservare o no la Corona, e se conservarla con Vittorio Emanuele III o col figlio Umberto o col nipote Vittorio Emanuele, un bambino di sei anni? E inoltre: chi poteva essere il nuovo capo del governo, di cui fidarsi, per agire al momento della resa?

Maglione rispondeva, nel maggio, in maniera molto articolata, non senza raccomandare al delegato apostolico di decifrare personalmente il rapporto che gli inviava con un corriere speciale. Sulla base di informazioni provenienti alla Santa

Sede da varie fonti, diceva di poter dire che il popolo italiano era «generalmente attaccato alla monarchia e alle antiche e tradizionali norme che ne regolano i poteri e la successione»; il regime monarchico appariva perciò «il più confacente alle esigenze, agli usi e all'indole del popolo italiano». Secondo le norme costituzionali, si dovrebbe lasciare al sovrano la responsabilità di scegliere la persona cui spetterebbe il compito di presiedere il nuovo governo fino al ritorno della piena normalità perché governanti imposti da altri non sarebbero graditi al popolo italiano. Maglione concludeva con una raccomandazione: «Vostra Eccellenza farà la su riportata comunicazione a voce e personalmente a S.E. Taylor, affidandola alla sua ben nota discrezione. Pregola distruggere poi questo foglio».

Alla preparazione del rapporto aveva contribuito con alcuni appunti monsignor Tardini, e in uno di essi si facevano i nomi di possibili candidati alla successione di Mussolini: «A titolo di notizia aggiungo che larghi settori della pubblica opinione ritengono che, almeno in un primo periodo di transizione, sarebbero adatti a reggere il governo, fra gli altri, i sig.ri Vittorio Emanuele Orlando, Maresciallo Caviglia e Luigi Federzoni. Questi personaggi vengono descritti come intelligenze aperte alle correnti del pensiero moderno, capaci di garantire un governo saggio che assicuri giusta libertà all'interno e coltivi pacifiche relazioni con gli altri popoli». Il papa aveva però chiesto di sopprimere questo paragrafo, così come aveva raccomandato di «mettere tutto in bocca agli informatori e alla pubblica opinione» e di fare oralmente ogni comunicazione.

Una precisazione della segreteria di Stato vaticana riguardava specificamente un'eventuale candidatura di Carlo Sforza a capo d'un nuovo governo. E si esprimeva l'avviso, sempre attribuito a questo o a quell'ambiente e mai direttamente alla Santa Sede, che il conte Sforza non fosse la persona più adatta all'uopo, sia a causa dell'età (settantun anni) sia perché animato da idee e sentimenti anticlericali. Si osservava inoltre che in genere i fuorusciti italiani, «sia per la loro mentalità politica che li porterebbe a ripetere gli errori e i difetti del passato, sia per lo spirito di rivalsa e di vendetta cui potrebbero difficilmente sottrarsi, sia specialmente per la deficiente conoscenza delle attuali condizioni ed esigenze italiane, molto mutate in questi ultimi anni, non sembrano capaci di far fronte alla delicatezza e alle difficoltà che presenterebbe una eventuale successione al governo fascista».

Monsignor Tardini esaminava da ogni angolo visuale l'intero viluppo delle questioni pendenti, prima di discuterne con il pontefice e con Maglione. Cercando di dipanare l'intricata matassa politico-militare-istituzionale in cui era impigliata l'Italia, prendeva numerosi appunti. Anzitutto chiariva a se stesso che le iniziative degli Stati Uniti rappresentate da Myron Taylor alla Santa Sede tendevano a far sapere a Mussolini che era arrivata l'ora di andarsene. Quali erano poi le condizioni di pace che essi intendevano porre all'Italia? Distacco dalla Germania, abbattimento del fascismo, istituzione d'un nuovo governo militare, occupazione militare del paese da parte degli alleati che avrebbero fatto dell'Italia «una base per attaccare la Germania».

Quali erano le minacce contenute nelle comunicazioni di Taylor, e che sarebbero scattate in mancanza d'un'intesa? Tardini rispondeva a questo interrogativo con dispetto. Osservava che le conseguenze sarebbero state la distruzione delle città, il massacro di vite umane, un crescente deprezzamento della moneta – «con impoverimento assoluto» –, alcun riguardo per nessuno a guerra finita, il che avrebbe significato la più «misera sorte per i vinti». Quindi commentava aspramente, ed eccessivamente: «Non sembra tutto questo un programma... nazista?».

Si chiedeva quale fosse la differenza fra le iniziative di Taylor e quelle della Santa Sede riguardanti Mussolini. «La differenza sta nel fatto che, mentre la Santa Sede faceva delicatamente considerare a Mussolini le tristi condizioni presenti e le più tristi condizioni future dell'Italia, dichiarandosi pronta a prestare il suo aiuto, le iniziative di Taylor avevano il carattere d'un "ultimatum", ponevano condizioni militari e politiche, minacciavano terribili disastri. La Santa Sede chiedeva a Mussolini, mettendo così in causa la sua personale responsabilità, "quid agendum?". Invece il signor Taylor, a nome degli Stati Uniti, imponeva lui il "quid agendum"».

Altro interrogativo. Se la Santa Sede facesse un passo confidenziale e cautelato presso Mussolini e se questi, prevedibilmente, rispondesse picche, se ne dovrebbe comunicare la risposta a Taylor? «No, sarebbe pericolosissimo, perché darebbe il via alle minacciate distruzioni in Italia». E come ovviare a tale grave inconveniente? «Col rispondere subito a monsignor Cicognani, delegato apostolico a Washington, che la Santa Sede vede tanto difficile intervenire e si riserva di riflettere. Una volta fatta la confidenziale trasmissione e ottenuta la risposta negativa facilmente prevedibile, si manderebbe un altro telegramma, dicendo che, tutto considerato, la Santa Sede non ritiene che il progettato passo riuscirebbe proficuo». Di fronte alle «brutali minacce» degli alleati contro l'Italia, che cosa può fare il Vaticano? Esso può trarne «una buona occasione per deprecare e deplorare» le rovine di tanti monumenti specialmente religiosi, richiamare a un sentimento di umanità chi mostra di perderlo e di riaffermare le gravi conseguenze dell'odio distruttore per l'avvenire dei popoli. Così «acquisterebbe benemerenza» verso l'Italia, gli Stati Uniti e la stessa umanità.

Un ulteriore punto da tener presente, proseguiva Tardini nelle sue annotazioni, era per la Santa Sede il pericolo rappresentato dai tedeschi. Essi avevano ormai nelle mani tutti i campi d'aviazione d'Italia; l'aviazione italiana non esisteva quasi più! Inoltre i tedeschi avevano spie dappertutto ed erano perciò informati di ogni movimento e preparativo; avevano senza dubbio un piano già pronto «per la punizione e l'occupazione dell'Italia, il giorno che questa... mollasse; e avevano... una gran voglia di colpire la Santa Sede».

Su una progettata comunicazione orale e confidenziale del nunzio Borgongini Duca a Vittorio Emanuele per metterlo al corrente delle richieste americane, Tardini infine annotava, con scetticismo: «Tutto si basa sulla riservatezza del Re. E c'è da sperare della sua parola, qualora ne desse assicurazione al Nunzio. Altrimenti ci sarebbe da temere che i tedeschi, non solo userebbero contro lo S.C.V... i 750 aeroplani dislocati tra Centocelle e Ciampino, ma sarebbero anche capaci di creare... la favola che la Germania ha perduto la guerra perché l'Italia l'ha tradita su istigazione della Santa Sede. E purtroppo i tedeschi crederebbero a ciò».

Fra molti antifascisti ormai si considerava il Vaticano come un indispensabile punto di riferimento. Lo era anche per la principessa Maria José che si poneva l'obiettivo di far uscire l'Italia dalla guerra, magari perfino con un colpo di Stato. La principessa era sottoposta a una strettissima sorveglianza. Era pedinata dalla polizia, spiata dai microfoni installati nel Quirinale. Ma questo non le impediva, attraverso vari stratagemmi, di tenersi in contatto con il Vaticano e con gli ambienti antifascisti che operavano in Italia e all'estero alla ricerca d'una soluzione onorevole che recasse il minor danno al paese. Una soluzione che, anche attraverso la mediazione del papa, sganciasse l'Italia dal carro hitleriano. A questo scopo si incontrava con il sostituto alla segreteria di Stato, Montini, e con Guido Gonella, illustre articolista dell'«Osservatore romano». Contemporaneamente il rappresentante inglese Osborne si proponeva di far arrivare a Roma in gran segreto Duncan Sandys, il genero di Churchill, per avviare una qualche trattativa.

Maria José in uno dei suoi colloqui con Montini aveva chiesto se l'ambasciatore americano, Myron Taylor, portava effettive proposte di pace e aveva pregato il monsignore di far sapere con chiarezza all'ambasciatore che il popolo italiano desiderava fermamente uscire dalla guerra. Precisava però che non si dovevano intavolare trattative con gli uomini al potere in Italia il cui obiettivo era esclusivamente quello «di salvarsi abbandonando il capo del Governo Mussolini e affettando simpatie per gli inglesi e gli americani». La principessa diceva che con queste sue parole intendeva riferirsi al ministro Ciano «e ad altri come lui».

Quindi continuava: «Sarebbe bene far sapere all'estero che

questi uomini non potrebbero rappresentare l'Italia per cose di tanta importanza. Vi sono altre persone che potrebbero raccogliere la successione e che tratterebbero volentieri la pace». Si augurava che un sollecito invito alla pace pervenisse dagli alleati al fine di agevolare il cambiamento. Dichiarava l'angoscia per la gente che soffriva e moriva e per il paese che andava alla rovina. Poi insisteva nelle critiche ai Ciano e ai Grandi: «Un cambiamento di situazione non è possibile con i dirigenti di oggi; il popolo sano non li segue; vi sono moltissimi uomini, in ogni ceto – esercito, magistratura, burocrazia – che aspettano un cambiamento e sono pronti a prestare l'opera loro. Anche per la successione dei capi non sarebbe difficile, sebbene essi abbiano in mano i punti più importanti del comando. Un uomo capace di rendere dei servigi potrebbe essere Badoglio o il marchese Falcone Lucifero». Confidava che la Chiesa avrebbe dato il suo appoggio per evitare una «rivoluzione anarchica» e per sostenere un movimento costituzionale volto ad abbattere il regime. Sperava infine che la Santa Sede potesse all'occorrenza farsi tramite con l'estero per accelerare il raggiungimento di una pace favorevole all'Italia.

L'11 giugno cadeva l'isola di Pantelleria; il 13 giugno, giorno di Pentecoste, il papa parlò nel cortile di Belvedere a molte migliaia di operai cattolici. Disse che una propaganda di spirito antireligioso andava spargendo una calunnia mostruosa, assurda, stolta che lo presentava come il fautore della guerra e come colui che forniva il denaro per continuarla. «Chi non sa», era la sua risposta, «chi non vede che nessuno più di Noi si è insistentemente opposto, in tutti i modi consentitiCi, allo scatenarsi e poi al proseguire e al dilagare della guerra; che nessuno più di Noi ha continuamente invocato e ammonito: pace, pace, pace!». In un'udienza concessa al nunzio Borgongini Duca, il re si complimentava per questa allocuzione, rilevando che il papa sapeva dire le cose senza urtare nessuno, «senza mancare alla neutralità». E poi chiese al nunzio come facesse Pio XII a ricordarsi i discorsi parola per parola. Ne lodava la formidabile memoria che gli consentiva di pronunciarli come se avesse davanti agli occhi i fogli con il testo.

Vittorio Emanuele non si fidava degli americani. «Forse mentre noi parliamo», disse, «gli aeroplani stanno arrivando su Roma». Considerava un «giochetto» il messaggio del presidente Roosevelt; dire vi tratteremo bene poteva significare: invece di impiccarvi, vi taglieremo la testa. Il nunzio con qualche difficoltà riuscì a portare la conversazione sulle iniziative che il re avrebbe potuto assumere per sganciare l'Italia dalla Germania. Abilmente disse: «La monarchia è amata dal popolo italiano e il governo dipende da Vostra Maestà». Ma il sovrano schivò il tema esclamando a mezza voce: «Io non sono il papa».

Ormai tutti ritenevano ineluttabile che Roma fosse oggetto di bombardamenti aerei. Gli alleati, protestava Tardini, non hanno alcuna intenzione di risparmiare la capitale del cristianesimo. Ma gli sembrava anche che Mussolini facesse di tutto per provocare il nemico, insultando l'Inghilterra, dando in smargiassate, installando nella città numerosi obiettivi militari. Al monsignore non andava giù una nota che Taylor aveva consegnato in quei giorni a Montini. Vi si sosteneva che a Roma si potevano legittimamente bombardare le case degli operai in quanto essi lavoravano per la guerra. E Tardini replicava, adirato: «Il mite signor Taylor dimenticava un dettaglio... in quelle case vivevano anche le famiglie degli operai, cioè vecchi, donne e bambini!».

Presa Pantelleria lo sbarco in Sicilia era questione di ore, ma il duce si mise a disquisire fra «sbarco», «penetrazione» e «invasione», definendo «bagnasciuga» ciò che in realtà era la battigia, distinguendo fra posizione orizzontale e posizione verticale. Diceva: «Non appena il nemico tenterà di sbarcare, dovrà essere congelato su quella linea che i marinai chiamano del "bagnasciuga", la linea della sabbia, dove l'acqua finisce e comincia la terra. Se per avventura dovessero penetrare, bisogna che le forze di riserva si precipitino sugli sbarcati, annientandoli sino all'ultimo uomo. Di modo che si possa dire che essi hanno occupato un lembo della nostra patria, ma l'hanno occupato rimanendo per sempre in una posizione orizzontale, non verticale».

Gli angloamericani sbarcarono in Sicilia il 10 luglio accolti come liberatori, e quello fu un clamoroso sintomo di quanto il fascismo non facesse più presa sugli italiani. Mussolini ne fu profondamente colpito tanto da apparire stanco e sfiduciato a Hitler che il giorno 19 lo attendeva a Feltre, nel Bellunese. Contemporaneamente, alcuni alti gerarchi del regime, con l'ausilio e l'incoraggiamento di Vittorio Emanuele, avevano reclamato la convocazione del Gran consiglio del fascismo proponendosi di ritirare la fiducia a Mussolini e di salvare il salvabile ripristinando la legalità costituzionale che la dittatura aveva calpestato per vent'anni. Nel pieno svolgimento dei colloqui di Feltre arrivò la sconvolgente notizia che Roma era sotto un bombardamento aereo. Per la prima volta la capitale subiva l'attacco delle fortezze volanti americane *Liberator*, una sorte cui altre città italiane erano sottoposte da tempo. Per circa tre ore, dalle ore 11,10 del mattino alle 14 di quel caldo lunedì di luglio, cinquecento aerei sganciarono in quattro ondate milleduecento tonnellate di esplosivo sui quartieri popolari del Prenestino e del Tiburtino, con l'intento di colpire la vicina stazione centrale per mettere fuori gioco il sistema ferroviario italiano. Le ragioni spietate della guerra avevano indotto Roosevelt a trascurare il parere di trenta milioni di cittadini americani i quali, essendo cattolici, avrebbero preferito lasciar fuori dalla contesa Roma in quanto sede del papato e quindi capitale di tutti i cattolici nel mondo. Né il presidente americano aveva voluto ricordare il precedente storico del grande generale Belisario che aveva convinto il re dei goti Totila a non distruggere la città eterna.

Mentre Mussolini tornava rapidamente indietro, il papa poco dopo le ore 16 lasciava in automobile il Vaticano per recarsi sul luogo del bombardamento. Da una finestra del suo appartamento aveva visto le formazioni aeree sorvolare pesantemente Roma a velocità contenuta emettendo un sordo e impressionante rombo di motori. Poi vide sganciare le bombe. Pallido ed emozionato chiedeva al telefono dove quegli ordigni fossero caduti. Nessuno sapeva dirglielo con precisione: forse sull'Esquilino, nei pressi di Santa Maria Maggiore; forse a San Lorenzo, intorno all'antica basilica fuori le Mura. Gli diedero alfine notizie più precise, ed egli ordinò di chiamare immediatamente l'autista. «Vado sul posto!», disse con fermezza, dopo essersi fatto consegnare tutto il denaro delle casse vaticane, compreso il contante della Fabbrica di San Pietro, proponendosi di distribuirlo agli abitanti dei quartieri colpiti dalle bombe.

Suor Pasqualina cercava di trattenerlo: «Per amor del Cielo, Santo Padre, lei non può uscire di casa ora!». Ma il papa era già sceso nel cortile di San Damaso dove ebbe la sorpresa di trovarvi una Fiat Topolino di un funzionario del Vaticano poiché la sua vecchia auto di rappresentanza, l'unica che sembrasse disponibile, la celebre Graham Paige 837 ereditata da papa Ratti non si era messa in moto a causa della lunga inattività. Rapidamente la suora riuscì a rintracciare monsignor Montini, benché in quel momento non si trovasse nel suo ufficio di sostituto della segreteria di Stato, e lo pregò di accompagnare il pontefice. Quando già la piccola automobile, che costringeva il papa a star tutto rannicchiato su se stesso accanto all'autista, lasciava il cortile di San Damaso la suora chiamava al telefono anche Maglione. Il cardinale d'impeto esclamò: «È uscito? Ma non può farlo! È pericoloso!». «Eminenza, è già fuori del Vaticano. Non abbiamo potuto trattenerlo».

In un baleno si sparse la voce in tutta la città che il pontefice era arrivato a San Lorenzo e che, accolto dalla folla atterrita, tendeva le mani in segno di conforto. Era sceso dalla Topolino e si confondeva con la gente in lacrime tra le macerie ancora fumanti. Molti gridavano: «Santità, pace! Santità, pace!». Sul selciato stradale appariva netto il segno dei mitragliamenti, tra alcuni manifestini lanciati dagli aerei per annunciare che il bombardamento era esclusivamente diretto contro obiettivi militari. Ma la stazione ferroviaria non era stata colpita. Quei manifestini recavano un messaggio di Roosevelt e Churchill i quali chiedevano agli italiani se intendevano «morire per Mussolini e Hitler o vivere per l'Italia e la civiltà».

Il pronao della basilica di San Lorenzo era caduto sotto le bombe. Gli aerei americani avevano colpito proprio un edificio religioso, un pezzo importante di quella Roma sacra che Pacelli aveva scongiurato di tener fuori dalle atrocità della guerra. La facciata della basilica era completamente distrutta, e il papa, non potendo entrare nella chiesa, intonava il *De Profundis* inginocchiato fra le macerie, col pensiero rivolto ai morti. Già si affermava che le vittime fossero numerose e si faceva pure il nome del generale comandante dei carabinieri, Azzolino Hazon. Ebbe parole di conforto per i feriti, quindi cominciò a distribuire il denaro che aveva racimolato nell'atto precipitoso di lasciare il palazzo apostolico. Prima di allontanarsi da quel luogo di dolore gettò un ultimo sguardo disperato alla basilica. Fece nuovamente per salire sulla Topolino che però, danneggiata dalla folla che l'aveva premuta da ogni parte, non si mise in moto. Non fu facile reperire in quel caos un'altra automobile. Finalmente se ne trovò una che, traballante fra le macerie e le buche aperte dalle bombe, si allontanò da San Lorenzo alla volta del Vaticano. Il papa vi arrivò alle 8 della sera. Soltanto in quel momento si avvide che la sua bianca veste era macchiata di sangue, in basso verso l'orlo e alle maniche. Profondamente rattristato per lo spettacolo delle devastazioni, constatava il fallimento dei suoi sforzi tesi a salvaguardare la città sacra di Roma dai bombardamenti. Al suo medico disse: «La contraerea Pacelli non ha funzionato».

Nel pomeriggio si erano recati trepidanti tra le macerie, ancora avvolte dal fumo e dalla polvere, anche il re, la regina e i principi ereditari Umberto e Maria José. Il duce era in viaggio da Feltre dove, alla notizia del bombardamento, aveva cinicamente esclamato: «Bene. Così finisce il mito della Roma papale». A Feltre, il Führer gli aveva preannunciato l'avvenuta realizzazione d'una potentissima «arma segreta» che a suo dire avrebbe rovesciato a favore dell'Asse le sorti della guerra. Appariva invece segnata la sorte di Mussolini, e lui ne ebbe un'avvisaglia nel colloquio che si svolse con il sovrano la sera di quel tragico 19 luglio.

Pacelli inviava il giorno stesso a Roosevelt un messaggio per deplorare il bombardamento della città sacra e per scongiurarlo di evitare nuovi attacchi. «Noi», scriveva, «abbiamo dovuto essere testimoni di strazianti scene di morte scendere dal cielo e abbattersi su edifici non sospetti, annientando donne e bambini. Di persona abbiamo visitato e contemplato con dolore le rovine aperte nell'antica e preziosa basilica papale di S. Lorenzo, uno dei santuari più amati dai romani, visitato con devozione da pellegrini di tutto il modo e specialmente vicino al cuore di tutti i Pontefici. Dio sa quanto abbiamo sofferto fin dai primi giorni di guerra per il gran numero di città sottoposte ai bombardamenti aerei».

Quindi scriveva al cardinale vicario di Roma, Marchetti Selvaggiani, volendo fare arrivare ai romani la sua parola, in un'ora di «particolare amarezza». Ricordava in quella lettera tutti i suoi sforzi compiuti perché alla «diletta Roma» fossero risparmiati gli orrori e i danni dei bombardamenti. Aveva detto ai belligeranti che, se volevano tenere alta la dignità delle loro nazioni e l'onore delle armi, dovevano rispettare l'incolumità dei «pacifici cittadini» e i monumenti della fede e della civiltà. Aveva aggiunto considerazioni assai dure e si era richiamato alla suprema e umanitaria esigenza di non umiliare gli sconfitti, sempre rivolgendosi ai belligeranti mediante il messaggio a Marchetti Selvaggiani: «Considerate che l'odio non fu mai padre della pace, e il risentimento originato dalle vaste e non necessarie distruzioni fa sorgere più tardi e meno stabile e sereno il giorno di un pacifico incontro, il quale non può consistere nella umiliazione dei vinti, ma riposa e si consolida soltanto nella fraterna concordia conciliatrice degli spiriti e moderazione delle passioni e dei rancori».

Il giorno successivo al bombardamento, il consigliere dell'Ambasciata d'Italia, marchese Blasco Lanza d'Ajeta, si era recato dal segretario di Stato Maglione per chiedere che cosa la Santa Sede intendesse fare in quel passaggio. Maglione aveva risposto che la visita del pontefice a San Lorenzo era già di per se stessa una protesta. La Santa Sede avrebbe comunque continuato a insistere presso gli angloamericani perché si evitassero ulteriori attacchi aerei a Roma, ma in realtà era il governo italiano a dover fare qualcosa. Maglione lamentava che Mussolini, a voce e per iscritto, aveva assicurato di allontanare dalla città gli alti comandi militari, ma che poi si era dimenticato dell'impegno. Anzi, il duce stesso era ancora nella capitale, per cui non si era mai fatta di Roma una città aperta.

X

La VII armata americana avanzava in Sicilia, e la situazione politica italiana precipitava. Si erano già avute avvisaglie di crisi nell'ambito della classe dirigente il 4 luglio, quando mancavano pochi giorni allo sbarco in Sicilia e al primo bombardamento di Roma. Pacelli aveva ricevuto i componenti del Comitato nazionale italiano per il venticinquesimo anniversario della sua consacrazione episcopale. Gli fu presentato un volume celebrativo con i contributi di personaggi di varia estrazione politica e culturale. Erano nomi di rilievo, come Piero Bargellini, Emilio Bodrero, Armando Carlini, Giuseppe Dalla Torre, Carlo Delcroix, Alberto De Stefani, Pericle Ducati, Amintore Fanfani, Pietro Fedele, Luigi Federzoni, Igino Giordani, Balbino Giuliano, Guido Gonella. E poi ancora Guido Manacorda, Egilberto Martire, Ugo Papi, Giovanni Papini, Roberto Paribeni, Nicola Pende, Alberto Pirelli, Pasquale Saraceno, Arrigo Serpieri, Arrigo Solmi.

Ma la vera crisi politica doveva ancora esplodere. A Roma si riuniva il Gran consiglio del fascismo nel pomeriggio del 24 di quello stesso mese. Era un sabato. Si svolgeva in esso un drammatico dibattito, bombe a mano sotto i tavoli, che si concludeva alle ore 2 del mattino successivo con un voto di sfiducia a Mussolini, sulla base di un documento presentato da Dino Grandi. Il re coglieva il tanto atteso appiglio costituzionale da lui stesso sollecitato, per sostituire il suo vecchio capo del governo cavalier Benito Mussolini con il maresciallo d'Italia cavalier Pietro Badoglio. Al termine di venti anni di dittatura, il fascismo cadeva in seguito a una votazione democratica e nel rispetto cavalleresco delle forme, ma il tutto avveniva sotto la spinta del tracollo militare. In seno al Gran consiglio l'ordine del giorno Grandi aveva ottenuto diciannove «sì» e sette «no». Uno degli avversari di Mussolini, Giuseppe Bottai, dava un'acuta interpretazione del documento. Diceva che con quel voto non si intendeva raccomandare la capitolazione dell'Italia, ma la resistenza. Pertanto si circoscriveva l'iniziativa del sovrano al puro e semplice ripristino della costituzione. Che poi il re sia andato oltre, stava a significare come egli avesse sovrapposto al voto del Gran consiglio un proprio colpo di Stato di cui portava tutta intera la responsabilità. In effetti Vittorio Emanuele aveva scientemente evitato di affidare il governo ai capi del fascismo che avevano rovesciato Mussolini. I Grandi, i Ciano si attendevano di essere loro i successori del duce disarcionato, ma il sovrano aveva colto l'occasione del voto al Gran consiglio non soltanto per abbattere Mussolini, ma anche per seppellire il regime.

Alle 7 del mattino del 25 luglio, il sostituto monsignor Montini era ricevuto dal segretario della congregazione di Propaganda fide, monsignor Celso Costantini, per un incontro urgente. Montini trovò nell'appartamento di Costantini uno dei congiurati del Gran consiglio, Alberto De Stefani, che poche ore prima aveva votato contro Mussolini contribuendo a metterlo in minoranza. De Stefani intendeva informare la Santa Sede sullo straordinario svolgimento dei fatti, cosa che fece con cura non senza evitare di esprimere opinioni sulle scelte da compiere con l'ausilio del Vaticano. Intanto Maglione, essendo venuto a conoscenza delle prime destinazioni di Mussolini, caduto prigioniero di Badoglio, si adoperava perché l'ordinario militare in Italia, monsignor Angelo Bartolomasi, si recasse a confortarlo, a nome del pontefice, nella caserma degli allievi carabinieri in Prati, dove era rinchiuso. Pregava inoltre Carmine Senise, ch'era tornato alla testa della polizia dopo esserne stato allontanato dai fascisti, di garantire l'incolumità della «povera donna Rachele Mussolini».

Maglione riceveva altre notizie sommarie sugli altri gerarchi. Ciano era libero, ma se ne stava rintanato nel suo appartamento di Roma, in attesa di ricevere assicurazioni dal re mediante il duca Acquarone, ministro della real casa. Farinacci, godendo della protezione delle autorità tedesche, aveva già potuto raggiungere la Germania e mettersi in salvo. Maglione esprimeva la preoccupazione che il vecchio ras di Cremona potesse influire «sinistramente» sull'animo di Hitler. Via via da più parti pervenivano alla Santa Sede notizie di altri fuggiaschi. Alcuni di essi furono subito accolti nei monasteri. Giuseppe Bottai poté rifugiarsi fra i primi in un convento di suore presso Castel Gandolfo, dove si diede a leggere la *Genesi*, i *Salmi*, l'*Ecclesiaste*, il *Cantico dei Cantici* e un libro sulle meraviglie di Fatima.

Nelle fabbriche di Torino e di Alessandria, di Milano e di Como erano già esplosi i primi scioperi. «Vogliamo pane, non carte annonarie», gridavano gli operai. La stessa distribuzione dei generi tesserati aveva perso ogni regolarità; i prezzi dei prodotti in vendita salivano alle stelle e la «borsa nera» si faceva sempre più esosa. A protestare non erano soltanto gli operai antifascisti, tanto che la ribellione si diffondeva anche al sud, a Palermo e altrove.

Il 25 luglio non aveva però comportato la cessazione del conflitto. «La guerra continua», si diceva nel proclama, suggerito da Vittorio Emanuele Orlando, insieme a qualcosa che suonava ancor più falsa: «L'Italia mantiene fede alla parola data». Badoglio aveva deciso di persistere nei combattimenti con l'intento di difendere il territorio italiano dal pericolo d'un'invasione tedesca. Ma non fu possibile evitare la marcia del nemico invasore, come non si poteva por fine ai bombardamenti angloamericani che anzi si abbatterono con maggior foga sull'intera penisola. Il 13 agosto Roma venne colpita dall'alto una seconda volta, e il papa scese nuovamente tra i morti e i feriti dei quartieri Tuscolano, Appio-Latino, Tiburtino, Casilino, Prenestino. Informato da monsignor Nasalli Rocca dell'incursione aerea, aveva immediatamente ordinato l'automobile. Il prelato aveva cercato di trattenerlo: «Santità, aspettiamo il cessato allarme», e lui: «Macché cessato allarme. Andiamo, andiamo subito!». E si era mosso in piena disperazione perché constatava come un nuovo bombardamento sulla capitale si era verificato mentre si discuteva sul riconoscimento di Roma «città aperta» sollecitato dal governo Badoglio, proprio per il tramite del Vaticano.

Alfine l'8 settembre si apprendeva che il governo Badoglio aveva firmato l'armistizio con gli angloamericani. L'evento doveva restare segreto ancora per qualche giorno allo scopo di consentire al re e a Badoglio di preparare adeguatamente il loro trasferimento da Roma, ma il governo americano venne meno all'impegno e li costrinse ad abbandonare precipitosamente la capitale, che cadeva in mani tedesche dopo due giorni di combattimenti. Centinaia di migliaia di soldati italiani, sbandati e sorpresi a loro volta dall'annuncio dell'armistizio, venivano fatti prigionieri e tradotti in Germania. Vittorio Emanuele III riusciva egualmente a trasferirsi al sud consentendo al legittimo Stato italiano di non interrompere la sua linea di continuità, mentre al nord Mussolini, liberato da Skorzeny sul Gran Sasso dove era prigioniero di Badoglio, soggiaceva a Hitler che lo poneva a capo della repubblica di Salò sul Garda.

In una circostanza così drammatica appariva deludente che il papa attuasse il 30 settembre un'escursione in campo dogmatico emettendo un'enciclica, *Divino afflante spiritu*, sul modo migliore per promuovere gli studi biblici. Anche la precedente lettera del 29 giugno, la *Mystici corporis*, riguardava la teologia dogmatica per definire la Chiesa come corpo mistico di Cristo, ma almeno in essa si era ravvisato un senso profetico, in riferimento all'imminente crollo del fascismo. La situazione era altamente tragica, anche per la Santa Sede, poiché dal pomeriggio del 13 settembre una pattuglia di soldati tedeschi veniva posta di sentinella in piazza San Pietro sulla striscia bianca che indicava il confine tra l'Italia e la Città del Vaticano. L'«Osservatore romano» scriveva tuttavia che la linea di confine «non veniva oltrepassata».

Era ormai opinione comune che Mussolini fosse un Quisling, e anche il papa lo considerava sostanzialmente nelle mani del Führer. Mussolini ne ebbe presto una conferma. Avendo chiesto alla diplomazia vaticana di riconoscere la nuova repubblica in forza del concordato, si sentì rispondere che la Santa Sede aveva sottoscritto i Patti lateranensi con lo Stato italiano, ora legittimamente insediato a sud di Roma, e non con il decaduto governo fascista. Alcuni sacerdoti del nord – come Tullio Calcagno, Cantelli e Scarpellini – protestarono aspramente contro il papa. Don Calcagno parlò dal pulpito del duomo di Terni, meritando una sospensione *a divinis*; gli altri due religiosi scrissero violenti articoli sulle pagine del «Regime fascista».

A Roma al momento dell'armistizio, il nuovo ambasciatore della Germania presso la Santa Sede, barone Ernst von Weizsäcker, un diplomatico di vecchio stampo che nelle udienze indossava il frac e non l'uniforme nazista, si era immediatamente e felicemente adoperato perché le relazioni diplomatiche fra la Germania e il Vaticano non subissero contraccolpi. L'ambasciatore godeva di particolare considerazione in Vaticano, essendo nipote del notissimo teologo di Tubinga, Karl Heinrich. In patria era stato sottosegretario agli Esteri alle dirette dipendenze di Ribbentrop, e aveva chiesto lui di essere trasferito a Roma con un obiettivo tanto ambizioso quanto rischioso. Si proponeva di ottenere il sostegno del Vaticano in un piano, ovviamente sconosciuto ai vertici nazisti, che prevedeva un'anticipata conclusione della guerra e l'offerta di una pace onorevole alla Germania la quale, in questa prospettiva, si sarebbe liberata di Hitler attraverso un colpo di Stato. Soltanto una parte della diplomazia tedesca, che si sentiva appunto rappresentata da Weizsäcker, nutriva sentimenti di rivolta antihitleriana, come del resto limitati settori delle forze armate agivano nell'ombra nel tentativo di abbattere il dittatore, e già si erano coraggiosamente mossi in tale direzione fin dal settembre del '38 con la crisi dei Sudeti.

Weizsäcker aveva presentato al papa le credenziali di ambasciatore da appena cinque mesi succedendo a Diego von Bergen, e la mattina del 9 settembre '43 egli volle incontrarsi col sostituto monsignor Montini per avere la conferma che la segreteria di Stato non aveva nulla a che vedere con un articolo del «Popolo di Roma» in cui si parlava d'un'intensa attività politica antigermanica svolta dal Vaticano. L'ambasciatore spiegava come egli avesse sempre detto a Berlino che la Santa Sede «non avrebbe fatto nulla di nocivo per l'Asse», e ora più che mai propugnava una mutua non interferenza, *Nichteinmischung*. Non voleva perciò trovarsi spiazzato. Soggiungeva che la politica della non interferenza conveniva al papa, perché altrimenti Hitler avrebbe dispiegato una serie di rappresaglie d'indescrivibile violenza. Montini gli annunciava che l'indomani sarebbe apparsa sull'«Osservatore romano» una smentita. «Il "Popolo di Roma" di questa mattina», scrisse infatti il giornale vaticano, «pubblica un articolo con notizie sensazionali circa "l'attività politica della Santa Sede nel corso degli ultimi giorni di guerra". Siamo autorizzati a dichiarare che tali notizie sono assolutamente fantastiche».

Le truppe tedesche avevano invaso Roma. Nella zona di Porta San Paolo alcuni reparti dell'esercito italiano – pur sbandati dall'improvviso annuncio dell'abbandono della capitale da parte del re – avevano cercato di opporsi all'avanzata della Wehrmacht. La notizia dei sanguinosi scontri si era diffusa in un lampo in tutta la città, e alcune migliaia di donne del rione Borgo, le famose borghigiane, erano accorse sotto le finestre del palazzo pontificio in piazza San Pietro. Capeggiate dalle caporione del luogo, sora Orietta e sora Rosa Rinaldi, e da una grassona soprannominata «la fata di Borgo», si erano messe ad agitare grandi fazzoletti con i colori del Vaticano, gialli e bianchi, e a gridare all'indirizzo del pontefice sperando di vederlo apparire alla finestra: «Viva il papa, re di Roma!», rabbiose contro Vittorio Emanuele che era fuggito per destinazione ignota. Quelle stesse donne turbolente avevano cominciato ad affrontare i bottegai della zona che occultavano merci e vettovaglie. Si accalcavano davanti ai negozi urlando: «Affamatori del popolo, cacciate fuori la roba, se volete salva la vita!».

A Berlino un generale tedesco si era rivolto al Führer dicendo: «A Roma c'è il Vaticano. Come comportarci?», e lui di rimando: «Non crediate che il Vaticano mi metta soggezione. Lo invaderemo senza esitare. Io me ne infischio. Lì dentro si sono rifugiati i diplomatici di tutto il mondo. Che canaglie! Ma noi staneremo quell'intero branco di porci. Poi faremo sempre in tempo a presentare delle scuse». L'ordine di invadere il Vaticano e di prelevarvi il pontefice per trasferirlo a Wartburg nell'Alta Slesia o nel Liechtenstein – in una sorta di «prigionia avignonese» – fu impartito personalmente da Hitler al generale Wolff. L'SS-Obergruppenführer era appena entrato in Alto Adige attraverso il Brennero quando, il giorno successivo all'annuncio dell'armistizio italiano, Himmler gli comunicò che Hitler lo attendeva immediatamente nella *Wolfsschanze*, la remota Tana del lupo, per affidargli in grande segretezza un incarico della massima importanza. In un colloquio preparatorio il capo supremo delle SS fece a Wolff una raccomandazione particolare. Gli chiese di sequestrare e di inviare a lui personalmente le iscrizioni runiche degli antichi popoli germanici che, dopo la loro «forzata cristianizzazione», erano conservate, a quanto si diceva, negli archivi o negli scantinati del Vaticano.

Hitler accolse Wolff dicendogli subito che lo aveva chiamato fin lì con tanta fretta per affidargli il delicatissimo compito di invadere al più presto il Vaticano e di deportare al nord il papa per non farlo cadere nelle mani degli angloamericani, di cui avrebbe potuto subire l'influenza. Gli imponeva inoltre di mettere al sicuro gli archivi e i tesori d'arte di quello Stato, piccolo e inutile ma ricco. Wolff gli faceva presente che l'operazione richiedeva un po' di tempo; le unità alle sue dipendenze, SS e polizia, stavano ancora entrando in Italia. E poi, per impossessarsi degli insostituibili tesori d'arte, aveva bisogno di specialisti che avrebbe potuto reperire con qualche difficoltà soprattutto fra gli altoatesini. Insomma, l'operazione non sarebbe potuta scattare prima di quattro o sei settimane. Hitler urlò che non poteva aspettare tanto; Wolff doveva accelerare i tempi e fargli sapere qualcosa di più preciso entro due settimane.

Il generale riusciva a prolungare i termini di attuazione del piano sulla deportazione del papa e della curia. Manteneva ovviamente il segreto sull'operazione, ma all'inizio del dicembre '43 essa entrava nella fase decisiva e a lui era sempre più difficile tergiversare. Hitler, spazientito, lo convocò nuovamente nella Tana del lupo, nei primi giorni di quel mese. «E allora, Wolff?», disse il Führer accogliendolo. «Prima di comunicarle le conclusioni del piano riguardante il Vaticano posso, mio Führer, parlarle della situazione italiana?» Hitler, sebbene sorpreso, annuì. E l'SS-Obergruppenführer parlò. Mussolini era caduto, disse, senza che un italiano avesse sacrificato la propria vita per difenderlo. Nell'Italia occupata dai tedeschi non più del cinque-dieci per cento della popolazione era fascista, ma lo era di nome; soltanto uno sparuto numero di idealisti era ancora disposto a battersi per il duce. Gli italiani in grande maggioranza erano stanchi della guerra; non riguardavano con ostilità i tedeschi, ma li consideravano responsabili di tante distruzioni per il protrarsi del conflitto.

«La Chiesa cattolica», proseguiva Wolff, «era l'unica, salda e incontestata autorità in Italia. Anche attraverso le donne, molto devote, essa esercita una grande influenza perfino nei confronti dei mariti, dei figli, dei parenti che non fossero credenti. Ho perciò sempre cercato di esaudire le richieste di grazia che l'alto clero sollecitava a favore di italiani arrestati e in procinto di essere giustiziati». Diceva che agli alti dignitari ecclesiastici dentro e fuori il Vaticano coi quali aveva instaurato buoni rapporti aveva fatto una proposta di *do ut des* così espressa: «Io proteggo le vostre istituzioni ecclesiastiche, la vostra autorità di fronte al popolo e alle forze tedesche in Italia, le vostre proprietà e la vostra vita, e voi favorite l'obbedienza verso l'autorità tedesca».

Quindi disse: «Mio Führer! Questa politica della mano leggera, in questi miei tre mesi di attività in Italia, ha dato frutti abbondanti, proprio in seguito all'appoggio discreto del clero. Senza la cooperazione della Chiesa, che ha tenuto tranquille le masse popolari, io non avrei potuto svolgere con successo il mio compito poiché le scarse unità delle SS e della polizia a mia disposizione bastano a stento a rifornire il fronte meridionale costellato com'è dagli atti di sabotaggio dei partigiani». Si dichiarò egualmente pronto ad occupare il Vaticano, ma in questo caso le sue forze non sarebbero bastate a fronteggiare le prevedibili reazioni, scioperi e dimostrazioni di massa. Avrebbe potuto reprimere gli uni e gli altri con la forza delle armi, ma la cosa comportava alti prezzi: non avrebbe più potuto inviare i rifornimenti al feldmaresciallo Kesselring né impedire la paralisi dell'industria bellica italiana così necessaria ai tedeschi.

A questo punto incalzò con una perorazione: «Mio Führer! Se potessimo rinunciare al Progetto Vaticano, io sarei in grado di garantire, con le sole forze attualmente a mia disposizione, tranquillità e ordine nei territori alle spalle del nostro esercito in Italia. Mi conceda, mio Führer, di continuare la politica della mano leggera in Italia, un paese che in fin dei conti, con la reintegrazione del Duce è di nuovo nostro alleato».

Durante l'esposizione di Wolff, Hitler aveva taciuto, corrucciato. Quindi irruppe nella conversazione con una sola frase: «Ma insomma lei che cosa vorrebbe da me?!». «L'occupazione della Santa Sede e la deportazione del papa», rispose il generale, «condurrebbero a una reazione assai negativa per noi. Avremmo contro sia i cattolici tedeschi in patria e al fronte, sia i cattolici degli Stati neutrali e di tutto il mondo. In confronto a questi danni, insignificante sarebbe il vantaggio che potremmo ricavare dall'eliminazione del Vaticano dalla scena politica e dalla confisca dei tesori d'arte e degli archivi papali. Se invece rinunciassimo al Progetto Vaticano potremmo servirci a nostro vantaggio, oggi e in futuro, delle autorevoli relazioni che il papa ha in tutto il mondo. Saremmo inoltre più tranquilli per i rifornimenti sul teatro di guerra italiano». «Va bene, Wolff. Ma non dimentichi che sarà lei il responsabile se la sua soluzione ottimistica dovesse far cilecca», disse Hitler girando sui tacchi.

XI

Improvvisamente le autorità tedesche che occupavano con rabbia Roma reclamarono la consegna di seimila ostaggi italiani come rivalsa per l'uccisione di sei soldati germanici che si diceva fosse avvenuta in un ospedale della capitale per mano di antinazisti. Il cardinale Maglione chiedeva a Weizsäcker di intercedere presso Berlino a nome della Santa Sede per scongiurare l'attuazione del gravissimo provvedimento. L'ambasciatore rifiutava di muoversi sostenendo che Berlino avrebbe potuto infierire anche sul Vaticano e che comunque la Santa Sede doveva mantenersi estranea alla questione degli ostaggi. Maglione replicava con fermezza. Il papa, diceva il cardinale, è il padre comune di tutti i fedeli; egli poteva dunque intervenire a loro difesa sempre e dovunque; il papa, in quanto vescovo di Roma, aveva lo speciale dovere di parlare a favore dei suoi diocesani.

Quando si poté dimostrare che la voce riguardante i sei militari trucidati era infondata, i tedeschi non chiesero più ostaggi, ma al loro posto reclamavano seimila persone da inviare al servizio del lavoro. Mentre proseguiva il braccio di ferro su questo punto e mentre Weizsäcker protestava con il Vaticano quasi per attribuirgli la paternità di alcune notizie diffuse dalla radio inglese sul papa tenuto prigioniero dalla Wehrmacht nel palazzo apostolico, esplodeva nell'ottobre un nuovo gravissimo fatto che aveva per vittime gli ebrei dell'antico ghetto di Roma, oltre i ruderi e le colonne del portico che Augusto aveva dedicato alla sorella Ottavia. Già in settembre il maggiore delle SS Herbert Kappler, capo della Gestapo nella capitale, aveva imposto alla comunità ebraica, *cheilà*, una taglia di cinquanta chilogrammi d'oro da pagare entro trentasei ore. In caso di inadempienza, come disse bruscamente Kappler ai presidenti degli ebrei di Roma e dell'Unione delle comunità israelitiche italiane, Ugo Foà e Dante Almansi, sarebbero stati rastrellati e deportati in Germania duecento israeliti. Si erano raccolti soltanto trentacinque chilogrammi, per cui, data la ristrettezza del tempo ancora a disposizione, si temeva la reazione dei tedeschi. Il rabbino capo Israel Zolli chiese aiuto al papa, e poté eludere i militi della Gestapo che sorvegliavano gli ingressi del Vaticano spacciandosi per un ingegnere. La Santa Sede era già pronta a versare i rimanenti quindici chili anche offrendo vasellame d'oro appartenente al tesoro della Chiesa, ma l'intervento non fu necessario perché alcune comunità cattoliche provvidero a colmare la differenza. I cinquanta chili d'oro furono trasportati in un ufficio della Gestapo di via Tasso, secondo gli ordini ricevuti.

Erano arrivate a Roma tremila SS richieste da Kesselring a Rommel, e non erano trascorse tre settimane dalla rapina dell'oro quando, all'alba del 16 ottobre, un grigio sabato dell'autunno romano, proprio alcuni reparti di SS armati di mitra si avventarono sul ghetto agendo da specialisti istruiti alla scuola di Adolph Eichmann. Gridavano: «*Raus*!, *Raus*!», fuori, fuori, e battevano i loro mitra contro i portoni. Sulla base di minuziose liste razziavano casa per casa uomini, donne e bambini, sani e ammalati, e li caricavano brutalmente su autocarri già pronti a partire. Gli ebrei rastrellati nelle stradine tortuose del ghetto nei pressi della sinagoga, al Portico d'Ottavia e in altre zone della città – milleduecento in tutto sui dodicimila ebrei di Roma – vennero ammassati nell'edificio del Collegio militare e quindi stivati su carri merci alle stazioni Ostiense e Tiburtina con destinazione ignota. La furia delle SS si era abbattuta esclusivamente sugli ebrei italiani, senza badare al fatto che alcuni di loro erano fascisti convinti che nel '35 avevano donato la fede nuziale alla patria e che avevano perfino partecipato alla marcia su Roma del '22. Non furono invece inclusi nella razzia gli israeliti di altre nazionalità rifugiati nella capitale.

Fin dalle prime ore del giorno 16 il papa fu informato della tragica retata, anche se ancora non ne conosceva le proporzioni. Affannata, corse in Vaticano per dare l'allarme una giovane principessa, Enza Pignatelli Aragona Cortés, alla quale immediatamente il papa concesse udienza. Con altrettanta rapidità Pio XII disse al cardinale Maglione di protestare con l'ambasciatore Weizsäcker. Il diplomatico tedesco, che già sapeva degli arresti e dell'ordine pervenuto dallo stesso Hitler, arrivò quella mattina in Vaticano un po' prima di mezzogiorno. Nell'accoglierlo, il segretario di Stato gli disse: «Eccellenza, Ella che ha un cuore tenero e buono, veda di salvare tanti innocenti. È doloroso per il Santo Padre che proprio a Roma, sotto gli occhi del Padre Comune, siano fatte soffrire tante persone unicamente perché appartengono a una determinata stirpe». «Che farebbe la Santa Sede», chiese Weizsäcker, «se le cose dovessero continuare?» E Maglione: «La Santa Sede non vorrebbe trovarsi nella necessità di dire la sua parola di riprovazione».

A questo punto l'ambasciatore s'inoltrò in una lunga disquisizione. Disse che la Santa Sede era riuscita a guidare la barca senza urti in mezzo a scogli d'ogni genere e grandezza, mantenendo un perfetto equilibrio fra le parti. «Mi chiedo», aggiunse, «se, proprio ora, convenga mettere tutto in pericolo. Io penso alle conseguenze che provocherebbe un passo del papa». Nel formulare tale minaccia Weizsäcker aveva presente una dichiarazione di Ribbentrop in cui si diceva: «Se il Vaticano dovesse opporsi alla Germania con azioni politiche o propagandistiche, non mancheremo di ricorrere a misure di ritorsione, in grado di fronteggiare qualsiasi iniziativa a noi ostile». Affermando di voler evitare il peggio, l'ambasciatore disse: «Vostra Eminenza mi lascia libero di non *faire état* di questa conversazione?». Poteva Maglione accogliere il suggerimento, rafforzato da una intimidazione, di non tener conto del colloquio? Ci pensò un attimo, e, dopo aver rinnovato al diplomatico la preghiera di intervenire a favore dei poveri rastrellati, gli disse che si rimetteva al suo giudizio di fare o no menzione di quell'udienza, per altro «tanto amichevole».

Il cardinale ritenne tuttavia opportuno di aggiungere altre puntualizzazioni. Ricordò all'ambasciatore che la Santa Sede era sempre stata così prudente da non dare l'impressione di aver fatto contro la Germania «la minima cosa durante una guerra terribile»; la Santa Sede però non doveva essere posta nella necessità di protestare, e qualora fosse obbligata a farlo, «si sarebbe affidata, per le conseguenze, alla divina Provvidenza».

La presa di posizione di Maglione era connessa con tutta una serie di iniziative diplomatiche del Vaticano e con un memorandum in cui il papa, fin dal 17 settembre, aveva indicato la sua linea di condotta per fronteggiare i temuti provvedimenti nazisti contro gli ebrei in Italia. Non si scorgeva «altra possibilità» oltre quella di «una raccomandazione in forma generale» all'ambasciata tedesca presso il Vaticano in favore della «popolazione civile di qualsiasi razza, specialmente per i più deboli». In vista di quel memorandum, il cardinale Maglione nella mattinata del giorno 10 aveva già convocato Weizsäcker e lo aveva pregato di raccomandare al feldmaresciallo Kesselring di avere riguardo per la città del Vaticano. L'ambasciatore si schermì osservando di non essere in condizione di prendere contatto con Kesselring, che si trovava al quartier generale di Frascati, poiché sulla via Appia erano in corso alcuni combattimenti.

Dall'ambasciata tedesca presso la Santa Sede nella giornata del 17 settembre partiva, a firma dell'*attaché* Gerhardt Gumpert, un telegramma per Berlino indirizzato al segretario di Stato, Wilhelm Keppler, e al sottosegretario per la polizia, Karl Ritter. Si riferiva in esso l'azione svolta dal vescovo d'origine austriaca Alois Hudal, professore di teologia anticotestamentaria e rettore della Chiesa nazionale tedesca di Santa Maria dell'Anima in Roma, il quale – pur essendo uno strenuo seguace di Hitler, tanto da essere soprannominato *Der Braune Bischof*, il vescovo bruno – mostrava di non approvare la retata. Con scrupolo, il funzionario dell'ambasciata scriveva: «Il vescovo Hudal ha indirizzato al generale Stahel, comandante della città, una lettera nella quale è significato quanto segue: "Mi permetto di richiamare la Vostra attenzione su un'urgentissima questione. Un'informazione avuta da eminente personalità del Vaticano, in immediato contatto con Sua Santità, mi ha messo a conoscenza che gli arresti di ebrei di nazionalità italiana hanno avuto inizio stamane. Nell'interesse dei buoni rapporti fra il Vaticano e l'Alto comando militare tedesco – rapporti che sino a oggi sono stati ottimi grazie alla perspicacia politica e alla magnanimità di Vostra Eccellenza, degna di essere ricordata negli annali della storia di Roma – Vi prego vivamente di dare ordine di cessare immediatamente gli arresti di cui sopra, sia a Roma sia nei dintorni. In caso contrario temo che il papa prenda pubblicamente posizione contro questi arresti, il che darebbe nelle mani dei nostri nemici un'arma nella propaganda che loro conducono contro di noi"».

L'eminente personalità cui si riferiva monsignor Hudal era il nipote di Pio XII, principe Carlo Pacelli, il quale rivestiva la carica di consigliere generale del Vaticano. Ciò dimostrava come il papa, non volendo esporsi apertamente, avesse deciso di compiere dei passi semiufficiali. Da tutto ciò appariva con chiarezza che la lettera di Hudal al governatore militare di Roma, il generale della Luftwaffe Rainer Stahel, bavarese e cattolico praticante, era stata suggerita proprio dal pontefice.

Soltanto l'indomani Weizsäcker, sulla scorta delle assicurazioni date a Maglione, riferì ampiamente a Berlino sull'afflizione e lo sbigottimento della Santa Sede per la razzia che aveva sconvolto il ghetto, e a sua volta annunciava di non poter escludere una pubblica protesta pontificia. «Sono in grado di confermare», scriveva il diplomatico nel suo telegramma, «la reazione del Vaticano nei confronti dell'evacuazione degli ebrei di Roma – vedasi relazioni telegrafiche dell'operazione trasmesse dall'ambasciatore Rahn ieri 16 ottobre –. La curia è particolarmente costernata dato che l'operazione ha avuto luogo, si può dire, sotto le finestre del papa. Le reazioni del

Vaticano sarebbero, forse, attenuate se gli ebrei di cui si tratta venissero destinati al lavoro in Italia. Gli ambienti che ci sono ostili a Roma traggono vantaggio da avvenimenti del genere per forzare il Vaticano a uscire dal suo riserbo. Senza dubbio, la propaganda dei nostri nemici all'estero trarrà occasione da questi avvenimenti per turbare le nostre relazioni con la Curia. Si dice che vescovi di alcune città della Francia, ove si sono verificati fatti identici, abbiano preso netta posizione contraria. Il papa non potrebbe manifestarsi più riserbato dei suoi vescovi». L'ambasciatore introduceva infine un argomento delicato confrontando Pio XII con il suo predecessore, come per dire: badate a non irritare oltre misura Pacelli, il quale tutto sommato sa mantenersi neutrale. E difatti scriveva: «Si noti che vengono proposti confronti fra lo spirito più acceso di Pio XI e quello del papa attuale».

Mentre affioravano, anche dalle file del clero tedesco, la sorpresa e l'amarezza per una mancata presa di posizione ufficiale del Vaticano, pervenivano al pontefice varie richieste di assistenza cui egli cercava di dare una risposta umanitaria. Il papa incaricava il sostituto Montini di far sapere, agli ebrei arrestati e a coloro che temevano di essere scoperti nei loro nascondigli in conventi e monasteri, che «si stava facendo il possibile» in loro favore. L'«Osservatore romano», pubblicando una comunicazione «officiosa» sull'attività caritativa del papa, scriveva che il pontefice estendeva «la sua paterna sollecitudine su tutti gli uomini senza distinzione di razza, di nazionalità, di religione; la sua attività multipla e continua si era fatta ancor più viva negli ultimi tempi di fronte alle maggiori sofferenze di tanti infelici». L'ambasciatore Weizsäcker dava notizia ai suoi superiori anche di questo annuncio vaticano. Rilevava che esso era redatto nello «stile tipico» della Santa Sede, uno stile «assai contorto e nebuloso» e che comunque non era possibile sollevare obiezioni contro i termini del messaggio, in quanto soltanto un ristretto numero di persone vi potevano riconoscere «un'allusione speciale al problema ebraico».

I religiosi – come le suore di Nostra Signora di Sion in via

Garibaldi sull'arrampicata verso il Gianicolo e i frati minori di san Bartolomeo all'Isola – aprivano le porte delle loro case agli ebrei. Non soltanto gli israeliti venivano occultati in conventi e in parrocchie o negli edifici extraterritoriali di Santa Maria Maggiore e di San Paolo fuori le mura, ma chiunque chiedesse protezione nella Roma dominata dai nazisti, compresi gli antifascisti alcuni dei quali erano tornati clandestinamente dall'esilio nella capitale. Nelle stanze di San Giovanni in Laterano – a poche centinaia di metri da via Tasso, sede del quartier generale di Kappler – si trovavano gli antifascisti Nenni, Saragat, Bonomi, Ruini, Antonio Segni e De Gasperi che dal '39 era segretario alla Biblioteca vaticana. Vi era insomma rifugiato l'intero Comitato di liberazione nazionale che preparava i piani per il ripristino della democrazia in Italia. Anche in case di privati venivano segretamente accolti gli antifascisti in pericolo. Lo storico Luigi Salvatorelli si era riparato presso Ernesto Buonaiuti in un villino di Montesacro, mentre suo figlio Mario, ufficiale dei bersaglieri, si trovava nel convento di san Pancrazio fuori le mura Gianicolensi. Per ordine delle autorità tedesche, nella portineria di ogni edificio privato doveva essere obbligatoriamente esposto l'elenco di tutti gli inquilini e dei loro ospiti.

Su disposizioni del governo repubblicano di Salò, la polizia fascista penetrò una notte nel monastero di San Paolo violandone le prerogative diplomatiche di extraterritorialità garantite dal trattato lateranense e arrestando numerose persone – tra ufficiali, rappresentanti politici e cittadini ebrei – in abiti monacali rifugiate entro quelle mura. Le squadre fasciste che irruppero in San Paolo erano guidate dal questore di Roma, Pietro Caruso, proveniente dal nord, e dal sedicente tenente di polizia, Pietro Koch, specialista in torture, con sede nei locali della pensione Jaccarino di via Romagna. I rifugiati, tra i quali un generale di squadra aerea, Adriano Monti, furono sorpresi a letto in piena notte nei locali parrocchiali, e quindi caricati su camion non senza essere stati ripetutamente percossi col calcio dei fucili. I monaci benedettini, che cercavano di erigersi a difensori dei rifugiati, venivano a loro volta maltrattati. Un milite gridava: «Voi statevene buoni. E per quanto riguarda il papa, presto lo manderemo a zappare!». Al termine della razzia, i camion si allontanarono dalla basilica scortati da alcune auto con la targa *Polizei*.

La Santa Sede protestava per la grave violazione. E poiché l'ambasciatore Weizsäcker sosteneva l'estraneità delle autorità germaniche – sebbene nel monastero fossero risuonati ordini in lingua tedesca come *Vorn! Vorn!*, avanti, avanti – il cardinale Maglione replicò che comunque su di loro gravava la responsabilità dell'ordine pubblico. «Ditelo a Buffarini Guidi. Ditelo a Graziani», rispondeva l'ambasciatore, scaricando ogni colpa sul sottosegretario agli Interni e sul ministro della Guerra della Repubblica sociale. Anzi i tedeschi, dalla Kommandantur di Corso d'Italia, si mostravano indignati di quanto era successo. Dicevano che l'irruzione poteva essere un atto di sabotaggio compiuto ai loro danni per metterli in difficoltà.

Certo, non per questo il Vaticano mancava ai sentimenti di ospitalità a favore dei perseguitati. Chi chiedeva asilo continuava ad essere ben accolto. Ai rifugiati politici veniva concesso gratuitamente il vitto e l'alloggio, ma si chiedeva loro di firmare una dichiarazione d'internamento: «Il sottoscritto al momento della sua ammissione nella zona extraterritoriale appartenente alla Santa Sede dichiara di non avere presso di sé arma alcuna né di averne depositate o nascoste nell'ambito della zona extraterritoriale e di uniformarsi alle norme che regolano lo Statuto degli internati negli Stati neutrali e di sottomettersi a tutte quelle regole e controlli che la Santa Sede e lo Stato della Città del Vaticano riterranno di adottare per il rispetto della neutralità dello Stato ospitante».

XII

Un progetto originario dei nazisti prevedeva che a Roma dovessero cadere nella rete ottomila ebrei, ma alle milleduecento persone catturate il 16 ottobre non se ne aggiunsero subito altre. Il Reichsführer SS Himmler, dopo la *démarche* di monsignor Hudal, ordinava fin dal giorno 17 la sospensione dei rastrellamenti. Ma ciò non evitò l'inumana deportazione, senza ritorno, degli israeliti già fatti prigionieri. Il papa agiva dietro le quinte. La sua prudente condotta era suggerita dal timore d'un'invasione del Vaticano da parte tedesca e dall'esigenza di agire in difesa delle vite umane in pericolo senza esporre loro e se stesso a rappresaglie certe e annunciate. Per di più i tedeschi, sulla base di un piano preparato da Martin Bormann, avevano rinnovato le minacce di deportarlo o in un monastero del Wartburg o nel Liechtenstein, e sembrava che stessero segretamente scavando un tunnel sotto il palazzo apostolico per poterlo rapire di sorpresa. «Certo», diceva il papa, «potrebbero deportarmi. Ma dovranno legarmi mani e piedi. E poi non avranno fatto prigioniero Pio XII, ma semplicemente il cardinale Pacelli».

Monsignor Pietro Palazzini testimoniava che il papa aveva preparato una lettera di dimissioni con la quale rinunciava al soglio pontificio, all'atto del suo eventuale arresto. C'era però in Vaticano chi preparava un contropiano con il proposito di indurre il papa a rifugiarsi in una villa sulla costa di San Felice Circeo e di qui, a bordo di una nave spagnola, condurlo nella penisola iberica e affidarlo alla protezione di Francisco Franco. L'ingegner Enrico Galeazzi, ideatore del progetto, aveva il pieno appoggio di suor Pasqualina, la quale anzi volle fare un sopralluogo. Mentre si inerpicava sulla stradina a picco sul mare per raggiungere la villa, che apparteneva all'ingegnere, scivolò slogandosi un piede. Era ancora claudicante quando, con trepidazione, mise al corrente il pontefice del loro progetto. Il «no» di Pacelli fu immediato e netto. Non ammetteva repliche. Pacelli confermò il suo diniego al maestro di Camera, Arborio Mella di Sant'Elia: «Non lascerò il Vaticano. Sono stato messo sul seggio di Pietro per volere di Dio, e non sarò io a scenderne!».

Il giorno 27 di quello stesso mese di ottobre, il pontefice riceveva un accorato appello da David Panzieri che sostituiva il rabbino capo Zolli. Nel frattempo il dottor Zolli aveva smesso l'abito elegante del primo travestimento – quando ai militi delle SS alle porte del Vaticano si era fatto passare per ingegnere – e con indosso i più modesti panni di muratore aveva chiesto e ottenuto rifugio in Vaticano. David Panzieri si rivolgeva al papa a nome dell'intera comunità israelitica di Roma affinché dall'altissimo seggio con il suo paterno intervento potesse «commuovere chi per fini troppo e solamente terreni» aveva compiuto il ratto e lo inducesse a restituire le vittime alle loro famiglie. Se si osava rifiutare il «supremo suggerimento» del Santissimo Padre, si consentisse almeno di far pervenire ai martiri i necessari indumenti per affrontare i rigori dell'inverno. Nell'appello si ricordava come bambini lattanti, bambini nei primi anni di vita, tante donne e molte con nuove vite in seno, vecchi e vecchie erano stati strappati ai loro letti con abiti succinti. «Aiutateci, Santissimo Padre, aiutateci e Iddio, Iddio grande e buono compensi l'alto Vostro intervento con le grazie che per Voi le nostre anime con tanto sincera e forte preghiera chiedono». Mentre il papa riceveva questo appello, molti fra gli ebrei italiani razziati nel ghetto morivano nelle camere a gas di Auschwitz, il campo nei pressi di Cracovia. E la notizia di questo specifico sterminio era ancora sconosciuta sia al Vaticano sia alla comunità israelitica.

Il giorno successivo Weizsäcker inviava a Berlino un nuovo rapporto dal quale appariva con chiarezza l'atteggiamento di prudenza assunto dal Vaticano. «Benché sollecitato da più parti», scriveva l'ambasciatore, «il papa non si è lasciato convincere a esprimere ufficialmente qualsiasi riprovazione per le avvenute deportazioni degli ebrei di Roma. Pur sapendo che tale suo atteggiamento in questa circostanza verrà severamente giudicato dai nostri nemici e sarà sfruttato dagli ambienti protestanti dei paesi anglosassoni nella loro propaganda contro il cattolicesimo, egli si è comportato, in questa delicata circostanza, in modo tale da non turbare minimamente le relazioni con il Governo tedesco e con le rappresentanze tedesche di Roma. Perciò dato che, senza dubbio, non vi saranno altre azioni tedesche contro gli ebrei, si può ritenere che la questione, spiacevole per quanto si riferisce ai rapporti fra la Germania e il Vaticano, sia completamente liquidata».

L'atteggiamento di silenziosa prudenza assunto da Pacelli al cospetto d'un drammatico evento come la deportazione degli ebrei romani, offriva a Weizsäcker la possibilità di dimostrare a Hitler quanto egli avesse avuto ragione nel sostenere che Pio XII era un papa al di sopra delle parti. Ma bisognava altresì notare che l'ambasciatore calcava un po' le tinte per stornare la rabbia del Führer dal Vaticano. La razzia aveva sorpreso e addolorato il diplomatico, il quale presentandosi con grande imbarazzo al cardinale Maglione disse: «Io attendo che mi si domandi: "Perché mai voi rimanete in cotesto vostro ufficio di ambasciatore?"».

I tedeschi, che nonostante le apparenze paventavano di veder insorgere Pio XII contro la razzia degli israeliti, consideravano la conclusione della vicenda come una loro vittoria. Il papa non aveva voluto guastare i rapporti fra Chiesa e Reich, e questo a Hitler bastava per vedervi una conferma della sua forza. Al contrario il papa attribuiva ben altri significati al suo silenzio, nel quadro di una più ampia visione delle cose; se aveva deciso di tacere lo aveva fatto per evitare la conseguenza di più gravi danni. Un precedente si era avuto in Olanda dove, alle proteste dei vescovi per i sequestri di ebrei, era seguita una subitanea e violenta reazione: le SS avevano intensificato le retate colpendo tutti quei religiosi e quelle suore che avessero in qualche misura attinenze ebraiche, deportandoli e internandoli in campi di concentramento. Weizsäcker nei suoi appunti in quei giorni scriveva: «Neppure istituzioni di rilevanza mondiale, come la Chiesa cattolica romana o la Croce Rossa Internazionale, hanno ritenuto di rivolgersi a Hitler in difesa degli ebrei. Esse si sono trattenute dal pronunciare appelli pubblici: temevano di compromettere ulteriormente la condizione dei perseguitati».

In ambienti non nazisti, a proposito della giustificazione di Pio XII sul silenzio certamente angoscioso, si osservava però che egli nella sua condotta si era ispirato più a ragioni politiche di neutralità che non a princìpi evangelici. La prudenza privava il papa d'ogni afflato eroico, ma lui riteneva di dover rispondere soltanto alla propria coscienza. Parlare o tacere? Sembrava che un papa meno irretito dalla diplomazia e più sensibile al richiamo profetico avrebbe potuto esprimersi con maggiore passione evangelica – come riteneva possibile lo stesso segretario di Stato, Maglione, nel suo colloquio con Weizsäcker – al di là delle reazioni che sarebbero potute derivare da una sua esplicita condanna delle razzie naziste. Ma Pio XII decideva di attenersi al principio del minor male, in quegli anni di dura realtà in cui era costretto a operare, preoccupato più del risultato che della salvaguardia della sua immagine.

C'era gente che si rendeva conto di come fosse arduo esprimere su di lui un giudizio netto, privo di luci e di ombre. E c'era anche chi lo accusava di aver fatto una gravissima dichiarazione antiebraica durante un'udienza concessa a Weizsäcker. Com'era potuta nascere una simile accusa? Alcuni militi delle SS, sempre nella mattinata del 16 ottobre, avevano fatto irruzione in via Flaminia nell'appartamento dell'avvocato rotale Foligno, che pure era cattolico, per deportarlo con la moglie (ariana) e i figli. Durante la razzia una signora, che abitava nello stesso edificio dell'avvocato, ebbe il coraggio di fare le proprie rimostranze all'ufficiale che comandava il reparto delle SS, ma questi per tutta risposta le disse: «Il papa ha dichiarato all'ambasciatore Weizsäcker che, se si deve fare la deportazione degli ebrei, è bene farla presto». Appresa questa notizia, la Santa Sede protestò vivacemente: «Una simile enorme affermazione di evidente falsità, la quale ha prodotto il più sinistro effetto in quanti ne furono testimoni, mentre non ha bisogno di essere confutata, sembra d'altra parte assolutamente meritevole della superiore disapprovazione, perché l'oltraggioso fatto non abbia a rinnovarsi». Ma da parte tedesca non pervenne alcuna superiore disapprovazione. Il comandante militare di Roma, generale Stahel, non se ne volle occupare affermando che le razzie dipendevano dalle SS e non da lui.

Fin dalle prime persecuzioni e deportazioni, che già si erano verificate in altri luoghi d'Europa, il papa aveva assunto quella prudenziale linea di condotta in base alla quale ufficialmente taceva, ma riservatamente operava in favore degli infelici che erano caduti nelle mani dei nazisti o ne erano minacciati. Mentre per i prigionieri di guerra la Croce Rossa poteva agire in base a una convenzione internazionale, per gli ebrei non sussisteva alcuna forma di difesa. Quindi, al di là d'una collaborazione che si stabilì fra Croce Rossa e Vaticano, un più aperto sostegno di un'alta autorità come quella della Chiesa si sarebbe potuto rivelare oltremodo utile all'alleviamento delle loro pene. Tutto ciò poteva naturalmente valere se non fosse gravata sul Vaticano la minaccia delle rappresaglie, e nel caso che fossero prevalse su Pio XII considerazioni unicamente evangeliche e non si fosse dato alcun peso all'eventualità che la vendetta di Hitler e dei suoi complici avrebbe travolto ogni azione della Chiesa vanificandola e aprendo capitoli ancor più dolorosi.

Si sapeva molto in Vaticano sulle deportazioni, anche grazie alla traduzione dei notiziari di Radio Londra che sir D'Arcy Osborne, il rappresentante inglese presso la Santa Sede, forniva ogni sera al papa. Osborne era un suo ammiratore. Riteneva impossibile non cedere alla sua semplicità, alla cordialità, alla «sconcertante combinazione di santità e di "charme" che da lui emanava». Il papa sorrideva in maniera così «incantevole» che anche un atteggiamento attentamente preparato di «dignitosa disapprovazione» per qualche suo gesto svaniva del tutto alla sua presenza.

Con l'Italia in guerra, Osborne, come gli altri rappresentanti dei paesi che avevano incrociato le armi contro l'Asse, erano ospitati all'interno dello Stato del Vaticano. Gli ambasciatori stranieri, le loro famiglie e il personale degli uffici ammontavano complessivamente a un centinaio di persone. Tutte insieme abitavano in un edificio detto il Palazzino, e dovevano ovviamente sottostare alle norme della Santa Sede, particolarmente gravose per le signore alle quali, ad esempio, si imponeva di portare le calze anche nei giorni della calura romana e si negava l'uso della bicicletta.

I sospetti sugli eventuali massacri degli ebrei razziati erano ormai diventati tragiche certezze. Già nel maggio del '43 la segreteria di Stato definiva «orrenda» la situazione degli israeliti polacchi. Prima della guerra vivevano in Polonia quattro milioni e mezzo di ebrei, e ora «non ve ne rimanevano neppure centomila». Da mesi gli ebrei deportati non avevano fatto sapere più nulla; la cosa si spiegava soltanto «con la morte», così si diceva in Vaticano dove si diffondevano altre informazioni sugli «speciali campi di morte» nei pressi di Lublino (Treblinka) e Brest Litovsk: «Si afferma che gli ebrei, dopo essere stati trasportati in carri bestiame con impiantito di calce viva, sono stati chiusi a centinaia in cameroni e uccisi con il gas». Monsignor Montini annotava: «Il ghetto di Varsavia non esiste più».

Si accusava Pacelli di aver abbandonato anche i polacchi cattolici al loro «tribolato e sofferente» destino. Il cardinale Maglione protestava contro chi «osava» criticare la Santa Sede per l'atteggiamento assunto nei confronti della Polonia dallo scoppio della guerra in poi, e contestava le affermazioni di chi sosteneva che il papa «non parlava, non alzava pubblicamente la sua voce a difesa dei polacchi». Ribatteva affermando che in realtà Pacelli faceva giungere la sua voce ai vescovi polacchi, specialmente a quelli che erano rimasti con il loro popolo e ne condividevano «apprensioni e afflizioni».

Lo stesso presidente polacco in esilio, Wladislaw Raczkiewicz – che aveva sostituito Moscicki dal '39, cioè dall'attacco tedesco alla Polonia – si lamentava della indeterminatezza delle deplorazioni pontificie. All'inizio del '43, il presidente polacco indirizzava una missiva in francese a Pacelli per ricordare come in terra polacca si calpestavano le leggi divine, si avviliva la dignità umana, si assassinavano senza processo migliaia di individui, si profanavano e si chiudevano chiese. A causa di tutto questo la religione in Polonia era tornata nelle catacombe. Il popolo polacco, scriveva Raczkiewicz, non chiedeva vendetta, ma giustizia; non sollecitava un «aiuto materiale o diplomatico», ben sapendo che non sarebbe potuto pervenirgli, ma reclamava una parola che indicasse con chiarezza e nettamente il male e condannasse coloro che erano al suo servizio.

In passato la Polonia aveva già affrontato dure prove, ma non così colme di sangue e di lacrime come le attuali; «i Vostri grandi predecessori, *Très Saint Père*, le rivolsero parole amorose; e oggi, poiché in vaste regioni della Polonia non si può né predicare né pregare, è necessario che il silenzio sia rotto dalla voce del Santo Padre». Pacelli ricevette questa lettera dalle mani dell'ambasciatore polacco presso la Santa Sede, Casimir Papée. Nel mostrarsene irritato disse che in essa mancava «non solo la riconoscenza, ma il riconoscimento» di tutto ciò che la Santa Sede aveva fatto e faceva per i polacchi. Casimir Papée insisteva. Chiedeva «per l'ennesima volta», come osservava Tardini cui l'ambasciatore si rivolgeva, che il papa dicesse pubblicamente una parola in favore dei polacchi e contro la terribile persecuzione cui erano sottoposti. E Tardini annotava: «Per l'ennesima volta gli ho ricordato quel che ha fatto e quel che ha detto Sua Santità per i polacchi. Gli ho accennato alle preoccupazioni che la Santa Sede nutre per aiutare i polacchi che sono in Polonia e per sostenerli in mezzo alle difficoltà gravissime in cui si dibattono. A questo scopo la Santa Sede compie un'azione discreta, nascosta, ma continua ed efficace. Il parlar troppo pubblicamente – quel che è stato detto è più che sufficiente – può gravemente compromettere l'attività preziosa della Santa Sede». Altri ambasciatori si recavano in processione da Tardini, sempre a sollecitare un intervento pubblico e solenne del pontefice. «È desolante», notava perciò il monsignore, «vedere questa coalizione di diplomatici che sono ospiti della Santa Sede, che son trattati benissimo, che possono constatare giorno per giorno la superiorità dell'azione della Santa Sede, tutti d'accordo e tutti ostinati in una persuasione e in un atteggiamento falsi quanto offensivi per chi è con loro così buono e così gentile». Tardini ricordava di aver ripetuto a tutti gli ambasciatori le stesse spiegazioni, e, a mo' di conclusione, scriveva irritato: «Tutto ciò dimostra come sia il polacco a mettere su la macchina».

Il Vaticano era in una situazione difficile costituendo il suo territorio un'*enclave* nella capitale d'uno Stato in guerra, peraltro a sua volta sottoposto allo spietato tallone d'una potenza occupante. Ogni mossa di Pio XII poteva esser foriera di maggiori e catastrofici lutti. Quando perciò il vescovo di Berlino, von Konrad Preysing, gli chiese di aiutare gli ebrei del Reich che fossero cattolici o congiunti in matrimonio con cattolici, il papa gli scrisse una lunga lettera in tedesco, il cui senso era riassunto in una sola frase: «In questo momento, Noi non possiamo farvi pervenire alcun aiuto efficace, se non le Nostre preghiere». Erano gli eventi polacchi a consigliargli tanta prudenza, attraverso una disperata reazione dell'arcivescovo di Cracovia, l'austero monsignor Adam Sapieha. Il papa aveva inviato al monsignore per mezzo di un corriere segreto, il prelato Quirino Paganuzzi, un plico contenente dei manifesti stampati in lingua polacca con un messaggio di condanna – una vera e propria enciclica – per le persecuzioni cui era assoggettato il popolo in Polonia nelle zone occupate dai nazisti, ma il monsignore si era affrettato a gettare quei fogli nel fuoco. Nel compiere questo gesto, Sapieha aveva esclamato: «Ben più gravi diventerebbero le persecuzioni se affiggessi questo messaggio».

Lo stesso pontefice si risolse a compiere un analogo gesto. Aveva appena finito di scrivere una nota di protesta contro le persecuzioni antiebraiche quando apprese che, a una condanna mossa dai vescovi olandesi alla deportazione di israeliti, Hitler aveva ordinato di rastrellarne quarantamila e sopprimerli. Tra i religiosi deportati nei campi di concentramento si levavano solenni due figure, quella di un francescano conventuale polacco, padre Maximilian Kolbe, che, sostituendosi a un altro prigioniero, morì ad Auschwitz nel bunker della fame, e quella della suora carmelitana di origine ebraica, Edith Stein, una studiosa di filosofia che, sottratta al convento olandese di Echt, trovò la morte in una camera a gas.

Rapidamente Pacelli, con nelle mani i due fogli della sua protesta che doveva apparire il giorno successivo sull'«Osservatore romano», si avviò verso il suo appartamento privato per darli alle fiamme d'un fornello in cucina. Disse a suor Pasqualina che gli si faceva incontro: «Li brucio. Se la protesta dei vescovi olandesi è costata la vita a quarantamila infelici, la mia ne condurrebbe a morte almeno duecentomila. Non potrei sopravvivere a una così grave responsabilità. È meglio tacere e continuare a operare nascostamente per la loro salvezza». La suora gli suggeriva di non bruciare la nota in attesa di un momento opportuno alla pubblicazione, ma lui, avendo presente le continue minacce d'invasione del Vaticano, replicò che era più saggio distruggerla: «I tedeschi potrebbero arrivare in queste stanze e trovarla. Che cosa accadrebbe allora dei cattolici e degli ebrei in cattività?». Per la stessa ragione decise di dare alle fiamme altri documenti o di occultarli o di metterli al sicuro inviandoli alla Delegazione apostolica di Washington.

Per un atteggiamento di prudenza era anche un parroco di Berlino, il gesuita Heinrich Klein, che aveva conosciuto Pacelli molti anni prima. Le proteste del papa, diceva padre Klein, non avrebbero mai potuto raggiungere compiutamente tutti gli strati sociali della popolazione in Germania, per il semplice fatto che i giornalisti, controllati dal regime, si sarebbero affrettati a gettarne il testo nei cestini delle redazioni.

Il cardinale Maglione lasciava però un filo di speranza all'arcivescovo di Vienna, Innitzer. Gli scriveva che in vari paesi – Croazia, Slovacchia, Romania, Ungheria, Francia – si era riusciti a risparmiare a tanti infelici la dura sorte della deportazione, e che la Santa Sede avrebbe continuato a interessarsi soprattutto degli ebrei cattolici.

Maglione e Montini chiedevano a Borgongini Duca e a Tacchi Venturi d'intercedere presso il sottosegretario agli Interni, Bastianini, affinché agli ebrei croati e francesi di cui si parlava in quei giorni fosse risparmiata la deportazione. Il sottosegretario diceva al padre gesuita che il governo italiano non avrebbe imitato l'alleato germanico, in quanto Mussolini aveva stabilito una massima: con gli ebrei noi vogliamo la separazione, non la persecuzione. «Noi», aggiunse Bastianini, «non desideriamo essere carnefici». I quattromila ebrei croati emigrati in Dalmazia, non vennero ricacciati indietro, ma raccolti nell'isola di Curzola. In tal maniera si evitò loro di essere tradotti «in qualche inospitale landa della Polonia».

Gli ebrei francesi che, lasciando i territori occupati dai tedeschi, erano passati nelle zone presidiate dall'Italia, dovevano essere deportati in Germania secondo gli ordini di Hitler. Ma l'Italia riuscì a evitarne la deportazione opponendosi sia al Führer sia al governo di Vichy che aveva fatto propria la richiesta di Berlino. E li concentrò in Savoia.

Non meno di cinquecento ebrei provenienti dalla Francia si erano rifugiati a Roma. Si trovavano sotto la protezione di padre Benedetto, un frate cappuccino marsigliese il cui vero nome era Marie-Benoìt de Bourg, che agiva attraverso la Delasem (Delegazione assistenza emigranti ebrei) originariamente con sede a Genova. A Marsiglia, nel convento dei frati minori, padre Benedetto aveva convertito al cattolicesimo una cinquantina di ebrei, ed era chiamato «le père des Juifs». Ora, prescelto proprio dagli israeliti come loro intermediario, si adoperava clandestinamente in ogni forma di soccorso, con l'aiuto di padre Pancrazio Pfeiffer. Padre Pancrazio, superiore generale dei Salvatoriani, era un bavarese, e per incarico di

Pacelli fungeva da mediatore con le autorità militari tedesche, sicché lo avevano soprannominato il «corriere del papa».

La caccia agli ebrei stranieri veniva condotta dalle SS a Roma, periodicamente, un paio di volte la settimana, e padre Benedetto faceva ospitare i braccati o in San Pietro o in varie case di religiosi. Ai meno abbienti distribuiva denaro e vettovaglie che riceveva direttamente dal pontefice, tramite suor Pasqualina. Per occultare la reale identità degli ebrei da lui protetti, riusciva perfino a fornirli di documenti e di bollini alimentari contraffatti.

Egli illustrava al papa un progetto di un ex ufficiale italiano dall'animo nobile, Angelo Donati, modenese, che prevedeva il trasferimento nel Nord Africa di trentamila ebrei fuggiti dalla Polonia e dalla Cecoslovacchia e malauguratamente rifugiatisi in Francia dove la polizia di Vichy aveva subito cominciato a dar loro la caccia. Al racconto di padre Benedetto, il papa esclamò: «Non avrei mai creduto che in Francia potesse verificarsi una cosa simile». Non fu però possibile attuare il piano di Donati – quattro navi erano già pronte a salpare – poiché con l'improvviso annuncio dell'armistizio il governo di Badoglio, che avrebbe dovuto portarlo a compimento, non poté più occuparsene travolto da altre preoccupazioni.

XIII

Esattamente un mese prima della razzia degli ebrei romani l'esercito tedesco aveva avviato la ritirata dal fronte di Salerno. Le forze anfibie americane sbarcate nel porto campano avevano potuto ricongiungersi con le avanguardie dell'armata britannica che provenivano dalla Calabria. Nei primi giorni del '44 gli alleati, per aggredire frontalmente la linea Gustav che li bloccava, attuarono un secondo sbarco sulla costa tirrenica lanciandosi su Anzio. Ma la loro marcia su Roma procedeva egualmente con estrema lentezza. Con grande ansia i romani attendevano la liberazione. Fra loro alcuni credevano che Pio XII si sarebbe fatto incontro alle truppe alleate verso il lido tirrenico sventolando la bandiera pontificia. Un mendicante cieco, che usava sedersi su un marciapiede di ponte Cavour, mostrava ai passanti un cartello con la scritta: «Aiutate la barca». Una mano ignota che interpretava un diffuso sentimento popolare, modificò la frase in «Aiutate lo sbarco». Pessimista era una scritta apparsa su un caseggiato di Trastevere: «Americani, tenete duro. Presto verremo a liberarvi». Ma quando in una sala cinematografica si udì una sera Totò gridare dallo schermo: «Arrivano, arrivano!», tutti gli spettatori si levarono in piedi ad applaudire.

Se disperati erano i tedeschi i quali, pur resistendo strenuamente, capivano che imminente era per loro la resa dei conti, irritati erano gli angloamericani che non avevano previsto di dover segnare tanto a lungo il passo su quei fiumiciattoli di cui non avevano mai sentito il nome prima di allora: il Garigliano, il Rapido, il Sangro, su quella linea che attraversava la penisola dal Tirreno all'Adriatico, da Gaeta a Ortona. Che fare? In piena irritazione, nel febbraio del '44 presero una decisione superflua e impopolare: bombardarono e distrussero l'abbazia benedettina di Montecassino che erroneamente ritenevano un caposaldo delle armate tedesche. L'abate monsignor Gregorio Diamare fu trattato con ogni riguardo e condotto a Roma dai tedeschi i quali gli chiedevano di dire alcune parole in loro sostegno dai microfoni dell'Eiar. Ed egli, ai danni degli angloamericani, testimoniò che l'abbazia non celava obiettivi militari. L'ambasciatore Weizsäcker avrebbe voluto fargli firmare in tutta fretta una dichiarazione in proposito, ma l'abate oppose un netto rifiuto. Infine lo presentarono a un gruppo di giornalisti per una conferenza stampa. E allora l'abate sbottò: «Basta, mi avete fatto perdere la pazienza. Non dirò più nulla, e vi mando tutti a quel paese».

Si vivevano giorni terribili. Scarseggiava ogni cosa, le restrizioni alimentari diventavano sempre più pesanti, i disagi provocati dalla interminabile guerra attanagliavano ricchi e poveri, i rigori del freddo si erano fatti insopportabili né si riusciva ad attenuarli per mancanza di carbone. Il papa, che voleva sentirsi eguale agli altri, ordinò di non riscaldare né i suoi appartamenti – sia il privato sia il nobile – né quelli del segretario di Stato Maglione e del sostituto Montini. Monsignor Montini emanava in merito una nota: «Mi pare che non vadano riscaldati, *noblesse oblige*, neppure gli uffici della segreteria di Stato. Sua Santità vieta inoltre che si riscaldino gli uffici della Città del Vaticano frequentati dal pubblico, ed in ispecie dai poveri. Così non devono essere riscaldati: l'Ufficio informazioni, l'Elemosineria, gli uffici del Maestro di Camera, e simili». Un dirigente dell'Azione cattolica, Urbano Cioccetti, fu ricevuto in udienza dal papa. Lo trovò tremante per il freddo e non poté trattenersi dal dire: «Santità! Una stufetta!». E lui: «Pensi quanta gente soffre. Anche noi facciamo un po' di penitenza!».

Si recò a rendergli omaggio Hans Struth – l'editore di un

periodico cattolico tedesco, «Feurreiter», che egli aveva sempre aiutato – e non mancò a sua volta di sorprendersi per il gelo che gravava sulle stanze vaticane. Ma prima che Struth potesse aprire bocca, il papa gli disse: «Durante la mia infanzia e l'adolescenza, nella casa paterna, non c'era riscaldamento. In un solo locale dove ci raccoglievamo tutti, ardeva un piccolo braciere». Una nobildonna dell'aristocrazia nera gli aveva inviato in dono un termoforo, ma egli rifiutò seccamente di usarlo. Preferiva coprirsi con una pelliccetta bianca, e diceva: «Questo è il mio termosifone!».

Si comportava da povero, sicché portava per anni la stessa tonaca e le stesse scarpe facendo rammendare all'occasione i risvolti sdruciti della veste e mandando a risuolare le scarpe da un ciabattino di via dei Ginnasi. Anche nel letto, le lenzuola erano sempre quelle che aveva trovato al momento dell'ascesa al soglio e che erano state del suo predecessore. Ogni dieci giorni suor Pasqualina gliele cambiava, come di sabato in sabato gli faceva trovare pulita ai piedi del letto la biancheria personale, mutande marrone felpate, per l'inverno, e per l'estate mutande di lino coi legacci alle caviglie. Aveva voluto una croce pettorale priva di pietre preziose. Infine, scriveva la traccia dei suoi discorsi sul rovescio delle buste usate di cui faceva raccolta proprio in vista d'un'ulteriore utilizzazione.

Con l'avvicinarsi del fronte, pesava su Roma una seria minaccia di danni irreparabili. Il pontefice chiedeva agli alleati di risparmiarla e ai tedeschi di non immettervi truppe, munizioni e materiale bellico. L'ambasciatore Weizsäcker gli rispondeva che ciò era impossibile poiché «da duemila anni tutte le strade portano a Roma». Se gli angloamericani cercavano di non accanirsi sulla capitale, non mancavano di colpirne i dintorni. Alcune bombe ad alto esplosivo lanciate da un aereo notturno caddero però anche sulla città vaticana danneggiando il palazzo del governatore e il laboratorio dei mosaici e mandando in frantumi i vetri dell'abside di San Pietro. I romani tremavano all'idea che gli alleati non rispettassero più neppure la neutralità del papa, ma poi, tirando un sospiro di sollievo, appresero che il pilota del velivolo notturno era un sergente, tale Parmeggiani, agli ordini di Farinacci, che continuava a rimestare nel torbido. Il direttore dell'«Osservatore romano», conte Dalla Torre, diede a Maglione la notizia che l'aereo proveniva da un campo d'aviazione nei pressi di Viterbo.

Gli alleati avevano più volte preso a bersaglio Castel Gandolfo, e molte bombe erano cadute sulle stesse ville pontificie in cui si erano raccolti gli sbandati dei dintorni, in cerca di rifugio e di sostentamento che la Santa Sede non faceva mancare. Gli sfollati del palazzo pontificio e di altri edifici papali del luogo, compreso quello di Propaganda Fide, erano in continuo aumento, fra donne, vecchi e bambini sfuggiti ai bombardamenti degli alleati e alle razzie dei tedeschi. Vi avevano trovato asilo anche numerosi carabinieri, una cinquantina, che si erano dati alla macchia e che venivano impiegati in una sorta di servizio d'ordine. Essi erano riconoscibili dalle mostrine con i colori pontifici applicate sul bavero delle giacche. In ogni stanza si accalcavano otto-dieci persone e nei bei giardini d'una volta tramutati in bivacchi spuntavano capanne e baracche d'ogni foggia. Nelle prime settimane ammontavano a seimila le persone che Pio XII aveva accolto nel suo palazzo e adiacenze, ma ben presto esse ammontarono a quindicimila, ed egli fece mettere a loro disposizione persino il suo appartamento di rappresentanza.

Le bombe precipitate su Castel Gandolfo avevano mietuto molte vittime – un centinaio di civili e diciassette suore clarisse – per cui il papa incaricò il segretario di Stato di preparare una nota di protesta da inviare al governo americano tramite il delegato apostolico a Washington, Amleto Cicognani. Fu lo stesso pontefice a prendersi cura della nota che Maglione gli leggeva al telefono e che lui correggeva. La comunicazione conteneva un rimprovero per Roosevelt che non aveva mantenuto fede all'impegno di rispettare l'extraterritorialità di cui godevano le ville pontificie di Castelgandolfo: «La Santa Sede non sa spiegarsi come questi bombardamenti possano verificarsi dopo pubbliche assicurazioni del presidente Roosevelt».

Le pubbliche assicurazioni risalivano al momento dello sbarco degli angloamericani in Sicilia. Alle ore 5 del mattino del 10 luglio '43, Roosevelt aveva inviato a Pio XII un messaggio in cui gli garantiva di rispettare lo Stato neutrale della Città del Vaticano e dei possedimenti pontifici in Italia. E ora Pio XII gli chiedeva conto dei bombardamenti che violavano l'impegno e provocavano l'«inutile morte di centinaia di disgraziati» i quali avevano creduto di potersi salvare rifugiandosi presso di lui.

Il papa volle pubblicamente far sentire la sua voce in difesa dell'incolumità della capitale parlando in piazza San Pietro a migliaia di macilenti sfollati e profughi di guerra che avevano cercato asilo a Roma – con l'illusione che fosse realmente «città aperta» – dopo essere sfuggiti ai bombardamenti su Castel Gandolfo, su altre località dei dintorni e in particolare su Frascati. Innumerevoli sinistrati provenivano dalle campagne e dai paesi del basso Lazio diventati un terreno di aspri scontri bellici in seguito allo sbarco di Anzio. Avevano costruito rudimentali baracche, anche in muratura, all'interno del traforo del Gianicolo che porta al Vaticano. E si erano accampati fin nella piazza di San Pietro fra le colonne del Bernini. Sulla striscia che delimitava la piazza marciavano pattuglie di soldati tedeschi, quasi a tener prigionieri quegli sfollati, così come tenevano praticamente in cattività anche il papa. Roma, città aperta! Quegli sfollati avevano in realtà visto sui muri dei caseggiati un manifesto del feldmaresciallo Kesselring in cui si dichiarava che il territorio italiano sotto il suo comando era «territorio di guerra» e quindi soggetto alla legge marziale tedesca.

Era il 12 marzo, giorno in cui ricorreva il quinto anniversario dell'incoronazione pontificale. Pacelli, chiamato «Defensor Urbis», si rivolgeva «alla chiaroveggenza e alla saggezza degli uomini responsabili di ambedue le parti belligeranti», e si chiedeva: «Come potremmo Noi credere che alcuno possa mai osare di tramutare Roma, questa alma Urbe, in un campo di battaglia, in un teatro di guerra, perpetrando così un atto, tanto militarmente inglorioso, quanto abominevole agli occhi di Dio?». Quindi rivolse un nuovo appello a quanti possedevano mezzi per aiutare, sia con offerte materiali che con il lavoro, i più bisognosi, i raminghi, i sofferenti. Gli assistiti, in ogni parte del mondo, osservavano come la *civitas* che stava a cuore al pontefice travalicasse i confini di Roma per comprendere nel suo abbraccio l'intera civiltà.

Non erano mancati «spiriti devoti e benefici» che avevano risposto al suo grido, e ora altri sforzi si aggiungevano, come quelli della Società Immobiliare di cui il Vaticano era azionista. L'Immobiliare aveva già avviato un piano per la distribuzione giornaliera di centomila minestre pressoché gratuite. Nuovo impulso diede a quell'azione caritatevole il vicedirettore generale della Società, Aldo Samaritani – che fu subito soprannominato il «buon Samaritani» – facendo entrare in funzione numerose «cucine popolari» dislocate in vari luoghi della città. Si affrontarono problemi immensi, dalle autorizzazioni delle forze d'occupazione naziste, al reperimento dei camion per i trasporti delle derrate, all'allestimento dei vari servizi. C'era un po' di minestra per chiunque la chiedesse, gratuitamente o per pochi centesimi, e non soltanto per i profughi raccolti nei campi di Cesano, di Torre Gaia e di Cave dove si istituivano anche i «refettori del papa».

Nell'aprile Pacelli fondò una sua commissione per l'assistenza ai reduci che poi divenne la Poa, Pontificia opera di assistenza. Quell'organismo era chiamato il ministero della carità del papa, e fu affidato al fervore di monsignor Ferdinando Baldelli. Il papa gli diceva: «Monsignore, si ricordi che per i poveri siamo pronti a raschiare l'oro delle nostre chiese». Baldelli urtava contro gravi difficoltà ed egoismi, sicché talvolta si mostrava sfiduciato. Durante un'udienza il papa, cogliendo il suo stato d'animo depresso, gli disse: «Coraggio, monsignore!». E lui, scuotendo la testa: «Santo Padre, siamo nel Getsemani!», nel senso che di lì cominciava la via dolorosa verso il Golgota.

Non erano trascorsi due giorni dall'appello pontificio per

la salvezza di Roma che la città fu nuovamente bombardata dagli aerei alleati. Il cardinale Maglione si lamentava con gli ambasciatori presso la Santa Sede. Diceva che si erano risparmiate Atene e il Cairo, ma si continuava a colpire Roma, una città con maggiori titoli delle altre due capitali. E aggiungeva: «Nel mancato rispetto verso il centro del cattolicesimo, i cattolici si vedrebbero sottoposti a un trattamento inferiore a quello usato per i mussulmani». Alcune bombe erano cadute nei pressi del Vaticano e del Colosseo. Di notte un aereo misterioso sorvolava a bassa quota la città, e la gente lo chiamava la «Vedova nera».

XIV

Il 23 marzo un attentato mise a rumore Roma. I partigiani «gappisti» – appartenenti cioè ai Gruppi di azione patriottica – avevano fatto esplodere nel pomeriggio una carica di tritolo contro un reparto della polizia militare tedesca, ricorrendo in quel giorno il venticinquesimo anniversario della fondazione dei fasci. Il principale organizzatore del colpo di mano, Carlo Salinari detto «Spartaco», scelse per l'esplosione un'angusta stradina del centro della città, via Rasella, nei pressi della redazione del «Messaggero». Una colonna di centosessanta riservisti tedeschi, in servizio di polizia, cantando inni di guerra risaliva quella strada regolarmente ogni giorno sempre alla stessa ora, verso le 15,30. I militi, un po' avanti negli anni, appartenevano alla minoranza di lingua tedesca dell'Alto Adige ed erano inquadrati in un battaglione del Polizei Regiment Bozen.

Operarono sul luogo dell'attentato tre giovanissimi partigiani comunisti, Carla Capponi, Rosario Bentivegna e Franco Calamandrei. Bentivegna si era travestito da spazzino, in quanto la bomba confezionata con dodici chili di tritolo era stata nascosta in un carrettino per la raccolta delle immondizie. L'esplosione uccise sul posto ventisei militi, ne dilaniò una sessantina di cui sette tanto gravemente da non sopravvivere alle ferite. Il generale Kurt Mältzer, il nuovo comandante di Roma che aveva sostituito Stahel di cui Hitler non si fidava più, intendeva far saltare, per un'immediata ma grossolana vendetta, tutti gli edifici della strada, mentre Herbert Kappler riceveva dal Führer, che si trovava a Rastenburg, e da Himmler l'ordine di eseguire una rappresaglia più scientifica e spietata trucidando un numero di italiani nella proporzione di dieci per ogni soldato tedesco ucciso.

La rappresaglia doveva essere eseguita rapidamente entro ventiquattro ore. All'inizio Hitler, fuori di sé, avrebbe voluto una proporzione ben più pesante, di cinquanta a uno. Non era facile reperire in un breve volgere di tempo trecentotrenta persone che fossero sospettate di aver ordito contro i tedeschi, già in attesa di processo e «degne di morte», *Todeskandidaten*. Quindi Kappler, per completare l'elenco delle vittime, dovette aggiungere ai detenuti del carcere di Regina Coeli e a quelli di via Tasso, sede della Gestapo, sospettati di aver agito in qualche maniera contro la Germania, una cinquantina di ebrei racimolati qua e là in fretta e furia, compresi ragazzi dai quattordici ai diciassette anni, e quattro cittadini strappati dalle loro abitazioni di via Rasella con l'accusa di aver lanciato le bombe dalle finestre. Immediatamente dopo l'esplosione, erano state rastrellate per accertamenti più di cento persone che si trovavano a passare in quella viuzza e al Tritone. La compilazione dell'elenco degli ostaggi da sopprimere si svolse in grande segretezza occupando tutto il pomeriggio e buona parte della notte.

Per eccesso di zelo gli ostaggi trucidati furono trecentotrentacinque, cinque in più, e vennero abbattuti con colpi alla nuca di arma da fuoco nelle gallerie d'una cava di arenaria sulla via Ardeatina, sacro luogo di martirio per i primi cristiani di Roma, presso i cimiteri di Callisto e di Domitilla e non lontano dalle catacombe di san Sebastiano. Era quella un'area che Pacelli, appassionato di archeologia sacra, conosceva molto bene per averla più volte visitata, nelle sue escursioni giovanili, anche alla ricerca di solitudine sulla scia dell'insegnamento di Filippo Neri. Le esecuzioni, benché frettolose, richiesero moltissime ore, e poi i cadaveri nella serata del 24 furono occultati ostruendo con esplosioni di dinamite l'accesso agli antri dell'eccidio. Fra le vittime figuravano il colonnello Lanza di Montezemolo, i sacerdoti Pietro Morosini e Pietro Pappagallo, il professor Pilo Albertelli che insegnava storia al liceo Umberto, i generali Simone Simoni e Dardano Fenulli, il tenente colonnello dei carabinieri Giovanni Frignani, che aveva arrestato Mussolini la sera del 25 luglio, il capitano Aladino Govoni figlio del poeta Corrado, il tenente colonnello Manfredi Talamo che si era prodigato per la liberazione di Adriano Olivetti incarcerato a Regina Coeli per antifascismo.

La notizia dell'esplosione della bomba in via Rasella era naturalmente arrivata ben presto in Vaticano, nello stesso pomeriggio del 23, così come si era subito saputo che le SS avevano rastrellato in quei dintorni un centinaio di passanti. Non si conoscevano invece le eventuali reazioni del comando tedesco – che manteneva il più stretto riserbo sulle operazioni –, ma non era difficile immaginarle in considerazione delle rappresaglie puntualmente verificatesi in circostanze simili. L'allarme in Vaticano era comunque altissimo; l'eccitazione investiva ogni ambiente della capitale; il popolo era smarrito e appariva sballottato tra opinioni opposte come in preda a una tempesta. Padre Pfeiffer, l'ardito «corriere del papa», cercava di capirci qualcosa, ma nemmeno lui, che pure a Monaco era stato compagno di scuola di Mältzer, riuscì a strappare la benché minima indiscrezione ai tedeschi.

Fu monsignor Nasalli Rocca ad apprendere un particolare preoccupante da un detenuto di Regina Coeli alle ore 23 del 24 marzo. Nasalli Rocca era confessore in quel carcere e, quando vi arrivò nella notte, un agente di custodia gli disse di recarsi urgentemente al quarto braccio dai prigionieri politici. Qui i detenuti, in piena agitazione, gli chiesero se aveva saputo delle esecuzioni. Al suo sbalordimento gli dissero che i tedeschi avevano portato via un centinaio di loro. Sembrava che volessero trasferirli nei campi di lavoro, ma poi avevano appreso che erano stati fucilati. Profondamente impressionato, il monsignore rimase al loro fianco per tutta la notte, fino alle 7 del mattino. Poi lasciò il carcere e si recò in Vaticano. Chiese udienza al papa che lo ricevette immediatamente. Erano le 9 del 25 marzo. Alla ferale notizia il pontefice si coprì il volto con le mani, esclamando: «Che cosa mi dice mai? Non è possibile. Non posso crederci!».

Era troppo tardi per prendere una qualsiasi iniziativa. Nel pomeriggio del giorno prima il papa aveva saputo dell'attentato e dei rastrellamenti, anche perché gliene aveva parlato il nipote Carlo. Egli lo aveva incaricato di prendere subito contatto con padre Pancrazio, il quale avrebbe dovuto raggiungere con eguale rapidità il generale Mältzer per chiedergli notizie e per intercedere a favore degli sventurati. Ma il generale fu irreperibile. Trascorse così tutto il pomeriggio del 23 e l'intera giornata del 24. Nella mattinata del 25, quando già il papa aveva ricevuto Nasalli Rocca, si recò da lui monsignor Angelo Dell'Acqua per informarlo di aver appena ricevuto una telefonata da parte dei padri salesiani di san Callisto che gli dicevano di aver udito la sera e la notte precedenti un crepitare di armi commisto a urla, ma che non avevano potuto avere notizie più precise.

Tutto si era svolto con straordinaria rapidità e nella più assoluta mancanza di informazioni certe, sicché il papa, pur potendo prevedere una rappresaglia, non avrebbe mai potuto immaginare una così rapida conclusione della tragedia. Non aveva avuto il tempo e il modo di fare qualcosa. Pensava di muoversi, e suor Pasqualina lo aveva udito esclamare: «Bisogna mandare subito in aereo a Berlino una persona di fiducia per parlare con Hitler». Di qui il suo stupore, il suo dolore alle parole di Nasalli Rocca che gli annunciava il compimento dell'esecuzione.

Nel primo pomeriggio del 24 marzo Kappler incontrò il feldmaresciallo Kesselring precipitosamente sopraggiunto a Roma dal quartier generale di Monte Soratte. Gli comunicava che l'ordine di procedere alla rappresaglia era stato eseguito alle 13,25 di quello stesso giorno. Appariva chiaro che i nazisti, attuando con tanta rapidità l'azione terroristica e «punitiva», si erano prefissi lo scopo di anticipare un qualsiasi intervento del pontefice. L'osservazione restava valida anche alla luce di quanto Pacelli aveva scritto pochi giorni prima all'arcivescovo di Colonia, Joseph Frings: «È spesso arduo fino all'angoscia decidere se la situazione richiede la prudenza o piuttosto la limpidezza della parola e la forza dell'azione».

In quei giorni s'incontrò con Pio XII anche il giovane presidente nazionale della Federazione universitaria cattolica, Giulio Andreotti. L'esponente della Fuci si occupava della pubblicazione alla macchia del «Popolo». Disponeva d'un salvacondotto che ne faceva una «guardia palatina chiamata in servizio permanente», ma non sfuggiva ai sospetti dell'ambasciatore Weizsäcker il quale taceva nella sua condizione di oppositore occulto del Führer. In quel colloquio e in altri avuti in Vaticano capì che il papa non aveva saputo nulla di preciso sullo svolgimento delle operazioni di rappresaglia. Andreotti vide anche padre Pfeiffer per avere notizie di un artigiano suo amico, Gaetano Sepe, detenuto a Regina Coeli, e soltanto dopo una decina di giorni apprese della sua fucilazione. In mancanza di informazioni, si era sulle prime pensato che l'annuncio delle esecuzioni non fosse vero ma che i tedeschi avessero propalato una falsa voce per creare in città un clima di terrore.

Oltre la drammatica notizia portata da Nasalli Rocca al papa, si ebbe in Vaticano un'ulteriore ma confusa comunicazione intorno alle ore 10 di quello stesso 25 marzo. La diede in segreteria di Stato un non meglio identificato ingegner Ferrero che apparteneva al governatorato di Roma. L'ingegnere disse che il numero delle vittime tedesche era di ventisei militari e che tra i civili italiani si lamentavano tre o quattro morti. Non era in grado di aggiungere altro per la difficoltà di ricostruire la scena dell'attentato. Aveva comunque saputo che tutti si erano dati alla fuga, che alcuni appartamenti di via Rasella erano stati saccheggiati e che la polizia tedesca aveva assunto l'assoluto controllo della zona. A lui sembrava di poter far risalire la responsabilità dell'accaduto a una colonna di automezzi tedeschi. Questi camion, percorrendo via Rasella, avevano provocato gli italiani i quali «avevano lanciato alcune bombe dalle finestre di un edificio adiacente palazzo Tittoni». Disse infine che «le contromisure erano ancora sconosciute», ma si poteva prevedere che «per ogni tedesco ucciso si sarebbero passati per le armi dieci italiani». Anche a Ferrero era però sfuggita la decisione dei tedeschi di attuare la rappresaglia con straordinaria rapidità.

Ormai la Santa Sede poteva solo cercare di informarsi sul numero e sull'identità delle vittime, oltre che occuparsi con sempre maggiore impegno della salvezza di chiunque fosse in mani naziste. E agì in quel senso incontrando non lievi difficoltà, come dimostrava l'atteggiamento dell'ambasciata tedesca a Roma. Da un semplice segretario di quella rappresentanza diplomatica, il Vaticano ebbe una prima risposta evasiva: «Le richieste di informazioni sulle persone carcerate dalle autorità tedesche devono essere rivolte al Comando germanico della Polizia di sicurezza, in via Tasso n. 155. Le domande devono sempre essere avanzate per iscritto».

Gli alleati proseguivano con estrema lentezza l'avanzata verso Roma, per cui monsignor Tardini eruppe nel maggio '44 in una battuta sarcastica definendo quella marcia «più eterna della città eterna!». Tardini rincarava la dose. Diceva che gli angloamericani si erano inventata la «linea Hitler» per starsene fermi fra Terracina e Monte Cassino. Temeva che i tedeschi si lasciassero andare a gesti inconsulti ai danni di Roma, al momento di uscirne. Paventava pure che gli alleati, i liberatori, inscenassero «qualche clamorosa parata... e sparata per festeggiare la liberazione, visto che Roosevelt era vicino alle nuove elezioni presidenziali».

In quei giorni, il 10 maggio, padre Pancrazio Pfeiffer, il superiore dei Salvatoriani che teneva i rapporti fra la Santa Sede e le autorità tedesche in Italia, accompagnò segretamente dal papa in Vaticano un personaggio potentissimo, il comandante supremo di tutte le SS in Italia, il generale Karl Wolff, capo di Stato maggiore e suo amico personale. L'idea dell'incontro era stata di una gentildonna, Virginia Agnelli, consorte del fondatore della Fiat, Giovanni, nata principessa Bourbon del Monte e di madre americana. La principessa, animata da un grande spirito d'iniziativa, si adoperava per evitare alla capitale i disastri della guerra. In seguito all'intercettazione di una compromettente telefonata era stata arrestata dalla polizia fascista, e poi scarcerata proprio grazie all'interessamento di Wolff.

Il generale era arrivato in Italia nel settembre del '43, all'indomani dell'armistizio, e soltanto pochi mesi dopo aveva cominciato a rendersi conto dell'insensatezza d'una guerra che i tedeschi non potevano più sperare di vincere. La principessa, che ne conosceva i sentimenti, ritenne utile farlo incontrare con Pacelli. Ne parlò fra i primi con uno dei capi nazisti più in vista a Roma, l'SS-Standartenführer Eugene Dollmann, rappresentante di Himmler in Italia e ufficiale di collegamento dello stesso Wolff.

L'impresa di favorire un colloquio tra Wolff e Pio XII appariva di ardua attuazione, e difatti quando Dollmann chiese aiuto al principe Giovanni Ruspoli – «degnissimo rappresentante d'una famiglia fra le più illustri dell'aristocrazia nera», come diceva lo stesso maggiore tedesco – si sentì rispondere che sarebbe stata fatica sprecata. Ma la principessa non rinunciò alla sua idea, e si arrivò all'incontro che, quando se ne ebbe notizia, gettò nella costernazione gli antinazisti.

L'SS-Obergruppenführer fu ricevuto dal pontefice nella biblioteca. Alto e biondo, sicuro del suo fascino teutonico, indossava abiti civili per motivi di sicurezza. Al momento delle presentazioni, Wolff alzò istintivamente il braccio nel saluto nazista. Pacelli sorrise. Padre Pancrazio e Dollmann attendevano in anticamera la conclusione di quell'insolita udienza. Mai prima di allora un generale hitleriano aveva parlato con il papa, e Wolff fu immediatamente colpito dalla sua ascetica figura. Parlarono in tedesco. Pacelli gli chiese notizie della Germania: che cosa era rimasto della sua «diletta Monaco» tanto bombardata? Wolff si disse preoccupato di come l'Europa, distrutta e impoverita, avrebbe potuto fronteggiare il pericolo comunista a conflitto concluso. Anche per questa ragione, aggiungeva, avrebbe fatto di tutto pur di contribuire ad abbreviare la guerra. Vedeva nel papa la personalità più indicata per mettersi in contatto con le potenze occidentali allo scopo di anticiparne la conclusione mediante condizioni onorevoli per la Germania. Non intendeva apparire come un traditore e avrebbe perciò continuato a svolgere i compiti che gli erano assegnati, agendo con umanità, nel rispetto delle Convenzioni dell'Aja e di Ginevra. Ma pur di favorire una fine anticipata della guerra si diceva pronto a mettere a repentaglio la propria vita e quella dei familiari, essendo certo che sarebbe stato oggetto di feroci rappresaglie.

Il papa definiva «infelice» la decisione degli angloamericani di non porre termine ai combattimenti se non dopo la resa incondizionata della Germania, una decisione che trovava origine dai loro sentimenti antinazionalsocialisti e antitedeschi. Bisognava perciò cominciare a rimuovere tali stati d'animo assai diffusi, e a questo fine chiedeva a Wolff che i tedeschi a Roma facessero un primo gesto di buona volontà. Come? Liberando un giovane professore, Giuliano Vassalli, che, condannato a morte, si trovava prigioniero delle SS in via Tasso. Vassalli, insegnante di diritto penale all'università di Genova, era un resistente socialista caduto nella rete della Gestapo con l'accusa, comprovata da documenti rinvenuti al momento dell'arresto, di appartenere al Comitato di liberazione nazionale e di corrispondere sia con il regno del sud di Vittorio Emanuele sia con gli inglesi.

Vassalli fu posto in libertà. Chiese udienza al pontefice per esprimergli la sua gratitudine, e successivamente non si fece più sentire. Era avvenuta la stessa cosa con altri perseguitati, ebrei e no, che Pacelli aveva aiutato. «Scampato il pericolo», diceva il papa con un sorriso, «si dileguano. Possiamo capirli, hanno sofferto tanto». Sebbene non sempre con esito fortunato, a numerosi altri sventurati si era esteso il suo interessamento, al capo della resistenza militare a Roma colonnello Giuseppe Cordero Lanza di Montezemolo, al comandante Saverio Mercurio, al disertore tedesco caporal maggiore Heinrich Hanneman che si era rifugiato in Vaticano, alla spia tedesca Erich Gimpel condannata a morte dagli americani. Per Montezemolo era intervenuta anche la cugina marchesa Fulvia Ripa di Meana, nata Schanzer, che aveva chiesto una udienza in Vaticano. Il pontefice le era apparso abbattuto e angosciato, ma deciso a fare qualcosa. «Santità», aveva detto la marchesa, «Montezemolo è nelle mani di Kappler, e sappiamo le torture che infligge alle sue vittime». Ebbero il conforto dell'aiuto pontificio, il sindacalista socialista Bruno Buozzi, Leone Ginzburg, il generale Angelo Oddone, Stefano Siglienti e Antonello Trombadori. Il giovane Trombadori, pur essendo il capo della sezione romana dei Gap, tanto fece tanto disse con il suo scilinguagnolo da convincere i tedeschi di non essersi mai occupato di politica, in ciò sostenuto anche da una testimonianza della segreteria di Stato.

Il papa interveniva in varie forme a favore dei perseguitati. Il principe Carlo diceva che in quei giorni suo zio, nel segreto della cappella privata, si dedicava perfino a pratiche di esorcismo, oltre a imporsi sofferenze fisiche e sacrifici d'ogni genere, con l'intento di liberare Hitler dallo spirito del demonio. A questa indiscrezione se ne collegavano altre che rappresentavano un Pacelli sensibile agli studi dei fenomeni metapsichici, e anzi a un cardinale a lui vicino era parso un giorno, entrando nella sua stanza, di vederlo praticare per virtù mistica la levitazione, sollevato in posizione orizzontale ad alcuni centimetri da terra.

Si nascondevano in Vaticano oltre centosessanta perseguitati, di cui centoventi dimoravano nella canonica di San Pietro. Tardini ne faceva un accurato elenco osservando che erano tutte persone per bene; anzi, alcune di esse erano «assai distinte». Registrava i nomi del sottosegretario alla presidenza del Consiglio, Pietro Baratono (che lui chiamava vicepresidente), del marchese Parente (nascosto presso il canonico Ugo Descuffi), dell'onorevole Egilberto Martire (presso monsignor Vincenzo Bianchi Cagliesi, amministratore della Cancelleria apostolica), del conte Gargallo (presso monsignor Guido Anichini, canonico della basilica), del conte Gallarati Scotti (presso monsignor Bernardino Bocchini, cappellano del papa), del conte Barbiellini (nell'appartamento dello scomparso monsignor Alfonso Bruni).

Figuravano tra i rifugiati alti ufficiali dell'esercito, della marina, dell'aeronautica, insieme a professionisti, magistrati, diplomatici, studenti, ricchi commercianti. C'era perfino un ex moschettiere del duce. Costoro avevano trovato accoglienza presso le abitazioni dei custodi, dei sacristi, nell'archivio capitolare e anche nei più strani ripostigli. Erano potuti entrare furtivamente in Vaticano, talvolta in abiti talari, a bordo di automobili targate C.D. o S.C.V. C'erano quaranta ebrei, di cui quindici avevano chiesto al canonico Cesare Fioretti di essere battezzati. Tutti insieme partecipavano a conferenze, a esercizi spirituali e alla celebrazione della messa. «Salva nos, perimus!», dicevano, ed era perciò impossibile non ricordare in quei luoghi, in quei giorni, le stesse parole dei discepoli di Gesù Cristo, mentre la loro barca rischiava di essere travolta dalle onde del mare sollevate da una furibonda tempesta: «Salvaci Signore, siamo perduti!». Tra i rifugiati, alcuni erano stati condannati a morte dai tedeschi; per altri sarebbe stata inevitabile la deportazione nei campi della Polonia, in quanto colpiti dai decreti razziali. Disperati com'erano, diceva Tardini, avrebbero forse scelto il suicidio se non avessero trovato accoglienza in grembo alla Chiesa. Infine, sempre con l'intento di proteggere i perseguitati, il papa ricorse allo stratagemma di «arruolarli» nel corpo della Guardia palatina i cui soldati in pochi mesi arrivarono a quattromila unità. E non erano inizialmente che quattrocento.

XV

Ai primi del giugno '44 la tensione sembrava placarsi. Il papa parlava ai cardinali e ai prelati di curia per dire che chiunque avesse osato levare la mano contro Roma si sarebbe macchiato di «matricidio» dinanzi al mondo civile e nel giudizio eterno di Dio. Da Berlino il Führer ordinava al feldmaresciallo Kesselring di non ingaggiare combattimenti nelle strade della capitale. Mussolini però voleva vederla distrutta: «Perché mai i romani dovrebbero essere trattati meglio degli abitanti di Cassino?». Il duce inviò da Kesselring il rappresentante a Roma della repubblica di Salò, il prefetto Paolo Zerbino, al quale però il feldmaresciallo disse che non aveva forze sufficienti per mettere a ferro e fuoco la città. E, con evidente ironia, lo pregò di dire a Mussolini di mandare lui le sue divisioni, così avrebbe avuto l'onore di comandare personalmente le forze fasciste nell'«estrema difesa di Roma».

Weizsäcker riscontrava nell'atteggiamento dei due eserciti in lotta una sorta di rispetto reverenziale per la Città eterna, sicché, durante l'intera notte, fra il 3 e il 4 giugno, i tedeschi lasciavano Roma senza operarvi distruzioni. Monsignor Tardini li guardava sfilare: si ritiravano in ordine, sì, ma stanchi e abbattuti: «A molti ispiravano pena. Avevano requisito tutti i mezzi possibili di trasporto, automobili, carrozzelle da piazza con il vetturino, finanche carri con buoi. La popolazione assisteva e non diceva nulla, dando prova di disciplina». Tardini faceva scoccare un'altra delle sue frecce, in polemica con gli angloamericani: «Se gli alleati avessero avuto fegato e velocità avrebbero potuto fare migliaia di prigionieri fra quei tedeschi avviliti, demoralizzati, sfiniti che offrivano un ben desolante spettacolo».

I soldati della Wehrmacht levavano le tende da piazza San Pietro. Era la liberazione. Il papa – che volendo testimoniare il suo attaccamento alla città sacra non aveva più lasciato il Vaticano – decise di tornare immediatamente a confondersi con la folla dei fedeli nelle strade di Roma. Su un'auto scoperta raggiunse la chiesa di sant'Ignazio, nel cuore della capitale, e s'inginocchiò riconoscente davanti all'immagine della Madonna del Divino Amore, protettrice della città, che dal santuario sull'Ardeatina era stata trasferita nel tempio dei gesuiti.

All'alba dell'indomani, lunedì 5 giugno, le truppe alleate entravano in Roma, e già alle ore 7 il pontefice appariva alla finestra del suo appartamento privato al terzo piano del palazzo apostolico per benedire la folla che era accorsa in piazza San Pietro ad acclamarlo. Non pronunciò alcun discorso, né prese la parola quando si riaffacciò per una seconda volta tre ore dopo. Contemporaneamente il generale Clark in piedi su una jeep raggiungeva il Campidoglio fra l'entusiasmo della popolazione che usciva da un lungo incubo.

Dalla sua finestra il papa si avvide che un carro armato americano sostava nella piazza. Contrariato telefonò ripetutamente a monsignor Tardini perché provvedesse a farlo rimuovere, ma per tutta risposta gli americani ne inviarono un altro. Allora il papa, che seguiva la scena attraverso i vetri del suo studio, non volle più affacciarsi, sebbene il popolo continuasse ad acclamarlo a gran voce. Soltanto alle ore 18 la sua bianca figura comparve alla loggia centrale della basilica. Tutti capirono che avrebbe parlato. «Per misericordia divina ispirante ad ambedue le parti belligeranti intenti di pace e non di afflizione», disse, «l'Eterna Città è stata preservata da incommensurabile pericolo». Quindi consigliò di superare gli impulsi alle discordie: «Frenate gl'istinti del rancore, della vendetta e dell'egoismo coi sentimenti di nobile e saggia moderazione e di accresciuta soccorrevole sollecitudine verso i poveri e i sofferenti. *Sursum corda*! In alto i cuori! Noi vi gridiamo».

Roma era alfine salva e libera dopo nove mesi di occupazione nazista. Vittorio Emanuele cedeva i propri poteri al figlio Umberto nominandolo luogotenente del regno, ma rinviava di giorno in giorno la decisione di abdicare. Si concludeva la fase dei governi Badoglio, e le redini della politica italiana, pur controllata dagli alleati, passavano nelle mani del socialista riformista Ivanoe Bonomi essendo il presidente del Comitato di liberazione nazionale.

Cominciarono ad affluire in Vaticano pellegrinaggi di soldati e di ufficiali alleati ai quali il papa parlava nelle loro lingue. E arrivavano anche i più autorevoli personaggi della politica mondiale ansiosi di consultarlo. Dal momento della liberazione di Roma, egli impegnò tutto se stesso in un'azione tendente a evitare che l'Italia cadesse in preda al comunismo. Questo fu subito il tema degli incontri che ebbero con lui nel palazzo apostolico De Gaulle e Churchill, il rappresentante americano Myron Taylor e il generale Wladislaw Anders che comandava le truppe polacche in territorio italiano. Al termine dell'udienza, Churchill disse che Pacelli era il più grande uomo di quegli anni, e ricordava come lo avesse conosciuto a Londra nel 1911 per l'incoronazione di Giorgio V.

Con il premier inglese, che avrebbe coniato l'espressione della cortina di ferro, *iron curtain*, parlò a lungo proprio del pericolo comunista sulla base di particolareggiati appunti informativi preparati da Montini e Tardini. Il comunismo, diceva Pacelli, era per il popolo italiano una grave e imminente minaccia che emergeva dall'interno stesso delle condizioni del paese: la miseria, la penuria di viveri, la disoccupazione – solo a Roma i disoccupati ammontavano a più di duecentomila –, l'esasperazione sociale, erano alcune delle ragioni che avrebbero potuto indurre la gente ad abbracciare le idee dell'estrema sinistra. Per evitare ciò, precisava, era assolutamente necessario avviare a soluzione i problemi economici della nazione, e non persistere negli errori politici già compiuti dagli alleati i quali avevano lasciato installare nelle nuove amministrazioni comunali i comunisti e i socialisti e avevano consentito che la Commissione alleata sull'educazione fosse in maggioranza formata da non cattolici, una decisione «assurda e in contrasto» con l'orientamento religioso degli italiani.

Il papa ricevette anche il consigliere diplomatico di Roosevelt, Robert Murphy, che aveva già incontrato da segretario di Stato. Affrontarono naturalmente questioni impegnative essendo l'ospite un autorevole componente della Commissione alleata di controllo per l'Italia, ma pure corse voce che all'atto del commiato i due personaggi avessero un po' scherzato. Murphy aveva detto: «Ricorda, Santità, i giorni in cui Hitler divenne cancelliere del Reich, ed Ella mi disse che quella nomina poteva risolversi in qualcosa di passeggero?». «Già», rispose il papa, «ma all'epoca io non ero ancora... infallibile». E rise come sapeva ridere lui, rendendo dolce lo sguardo.

Monsignor Tardini, nella veste di segretario della congregazione degli Affari ecclesiastici straordinari, ebbe un primo colloquio con il nuovo sottosegretario agli Esteri Giovanni Visconti Venosta, che lo incontrava a nome dello stesso Bonomi cui era affidato l'interim del ministero. Nel governo erano presenti i leader delle varie forze politiche antifasciste, da De Gasperi a Togliatti, da Saragat a Croce, da Sforza a Cianca. Il sottosegretario difendeva la monarchia e soprattutto diceva che gli alleati gli apparivano come ciechi davanti al pericolo comunista. Tardini concordava e definiva quel pericolo come il più grave che potesse abbattersi sulla penisola appena liberata da un'altra dittatura.

Da Berlino arrivava in Vaticano la notizia di un attentato compiuto il 20 agosto contro Hitler nella Tana del lupo, a Rastenburg. Ma il Führer, come sempre baciato dalla fortuna, si era salvato e non aveva subìto che qualche scalfittura. Gli uomini della resistenza antinazista avevano colpito con l'intento di abbattere il regime prima che la Germania fosse militarmente sconfitta. Non avevano più tempo da perdere perché, con Mussolini a Salò, Hitler si trovava ad affrontare da solo gli eserciti di mezzo mondo. Nella *Wolfsschanze* hitleriana il giovane colonnello Klaus von Stauffenberg, in attuazione d'un piano cui i cospiratori avevano dato il nome in codice di «Valchiria», aveva operato con estrema freddezza. Ed era riuscito a deporre furtivamente sotto il tavolo di Hitler una borsa che nascondeva una bomba pronta a esplodere. Dal febbraio i congiurati si erano fatti quanto mai attivi e avevano insperatamente acquisito alla loro causa il più popolare dei feldmarescialli, Erwin Rommel, il che li aveva enormemente incoraggiati a proseguire nei loro intenti.

Da tempo serpeggiava una cospirazione antihitleriana in Germania. E fin dal 1939-40 alcuni congiurati avevano preso contatto anche con il Vaticano. Il papa, nel sostenerne in grande segretezza gli sforzi ed esponendosi a gravi rischi, sollecitava il governo inglese a incoraggiarli nella loro azione. Fungendo da *trait d'union* fra i cospiratori e gli alleati, intendeva capire le condizioni di pace che gli angloamericani avrebbero eventualmente accordato qualora un colpo di Stato dei militari tedeschi avesse avuto successo. Pacelli accedeva a questi pericolosi contatti «fedele», come diceva, «al principio di non lasciare nulla di intentato che potesse in qualche modo servire la causa della pace e risparmiare così al mondo gli effetti disastrosi della orribile guerra».

Se il Führer fosse venuto a conoscenza dei suoi legami con la resistenza antinazista, le conseguenze sarebbero state inimmaginabili. Un avvocato bavarese, Josef Müller, che faceva parte dell'Abwehr, il servizio segreto della Wehrmacht posto agli ordini dell'enigmatico ammiraglio Wilhelm Canaris avversario di Hitler, era in rapporti con il pontefice dai tempi della nunziatura in Baviera. Müller era perciò l'uomo adatto a compiere la missione cospiratrice in Italia. Egli agiva direttamente in nome d'uno dei capi del complotto, il generale Ludwig Beck, un aderente al culto evangelico, che aveva già rotto con Hitler dimettendosi da capo di Stato maggiore dell'esercito. Anche Beck conosceva personalmente il pontefice, ma per ovvie ragioni evitava di recarsi a Roma. Il generale lo aveva frequentato durante la nunziatura berlinese, e a quell'epoca facevano insieme lunghe cavalcate in una tenuta nei pressi della capitale.

Müller aveva un fisico atletico tanto che da giovane lo avevano soprannominato Beppebue, *Ochsensepp*. Fervente cattolico, raggiungeva spesso Roma dove si era sposato, in San Pietro, negli anni in cui Pacelli rivestiva ancora la carica di segretario di Stato. La guerra era esplosa da pochi mesi e già Müller tentava di stringere i tempi della congiura. Tra il '39 e il '40 raggiungeva in volo l'Alto Adige approfittando della sua appartenenza a un club di aviatori. Di lì, poi, arrivava a Roma per tessere le sue trame.

Nella ricerca d'una pace separata con gli inglesi si incontrava in Vaticano, appunto in veste di rappresentante segreto della resistenza militare antihitleriana, con emissari dell'inviato straordinario di Gran Bretagna presso la Santa Sede, Osborne. E mai personalmente con Pacelli, per una misura prudenziale imposta dallo stesso pontefice. Era Pacelli che invece trattava direttamente con Osborne il quale si recava da lui in segreto senza neppure indossare l'abito da cerimonia per non dare nell'occhio. Osborne informava di questi colloqui il ministro degli Esteri, lord Halifax. Gli diceva che il papa lo teneva al corrente dei suoi contatti in Vaticano con personalità tedesche che gli chiedevano di sostenere l'azione di alti ufficiali germanici – di cui taceva i nomi – pronti a rovesciare Hitler per sostituirlo con un governo disposto alla pace, a condizione che la Gran Bretagna si impegnasse a evitare alla Germania l'umiliazione di una nuova Versailles. Su specifica richiesta di Pio XII, l'ambasciatore comunicava ogni cosa anche al ministro degli Esteri francese, Daladier.

Numerosi erano i colloqui di Müller con Ludwig Kaas – il monsignore che aveva capeggiato il *Zentrum* cattolico ma che poi era emigrato dalla Germania in tardiva polemica con il nazismo – e con il segretario del pontefice, padre Robert Leiber, il quale usava per l'occasione lo pseudonimo di Gregor. Padre Leiber gli aveva dato l'assicurazione che il papa era pronto a sacrificare la vita in difesa della pace. Negli incontri con Müller, che non avvenivano mai in Vaticano ma in qualche birreria o nei cinema di Roma, padre Leiber non indossava l'abito talare per non destare sospetti. Quando Müller doveva chiamare al telefono il prelato, diceva semplicemente: «Ich bin da», sono qui, e il gesuita gli rispondeva citando alcuni numeri che corrispondevano all'ora dell'appuntamento. Müller forniva fra l'altro al suo segreto interlocutore, perché le comunicasse al papa, informazioni di prima mano sui crimini di guerra nazisti; gli dava anche impressionanti documenti fotografici provenienti da Auschwitz in cui erano raffigurati gruppi di ebrei costretti a scavarsi la fossa prima della fucilazione. Anche un altro dei capi dell'Abwehr, il colonnello Hans Oster, il vero «cervello» della cospirazione, si teneva in contatto con il Vaticano, e la stessa cosa faceva un consigliere alla Corte suprema, Hans von Dohnanyi, il quale a sua volta apparteneva all'Abwehr, in quanto consigliere giuridico e segretario privato dell'ammiraglio Canaris.

Josef Müller seppe più tardi da Canaris che Hitler era entrato in possesso del cifrario vaticano, forse mediante una guardia nobile che l'aveva personalmente svelato a Mussolini. Padre Leiber considerava la cosa improbabile, e tuttavia ne informò Pacelli. Nel frattempo, a conferma della fuga di notizie ai danni della Santa Sede, si apprendeva che a Berlino erano conosciuti i testi di due telegrammi segretissimi inviati dalla segreteria di Stato alle delegazioni apostoliche di Londra e di Lisbona.

Tutti chiedevano aiuto al pontefice, unico canale di pace che sarebbe potuto sfuggire al controllo dei nazisti. Anche dalla Turchia erano pervenute sollecitazioni per una rapida conclusione del conflitto. Si era mosso il vecchio von Papen, ormai ambasciatore ad Ankara. Mediante il delegato apostolico Angelo Roncalli, aveva svelato al papa molti particolari sull'opposizione militare al nazismo. Segretamente Pacelli sosteneva gli avversari di Hitler augurandosi a sua volta la caduta del regime, cosa che avrebbe indotto la Germania, non più nazista, a deporre le armi quando ancora l'Italia non era entrata in guerra. Egli ravvisava in Hitler il vero ostacolo da abbattere sul cammino della pace, e proprio in quei giorni si aspettava il «tramonto precipitoso» dell'errore nazionalsocialista, grazie al successo della cospirazione. Evitava di proclamare apertamente una crociata antinazista per mantenersi al di sopra delle parti e per poter agire in nome del male minore, con la speranza di vedere la Germania insorgere con le sue sole forze contro il regime.

Ben cinque giorni dopo l'attentato a Hitler, il nunzio a Berlino, Orsenigo, inviava al cardinale Maglione una scarna comunicazione su quell'evento: «Finora attentato è noto solamente nei limiti dei comunicati ufficiali». Quindi aggiungeva: «Torbidi nelle province, improbabili. Berlino, dove sono andato venerdì e domenica, esteriormente tranquilla». Scriveva infine che il Corpo diplomatico, e lui stesso in quanto decano di quell'organismo, avevano esternato i propri sentimenti a Hitler iscrivendoli nel grande quaderno collocato nella cancelleria. Non specificava la natura di quei sentimenti, ma non si poteva dubitare che esprimessero soddisfazione per il fallimento dell'attentato.

Questa missiva di Orsenigo non fu mai letta da Maglione che da tre giorni era stato stroncato da un attacco cardiaco nella sua Casoria, senza che la notizia fosse ancora arrivata a Berlino. Fu un grande dolore per Pacelli la morte del suo fedele segretario di Stato, e decise di non dargli un successore. A Tardini disse: «Non voglio collaboratori, ma esecutori!». Del resto egli aveva ricoperto a lungo quella carica e sentiva, da pontefice, di poter fare il segretario di se stesso. Al suo fianco, naturalmente come esecutori, rimanevano monsignor Tardini, in quanto sostituto per gli Affari ecclesiastici straordinari, e monsignor Montini, sostituto per gli Affari ordinari.

La Santa Sede aveva già preparato un telegramma di convenevoli per Hitler che si era salvato, ma lasciava arbitro monsignor Orsenigo di decidere, «qualora le circostanze lo avessero consigliato», se farglielo pervenire o no, in considerazione del fatto che il pontefice «adempiendo alla sua missione di carità aveva sempre condannato ogni violenza». Una emittente controllata dai tedeschi, Radio Firenze, aveva però diffuso in quella stessa giornata la notizia che il Corpo diplomatico in Germania con alla testa il nunzio Orsenigo, aveva espresso a Hitler «le più vive felicitazioni per il pericolo scampato». Avendo appreso ciò, il papa diede ordine di comunicare al monsignore che la visita da lui già compiuta in veste di nunzio al Führer «sembrava rendere superfluo altro passo della Santa Sede».

Il 1° settembre del '44 il pontefice lesse da Roma liberata un radiomessaggio essendo trascorso un quinquennio dallo scoppio della guerra. Rivolgeva l'esortazione a ponderare la straordinaria gravità del momento e a considerare come, «al di sopra di ogni collaborazione con altre divergenti tendenze ideologiche e forze sociali, suggerita talora da motivi puramente contingenti», fosse necessario rimanere «fedeli al patrimonio della civiltà cristiana» e contrapporsi strenuamente alle «correnti atee e anticristiane» oltremodo pericolose che premevano da ogni parte. Pur senza rilevarlo esplicitamente, intendeva prendere le distanze sia dalle alleanze belliche che avevano unito le democrazie occidentali all'Urss sia dalle alleanze politiche che avevano congiunto vari partiti di diversa estrazione ideologica nella lotta al nazifascismo.

Avrebbe o no potuto Pio XII partecipare alle imminenti conferenze della pace per far sentire, a guerra conclusa, la sua voce nella formulazione di un nuovo assetto europeo? Se sì avrebbe imitato l'antinapoleonico Pio VII al Congresso di Vienna e si sarebbe rivalso della eliminazione di Benedetto XV dalla conferenza di Versailles, una eliminazione subìta a causa dell'art. 15 del patto di Londra sottoscritto fra le potenze dell'Intesa e l'Italia che si accingeva ad abbandonare la Triplice alleanza. Era stato proprio il governo di Roma a chiedere l'esclusione del papa dalla conferenza del '19.

Nel suo radiomessaggio Pacelli si richiamava esplicitamente a quanto aveva detto fin dal Natale del '39 nell'auspicare la creazione di organismi internazionali atti a preservare la pace «secondo i princìpi della giustizia e dell'equità e contro ogni possibile minaccia per il futuro». Myron Taylor gli inviò il testo di un piano che prevedeva la costituzione d'un'organizzazione mondiale delle nazioni formulato dai rappresentanti degli Stati Uniti, dell'Inghilterra, dell'Urss e della Cina. A parte il fatto che l'Urss e altri paesi si opponevano a una eventuale partecipazione della Santa Sede alle conferenze della pace, lo stesso Pio XII non ne faceva un dramma, se non altro perché rimanendo fuori da quelle assemblee avrebbe potuto più liberamente esprimere i propri giudizi. Desiderava invece ardentemente aderire alla futura organizzazione mondiale delle nazioni. Osservava che se in quell'organismo fossero entrati tutti gli Stati grandi e piccoli, «ne verrebbe come necessaria conseguenza che anche lo Stato della Città del Vaticano avrebbe diritto a fare gli opportuni passi per prendervi parte».

Discutendo queste prospettive di pace si era arrivati all'aprile del '45, un mese segnato dalle morti violente di Mussolini (con Claretta Petacci) e di Hitler (con Eva Braun) oltre che dalla scomparsa di Roosevelt al quale succedeva Harry Truman. In maggio la Germania si arrendeva incondizionatamente, come gli angloamericani avevano preteso fin dall'incontro di Casablanca. La resa avveniva all'alba del 7 maggio, e sorgeva davvero l'alba di un'epoca nuova. Berlino, la spavalda capitale del Terzo Reich, non era più che un cumulo di macerie invase dalle truppe sovietiche. A mezzanotte dell'8 maggio cessarono le ostilità in tutta Europa. Le armate di Hitler avevano perduto la guerra dell'odio e del genocidio: una guerra durata cinque anni, otto mesi e sette giorni che aveva sospinto i soldati tedeschi nei deserti africani e nelle steppe nevose della Russia, e che li aveva poi fatti retrocedere falcidiati, avviliti e umiliati come non mai.

Tutti i soldati tedeschi erano prigionieri di guerra, tutti i cittadini dipendevano dalle autorità militari alleate. Su quelle genti si abbatteva una nemesi immane. Mentre il territorio veniva suddiviso in quattro zone d'occupazione, si stabiliva un nuovo confine sull'Oder-Neisse, si restituiva l'indipendenza all'Austria, si espellevano per inviarle in Germania le minoranze tedesche della Cecoslovacchia e delle altre terre – Polonia, Ungheria, Romania – che il Reich si era proditoriamente annesse. Nelle librerie che addobbavano le pareti delle abitazioni della buona borghesia tedesca si allineavano tre volumi particolarmente cari ai seguaci del nazismo. Ed erano intitolati: *Siamo invincibili in terra*, *Siamo invincibili sul mare*, *Siamo invincibili nell'aria*. E ora quella trilogia si rivelava in tutto il suo tragico sapore di saga nibelungica, mentre si infrangeva il mito dell'invincibilità. Sui dodici anni di esaltazione nazionalistica e di glorificazione imperialistica cadeva il sipario.

Due giorni dopo la cerimonia della resa, avvenuta a Reims nella Francia settentrionale dove il generale Eisenhower aveva stabilito il quartier generale delle forze alleate, Pio XII lanciava un radiomessaggio dal Vaticano, il luogo dal quale non aveva mai voluto allontanarsi durante l'intero conflitto. La guerra era costata all'umanità quaranta milioni di morti, fra militari e civili. Di essi, nove milioni di persone erano state deportate e uccise per «colpe» razziali o politiche. «Ecco alfine terminata questa guerra», disse il papa, «che durante quasi sei anni ha tenuto l'Europa nella stretta delle più atroci sofferenze e delle più amare tristezze». Bisognava riedificare il mondo, un mondo giusto, tutti insieme, vinti e vincitori. Anche in questo discorso, nell'auspicare l'instaurazione di una vera pace, egli si elevava al di sopra delle parti. Non condannava i vinti – sui quali però gravava la responsabilità del disastro avendo dato fuoco alle polveri – né lodava i vincitori. Ancora una volta, il suo era un atteggiamento tanto sottile da prestarsi all'incomprensione.

Il 2 giugno del '45, in occasione del suo onomastico, parlò ai cardinali. Volle ancora dire una parola profondamente pacificatrice per spegnere l'odio che i tedeschi avevano alimentato nel mondo. Difese la Germania dalla colpa collettiva che le veniva attribuita, ed era la prima voce che si levava per spronare quella nazione sulla via del riscatto. Tutti tesero l'orecchio per ascoltare le sue parole. Disse che bisognava distinguere fra colpevoli e innocenti poiché non era giusto attribuire all'intero popolo tedesco le responsabilità della guerra e delle esecrabili azioni compiute dal nazionalsocialismo: «Oltre dodici anni, tra i migliori della Nostra età matura, avevamo vissuto in mezzo al popolo germanico. Noi avemmo occasione di conoscere le non comuni qualità di quel popolo e Ci trovammo in relazioni personali coi suoi migliori rappresentanti. Nutriamo perciò fiducia che possa risollevarsi a nuova dignità e a nuova vita, dopo aver allontanato da sé il satanico spettro esibito dal nazionalsocialismo e dopo che i colpevoli avranno espiato i loro delitti».

In quel 2 giugno, a guerra pressoché conclusa, leggeva in termini più chiari la *Mit brennender Sorge*, l'enciclica del '37 con la quale il suo predecessore, evitando di indicarlo esplicitamente, aveva condannato il nazismo. Spiegava come l'enciclica fosse scaturita dall'esigenza di porre un freno alle ripetute violazioni di Hitler al concordato del '33, violazioni che avevano rivelato una dissimulata o manifesta volontà di persecuzione religiosa da parte di Hitler. Papa Ratti, tentate tutte le vie della persuasione, aveva indicato al mondo ciò che il nazismo era. E Pacelli, nel riassumerne il pensiero, così descriveva il regime hitleriano tanto a lungo sopportato: «Era l'apostasia orgogliosa da Gesù Cristo, la negazione della sua dottrina e della sua opera redentrice, il culto della forza, l'idolatria della razza e del sangue, l'oppressione della libertà e della dignità umana». Queste accuse erano tutte presenti nell'enciclica del '37, ma si era evitato di addebitarle esplicitamente al nazismo. Con somma prudenza si era preferito definirlo «regime presente», così come alla stessa stregua, in luogo di un'aperta condanna di Hitler e dei suoi seguaci – con tanto di nome e cognome –, si era voluto occultarli dietro la definizione di «banditori moderni del cosiddetto mito del sangue e della razza».

Alla vigilia di questa fremente allocuzione, Pio XII aveva parlato dello spettro satanico del nazismo col suo vecchio amico Josef Müller che poteva alfine incontrare liberamente La conversazione era caduta sul misterioso fallimento dell'attentato a Hitler del 20 luglio '44. Il papa pensava che il Führer avesse goduto d'una protezione demoniaca, e chiedeva a Müller: «Lei non è d'accordo con me che noi eravamo costretti a condurre la nostra battaglia contro forze diaboliche?». Müller però tacque.

Contro la «minaccia della marea sovietica» il papa, il «papa dottore», agiva anche in punta di dottrina. Lo aveva già fatto nel '43 con l'enciclica *Mystici corporis* nell'identificare la Chiesa come il Corpo mistico di Cristo, con l'obiettivo di confutare il pericolo comunista. Insistette su questa linea nel dicembre del '45 con un'altra sua lettera, *Orientales omnes ecclesiae*, nella quale condannava la persecuzione cui la Polonia era sottoposta, e coglieva l'occasione per celebrare il trecentocinquantesimo anniversario della felice unione della Chiesa rutena alla Sede apostolica.

Parte terza

LA SPADA DI FUOCO
La crociata anticomunista

I

Pacelli appariva ai fedeli denutrito. Lo divorava la sofferenza per l'incapacità del mondo di ritrovare la pace degli animi, a guerra finita. Misurava un metro e ottantadue di altezza, e non pesava che cinquantasette chili. Ora le sue preoccupazioni erano in gran parte rivolte ai prigionieri e ai deportati, nel tentativo di alleviarne le pene e agevolarne il rimpatrio. Nel messaggio natalizio del '45 volle ancora una volta condannare la continua violazione perpetrata in ogni dove delle norme sancite dalle convenzioni internazionali e di quelle ancor più sacre della coscienza cristiana e civile; un disprezzo, egli diceva, che portava «a negare con modi disumani il trattamento dovuto anche ai vinti». Quindi, nell'enciclica *Communium interpretes* esortava i popoli a pubbliche preghiere per la pace mondiale.

La predicazione era confortata dalle opere, attraverso l'Ufficio vaticano di informazioni e la Commissione di assistenza. Si rintracciarono così milioni di dispersi e di profughi, si soccorsero a migliaia gli ebrei. Per molte ore al giorno si trasmettevano dai microfoni della Radio Vaticana i nomi dei prigionieri, suddivisi per diocesi. A migliaia si distribuirono casse di viveri, di medicinali, di indumenti alle popolazioni indigenti d'Europa, d'Africa, d'Asia. I magazzini di raccolta e di smistamento della merce, di cui si occupava direttamente il Vaticano, erano installati accanto al cortile di San Damaso e funzionavano sotto la direzione di suor Pasqualina. Arrivavano a tonnellate capi di vestiario e coperte; ogni cosa veniva lavata, rattoppata, stirata e via via distribuita agli indigenti.

Non sfuggì alla condanna del papa neppure una particolare forma di sfruttamento delle popolazioni affamate, il mercato nero. Pacelli pronunciò parole quanto mai dure contro gli sfruttatori del bisogno e della miseria: «Guardatevene, romani. Essi sono macchiati di sangue; del sangue delle vedove e degli orfani; del sangue dei fanciulli e degli adolescenti, ritardati nel loro sviluppo per denutrizione e per fame; del sangue di mille e mille sventurati di tutte le classi del popolo, di cui con il loro ignobile mercato si sono fatti carnefici. Questo sangue, come quello di Abele, grida al cielo contro i nuovi Caini».

Finita la guerra, era cominciata in Italia un'epoca nuova fra grandi ideali democratici ed entusiasmi di rigenerazione, rivolgimenti sociali e perturbazioni economiche. Riappariva il regime democratico e si squarciava agli occhi degli italiani il velo che per oltre vent'anni aveva coperto arretratezze, guai e disastri. In Germania gli alleati, per non ripercorrere la stessa erronea strada di Versailles, cercavano di favorirvi la ripresa economica e il ritorno alla democrazia. Nuovi popoli, i popoli coloniali, reclamavano l'emancipazione.

Non era ottimista Pacelli che temeva l'espandersi del comunismo e già lo vedeva affermarsi in Iugoslavia, Cecoslovacchia, Ungheria, Romania, Bulgaria, Polonia, tutti paesi della zona d'influenza sovietica. Anche l'Albania era saldamente in mani comuniste, e in Grecia divampava la guerra civile a opera dei comunisti di Markos. In Cina un bibliotecario di Pechino, Mao Tse-tung, si accingeva a mettere alle corde i nazionalisti del generalissimo Chiang Kai-shek. In seguito agli accordi intervenuti a Jalta fra Roosevelt, Churchill e Stalin, l'Italia apparteneva all'area americana, ma bastava ciò per salvaguardarla dalla morsa comunista? Era troppo presto per escluderlo. E poi, davvero si andava verso la pace? A questo interrogativo il papa rispondeva: «No, siamo soltanto nel dopoguerra!».

Pacelli intendeva combattere il comunismo non esclusivamente come un pericoloso nemico del cristianesimo, ma anche come un insidioso avversario della democrazia. In linea con questo orientamento un apologista napoletano, padre Riccardo Lombardi, scrisse un articolo sulla rivista dei gesuiti, dal titolo: «Una “mano tesa” minacciosa». L'articolo era una sconfortante risposta al leader dei comunisti Palmiro Togliatti che proponeva di instaurare con i cattolici un dialogo politico sulla base della comune partecipazione alla lotta contro il nazifascismo. In realtà lo scritto del gesuita era anche un avvertimento per De Gasperi. In un discorso al cinema Brancaccio di Roma il leader democristiano – ministro degli Esteri nel governo Parri accanto a Togliatti, ministro della Giustizia – si era rivolto amichevolmente al leader comunista: «Collega Togliatti, abbiamo apprezzato la tua dichiarazione di rispetto per la fede cattolica della maggioranza degli italiani. La mutua tolleranza nelle forme della civile convivenza che tu proponi, e noi volentieri accettiamo, costituisce in confronto al passato un notevole progresso che potrà farci incontrare più spesso lungo l'aspro cammino che dovremo percorrere per il riscatto del popolo italiano».

Il papa si scopriva assertore della democrazia? Proprio lui che, oltre ad essere alla testa d'uno dei più antichi organismi totalitari, personalmente appariva nelle vesti di un pontefice autoritario e accentratore, se non altro per non aver voluto dare un successore al compianto cardinale Maglione nella carica di segretario di Stato. E per la tendenza a evitare gli incontri con i cardinali di curia, quasi che, come qualcuno insinuava, provasse per loro una «certa ripugnanza». I prelati di curia si smarrivano, non sapevano bene se Pacelli voleva fare da sé per mettersi al riparo da un'eccessiva timidezza che, come affermavano i suoi stessi familiari, lo rendeva incapace di sfuggire all'influenza dei collaboratori o più semplicemente per affermare la propria volontà senza dover troppo discutere con altri. In curia si chiedevano ancora se il suo comportamento moderato era frutto di gentilezza d'animo o di debolezza di carattere.

Pacelli aveva in effetti maturato un'idea della democrazia,

e l'aveva espressa nel radiomessaggio del Natale '44. Alla guerra aveva attribuito il merito, se così si poteva dire, di aver risvegliato i popoli «da un lungo torpore». I popoli avevano preso di fronte allo Stato, di fronte ai governanti, «un contegno nuovo, interrogativo, critico, diffidente»; edotti da un'amara esperienza si opponevano «con maggior impeto ai monopoli di un potere dittatoriale, insindacabile e intangibile», e richiedevano un «sistema di governo più compatibile con la dignità e la libertà dei cittadini». Quindi aveva nuovamente posto al centro di ogni cosa l'uomo: «Noi indirizziamo la Nostra attenzione al problema della democrazia, per esaminare secondo quali norme deve essere regolata, per potersi dire una vera e sana democrazia». Ciò indicava che la cura della Chiesa era rivolta non tanto alla struttura esteriore dei regimi democratici, «quanto all'uomo, come tale, che, lungi dall'essere l'oggetto e un elemento passivo della vita sociale, ne è invece il soggetto, il fondamento e il fine».

Questa era l'aria che si respirava in Vaticano se, anche Tardini, in un memorandum diretto a Myron Taylor, sosteneva l'esigenza di «tornare alla democrazia». Soltanto la democrazia «consente sufficienti garanzie per il controllo dell'azione governativa, abitua il popolo all'autodisciplina, rende possibile ai migliori elementi, non importa da quali classi provengano, di entrare nella vita pubblica, comprende tutte le forze vive e vitali del paese e può gradatamente educare il popolo italiano all'uso della moderazione nelle rivalità politiche».

Il papa aveva lamentato che non si fosse avviato un effettivo processo di pace, ma che si era soltanto transitati dalla guerra al dopoguerra. Avveniva qualcosa di più grave, poiché si passava dalla guerra vera e propria a uno stato di conflittualità permanente cui si diede il nome di guerra fredda. Gli alleati si dividevano; il fronte antinazista si frantumava; il cammino verso la democrazia si faceva arduo. Pacelli, quando aveva parlato di democrazia nel Natale del '44, lo aveva fatto col pensiero rivolto al ruolo che avrebbe svolto la Chiesa nella ricostruzione democratica dell'Italia. Ma per la Santa Sede la democrazia doveva essere cristiana e quindi anticomunista

I democratici cristiani, che già si erano battuti nella guerra partigiana mantenendo vivi i legami con il vecchio Partito popolare e con le organizzazioni dell'Azione cattolica, si proponevano di difendere la libertà riconquistata dagli «egoismi individuali, di ceti e di classi» e dalle «risorgenti minacce di monopoli e di dittature».

Una personalità di spicco nella Democrazia cristiana era Alcide De Gasperi, il quale tuttavia, anche per ammissione di monsignor Tardini, era considerato in Vaticano l'uomo meno adatto a guidare il paese in una situazione così ribollente, con la Chiesa che intendeva far sentire tutta se stessa nella ricostruzione morale e politica della nazione. De Gasperi invece cercava di prendere le distanze dalla Santa Sede. Sosteneva l'esistenza di una ideologia cristiana della quale la Chiesa era «custode e maestra»; ma vedeva il suo partito come «un'organizzazione di credenti che sul terreno politico-economico voleva realizzare una sincera democrazia politica e una profonda trasformazione sociale secondo giustizia». Fu proprio lui, il trentino che traeva origini dal Partito popolare, ad assumere a sessantaquattro anni le redini del governo nel dicembre del '45 dopo aver disarcionato Ferruccio Parri, il comandante partigiano e leader del più anticlericale fra i movimenti politici italiani, il Partito d'azione. Il «Serpente» De Gasperi aveva divorato il «Crisantemo» Parri, secondo le similitudini allora coniate da Carlo Levi.

Con qualche incertezza i democristiani favorirono la scelta repubblicana degli italiani nel referendum istituzionale di alcuni mesi dopo, e in seno alla Costituente ottennero la maggioranza relativa con duecentosette seggi contro i centoquindici dei socialisti e i centoquattro dei comunisti. Le gerarchie cattoliche e i parroci si erano esposti in prima persona nella campagna elettorale. Il papa aveva seguito giorno dietro giorno la preparazione delle elezioni per quell'assemblea che egli considerava d'importanza fondamentale nel nuovo assetto politico e sociale del paese. Aveva apertamente indicato la posta in gioco. Alla domanda: «Di che si tratta?», aveva così risposto, riferendosi anche alle contemporanee elezioni che si svolgevano in Francia: «Si tratta di sapere se l'una e l'altra di queste nazioni, di queste due sorelle latine di ultramillenaria civiltà continueranno ad appoggiarsi sulla salda rocca del cristianesimo o se invece vorranno rimettere le sorti del loro avvenire all'impossibile onnipotenza di uno Stato materialista, senza ideale ultraterreno, senza religione e senza Dio. Di questi due casi si avvererà l'uno o l'altro secondo che dalle urne usciranno vittoriosi i nomi dei campioni ovvero dei distruttori della civiltà cristiana».

Guidati da Togliatti, i comunisti, avendo deciso di proseguire nella collaborazione governativa con i democristiani, votarono per la ratifica degli accordi lateranensi. E naturalmente assai ferma fu l'azione di Pacelli perché i deputati cattolici s'impegnassero fino allo spasimo per far passare i patti della Conciliazione.

Ma la guerra fredda imponeva le sue leggi anche in Italia e, al tempo stesso, forte era l'influenza politica esercitata dagli Stati Uniti attraverso gli aiuti economici del piano Marshall. Le conseguenze furono molteplici. I socialisti democratici di Saragat si staccarono dal partito di Nenni che non rompeva i ponti con i comunisti. Alcide De Gasperi nel gennaio fece un viaggio negli Stati Uniti, quindi nel maggio scacciò i comunisti e i socialisti dal governo, avviando un processo di esclusione delle sinistre dai ministeri dell'intera Europa occidentale. Nel nuovo governo entrarono subito i repubblicani e i liberali, mentre i socialdemocratici vollero fare un po' d'anticamera. Aveva così inizio una politica cui si diede il nome di centrismo.

I socialdemocratici, i repubblicani e i liberali erano le tre forze laiche che rimanevano a De Gasperi per costruire insieme al suo partito uno Stato laico, non confessionale, visto che da un lato si ergeva il divieto interposto dalla Santa Sede a una collaborazione con i movimenti anticlericali e dall'altro si facevano sempre più saldi i legami fra Togliatti e Mosca. I comunisti italiani e quelli francesi, a Bialystok, erano entrati in un organismo che reincarnava la Terza internazionale, il Cominform, accanto ai comunisti dell'Urss e degli altri paesi dell'Oriente bolscevizzato. Anche i democristiani si univano in crociata. Era la crociata il cui auspicio si poteva rintracciare già nel radiomessaggio pontificio divulgato nel Natale del '42. «Pervasi da un grande entusiasmo», diceva Pacelli, «spetta ai migliori e più eletti membri della cristianità unirsi nello spirito di verità, di giustizia e di amore al grido: Dio lo vuole! pronti a servire, a sacrificarsi, come gli antichi Crociati». Egli invitava le genti a opporsi all'«eccessivo aggruppamento degli uomini, quasi come masse senz'anima», a rifiutare «ogni forma di materialismo che non vede nel popolo se non un gregge di individui, i quali vengono considerati come materia di dominio e di arbitrio».

Ora queste parole, che pur si inquadravano in un diverso contesto, tornavano di palpitante attualità nella imperante psicosi della guerra fredda. In vista delle sfide elettorali, le parole del papa chiamavano a raccolta i cattolici contro le sinistre che si ispiravano all'ideologia totalitaria del comunismo scristianizzante. A Pacelli parve un segno divino la notizia secondo cui un tranviere romano, Bruno Cornacchiola, aveva visto la Madonna in una grotta fra gli eucalipti in località Tre Fontane, nei pressi dell'E 42, a Roma. Proprio questa visione aveva indotto il tranviere a convertirsi al cattolicesimo e a ripudiare la sua militanza in una comunità protestante. Quando militava tra i nemici della Chiesa, il Cornacchiola aveva persino divisato di attentare con un suo pugnale alla vita di Pacelli. Una volta pentito, il tranviere volle consegnare solennemente al papa l'arma con la quale avrebbe voluto sopprimerlo.

Un gesuita, padre Virginio Rotondi, diede al pontefice il quadernetto sul quale il tranviere aveva scritto il racconto dell'asserita visione della Madonna. Cornacchiola riferiva anche le parole che diceva di aver udito pronunciare dalla Vergine, e Pacelli fu particolarmente attratto dalle pagine contenenti quella testimonianza. La Madonna, scriveva il tranviere, gli aveva detto che le anime dei bambini deceduti senza battesimo, e quindi sospese nel limbo, non sarebbero rimaste per sempre in quella condizione. L'affermazione contrastava con la dottrina cattolica che prevedeva per loro la condanna eterna e quindi la preclusione del paradiso. Il papa sgranò gli occhi, e decise di sottoporre la questione all'esame di un teologo di fama. Dopo qualche giorno ebbe da lui questo responso: «L'affermazione della Madonna era *saltem* (quanto meno) eretica!». Si discuteva sulla visione del tranviere romano, e non tutti prendevano per buone le sue parole. Il cardinale Marchetti aveva addirittura deciso di abbattere l'edicola mariana che i fedeli avevano edificato alle Tre Fontane. Ma Pacelli si oppose vivacemente, e disse: «Non possiamo certo impedire alla gente di onorare la Madonna!». In ciò somigliava al cardinale Roberto Bellarmino che contrastava i padri bollandisti i quali miravano a fare luce sulle vite dei santi distinguendo fra leggenda e realtà storica.

II

Pacelli ricercava argomenti atti a colpire l'immaginazione delle folle che si adunavano in piazza San Pietro. Gino Bartali era un grande campione del ciclismo, e nel settembre del '47 il pontefice parlò di lui dalla loggia della basilica come di un modello da imitare. Pio XII veniva così chiamato il «papa degli sportivi». Il suo interesse per il ciclismo aveva incuriosito il giornalista Paolo Monelli che gli dedicava un gustoso articolo dal titolo «Il giro d'Italia in Vaticano». Il papa indicò alla folla Bartali – il quale apparteneva all'Azione cattolica e ogni domenica andava a messa essendo un «puro di cuore» – e non Fausto Coppi sebbene proprio quell'anno il «campionissimo» avesse vinto il Giro d'Italia. Bartali era rappresentato come un «perfetto atleta cristiano» per sfatare l'idea che i giovani cattolici fossero smidollati e occhialuti. Di lui così parlò Pio XII, inserendolo in un più ampio contesto perché servisse come spunto polemico volto a richiamare all'opera i fedeli: «Il tempo della riflessione e dei progetti è passato; è l'ora dell'azione. Siete pronti? I fronti contrari, nel campo religioso e morale, si vengono sempre più delineando: è l'ora della prova. La dura gara cui accenna san Paolo è in corso. È l'ora dello sforzo intenso. Anche pochi istanti possono decidere la vittoria. Guardate il vostro Gino Bartali, membro dell'Azione cattolica: egli ha più volte guadagnato l'ambita "maglia". Correte anche voi in questo campionato ideale, in modo da conquistare una ben più nobile palma». In questa esortazione c'era l'eco delle parole che san Paolo rivolgeva ai cristiani nell'invitarli a lottare in difesa della fede, così come si faceva nelle corse allo stadio di Corinto: «Sic currite ut comprehendatis». Innumerevoli erano i lavoratori convenuti ad ascoltare il papa, come testimoniava Saragat nell'aula di Montecitorio, in urto con i comunisti: «Sono stato in piazza San Pietro tra la folla degli Uomini di Azione cattolica, e ho constatato che moltissimi erano autentici lavoratori».

Lo scontro era frontale. Il papa si ergeva con un grido sferzante: «Con Cristo o contro Cristo!». Un esponente comunista, Pietro Secchia, propugnava l'apertura d'una sezione del suo partito da contrapporre a ogni campanile. Per quanto potesse sembrare strano, Togliatti ritorceva contro i democristiani l'accusa di totalitarismo. «Il pericolo principale», diceva, «è rappresentato dal fatto che l'attuale gruppo dirigente della Democrazia cristiana si sta sempre più staccando dai princìpi e dalla pratica democratica. Esso assume perciò la parte di ispiratore e di realizzatore di una politica di tendenze totalitarie che porta alla distruzione delle basi stesse della repubblica e della democrazia». Soggiungeva che il pericolo era particolarmente grave perché l'orientamento democristiano traeva «la sua ispirazione, attraverso l'Azione cattolica e, direttamente, dal Vaticano, il quale con la sua parola d'ordine "Con Cristo o contro Cristo" ha iniziato una politica antidemocratica e totalitaria».

Padre Lombardi aveva buon gioco a intitolare un suo nuovo articolo – «Dalla "mano tesa" al pugno chiuso» – che, rovesciandolo, faceva il verso al suo precedente scritto: «Una "mano tesa" minacciosa». Il gesuita scriveva articoli, ma parlava anche nelle piazze sostenendo una «crociata della bontà». Da grande predicatore egli spezzava, come si diceva, il pane della teologia al popolo. Avevano cominciato a soprannominarlo il «microfono di Dio», mentre lui chiamava il comunismo «verga di Dio» perché i cattolici e i cristiani in genere si rendessero rapidamente conto come fosse necessario andare incontro alle esigenze dei più poveri mediante riforme sociali. I comunisti rilanciavano un vecchio motto secondo cui i preti predicavano bene e razzolavano male. Si riferivano allo scandalo suscitato da monsignor Cippico, un addetto alla segreteria di Stato che si era reso responsabile di falsi, di truffe e di un cospicuo traffico di valuta, ma che in realtà era stato deferito alla magistratura dagli stessi uffici vaticani e quindi condannato proprio in seguito alla loro denuncia. Cippico, sebbene sottoposto agli arresti domiciliari in Vaticano, alla Torre dei Venti, riuscì a svignarsela rocambolescamente ottenendo dagli svizzeri pontifici persino l'onore del saluto ai confini del piccolo Stato. Si voleva far credere che il monsignore truffaldino fosse strettamente legato a Pacelli, ma proprio questa era la «frode» della propaganda comunista.

Lo scrittore Leo Longanesi se ne irritò. Chiese udienza al pontefice per sollecitare il Vaticano a difendersi meglio dalle calunnie degli avversari. Provava imbarazzo, lui così piccolino, di fronte all'alta figura di Pio XII, e al tempo stesso era ammirato per la ieraticità del personaggio. Pacelli, pur facendo di tutto per mettere l'ospite a suo agio, non poté accoglierne la proposta. Essa consisteva in una processione da tenersi una mattina di domenica all'ora dell'aperitivo lungo le strade più eleganti di varie città italiane, con la partecipazione di tutte le persone, centinaia e centinaia – compreso un gruppo di lebbrosi africani – che in qualche modo avessero ricevuto assistenza dalla Chiesa. «No», disse il papa, «perché riteniamo che la carità debba essere nascosta e silenziosa, e non cadere in episodi di esibizionismo».

Gli italiani si preparavano ad affrontare il voto del 18 aprile 1948 in un clima incandescente, per un succedersi di eventi interni e internazionali. In tutto il paese risuonavano le polemiche sui ritardi delle regioni meridionali, sulla frattura fra nord e sud, sull'avvio d'una pesante emigrazione interna e internazionale, sulle speranze d'un'industria moderna e sulle amarezze d'un'agricoltura antica. Il vero nemico era comunque e sempre il comunismo. Come affrontarlo? Come batterlo? Con una «mobilitazione generale» dei cattolici, rispondeva padre Lombardi, e con una loro diffusa presenza in ogni luogo di potere, nei partiti, nei sindacati, nei giornali, nella radio, nel cinema, nell'università. I cattolici «dovevano mirare anche in alto, molto in alto, alle fonti della pubblica istruzione, alla conquista delle cattedre in generale, e in particolare di quelle universitarie, che potrebbero considerarsi chiave, nella cultura che riguarda direttamente la Chiesa». E le specificava: filosofia teoretica e morale, storia delle religioni e del cristianesimo, storia medievale e moderna, filosofia del diritto, diritto del lavoro e altre simili. «La bonifica delle idee non sarà mai profonda e definitiva in Italia, finché le aule dove si creano gli indirizzi speculativi delle nuove generazioni saranno quasi tutte infestate dalla malaria».

Un'attenzione particolare doveva essere rivolta al cinema il cui «influsso si allargava enormemente per l'efficacia impareggiabile con cui imprime le idee mediante semplici immagini, anche in gente che non sarebbe capace di ragionare». E la radio? «Forse la radio potrebbe aiutare non poco la larga diffusione della verità, nella duplice forma di istruzione ed esortazione, raggiungendo molti nelle loro case, e valorizzando al massimo le capacità espositive di alcuni apostoli più adatti. Ma essa stessa costituisce per sé un nuovo problema, un altro compito del campo cattolico: entrarvi, saperla usare». In tema di giornalismo, padre Lombardi poneva il problema del giornale cattolico, un problema «da risolvere con vari quotidiani a carattere regionale, ma possibilmente anche con un grande giornale d'importanza nazionale, che non sia neppure cattolico per affermazioni troppo esplicite e frequenti, ma che riveli in ogni giudizio una piena sanità d'ispirazione».

Il pontefice viveva in pieno fermento, attorniato dai fedeli. Proprio come aveva detto padre Lombardi, da lui ispirato, promuoveva nuove iniziative culturali e religiose come i congressi eucaristici, incoraggiava la creazione di nuove università cattoliche, rivolgeva l'attenzione ai giornali, alla radio, al cinema, allo sport, sia come strumenti di propaganda sia perché non s'involgarissero. Parlava a tutti dal balcone della basilica o durante le udienze nel palazzo apostolico. Ai tranvieri romani disse che la dottrina di Cristo era inconciliabile con le massime del materialismo: chi aderiva ad esse «disertava la

Chiesa, cessava di essere cattolico». Con i parroci e i quaresimalisti si diffuse a illustrare le ragioni che imponevano di non disertare le urne.

Chi non andava a votare, disse, faceva peccato: «Nelle attuali circostanze è stretto obbligo di quanti ne hanno diritto, uomini e donne, di prendere parte alle elezioni. Chi se ne astiene, specialmente per indolenza o per viltà, commette in sé peccato grave, una colpa mortale». Precisò che il voto non andava dato a occhi chiusi, ma a chi offriva garanzie cristiane. «Ognuno ha da votare», diceva, «secondo il dettame della propria coscienza, e ora è evidente», aggiungeva esplicitamente, «che la voce della coscienza impone a ogni cattolico di dare il proprio voto a quei candidati o a quelle liste di candidati che offrono garanzie sufficienti per la tutela dei diritti di Dio e delle anime, per il vero bene dei singoli, delle famiglie e della società, secondo la legge di Dio e la dottrina morale cristiana».

Poi c'erano i plateali manifesti. «Coi discorsi di Togliatti», si leggeva in uno di essi, «non si condisce la pastasciutta. Perciò le persone intelligenti votano per De Gasperi che ha ottenuto gratis dall'America la farina per gli spaghetti e pure il condimento». Altri cartelloni si rivolgevano alle donne, le quali votavano per la prima volta, inducendole a qualche sotterfugio: «Nel segreto dell'urna, Dio ti vede. Stalin no». E questo perché si temeva che esse soggiacessero alle pressioni dei mariti comunisti. Il giornalista Giovannino Guareschi aveva disegnato un manifesto in cui si rappresentava un soldato italiano che da un campo recintato sovietico implorava la madre a non votare per il Fronte socialcomunista. Scadeva di tono anche la polemica fra i due maggiori protagonisti che si contendevano il favore degli italiani. De Gasperi rappresentava Togliatti come il diavolo dal piede biforcuto; il leader comunista scriveva un fondo sull'«Unità» per preannunciare che dopo il 18 aprile avrebbe preso a calci il leader democristiano: «Mi tengo le scarpe ai piedi, anzi ho fatto mettere ad esse due file di chiodi e ho deciso di applicarle a De Gasperi in una parte del corpo che non voglio nominare».

Per iniziativa dei Comitati civici si aggiunse ai manifesti la pubblicazione di un fascicolo che imitava graficamente «Grand Hôtel», il più famoso e diffuso settimanale a fumetti dell'epoca. In alcune scene di fotoromanzo, attraverso i volti di attori che usualmente apparivano nelle pagine del giornale, si faceva vedere come gli elettori dovevano votare per la Democrazia cristiana e assicurare così all'Italia la pace, il progresso e la libertà in difesa dei valori cristiani della famiglia. Appostati accanto alle edicole, i giovani volontari di Gedda distribuivano gratuitamente il fascicolo che si rivelava in tal maniera un ottimo strumento di propaganda elettorale.

I democristiani non si lasciarono sfuggire lo sfruttamento elettorale dei fatti che avevano insanguinato la Cecoslovacchia nel febbraio. Il colpo di Stato dei comunisti e l'omicidio-suicidio del ministro Jan Masaryk, di cui si rinvenne il cadavere sotto le finestre del suo studio a Praga, furono addotti a testimonianza dell'incapacità dei comunisti di stare al gioco democratico. Quindi bisognava andare a votare tutti per evitare che eguali sciagure colpissero anche l'Italia. Su un grande manifesto elettorale si poteva leggere la scritta: «E se papà e mamma non andranno a votare noi faremo la pipì a letto». In altri manifesti apparivano figure di bolscevichi atteggiate a ghigno feroce: un coltellaccio fra i denti e una frusta a nove code in mano.

Si approfondiva la contrapposizione fra il blocco sovietico e l'occidente sul quale si estendeva l'egemonia economica e politica dell'America attraverso il piano Marshall e l'enunciazione della «dottrina Truman». L'occidente europeo paventava l'affermazione del comunismo e l'invasione degli eserciti russi sulle frontiere nordorientali col sostegno dei partiti comunisti come quinte colonne eversive. Fra le altre iniziative volte a contrastare tale eventualità, si dava vita nei paesi più esposti a organizzazioni clandestine paramilitari cui si assegnavano in segreto varie denominazioni, e in Italia sorgeva la «Gladio».

«I comunisti non conoscono che la violenza», proclamava Luigi Gedda, un medico d'origine veneziana ma proveniente da Torino che, con la sua autorità di presidente degli Uomini di Azione cattolica, aveva creato i Comitati civici per dar man forte alla Democrazia cristiana in chiave anticomunista, *pro aris et focis*, in difesa dell'altare e del focolare. I comunisti, diceva, non hanno alcun rispetto per la religione: hanno imparato la lezione da Stalin il quale a Jalta aveva chiesto polemicamente a Roosevelt: «Chi è il papa? Quante divisioni ha?». Nel febbraio del '48 Gedda aveva ricevuto personalmente da Pacelli l'incarico di dar vita a un fronte unico delle forze cattoliche. Nacquero così i Comitati di intesa elettorale, detti brevemente Comitati civici, forti di trecentomila animatori volontari che si dipartivano da sedicimila parrocchie e che, organizzati alla stregua di un movimento paramilitare, richiamavano al dovere le confraternite, le congregazioni, i terzi ordini, i sacerdoti e i religiosi in genere.

«Quanto potrà costare tutto questo?», chiese il papa a Gedda, dicendosi pronto a vendere perfino il suo tavolo di lavoro pur di salvare la civiltà cristiana e la fede in Italia. Da Mosca arrivavano pesanti accuse. Si sosteneva che Gedda, l'uomo di Pacelli, riceveva denaro anche dalla Cia. I Comitati civici non dovevano però apparire come una filiazione dell'Azione cattolica, per non violare i Patti lateranensi. Ma lo stesso De Gasperi non mancava di rilevare come l'ambiguità di quei Comitati fosse evidente a tutti. E questa era l'opinione perfino del presidente dell'Azione cattolica, Vittorino Veronese, che protestò con Pacelli il quale scambiò il dissenso per un episodio di gelosia personale fra lo stesso Veronese e Gedda.

Il papa, chiamando Gedda, sapeva bene a chi si rivolgeva. Già nel '43, con la caduta del fascismo, Gedda aveva mostrato tutto intero il suo anticomunismo. Egli era allora presidente della Gioventù italiana di azione cattolica, e in tale veste aveva suggerito al governo Badoglio di sostituire, alla testa degli enti di Stato, i vecchi dirigenti compromessi col regime con i rappresentanti delle organizzazioni cattoliche. Era l'unica strada, diceva, per impedire che quelle posizioni di potere fossero accaparrate dai fuorusciti socialcomunisti, di cui non ci si poteva assolutamente fidare.

In occasione della Pasqua il papa volle rispondere, con accenti di disillusione, alle pesanti imputazioni che gli venivano da più parti rivolte, alle feroci polemiche dei giornali della sinistra, l'«Unità», l'«Avanti!», il «Paese», «Noi donne». Disse: «Invano, in questa stessa Urbe, centro della cristianità, la Chiesa, in circostanze di imminente pericolo, ha salvato, accolto, ospitato, i perseguitati di ogni categoria, anche tra i suoi più fieri nemici; invano, in tempi di tirannica oppressione, ha affermato e sostenuto la dignità, i diritti della persona umana. Ma, pur costretta a respingere e confutare tante inique accuse, essa ama anche i suoi detrattori e tutti invita alla concordia e all'amore». Chi gli imputava un'assoluta indifferenza per gli ebrei tralasciava di ricordare ciò che egli aveva fatto per loro sul piano caritatevole. Delegazioni di superstiti, provenienti dai campi di sterminio tedeschi, si erano susseguite in Vaticano fin dal novembre del '45. Chiedevano di essere ricevute dal pontefice per ringraziarlo, come dicevano, della generosità dimostrata nei loro confronti. Parlando ai delegati del Supremo comitato arabo della Palestina, egli aveva messo in rilievo come avesse a più riprese riprovato le «persecuzioni del fanatico antisemitismo ch'era stato scatenato contro il popolo ebraico».

In vista delle votazioni, Pacelli richiamava i cattolici alla gravità del momento. Li esortava a rendersi conto che l'esercizio del voto era un atto di grande responsabilità, da cui derivavano le decisioni sulla famiglia, sul matrimonio, sulla scuola. La Chiesa aveva perciò il diritto, anzi il dovere, di istruire i fedeli su ciò che era contrario alla vita religiosa della nazione e di spiegare i mali contenuti nel comunismo. Promuoveva le manifestazioni religiose, le processioni con la Madonna Pellegrina che gli operai cattolici portavano a spalla lungo le vie di città e paesi da una parrocchia all'altra. In ogni solenne e salmodiante *Peregrinatio Mariae* si riassumeva in chiave popolare tutto l'antibolscevismo della Chiesa, rappresentato plasticamente dall'immagine della Vergine che schiaccia il serpente comunista.

Padre Domenico Mondrone, nel teorizzare su questa devozione mariana, rilevava quanto fosse consolante constatare come la Madonna avesse ancora tanto fascino sull'anima delle genti: «Ondate d'indifferentismo e di miscredenza finora non sono riuscite a strappare dal cuore degl'Italiani la stima e la fiducia nella Madre di Dio. I suoi santuari sono tuttora visitati da folle innumerevoli di popolo. Quello che abbiamo visto a Roma attorno alla Madonna del Divino Amore è indimenticabile. Quello che si è veduto in questi ultimi mesi nella *Peregrinatio Mariae* nel Milanese, ad Ancona, in quel di Siena, ha superato ogni aspettativa». Il padre gesuita osservava che anche nelle località «più devastate dalla propaganda comunista, socialista e comunque anticlericale, tolta qualche rarissima eccezione, l'affacciarsi di Maria aveva destato entusiasmi da far stupire anche i più scettici». Quindi concludeva: «Tutto questo è bello, è grandemente significativo, è promettente. In un paese dove la Madonna trova ancora tanti cuori che si lasciano prendere dal suo sorriso materno, Essa non permetterà che abbiano a prevalere i nemici di Dio». *Non praevalebunt!*

Pacelli reagiva all'accusa che veniva rivolta ai preti di fare politica, e osservava che effettivamente gli ecclesiastici, in forza del concordato, erano tenuti a non iscriversi ai partiti. Ciò non li esimeva tuttavia, come ministri della Chiesa, dall'istruire e consigliare i cittadini anche su questioni di vita pubblica, quando la morale e la fede erano in pericolo. Esclamava: «La grande ora della coscienza cristiana è suonata!». Le gerarchie ecclesiastiche e i parroci si sentivano autorizzati dalle sue parole a influire sempre più pesantemente sulla Democrazia cristiana per indurla a scelte confessionali.

Queste erano ragioni di cruccio per De Gasperi che cercava di prendere le distanze dalla rigidità politica del Vaticano. De Gasperi aspirava a un Tevere più largo e più profondo perché netta fosse la distinzione fra entità religiosa ed entità politica. Non apprezzava le «scalette segrete», come venivano ironicamente definiti i contatti riservati *ad audiendum verbum* di personaggi democristiani con le eminenze grigie della Santa Sede. Egli temeva che le interferenze della Chiesa sulla vita politica potessero rinverdire il sopito anticlericalismo delle masse italiane. Come aveva già fatto il Partito popolare di don Sturzo, che si era dichiarato aconfessionale, così De Gasperi ambiva che facessero i democristiani. Benché la Democrazia cristiana avesse conquistato la maggioranza assoluta dei voti, egli non volle privarsi della collaborazione dei partiti laici, tanto più che la maggioranza in Parlamento, essendo alquanto striminzita, non avrebbe consentito al governo una navigazione tranquilla.

C'erano comunque motivi politici più profondi che consigliavano la formazione di governi di coalizione. E De Gasperi li enumerava in una lettera al pontefice, il quale non gradiva l'interesse che lo statista trentino mostrava per i ministri socialdemocratici e repubblicani. «Staccare permanentemente una frazione di socialisti», scriveva il leader democristiano, «vuol dire aprire la possibilità di rompere il blocco sindacale socialcomunista nelle sue cittadelle di resistenza e guadagnarla a una politica di riforme graduali; collaborare con i repubblicani vuol dire offrire ai più saggi di loro la possibilità di abbandonare per via l'anticlericalismo della loro tradizione». Quindi proseguiva chiedendosi: «Quale sarebbe la situazione se tutti i non cattolici si unissero sotto il comune denominatore dell'anticlericalismo?». E questa era la sua risposta: «Il pericolo esiste perché sventuratamente banche, istituti economici, grandi editorie, grosse industrie, proprietà terriere sono ancora in mano di uomini i quali in fondo sono degli anticlericali rinsaviti dalla paura, sempre pronti a prendere quell'atteggiamento temperato di diffidenza anticlericale che fu proprio dei moderati fin dal risorgimento. La paura li spinse a votare anticomunista».

La paura aveva avuto il suo peso, e De Gasperi lo riconosceva apertamente. All'annuncio dei risultati che davano alla Democrazia cristiana il 48,5 per cento dei voti e la maggioranza assoluta dei seggi alla Camera, egli esclamò da buon montanaro: «Credevo che piovesse, non che grandinasse!». I Comitati civici avevano, dunque, lavorato bene nell'instillar paura negli animi degli italiani. E aveva lavorato bene anche

Giovannino Guareschi col suo anticomunismo da Bassa padana se dall'America gli perveniva il riconoscimento d'un grande columnist come Walter Lippmann.

De Gasperi, pur non apprezzando il confessionalismo insito nell'operazione politico-elettorale dei Comitati civici, inviò in dono a Gedda un orologio d'oro, tramite Andreotti. Sul retro dell'oggetto aveva fatto incidere la data fatidica: «18 aprile 1948». Effettivamente i risultati elettorali furono per De Gasperi una sorpresa, e ora egli sapeva di avere sulle spalle la grave responsabilità della ricostruzione del paese che con quel voto gli veniva delegata dal popolo italiano. Il peso della paura era il punto debole della vittoria, nel senso che la Democrazia cristiana, non avendo un seguito sicurissimo su cui contare, doveva tener presente il rischio continuo di perdere quanto aveva conquistato. Difatti i comunisti sarebbero potuti arrivare al potere non solo democraticamente, ma anche con una rivoluzione, o un colpo di Stato come era avvenuto in Cecoslovacchia.

Enormi erano i problemi che egli doveva affrontare. Alla rigidità politica del Vaticano si univa il fanatismo dell'Azione cattolica. Erano apparsi i primi «baschi verdi», il segno distintivo dei giovani cattolici. Le ragazze indossavano un «basco ruggine». In piazza San Pietro cantavano: «Bianco Padre che da Roma/ ci sei mèta luce e guida:/ in ciascun di noi confida/ su noi tutti puoi contar./ Siamo arditi della fede,/ siamo araldi della Croce,/ al tuo cenno, alla tua voce/ un esercito all'altar!». Si erano raccolte trecentomila persone in quella piazza, e il papa disse: «Non è questa l'ora dell'incertezza, questa è l'ora dell'azione». Tutto ciò aveva condotto gli italiani nell'aprile del '48 ad attribuire la maggioranza assoluta al partito democristiano e a sconfiggere il Fronte popolare che intorno alla barba di Garibaldi riuniva comunisti e socialisti.

Pacelli reclamò che l'intero clero, comprese le suore di clausura, partecipasse alle votazioni. Si videro queste suore uscire per la prima volta dai conventi e recarsi un po' disorientate ai seggi elettorali; ai seminaristi fu consentito di indossare abiti civili e fu negata qualsiasi missione di prelati all'estero per non perdere neppure un voto. Pacelli aveva seguito minuto per minuto l'andamento della competizione, cui aveva suggerito lo slogan «O Roma o Mosca», e non aveva chiuso occhio per tutta la notte in cui si era svolto lo spoglio delle schede, in attesa dei risultati.

Nel luglio erano in sessantamila i lavoratori che lo acclamavano nel cortile del Belvedere. Innumerevoli erano anche le ragazze dell'Azione cattolica convenute da ogni parte del mondo. Il cristianesimo non era in estinzione, disse, «e voi, figliole, ne siete la prova; voi siete vive; il papato è vivo». Lo ripeté ai francesi, in una trasmissione televisiva: «Si è affermato che la religione è in declino. In realtà il mondo, attraverso questa nuova meraviglia, la televisione, vedrà le folle straripare dall'immensa piazza di San Pietro per ricevere la benedizione del papa, per udirne la parola».

Ma dall'est erano pervenute, e continuavano ad arrivare, altre notizie, come la deportazione di numerosi prelati, sacerdoti e vescovi; la condanna a sedici anni di lavori forzati dell'arcivescovo di Zagabria, monsignor Aloizij Stepinac, con l'accusa di aver collaborato con gli ustascia di Ante Pavelič, quando questi era capo dello Stato croato; la carcerazione in un campo di lavoro siberiano del metropolita ucraino, monsignor Josef Slipyj, e la condanna all'ergastolo del primate d'Ungheria, cardinale Mindszenty, per essersi opposto alla secolarizzazione delle scuole cattoliche nel suo paese. Il papa diceva: «Nessun cristiano ha il diritto di essere stanco della lotta contro l'ondata antireligiosa dell'ora presente. La Chiesa non teme, anche se il suo cuore sanguina». Il principale lottatore anticomunista era padre Lombardi, e Pacelli fu così soddisfatto di lui, dopo un discorso del gesuita a Palermo contro la «tirannide rossa», da inviargli suor Pasqualina nella redazione della «Civiltà Cattolica» con i suoi complimenti e i suoi incitamenti.

Alle elezioni seguirono momenti di tensione. Togliatti fu preso a pistolettate da Antonio Pallante, un giovane siciliano frastornato dal *Mein Kampf*, che si era appostato a un'uscita laterale di Montecitorio. Il leader comunista si salvò miracolosamente così come altrettanto miracolosamente si riuscì a evitare un bagno di sangue nel paese. Si sgretolava il Fronte popolare per iniziativa dei socialisti e si discuteva sulla formale collocazione dell'Italia in un'alleanza militare fra i paesi occidentali. A Natale il papa parlava a favore d'una larga solidarietà internazionale atta a scoraggiare gli aggressori sempre pronti a colpire. «Se un popolo minacciato vuole agire cristianamente», diceva, «non può rimanere indifferente alla propria sorte». Trattava il tema con De Gasperi in un'udienza in Vaticano, non senza evitare di ripetere ai fedeli in piazza San Pietro l'esigenza di non perdere tempo nelle giuste scelte internazionali. E alfine l'Italia, nonostante un lungo ostruzionismo delle sinistre in Parlamento, decideva di entrare nella Nato. I comunisti organizzavano i partigiani della pace, un movimento egemonizzato da Mosca che tentava di creare un contraltare alla solidarietà democratica instauratasi fra i paesi delle opposte sponde atlantiche.

III

Non sarà solo la consistente presenza dei comunisti in Italia e in Francia, ma anche la forza di aggregazione rivelata dal comunismo nei paesi dell'est e le condanne che avevano colpito Mindszenty a Budapest, Beran a Praga, Stepinac a Zagabria, a consigliare Pio XII a compiere un passo estremo, quello della scomunica, cui si era sempre rifiutato nei confronti di Mussolini e di Hitler. Certo, ora le condizioni erano diverse. Per prima cosa non tuonava più il cannone e poi era assolutamente necessario mettere in guardia i cattolici sulla immoralità di qualsiasi forma di collaborazione con i nemici della Chiesa che tentavano di sradicarla e comunque di staccarla da Roma. Non bisognava credere alle promesse emancipatrici del comunismo, né lasciarsi sedurre da facili miraggi. «Fate», dirà il papa, «che le legittime sollecitudini che vi assillano per il pane quotidiano, non contrastino con i vostri destini celesti».

Già in febbraio – alla notizia della persecuzione cui era sottoposto Mindszenty e della perdita del patrimonio ecclesiastico appartenente alla sua archidiocesi, quella di Esztergom – il papa aveva parlato con estrema severità: «La condanna inflitta sulle rive del Danubio a un eminente Cardinale di Santa Romana Chiesa, ha suscitato sulle rive del Tevere un grido d'indignazione degno dell'Urbe. Gli Stati totalitari e antireligiosi pretenderebbero dalla Chiesa, come prezzo della loro tolleranza, tutta una seria di comportamenti indegni». Essi vorrebbero: «Una Chiesa che tace, quando dovrebbe parlare;

una Chiesa che indebolisce la legge di Dio, adattandola al gusto dei voleri umani, quando dovrebbe altamente proclamarla e difenderla; una Chiesa che si distacca dal fondamento inconcusso sul quale Cristo l'ha edificata, per adagiarsi comodamente sulla mobile sabbia delle opinioni del giorno o per abbandonarsi alla corrente che passa; una Chiesa che non resiste alla oppressione delle coscienze e non tutela i legittimi diritti e le giuste libertà del popolo; una Chiesa che con indecorosa servilità rimane chiusa fra le quattro mura del tempio, dimentica del divino mandato ricevuto da Cristo: "Andate sui crocicchi delle strade"; "Istruite tutte le genti"». Quindi chiedeva alla folla che lo ascoltava in piazza San Pietro: «Diletti figli e figlie. È questa la Chiesa che voi venerate e amate? Potete voi immaginarvi un Successore del primo Pietro che si pieghi a simili esigenze?».

Con queste premesse non si poteva non arrivare all'anatema, e difatti il 1° luglio del '49 apparve in *Acta Apostolicae Sedis* un decreto approvato tre giorni prima dal Sant'Uffizio col quale si comminava in ogni paese l'esclusione dai sacramenti di chi votava per i partiti comunisti e la scomunica di quanti professavano la sua dottrina definita «materialista e anticristiana».

Nel mese successivo il papa proclamò un'enciclica, la *Humani generis*, che dai suoi avversari veniva paragonata alla *Pascendi* antimodernista di Pio X. In essa Pacelli prendeva esplicitamente di mira il comunismo e condannava il «sistema evoluzionistico» che per alcuni, «senza prudenza né discernimento», era all'origine di tutte le cose. Sosteneva che dell'ipotesi panteistica dell'universo soggetto a continua evoluzione si servivano «volentieri i fautori del comunismo per farsi difensori e propagandisti del loro materialismo dialettico e togliere dalle menti ogni nozione di Dio». Non sfuggiva alla sua critica l'esistenzialismo: «Le false affermazioni dell'evoluzionismo, per cui viene ripudiato quanto vi è di assoluto, fermo e immutabile, hanno preparato la strada alle aberrazioni di una nuova filosofia che, facendo concorrenza all'idealismo, all'immanentismo e al pragmatismo, ha preso il nome di "esistenzialismo" perché, ripudiate le essenze immobili delle cose, si preoccupa solo dell'"esistenza" dei singoli individui».

Sul terreno più strettamente teologico condannava con altrettanta fermezza sia la teoria dell'evoluzionismo sia quella del poligenismo. La prima teoria tenderebbe a dimostrare che il corpo umano abbia avuto origine da materia organica preesistente, mentre «la fede cattolica ci obbliga a ritenere che le anime sono state create immediatamente da Dio». I fautori della seconda teoria vedono in Adamo non un unico capostipite per generazioni dell'intero genere umano, ma la rappresentazione simbolica d'un insieme di molti progenitori. Questa affermazione non concorda con quanto le fonti della Rivelazione e gli atti del magistero della Chiesa insegnano sul peccato originale, un peccato, diceva Pacelli, che fu effettivamente commesso da Adamo «individualmente e personalmente»; esso quindi si trasmette a tutti per generazione, e come tale è inerente «in ciascun uomo come suo proprio» Concludeva l'enciclica imponendo ai vescovi, ai superiori generali degli ordini e delle congregazioni religiose, agli insegnanti negli istituti ecclesiastici di non diffondere in alcuna maniera le dottrine dell'errore, e quindi bloccava la cosiddetta «Nuova teologia» che aveva cominciato a farsi strada tra i cattolici.

In un Avviso sacro affisso nelle chiese si divulgavano i particolari del decreto del Sant'Uffizio: «Fa Peccato Mortale e non può essere assolto: 1) chi è iscritto al Partito comunista; 2) chi ne fa propaganda in qualsiasi modo; 3) chi vota per esso o per i suoi candidati; 4) chi scrive, legge o diffonde la stampa comunista; 5) chi rimane nelle organizzazioni comuniste: Camera del lavoro, Federterra, Fronte della gioventù, Cgil, Unione donne italiane, Associazione partigiani, ecc... È Scomunicato e Apostata chi, iscritto al Partito comunista, ne accetta la dottrina atea e anticristiana; chi la difende e chi la diffonde. Queste sanzioni sono estese anche a quei partiti che fanno causa comune con il comunismo». L'Avviso sacro si concludeva con un N.B.: «Chi in Confessione tace tali colpe fa sacrilegio: può invece essere assolto chi, sinceramente pentito, rinuncia alle sue false posizioni».

Si capì subito che la minacciata scomunica non avrebbe sortito un grande effetto fra i cattolici seguaci dell'ideologia marxista, né in Italia né all'estero. L'arcivescovo di Parigi, cardinale Suhard, che moriva un mese prima della pubblicazione di questo decreto, aveva già affidato parole amare ai suoi *Carnets spirituels*: «Non si conquistano le anime scomunicandole o annettendosele con gli strumenti irrazionali della coercizione, anche se si opera in nome della verità». Anche monsignor Tardini si rendeva conto della sostanziale inefficacia dell'anatema, e rivelava le sue perplessità al nuovo vicedirettore del giornale vaticano, Federico Alessandrini: «Se la scomunica prenderà piede, avremo in Italia sette milioni di scomunicati. Se poi non farà presa, mi domando a che cosa sarà servita». In Vaticano ricordavano altresì come don Sturzo avesse definito la scomunica un'«arma spuntata» quando durante la seconda guerra mondiale era sorto lo stesso problema. Presto si ridusse la portata del decreto consentendo ai comunisti il matrimonio religioso, movendo tra l'altro dal presupposto, come diceva don Lorenzo Milani, che il matrimonio non si negava mai.

La cosa che maggiormente impressionava il papa era il fascino che il marxismo esercitava anche su giovani cattolici, i quali si autodefinivano cristiani progressisti bollando implicitamente tutti gli altri di arretratezza politica e di sordità sociale. Pacelli seguiva con interesse le vicende di Adriano Ossicini, volendo sottrarlo al Partito comunista. A questo scopo si era rivolto anche ad Andreotti che aveva dimostrato per Ossicini e per l'intero gruppo dei comunisti cattolici, capeggiato da Franco Rodano, tanta comprensione da essere sospettato per un certo tempo di eresia.

Il pontefice aveva altre frecce al suo arco. A quasi mezzo secolo da un tentato stupro e dalla morte violenta in una campagna melmosa di Nettuno, saliva alla gloria degli altari Maria Goretti. Pacelli, che ne era stato il patrono, dava l'annuncio dell'evento in piazza San Pietro davanti a una folla immensa e alla presenza del presidente della Repubblica, il liberale Luigi Einaudi, accompagnato dalla moglie. Né mancavano, travolti dalla commozione, Assunta, la madre della santa, e gli altri suoi quattro figli. Era l'anno del Giubileo, il 1950, ed era l'anno in cui Pacelli proclamava il dogma dell'Assunzione, in un mondo che non si placava. La guerra di Corea – cui il papa per condannarla dedicò le encicliche *Summi moeroris* e *Mirabile illud* – aveva portato il genere umano alle soglie d'un terzo conflitto che poteva rivelarsi non meno grave dei precedenti in quanto si fronteggiavano direttamente Stati Uniti e Unione Sovietica. La guerra fredda si faceva calda, il 38° parallelo diventava il nuovo incubo dell'umanità. Pacelli parlava ancora una volta di pace, ma Togliatti sull'«Unità» gli rispondeva con sarcasmo: «Il papa è a capo di un piccolo Stato che ha persino un suo esercito. Dichiari lui la guerra all'Unione Sovietica, alle democrazie popolari, alla Cina di Mao. Mobiliti i suoi svizzeri, faccia un reclutamento di preti e di frati e mandi loro a fare la guerra».

In ebraico *jòbhel* indicava il «corno di montone», e con questo strumento veniva annunziato l'anno giubilare. Pio XII intendeva con l'Anno Santo raggiungere più obiettivi: ristabilire l'integrità dei costumi contro la preoccupante immoralità dei mass media; scuotere i cattolici dal loro stato di «comoda e pericolosa letargia» per indurli a prendere posizione contro l'invadenza del comunismo che maggiormente si palesava con rinnovate persecuzioni, richiamare gli uomini all'esigenza di rifondare la pace, una pace ch'era stata nuovamente ferita persino nella vicina Palestina. Nel '48 era sorto lo Stato ebraico indipendente di Israele, esauritosi in Palestina il mandato britannico. Gli israeliani, attaccati dagli eserciti della lega araba, avevano occupato una buona metà di Gerusalemme, né si riusciva, nonostante l'impegno dello stesso pontefice, ad attuare la risoluzione dell'Onu per internazionalizzare la città e quindi per meglio garantire l'incolumità dei Luoghi Santi che si trovavano al centro d'una contesa politica, razziale e religiosa.

Già il papa aveva promulgato tre encicliche sull'esigenza

di pacificare la Palestina. Nella lettera *Auspicia quaedam* volgeva il suo pensiero a questa regione del mondo che doveva essere particolarmente cara a «ogni animo ben nato e civile» e che purtroppo era turbata da «luttuosi avvenimenti» e devastata da «nuovi eccidi e rovine». In un'altra enciclica, *In multiplicibus*, rivelava come lui – in mezzo ai danni causati nella terra dove Cristo, il Principe della Pace, «versò il suo sangue per apportare all'umanità la redenzione e la salvezza» – non si fosse rinchiuso nel proprio dolore, ma avesse fatto quanto gli era possibile per apportarvi rimedio. Infine, con la *Redemptoris nostri*, lamentava che, nonostante la sospensione delle ostilità, non si fosse ancora riusciti a riportare la tranquillità e l'ordine in Terra Santa, tormentata com'era dalle sofferenze dei profughi costretti a vivere in esilio, sparsi nei campi di concentramento, «esposti alla fame e alle epidemie». Sembrava che volessero conferirgli il Nobel per la pace, ma ben presto non si parlò più di quel premio. In un film documentario apparve tuttavia testimoniata l'opera da lui svolta in nome della pace. Il film, intitolato *Guerra alla guerra*, aveva per regista Giorgio Simonelli.

Era in pieno sviluppo un vasto processo di internazionalizzazione della Santa Sede cominciato con il Concistoro del '46 in cui era stata attribuita la porpora anche a prelati cinesi e africani. Sicché dopo seicento anni, attraverso le nuove nomine volute da Pacelli, i cardinali italiani si trovavano per la prima volta in minoranza. Però, come contrappeso, la curia romana rimaneva saldamente in mani italiane. Il processo di universalizzazione traeva la sua legittimazione popolare dalle enormi masse di pellegrini d'ogni colore che durante il Giubileo convenivano a Roma da tutto il mondo a festeggiare il papa. Un giorno, alla fine d'un lungo bagno di folla, egli tornò in Vaticano con le mani graffiate. Affidandole alle cure del medico esclamò: «Ho avuto a che fare con una turba di gatti». In un'altra occasione si accorse di aver perduto il bottone d'un polsino. Ma presto ricevette una lettera in cui un fedele gli chiedeva perdono del furto.

Convennero a Roma tre milioni di pellegrini, ma non poterono partecipare al giubileo i cattolici d'oltrecortina che Pacelli chiamò con dolore i «grandi assenti». Arrivarono la regina Elisabetta e Leopoldo III del Belgio; la granduchessa del Lussemburgo; Ranieri di Monaco; la principessa Margaret d'Inghilterra; i conti di Parigi; il cancelliere austriaco Figl; il ministro degli Esteri britannico, Ernest Bevin, laburista; l'imperatore del Vietnam; la moglie e la figlia del dittatore spagnolo Franco. Arrivò a piedi, da Firenze, lo scrittore Piero Bargellini, né mancò all'appuntamento l'ottantaduenne drammaturgo Paul Claudel che disse: «Je ne suis plus capable de marcher, mais je le suis encore de me mettre à genoux».

Il papa nei suoi discorsi alle genti affermava che occorreva rifare il mondo dalle fondamenta, trasformarlo e costruirne uno migliore. Padre Lombardi, che già aveva intrapreso la «crociata della bontà», colse al volo il grido del pontefice e, con la collaborazione di padre Virginio Rotondi, diede vita a un movimento missionario chiamato appunto «Per un mondo migliore». Poi edificò sulle sponde del lago di Albano un immenso complesso e vi ospitò una istituzione nel cui titolo ancora una volta ripeteva lo slogan suggeritogli dal pontefice. Sorse il «Centro internazionale Pio XII per un Mondo migliore» destinato ad accogliere vescovi e sacerdoti provenienti da ogni parte, ma anche laici, chiamati a partecipare a corsi di orientamento e di risveglio culturale cattolico, nella visione d'«una crociata del gran ritorno e del gran perdono» secondo i dettami della Compagnia di Gesù. Pacelli, rivolgendosi a padre Lombardi che definiva suo «diletto figlio», diceva di vedere in quei fatti un intervento straordinario del Signore, e anzi parlava esplicitamente di miracolo.

Tra i miasmi malarici delle Paludi pontine un ragazzo non ancora ventenne, Alessandro Serenelli, aveva ucciso con quattordici pugnalate quella bambina dodicenne, Maria Goretti, che non era riuscito a piegare alla sua violenza sessuale «Onore a una martire», scrivevano i giornali dell'epoca. E aggiungevano: «Alessandro, tu vai all'inferno», ma ancora non sapevano che Marietta sarebbe andata in paradiso e sarebbe stata fatta santa. Il processo di canonizzazione fu però lento, e solo grazie al diretto interessamento di Pio XII se ne poterono superare gli ultimi intoppi, in vista di un Giubileo che fra gli altri obiettivi perseguiva la difesa dei costumi in anni così moralmente corrotti.

Il regista Augusto Genina diresse un film elegiaco ispirato alla vicenda della piccola di Nettuno, *Cielo sulla palude*, e di esso si parlò come d'un esempio di neorealismo cattolico. Pacelli mostrò interesse al film e volle vederlo. La proiezione avvenne in una sala approntata per l'occasione nel palazzo pontificio di Castel Gandolfo, alla presenza di Giulio Andreotti, in veste di sottosegretario alla presidenza del Consiglio e di responsabile della cinematografia. In quell'occasione il papa lo trasse in disparte nel suo studio e si lamentò con lui dell'estrema licenziosità in cui erano cadute stampa e cinema. Si disse anche insoddisfatto di alcune rubriche radiofoniche nelle quali ravvisava un'assoluta mancanza del senso della verità, e soggiunse: «Eccellenza, ha ascoltato ieri sera il Convegno dei Cinque?». «Me ne dispiace, Santità, ma la sera lavoro fino a tardi». «Anch'io, Eccellenza, ma ciò non mi impedisce di seguire, come italiano e vescovo di Roma, le radiotrasmissioni di orientamento della pubblica opinione».

Quindi, nel rilevare che lo Stato non esercitava la necessaria opera di vigilanza sulla moralità della stampa, prese dallo scrittoio una copia di un rotocalco di allora, «La Settimana Incom Illustrata» e, a riprova di ciò che diceva, gli mostrò la copertina che recava l'immagine di una donna un po' scollacciata. Andreotti guardò la figura e, con aria sorniona, chiese: «Santità, a suo avviso è più responsabile il proprietario o lo Stato nel difetto di vigilanza?». «Il proprietario, Eccellenza!». «Ebbene, Santità, proprietario di questo settimanale è il Vaticano».

IV

Molto lungo e complesso era stato il dibattito sulla definizione dogmatica dell'Assunzione corporea della vergine madre di Cristo. La discussione, che si concentrava in un vero e proprio Movimento assunzionistico, era cominciata nel XVII secolo, e ancor prima, per un millennio, già si era venerata Maria come assunta in cielo, attraverso il culto popolare e liturgico, con l'elevazione di chiese stupende e la produzione di innumerevoli testimonianze dell'arte come il dipinto del Tiziano. Nel 1854 si era avuto con Pio IX il dogma dell'Immacolata Concezione, e Pio XII aveva ripercorso le tappe che papa Mastai aveva seguito nella definizione di quel dogma. Durante quei cento anni nessun papa aveva stabilito nuovi dogmi di fede. Già dall'inizio del suo pontificato, Pacelli, proponendosi l'obiettivo della nuova proclamazione, aveva nominato una commissione di teologi con l'incarico di studiare i vari aspetti del tema. Aveva poi invitato i vescovi di tutto il mondo a esprimere il proprio parere dopo aver ascoltato il clero e il popolo dei fedeli. Da loro ebbe una risposta entusiasticamente positiva pari al novantotto per cento dell'episcopato.

Sulla base di questo responso si era svolto a Roma nell'ultima settimana di ottobre del '50 un Congresso internazionale mariologico-mariano per discutere sulla missione e sui privilegi della madre di Cristo, con la partecipazione di centinaia di teologi, di mariologi e biblisti appartenenti alle varie società mariologiche, di università e di ordini religiosi di ogni parte del mondo. La sera del 31 ottobre si era infine svolta una spettacolare processione mariana per trasportare in Vaticano la Madonna Salus populi Romani. Vi parteciparono migliaia e migliaia di pellegrini i quali, avendo preso le mosse dall'Aracoeli, si raccolsero in piazza San Pietro dove, tra un agitare di torce accese, ascoltarono un discorso di padre Lombardi. Poi era cominciato a piovere a dirotto. Tutta quell'acqua aveva gettato nella costernazione gli organizzatori della cerimonia fissata per l'indomani in piazza. Per buona parte della notte Pacelli scrutò il cielo nella speranza di vederlo rasserenare Soltanto suor Pasqualina conservava la calma. «Il Santo Padre», diceva, «ha messo ogni cosa nelle mani della Madonna»

La mattina, 1° novembre, festa di Ognissanti, il cielo apparve sgombro di nuvole mentre la piazza si colmava nuovamente di fedeli. In lietezza, il papa disse: «È un mattino luminoso d'insolito arcano splendore». La folla, entusiasmata dall'imminenza dell'evento, si godeva una dolce giornata dell'autunno romano. Invadeva anche via della Conciliazione straripava ovunque nei dintorni, fino a Castel Sant'Angelo Erano in cinquecentomila. Pio XII apparve alle ore 9 sul sagrato della basilica alla testa di un coreografico corteo, tra flabelli egizi, composto di cardinali, patriarchi, vescovi e arcive scovi.

Annunciava che l'Assunzione di Maria era da quel momento un dogma di fede. Mise l'accento sul fatto che l'evento, da lungo tempo invocato, era una «voce di secoli», una «voce dell'eternità» che con l'«assistenza dello Spirito Santo» si faceva concreta. Pronunciava *ex cathedra* con forza e commozione la formula di rito: «A gloria di Dio onnipotente, a gioia ed esultanza di tutta la Chiesa, per l'autorità di Nostro Signore Gesù Cristo, dei Santi Apostoli Pietro e Paolo, e Nostra, pronunziamo, dichiariamo e definiamo essere domma da Dio rivelato che l'Immacolata Madre di Dio sempre Vergine Maria, terminato il corso della vita terrena, fu assunta alla gloria celeste in anima e corpo». Esplose un festoso scampanio contrappuntato dal *Te Deum* dei fedeli e da un volo di candide colombe. Il corteo papale lasciò la piazza e tornò nella basilica. All'interno della Cappella Sistina, il maestro Lorenzo Perosi diresse la *Missa Assumpta est* del Palestrina.

Il dogma aveva il significato profondo di confermare a ogni uomo il suo destino ultimo, in analogia con la divina Madre e con Cristo, un destino in forza del quale l'esistenza terrena sarebbe necessariamente sfociata nella resurrezione della carne. Il tutto con l'intento sempre perseguito da Pacelli di ricollegare strettamente la vita naturale con la vita soprannaturale. Nel mondo politico il dogma suscitava qualche perplessità. De Gasperi temeva che esso avrebbe interposto nuovi steccati sul cammino della fede.

Il venticinquesimo giubileo non era soltanto una festa, e per i religiosi non poteva non essere un momento di riflessione sulla gravità del sacerdozio, sul sacrificio che vi era connesso attraverso l'umiltà, l'obbedienza, la castità. Nella let-tera *Menti nostrae* di quell'anno emergeva tutta intera l'austerità del pontefice romano che predicava affinché i preti si distaccassero dai beni terreni e vivessero una vita di sacrificio ispirandosi all'immolazione di Cristo sul Calvario.

Da quella lettera sorgeva più tardi un'altra enciclica ancor più dura e rigorosa, *Sacra virginitatis*, specificamente rivolta a sostenere il celibato ecclesiastico e la verginità perpetua celebrata con altissimi elogi da Agostino e altri santi padri e maestri dell'ascetica cristiana, fautori dell'astinenza «per amore di Dio». L'insegnamento alla verginità, alla rinuncia ai piaceri del corpo, la Chiesa l'aveva ricevuto direttamente da Cristo. Sant'Agostino precisava che la verginità era onorata non in quanto tale, ma perché consacrata a Dio. Il papa aggiungeva: «Se i sacerdoti, i religiosi e le religiose, se tutti quelli che hanno consacrato la vita al servizio di Dio, osservano la castità perfetta, questo è in definitiva perché il loro divino Maestro è rimasto Egli stesso vergine fino alla morte». Tra la verginità e la perfezione della carità cristiana esistevano dunque legami segreti.

Come diceva san Paolo? «Io vorrei che voi foste senza inquietudini. Chi invece è sposato si preoccupa delle cose del mondo, del modo di piacere alla moglie ed è diviso». Il papa si appellava all'apostolo dei Gentili, e a quelle sue parole aggiungeva altre considerazioni nel rilevare che una completa rinunzia ai piaceri della carne consentiva di gustar meglio le elevazioni della vita spirituale. Sicché la Chiesa confermava il celibato dei sacerdoti sapendo quale sorgente di grazie spirituali esso costituiva per una sempre più intima unione con Dio. Osservato che i santi e le sante avevano ognora «vegliato attentamente sui movimenti dei sensi e delle loro passioni», rintuzzandoli talora con «somma asprezza», ricordava il consiglio del divino Maestro: «Ma io dico a voi, che chiunque avrà guardato una donna con cattivo desiderio, in cuor suo ha già peccato con lei. Se il tuo occhio destro ti scandalizza, strappalo e buttalo via da te: è meglio per te che perisca una delle tue membra piuttosto che mandare tutto il tuo corpo all'inferno».

Nel 1950 si erano avuti altri mutamenti di rilievo sulla scena internazionale per iniziativa di De Gasperi, del ministro degli Esteri francese, Robert Schuman, e in prima linea del cancelliere tedesco Konrad Adenauer che avviava la costruzione d'una più ampia e articolata comunità europea. L'idea spaventava gli industriali italiani che avrebbero dovuto competere coi mercati di mezzo mondo. Il cannone taceva da cinque anni come conseguenza dell'immane esplosione di due bombe atomiche americane sul Giappone. In Italia c'era la repubblica da quattro anni, segnati da violenti scontri sociali con la «Celere» di Scelba. Con l'aiuto del piano Marshall, voluto da Truman, era avviata l'opera di ricostruzione della penisola devastata e dissanguata dalla guerra. Per sopire i tumulti dei contadini si era messo in moto un processo di riforma agraria, in realtà inadeguato alla vastità del problema. Si era istituito un organismo di interventi finanziari, detto «Cassa del Mezzogiorno», con l'ambizioso obiettivo di porre finalmente mano in maniera organica all'antica questione meridionale e avvicinare il sud ai traguardi già raggiunti dal centro-nord. Nei paesi occidentali era vivissimo il timore di una espansione dell'ideologia comunista, in particolare in America dove vigeva una furiosa «caccia alle streghe», capitanata dal senatore Joseph McCarthy. Le streghe non potevano essere che comuniste. Ce n'erano anche in Italia, e su di essa non mancò di proiettarsi l'ombra del «maccartismo», odioso per le sue cieche generalizzazioni. Chi non si allineava con il sistema era un comunista, un pericoloso «sovversivo». Il mito di Stalin era enormemente cresciuto, come si poteva arguire da un articolo apparso sulla «Pravda» in cui si leggeva: «Se avete qualche difficoltà nel vostro lavoro o improvvisamente non siete più sicuri delle vostre capacità, pensate a Lui – a Stalin – e ritroverete la vostra sicurezza. Se siete stanchi e non dovreste esserlo, pensate a Lui – a Stalin – e riprenderete a lavorare con lena. Se cercate la soluzione giusta di un problema, pensate a Lui – a Stalin – e la troverete».

Sulla scia dell'Anno Santo, il papa proseguì intensamente nel '51 in una vasta opera di predicazione. La sua attenzione era protesa alla «Chiesa del silenzio» – come chiamò i cattolici d'oltrecortina, che le dittature in Iugoslavia, Cecoslovacchia, Ungheria, Romania, Polonia e in Cina, costringevano a reprimere la loro fede. Si era rivolto a loro dicendo: «O figli del Nostro anelante desiderio, dolorosamente spogliati dei sacri diritti della libertà, voi non siete per nulla sepolti nel Nostro oblio, non siete caduti dall'animo Nostro». Quindi aggiungeva, introducendo dei distinguo fra popoli, governi e ideologie: «Sappiamo ben discernere il bianco dal nero, sappiamo ben distinguere i popoli dalle ideologie che vengono loro imposte. Se Noi abbiamo proscritto e condannato alcune ideologie, questo Nostro atto non s'indirizzava contro un qualsiasi popolo, e nemmeno contro un qualsiasi governo in quanto tale, ma solamente contro erronee dottrine che vorrebbero persino cancellare dal mondo la nozione di Dio e che per raggiungere tal empio fine si valgono della forza di partiti politici».

Parlò agli alunni, e anche agli insegnanti «modellatori di anime» del Visconti, l'antico Collegio romano di cui ricorreva il quarto centenario, ricordando il tempo in cui era stato scolaro in quelle aule. Nuovamente tra quelle venerande mura gli sembrava di tornare ai suoi verdi anni, all'età delle speranze e delle gioie serene. Disse all'uditorio di non dimenticare l'alto titolo di «romano» di cui si fregiava: «romano», una parola che richiamava grandezza, armonia, universalità e soprattutto cristianità; in Roma ogni opera doveva essere egregia ed esemplare, perché a Roma erano costantemente rivolti gli occhi dell'Italia, come a suo centro, e del mondo, come a suo faro; qui ogni fatica doveva giovare al bene universale, ogni giustizia doveva essere più alta, ogni virtù più schietta, ogni pietà più ardente.

Riceveva in speciale udienza gli allievi e i maestri dell'Accademia d'arte drammatica, col presidente Silvio d'Amico e il regista Orazio Costa che aveva preparato la recitazione del *Mistero cristiano* da lui ascoltato con entusiasmo. E riceveva gli abitanti delle campagne, i rurali, coloro che lavoravano la terra «per trarne i prodotti vegetali e animali destinati a soddisfare i bisogni propri e quelli dei loro simili», ricordando come la più larga parte dell'umanità viveva in fattorie, in villaggi, in borghi e come non si poteva concepire la campagna una semplice appendice della città. «Sono i marxisti», disse, «a volere la "collettivizzazione" del lavoro agricolo come in officina, a volere la degradazione della campagna per ridurla a riserva di mano d'opera per la produzione industriale».

Di particolare rilievo fu l'ampio discorso rivolto alle ostetriche. Ne esaltò l'apostolato in occasione d'un congresso della loro Unione cattolica e toccò temi delicati come la fecondazione artificiale, la continenza periodica, la limitazione delle nascite riconoscendo legittimo il ricorso al metodo Ogino-Knaus sui giorni fecondi e sterili della donna. «Quando si pensa», furono le sue parole, «alla mirabile collaborazione dei genitori, della natura e di Dio, dalla quale viene alla luce un nuovo essere umano a immagine e somiglianza del Creatore, come si potrebbe non apprezzare al suo giusto valore il concorso prezioso che voi apportate a tale opera?». Sapeva che nell'esercizio della loro professione esse avrebbero sempre avuto coscienza della loro responsabilità dinanzi a Dio e che in un solido fondamento religioso avrebbero attinto la fermezza di opporre di fronte a «irragionevoli e immorali pretese un calmo, ma impavido e irremovibile No». Premesso che ogni essere umano traeva il diritto alla vita «immediatamente» da Dio, non dai genitori né da qualsiasi società e autorità umana, le richiamava a una fondamentale considerazione secondo la quale non vi era nessun uomo, nessuna autorità umana o scienza, nessuna «indicazione» medica, eugenica, sociale, economica, morale che potesse esibire un valido titolo giuridico per una «diretta» e deliberata disposizione sopra una vita umana innocente. Ribadiva la condanna già espressa nei giorni in cui era cominciata la pratica di eliminare le cosiddette «vite senza valore». La Chiesa, con un decreto del Sant'Uffizio del dicembre '40, aveva solennemente dichiarato illecito «l'uccidere, anche se per ordine della pubblica autorità, coloro che per tare fisiche o psichiche non erano utili alla nazione».

Durante questo discorso fece allontanare dalla sala i sacerdoti del seguito, per un eccesso di delicatezza nei loro confronti. Così come, in occasione d'un discorso agli sposi novelli, si disse rammaricato di essere sceso a particolari che forse avevano turbato qualche anima semplice. In realtà sempre evitava di toccare argomenti scabrosi, né permetteva di affrontarli neppure ai suoi stessi parenti più stretti. Mai il nipote Carlo era riuscito, nonostante i suoi ripetuti tentativi, a raccontargli qualche facezia un po' audace. Se sfogliando un giornale o una rivista incappava in un'immagine sconveniente, subito voltava il foglio o copriva con la mano la figura disdicevole. Un giorno esaminava le carte riguardanti il processo di beatificazione d'un sant'uomo torinese, Nadino Murialdo, e scorrendone una lettera trovò un'espressione che lo fece sobbalzare: «Stava come la camicia al culo». Fu sufficiente perché chiudesse la cartella che aveva tra le mani e ordinasse di accantonare la pratica. Non volle sentire ragioni, né si lasciò convincere dal fatto, come gli dicevano, che in Piemonte quell'espressione era d'uso corrente e che don Nadino aveva operato fra gli operai e gli artigianelli della periferia cittadina, fondando anche una congregazione, quella dei Giuseppini. Con il suo diuturno comportamento il papa cercava di non offrire il più piccolo pretesto a giudizi malevoli. A Cesidio Lolli dell'«Osservatore romano» aveva detto che il giornale doveva mutare la consueta formula secondo cui il Santo padre accarezzava i bambini. Ne proponeva un'altra più cauta: «Il Santo Padre poggiava la mano sul capo dei bimbi». E precisava: «Il mondo è tanto cattivo!».

I suoi discorsi erano estremamente accurati. Compulsava innumerevoli dizionari, interminabili elenchi bibliografici, vasti schedari. Li scriveva e riscriveva prima di dichiararsene soddisfatto. Erano discorsi efficaci, sebbene talvolta sconfinassero nell'enfasi e si perdessero in volute ciceroniane. Precise erano le citazioni e spesso tanto inedite da apparire nuove, se non inesistenti, agli stessi specialisti. Ciò avvenne con un discorso alle ragazze dell'Azione cattolica quando contestò un'affermazione di Mazzini secondo il quale il «papato era morto». Gli studiosi sostenevano che il patriota non aveva mai pronunciato quelle parole, ma lui riuscì a dimostrare il contrario, testi alla mano. Encicliche e discorsi erano arricchiti di riferimenti evangelici, ma anche letterari. Parlò agli oftalmologi e ricordò un'espressione di Ifigenia, la giovane figlia di Agamennone destinata al sacrificio: «È così dolce vedere la luce!». Nel testo dato alle stampe, annotò tra parentesi: «Euripide, *Ifigenia in Aulide*, vv. 1218-1219». Era felice quando si trovava tra i suoi libri. Il destino, la predestinazione lo avevano portato su sponde procellose, ma l'approdo preferito sarebbe stato per lui quello di una cattedra universitaria di studi giuridici o teologici.

Invece egli si trovava sul trono di san Pietro in anni ancora rattristati da nubi, essendo il mondo scisso dalla guerra fredda in due blocchi contrapposti. Nel radiomessaggio natalizio del '51 il papa, replicando implicitamente a una iniziativa del presidente americano Henry Truman che intendeva attrarlo nel suo campo, riaffermava l'equidistanza della Santa Sede. Nell'ottobre Truman aveva compiuto un gesto clamoroso. Aveva nominato un ambasciatore permanente degli Stati Uniti presso il Vaticano, e aveva scelto per l'alto incarico un generale, Mark Clark, assai noto agli italiani per essere entrato vincitore in Roma il 5 giugno del '44 alla testa delle truppe alleate. Mentre Roosevelt aveva avuto con Myron Taylor soltanto un rappresentante personale, il nuovo presidente Truman, con la nomina di Clark, si proponeva di rendere ben più stretti i rapporti fra la Santa Sede e gli Stati Uniti. Ma ben presto Clark si disse indisponibile al ruolo. I protestanti d'America si erano sollevati con tale violenza contro la nomina da far pensare che fossero loro la causa della rinuncia di Clark. In realtà il gesto del generale nascondeva, e al tempo stesso rivelava, una profonda diversità di opinioni nel frattempo insorta tra il Vaticano e Washington sul ruolo della Santa Sede.

Truman era impegnato in Corea sul 38° parallelo per contenere l'espansione comunista, mentre i negoziati di pace non trovavano uno sbocco. Il presidente americano avvertiva l'esigenza d'un forte sostegno morale sulla scena mondiale, e lo aveva detto chiaramente nel nominare Clark: «È ben noto che il Vaticano svolge una parte vigorosa nella lotta al comunismo. Per questa ragione i rapporti diplomatici diretti saranno utili a coordinare gli sforzi per combattere la minaccia comunista». Mentre il cardinale di New York, Spellman, mostrava tutta intera la sua approvazione per questo allineamento, il papa, proprio nel radiomessaggio natalizio, si confermava sottilmente neutrale: «Quelli che considerano la Chiesa quasi come una qualsiasi potenza terrena, come una sorta d'impero mondiale, sono facilmente indotti ad esigere anche da essa, come dagli altri, la rinunzia alla neutralità, la opzione definitiva in favore dell'una o dell'altra parte. Non può per la Chiesa trattarsi di rinunziare a una neutralità politica per la semplice ragione che essa non può mettersi al servizio di interessi puramente politici». Detto questo, avvertiva però l'esigenza di fare una precisazione, proprio perché il suo ragionamento rischiava di apparire troppo sofisticato: «Non si pensi che ciò sia un puro giuoco di parole e di concetti. Basta avere una nozione elementare del fondamento, su cui la Chiesa come società riposa, per comprenderCi senza bisogno di più ampie spiegazioni. Il divin Redentore ha fondato la Chiesa, al fine di comunicare mediante lei all'umanità la sua verità e la sua grazia sino alla fine dei tempi. La Chiesa non può consentire a giudicare secondo criteri esclusivamente politici; non può legare gli interessi della religione a indirizzi determinati a scopi puramente terreni». I giornali vicini alla Santa Sede spiegavano in soldoni tutto questo scrivendo che il Vaticano non sarebbe entrato nell'esercito atlantico. Qualcuno sosteneva di aver udito Pacelli esclamare: «Finché io sarò papa, nessuno in Vaticano dirà "okei" invece di va bene».

I rapporti fra lui e il presidente americano avevano raggiunto tali livelli di tensione da indurre i più fantasiosi a immaginare che fra i due personaggi fossero intercorse lettere di fuoco. Un sacerdote cattolico catalano antifranchista, Josep M. Llorens, affermava di conoscere il testo d'un'aspra e scortese missiva inviata da Truman a Pio XII. E ne indicava così il contenuto: «Stimato Sig. Pacelli, come battista e capo esecutivo di una nazione grande e potente, in cui tutti mi chiamano solamente sig. Truman, non posso rivolgermi a Lei chiamandola "Vostra Santità" che è titolo unicamente dovuto a Dio. Il mio dovere è cercare la collaborazione di coloro che hanno dato prove del loro desiderio di voler davvero la pace. I fondatori di questa nostra grande nazione, conoscendo, grazie alla storia passata, la natura della Sua Chiesa, amante della politica e della guerra, stabilirono, come principio di governo, che non sarebbe stata ammessa alcuna intromissione da parte vostra nei nostri affari. Pertanto, Lei è l'ultima persona al mondo che può darmi istruzioni quanto al modo di dirigere il mio popolo verso la strada della pace».

Quindi Truman diceva di concordare con quanto sosteneva Lewis Mumford, il quale era dell'avviso che «il tradimento ai danni del mondo cristiano si era chiaramente effettuato nel 1929 con il Concordato firmato da Mussolini e Pio XI». Nessuno poteva perciò «ignorare che i propositi del fascismo fossero in netta contraddizione con i popoli liberi, quali noi siamo e, in questo sforzo, la Chiesa cattolica era stata un considerevole alleato delle forze della distruzione». Il presidente americano ricordava gli anni trascorsi da Pacelli in Germania, durante l'ascesa di Hitler al potere, e scriveva: «Lei negoziò con lui, lo aiutò a salire e appose la Sua firma, come Eugenio Pacelli, a fianco di quella di Hitler nel Concordato con il Reich. Nessuno potrà mai credere che Lei non sapesse chi fosse Hitler e che egli e i suoi nazi stessero tramando un complotto contro la libertà dei popoli. I Suoi cardinali e i Suoi vescovi romani e italiani benedirono le armi di guerra utilizzate contro gli etiopi indifesi. Il Suo cardinale di Milano, Schuster, definì il saccheggio dell'Etiopia una crociata santa per far trionfare laggiù la croce di Cristo. Come si azzarda Lei a chiamare ancora la Sua chiesa la Chiesa di Cristo? Come vuole che io La accetti come superiore mio e del mio popolo? Il Suo predecessore, Pio XI, dichiarò pubblicamente che sarebbe sceso a patti persino con il diavolo se fosse stato conveniente per gli interessi della Chiesa». Così concludeva: «Pertanto, signor Pacelli, è mio dovere respingere le Sue avventure presentate come se fossero un'alleanza o un patto di pace».

V

La situazione interna italiana non era meno preoccupante. In un clima di aspre lotte politiche si marciava verso le elezioni amministrative del '52, indette per il mese di maggio. Il Vaticano si pose subito l'obiettivo di evitare la «vergogna» di far cadere il comune di Roma nelle «grinfie» d'una forte coalizione delle sinistre mimeticamente capeggiata da un vecchio antifascista del calibro di Francesco Nitti. Pacelli pensò di contrapporre a quella coalizione una sorta di unione sacra, nella quale accanto ai cattolici fossero presenti anche i liberali, i monarchici e perfino i neofascisti del Msi, certo di potere in tal maniera neutralizzare il pericolo comunista e salvaguardare la civiltà cristiana. In Vaticano si osservava che già una volta, all'inizio del secolo, Roma aveva dovuto fare l'esperienza d'un'amministrazione intransigentemente laica con il sindaco Ernesto Nathan, e che quell'esperienza apparteneva anche agli spiacevoli ricordi giovanili del papa.

I romani dovevano stare attenti, diceva Pio XII nelle sue esortazioni, alla «tepidezza religiosa» che li avvolgeva, alla «sistematica opera d'intossicazione delle anime semplici». Era tempo di «scuotere il funesto letargo» della depressione religiosa. «È l'ora che ci svegliamo dal sonno», aggiunse, perché bisognava rifare tutto un mondo dalle fondamenta e trasformarlo «da selvatico in umano, da umano in divino». Ciò doveva avvenire nel nome dei grandi santi italiani, con l'idea integralista di dar vita a uno Stato cristiano. Lo aveva detto anche padre Lombardi, parlando ad Assisi durante un corso di Studi cristiani: «Italia di san Francesco, di santa Chiara, di santa Caterina, di san Bernardino; Italia di san Pio V, di san Luigi, di don Bosco, del Cottolengo, di santa Francesca Cabrini, ancora una volta drìzzati in piedi; ancora una volta ti guarda la storia, e da te aspetta la nuova parola. Ricordati: a questo sforzo è connesso il tuo avvenire morale e materiale; è connessa la fraternità nuova dei popoli, da edificarsi sul tuo più recente martirio; è connesso l'esperimento della nuova età. Viene, la nuova età. Sarà certamente nel nome di Cristo: noi la vogliamo sposata col nome d'Italia».

Padre Lombardi poneva Pacelli alla testa di questo programma neogiobertiano, e così predicava: «Misureremo insieme l'altezza vertiginosa dell'Uomo Bianco che vive in Vaticano, al di sopra degli spazi e dei millenni: l'unico che nella sua stabilità conti la storia a secoli e non ad anni, onde può veder di lontano le conseguenze delle passioni di un giorno». In tale prospettiva e per auspicare il risveglio della fede il papa avviò una nutrita serie di incontri coi diversi ceti della popolazione dell'Urbe e di fedeli d'ogni luogo. Parlò a funzionari e impiegati, a infermieri, ferrovieri, pompieri, portatori di telegrammi, cappellani di bordo, aviatori, insegnanti di educazione fisica, astronomi, istopatologi del sistema nervoso, stomatologi, ematologi, cantanti, sportivi, automobilisti, motociclisti, cineasti, giornalisti, tipografi, editori, giuristi, archeologi, epigrafisti, apicultori, massaie. Parlò anche ai macellai, e uno di essi, al termine dell'udienza mentre gli baciava l'anello, gli disse: «Penso, Santità, che Lei abbia fatto il macellaio, visto che conosce così bene i problemi della nostra corporazione».

Compose preghiere destinate a ognuna di queste categorie. E incoraggiò i sacerdoti e i laici fedeli a imitarlo dai pulpiti, nelle vie e nelle piazze, ovunque ci fosse un'anima da difendere, in quanto che cosa gioverebbe all'uomo guadagnare il mondo intero, se poi dovesse perdere l'anima? «Noi vorremmo che sorgessero immense falangi di apostoli, simili a quelle che la Chiesa conobbe ai suoi albori».

Si pensava che il pericolo di avere un sindaco comunista a Roma fosse ben concreto. Padre Virginio Rotondi ne parlava con Pacelli riferendogli un giudizio del segretario della Democrazia cristiana e anche ministro della Pubblica istruzione, Guido Gonella. L'esponente democristiano gli aveva detto che Edoardo D'Onofrio – «quel comunista che passava per essere stato l'aguzzino dei prigionieri italiani in Urss» – si sarebbe senz'altro impossessato del Campidoglio. In grandi ambasce, il papa rispondeva: «Se un'eventualità del genere dovesse verificarsi, lo choc nel cattolicesimo sarebbe così grande come lo sarebbe tra i comunisti se a Mosca fosse eletto un sindaco democristiano». Gonella si rivolgeva spesso a padre Rotondi quando voleva far sapere qualcosa al papa. Durante la formazione d'un precedente governo aveva comunicato al gesuita la notizia che un esponente del Partito liberale stava per essere nominato ministro della Pubblica istruzione. E il gesuita aveva subito informato dell'eventualità Pio XII, il quale, considerandola dal punto di vista religioso una sventura, fece i suoi passi. Dopo di che, diceva padre Rotondi, della paventata nomina non si sentì più parlare.

Mentre l'idea originaria dell'unione anticomunista si faceva risalire a Gedda, nel frattempo nominato da Pacelli alla presidenza dell'Azione cattolica in luogo di Vittorino Veronese, il più vivace propagandista ne era diventato padre Lombardi. Il gesuita, nel pieno della sua attività di «microfono di Dio», definiva i comunisti «mascalzoni» e «delinquenti» parlando alla Radio Vaticana. Il papa, pur cercando di frenarne l'irruenza oratoria che raggiungeva anche i ceti capitalistici, approvava la sostanza della sua battaglia. Lo diceva al direttore della «Civiltà Cattolica», padre Giacomo Martegani, suo autorevole consigliere segreto: «Non è che i capitalisti non meritino qualche parola forte. Ma ora si vuol fare l'unione di tutti contro il pericolo numero uno, che è il comunismo, ed è bene tener presente ciò per non dividerci». Del resto, tra i fautori dell'alleanza a destra spiccavano proprio alcuni rappresentanti del mondo economico e finanziario come l'avvocato Umberto Ortolani e il banchiere Veroi.

Il presidente del Consiglio, De Gasperi, osteggiava l'unione sacra con i missini, tanto da sollecitare in Parlamento la definitiva approvazione d'una legge contro la rinascita del fascismo, già votata dal Senato a stragrande maggioranza. Ma padre Lombardi, con l'approvazione di Pacelli, continuava le trattative per la costituzione dell'alleanza con l'estrema destra, e in tale veste incontrava un po' tutti. Fra i primi vide Guido Gonella, in quanto segretario della Democrazia cristiana, e lo trovò schierato sulle stesse posizioni del presidente del Consiglio. Allora il papa, attraverso suor Pasqualina lo incaricò di incontrarsi direttamente con De Gasperi per porlo duramente di fronte alle sue responsabilità. La suora andò a trovare il religioso a villa Malta, sede della «Civiltà Cattolica», e gli disse: «Lei, padre, dovrà agire con decisione nel colloquio con De Gasperi. Se sarà necessario dovrà gridare e rimproverare».

De Gasperi aveva già scritto una lettera a Pio XII per illustrare le cause della crisi in cui la Democrazia cristiana versava. Gli parlava di una frazione organizzata che all'interno del partito «presumeva di rappresentare la vera dottrina cristiano-sociale» e che riteneva di «essere depositaria dell'intimo senso della riforma cristiana». Considerava perciò necessario chiarire la situazione se si voleva «salvare l'unità delle forze cattoliche in terreno politico in Italia». La frazione cui De Gasperi si riferiva era quella degli integralisti che facevano capo alla rivista «Cronache sociali» e che propugnavano ampie riforme con spirito evangelico-confessionale. Ma il loro leader più rappresentativo, Giuseppe Dossetti, si era già ritirato dall'agone avviando la polverizzazione del gruppo.

Il papa non amava Dossetti, il quale non ne aveva apprezzato la prudenza e i silenzi suggeritigli, anche di fronte ai più disumani eccidi, più da ragioni politiche di neutralità fra i paesi in guerra che non da princìpi evangelici. Dossetti si rendeva conto che eventuali interventi del papa non avrebbero potuto fermare la mano criminale di Hitler, ma ciò non gli impediva di dire che si sarebbe potuto conservare alla Chiesa il suo proprio ruolo, quello evangelico, e inoltre incoraggiare le genti a unirsi più strettamente alla Santa Sede, un evento che lo stesso Hitler tutto sommato temeva. Precise erano le riserve di Dossetti sull'operato del papa. Gli riconosceva sì di aver svolto una grande opera di assistenza e di aver condannato le atrocità commesse nei confronti di cristiani e anche di ebrei, ma gli imputava di averlo fatto implicitamente attraverso singole frasi isolate e brevi, e senza mai nominare apertamente le vittime, gli ebrei, e i persecutori, i nazisti. Giudicava quelle frasi comprensibili soltanto attraverso uno sforzo ermeneutico e, comunque, implicanti più la deprecazione degli atti che non la denuncia dei colpevoli. Osservava infine che la funzione di testimonianza, propria del magistero pontificio, era rimasta incompiuta anche a causa delle singolari e ripetute reazioni di sorpresa del pontefice unite a smarrimento quando sarebbe stato legittimo attendersi da lui un impegno evangelico.

I pericoli di crisi non provenivano però dagli integralisti democristiani, e la cosa apparve chiara a De Gasperi nel colloquio con padre Lombardi. L'incontro avvenne a metà aprile nell'abitazione dell'uomo politico. Il presidente del Consiglio aveva al fianco il segretario del partito, Gonella, il quale aveva già detto al sacerdote che la Democrazia cristiana non voleva né poteva «sporcarsi» coi missini. Il gesuita partì subito all'attacco, rivelando per prima cosa, in tono intimidatorio, di essere lì «in obbedienza a un preciso mandato del Santo Padre». Quindi aggiunse: «Sarebbe una vergogna per la Chiesa, per il papa, per tutto il mondo anticomunista e quindi anche per la Democrazia cristiana e il governo, se a Roma venisse democraticamente eletto un sindaco comunista». C'era una legge elettorale, varata l'anno prima, che prevedeva il cosiddetto apparentamento in base al quale i partiti fra loro collegati beneficiavano collettivamente d'un premio di maggioranza. Padre Lombardi, sempre in obbedienza al mandato del papa, chiedeva alla Democrazia cristiana di entrare nell'unione sacra anticomunista.

De Gasperi – che invece intendeva presentarsi al giudizio degli elettori apparentandosi coi socialdemocratici, i liberali e i repubblicani – rispose che non si poteva rovesciare questa alleanza, più consona alle ispirazioni della Democrazia cristiana, un partito di radici antifasciste come i suoi alleati. Inoltre non gli sembrava realistico agitare lo spauracchio d'una Roma comunista, né paventare pericoli tali da costringere la Democrazia cristiana a tradire le proprie origini democratiche. Con amarezza, tuttavia aggiunse che, se il papa comandava la svolta, egli ubbidiva. Ma disse ancora: «Se mi è consentito di esprimere il mio parere da un punto di vista politico, io non cambierei strada».

A padre Lombardi bastava ciò che era riuscito a strappare dal riluttante De Gasperi, e anzi, forzandone il pensiero, riferiva in alto loco di averlo convinto all'operazione. In realtà a lui stesso non sfuggiva quanto ripugnasse al presidente del Consiglio un'alleanza coi neofascisti. Ne discusse con suor Pasqualina, e a lei venne l'idea di far presa sulla moglie dello statista, Francesca. Con l'aiuto del principe Carlo, nipote del papa, il gesuita partì subito per Castel Gandolfo, a bordo della sua Lincoln nera targata SCV 176, a incontrare donna Francesca che si trovava in quei giorni nella sua villa sulla via dei Laghi. Era il 19 aprile del '52.

Più che di un incontro si trattò di uno scontro. Sembrava che Lombardi fosse arrivato fin lì non per convincere, ma per provocare. Cominciò con una minaccia: «Devo avvisarla, signora, che sulla Dc grava la sfiducia, e si teme un sindaco comunista. In questo caso vergognoso per la Chiesa, il clero favorirebbe la formazione di un nuovo movimento politico dei cattolici per difendere il papa. Quindi diremmo a De Gasperi: "Se ne vada!"». Donna Francesca saltò su inviperita: «Ma se ne vada lei, padre, e subito!». «Lei non sa, signora, che il Santo Padre preferirebbe, ai comunisti in Campidoglio, Stalin e i cosacchi in piazza San Pietro». «Noi non cederemo ai vostri ricatti». «E lei, signora, non ha la minima idea di ciò che si dice della Dc. Voi siete degli isolati». «È troppo forte l'ingerenza della Chiesa negli affari politici». «Ma noi non vogliamo un comunista a Roma mediante elezioni democratiche». «Ci vorrebbe più gratitudine per mio marito». «Siamo noi che lo abbiamo mandato al potere». «Mio marito ha fatto molto per la Chiesa». «Ma non ha sempre ubbidito al papa». «Non si deve far tornare Mussolini». «Signora, è meglio Mussolini che Stalin». «Meglio né l'uno né l'altro».

Si cercava un modo per uscire dall'*impasse*, per altro complicata dalla minaccia di Gedda di presentare una seconda lista di cattolici che avrebbe dovuto preludere alla nascita d'un nuovo partito cattolico diverso dalla Democrazia cristiana. In Vaticano si ebbe l'impressione di poter ripiegare su una scappatoia, che fu chiamata «operazione Sturzo», sebbene il vecchio sacerdote siciliano, che doveva condurla, non fosse molto amato né dalla Santa Sede né dalla Democrazia cristiana. Il vecchio prete di Caltagirone avrebbe dovuto formare una lista unica sganciata dai partiti tradizionali comprendente le «migliori competenze amministrative» prive di una specifica qualificazione politica, al fine di richiamare su di essa i voti degli elettori che si sentivano «veramente romani». Come, del resto, veramente romano era il papa essendovi nato e in quanto vescovo di quella città.

Per l'immagine democratica e antifascista della Democrazia cristiana, l'«operazione Sturzo» non era meno pericolosa della originaria soluzione. Se ne rendeva ben conto il sottosegretario alla presidenza del Consiglio e fedele assistente di De Gasperi, Giulio Andreotti, il quale inviò un messaggio in otto punti al pontefice dal titolo anodino «Sulle elezioni di Roma». Il messaggio pervenne a Pacelli dopo esser passato per le mani di monsignor Paganuzzi, al quale il sottosegretario lo aveva materialmente consegnato, e di suor Pasqualina. «Una lista», scriveva Andreotti, «apparentemente extra-politica ma di fatto risultante dalla Dc+Msi+Partito monarchico avrebbe certe conseguenze». Il sottosegretario non diceva esplicitamente se quelle «conseguenze» sarebbero state positive o negative, ma dalla loro enumerazione il pontefice doveva capire che era meglio lasciar stare. La propaganda di destra, scriveva Andreotti, farebbe perno sul declino della fiducia ecclesiastica verso la Dc e sull'esaltazione del Msi come «salvatore di Roma», e a giovarsene sarebbero proprio i comunisti.

Il sottosegretario proseguiva nell'elencazione delle «conseguenze». Nelle province del nord, dove la Dc aveva conquistato solide basi nel mondo operaio e contadino, si sarebbe avuta un'immediata ripercussione della slittata a destra e verso il Msi, considerato l'erede della repubblica sociale. Chi si avvantaggerebbe di questa crisi? Forse i socialdemocratici e i liberali, ma più probabilmente i socialcomunisti: «Bella preparazione alle elezioni politiche del '53!». Inoltre si sarebbero risentiti i tre partiti della vittoria del 18 aprile e avrebbero ripreso quota le correnti anticlericali. Né si sarebbero potute escludere le dimissioni del ministro repubblicano Pacciardi, con intuibili commenti in America e nel mondo atlantico. Quasi certamente i parlamentari socialdemocratici e liberali avrebbero tolto l'appoggio in Senato, dove i loro voti erano determinanti, provocando la crisi di governo e il blocco delle leggi che «a noi interessa condurre in porto, da quella sulla stampa a quella sulla Radio Vaticana». Il prestigio della Dc e del governo avrebbe subìto un grave colpo in campo internazionale, e infine si sarebbe provocato un forte turbamento fra i «cattolici sinceri» ai quali si sarebbe chiesto di votare per i fascisti di Salò e per il comandante Achille Lauro, il leader monarchico che di recente aveva esaltato la limitazione delle nascite.

La risposta del papa pervenne ad Andreotti attraverso Tardini, e da essa appariva chiaro che gli «otto punti» avevano avuto effetto. «Nessuno pensava a slittamenti a destra o a creare altri partiti», disse il monsignore al sottosegretario. In realtà le cose erano andate diversamente perché c'erano stati momenti in cui si era progettato di autorizzare l'Azione cattolica a presentare una lista propria. Lo aveva detto Montini al direttore delle ville pontificie, Emilio Bonomelli, e Bonomelli, quando aveva chiesto al monsignore se erano presenti al papa le conseguenze di una simile decisione – equivalente a una sconfessione della Dc e alla caduta del governo – si era sentito rispondere: «È proprio quella sconfessione che vogliono. Non hanno fatto che ripetere da tempo che la Dc ci porta alla rovina e pensano che Gedda e l'Azione cattolica siano la sola forza efficiente capace di sostituire la Dc e fronteggiare il comunismo».

La situazione permaneva tesa. Mancavano pochi giorni alle tanto temute elezioni amministrative quando apparve un decreto del Sant'Uffizio col quale si condannavano tutte le opere del romanziere Alberto Pincherle, conosciuto con lo pseudonimo di Moravia. Le opere «corrosive» di questo autore erano già state condannate a norma dell'articolo 1399 del Diritto canonico, ma i cardinali preposti alla difesa della fede e dei costumi vollero lanciare in quel particolare momento, con l'approvazione del papa, un nuovo avvertimento ai fedeli affinché evitassero di leggere i libri del Pincherle. Essi imponevano agli educatori di tener lontani i giovani da quegli scritti licenziosi, lascivi, osceni e imbevuti di insidioso veleno; chiedevano infine alle pubbliche autorità di vietare la pubblicazione e la diffusione di quelle opere tanto distruttrici della moralità. Quattro giorni più tardi appariva negli Atti della Santa Sede un nuovo decreto del Sant'Uffizio col quale si condannava l'opera completa d'uno scrittore premio Nobel, André Gide, e se ne ordinava l'iscrizione nell'indice dei libri proibiti. I suoi libri erano considerati nefasti e sinistri, impregnati del veleno che scaturiva dalle pagine di un Dostoevskij, di un Wilde, di un Mallarmé e perché no di un Poe.

Don Sturzo incontrava serie difficoltà ad arginare le pretese che i monarchici e i missini avanzavano come se già fossero i padroni della situazione. E quello fu un buon pretesto per rinunciare all'operazione che avrebbe dovuto capeggiare. C'era stato un precedente del genere nella sua vita politica quando nel luglio del '22, nelle elezioni amministrative a Milano, i popolari erano entrati nel cosiddetto «blocco costituzionale» insieme ai fascisti e ai liberali per opporsi ai socialisti. Un precedente che ancora lo amareggiava, e poi credeva sempre meno in quell'operazione cui arbitrariamente avevano dato il suo nome. Che cosa dire di tutto ciò al pontefice? Andreotti ricevette una telefonata da un autorevole personaggio della curia che gli chiedeva: «Può dire davanti a Dio di ritenere che la Dc abbia fatto tutto il possibile per accogliere il desiderio unitario del papa?». Il sottosegretario rispose di sì.

Pietro Nenni si chiedeva come mai si era scelto proprio don Sturzo per quell'operazione, del resto condotta, diceva Missiroli, «con rara imperizia». Nenni esprimeva l'opinione che la scelta fosse caduta su Sturzo essendo un prete antifascista, un prete che, come scriveva Igino Giordani, aveva avuto il merito di separare la politica dei cattolici dalla curia. Insomma, oltre Tevere si era creduto che un nome come quello di Sturzo avrebbe potuto rendere accettabile il connubio.

VI

La Democrazia cristiana poté alfine andare alle elezioni amministrative apparentata con i suoi alleati naturali. E le vinse. Nitti ne uscì invece sconfitto. Sul piano nazionale i democristiani avevano però complessivamente perso voti; al tempo stesso erano cresciute sia le sinistre sia le destre. La colpa era di Alcide De Gasperi, si diceva in Vaticano. Il papa lo prendeva di mira. Una volta lo statista aveva detto ai giornalisti esteri: «Nous espérons "supérer" les difficultés», e Pacelli non aveva mancato di osservare che si doveva dire «surmonter». Il papa era comunque parzialmente soddisfatto dei risultati elettorali. Bene perché i comunisti non avevano scalato il Campidoglio; male perché, come faceva sapere suor Pasqualina, la Dc non aveva saputo impedire nel paese l'avanzata delle sinistre.

Un effetto del «male», naturalmente intrecciato alle polemiche e ai contrasti sviluppatisi sulla progettata unione sacra con i neofascisti, apparve evidente nell'atto in cui il pontefice arrivò a negare un'udienza chiesta da De Gasperi per sé e la propria famiglia. L'evento si verificava nel giugno di quello stesso anno. Il presidente del Consiglio, in occasione del trentesimo anniversario del suo matrimonio e dei voti perpetui assunti in quei giorni dalla figlia Lucia, intendeva incontrare il papa per rendergli omaggio e riceverne la benedizione. La richiesta era stata avanzata attraverso l'ambasciatore d'Italia presso la Santa Sede, Giorgio Mameli, e suo tramite gli fu notificato il rifiuto.

De Gasperi non poteva non prendere carta e penna. «Come cristiano», scrisse all'ambasciatore sapendo che il pontefice sarebbe stato messo al corrente della sua protesta, «accetto l'umiliazione benché non sappia come giustificarla; come presidente del Consiglio italiano e ministro degli Esteri, la dignità e l'autorità che rappresento e della quale non mi posso spogliare neppure nei rapporti privati, m'impone di esprimere lo stupore per un rifiuto così eccezionale e di riservarmi di provocare dalla segreteria di Stato un chiarimento». Un'altra figlia dello statista, Maria Romana, rappresentava i sentimenti che agitavano il padre in quella circostanza, umiliato e offeso. Per De Gasperi, diceva Maria Romana, fu un profondo dolore, sebbene egli intuisse che il rifiuto dipendeva dalla volontà del pontefice di «non ascoltare» o dal fatto di «non sapere come rispondere» alle obiezioni di chi non la pensava come lui.

Sorgevano altre polemiche. Il papa, quasi a completamento della *Humani generis*, diceva che il catechismo aveva di per sé «maggior valore di un'ampia enciclopedia». Si poteva ravvisare in queste parole un'assonanza, forse non voluta, con l'espressione cui era ricorso Scelba per indicare spregevolmente come «utili idioti» gli intellettuali non democristiani?Eppure Pacelli chiudeva il '52 con un forte e commosso radiomessaggio natalizio in cui, oltre a denunciare i pericoli della spersonalizzazione dell'uomo moderno ridotto a puro oggetto della società e a vittima d'una meccanizzazione delle coscienze, indicava le sciagure generate dalla fame e dalla disoccupazione che apparivano crescenti nel mondo.

Additava, come aveva già fatto in ottobre per il trentennio degli Uomini cattolici, le gravi oppressioni che si esercitavano in quei luoghi, dove ai genitori si imponevano, contro le loro convinzioni, gli educatori dei loro figli e dove si faceva discendere l'accesso al lavoro dall'appartenenza a determinati partiti. Dov'era il nemico? Quali vesti indossava? «Esso si trova dappertutto e in mezzo a tutti; sa essere violento e subdolo. In questi ultimi secoli ha tentato di operare la disgregazione intellettuale, morale, sociale dell'unità nell'organismo misterioso di Cristo. Ha voluto la natura senza la grazia; la ragione senza la fede; la libertà senza l'autorità; talvolta l'autorità senza la libertà».

Aveva preparato con cura la celebrazione del trentennio dell'Unione, ma alla vigilia della manifestazione che si sarebbe svolta in piazza San Pietro il clima volgeva al peggio. Durante la notte si era alzato più volte per vedere dalla finestra se pioveva ancora. Sì, pioveva. Raccontava la cosa a padre Rotondi. «Ogni volta», gli diceva, «pregavo il Signore che mandasse il bel tempo per la riuscita della festa. L'ultima volta, vedendo che continuava a piovere, mi venne fatto di esclamare: "Se piove, peggio per Te!"». Quindi chiese al gesuita: «Le pare che con questa frase io sia andato un po' oltre?». Padre Rotondi gli rispose: «Se non può parlare così a Dio il suo Vicario, chi mai potrebbe farlo?». «Comunque», incalzò Pacelli, «spero di salvarmi l'anima». «Se non se la salva Lei, chi se la salverà?». E lui: «Mah! Con i Papi, Iddio usa un metodo tutto speciale!». Padre Rotondi aveva quel giorno una brutta cera. «Le faccio portare da Madre Pasqualina un po' di brodo caldo», gli disse Pacelli. «Santità, non posso berlo. Subito dopo devo celebrare la Messa!», obiettò il religioso. «Come Papa credo di poterLe dare la dispensa».

Un'ulteriore internazionalizzazione del collegio cardinalizio – che era già diventato un «mappamondo vivente» secondo l'espressione del pontefice – si ebbe all'inizio del 1953 con un nuovo concistoro. In base a questa concezione universale da lui nutrita con profondo convincimento, più forte divenne la disparità numerica dei cardinali italiani, che ammontavano a ventisei, rispetto ai quarantaquattro porporati stranieri. Un secolo prima soltanto sedici su settanta cardinali non erano italiani. Fra i nuovi porporati si annoveravano il nunzio in Francia, Roncalli, l'arcivescovo di Zagabria, Stepinac, e quello di Varsavia, Wyszynski. Gli ultimi due non poterono raggiungere Roma perché prigionieri nei loro paesi a regime comunista.

Nelle elezioni politiche del 7 giugno '53 la destra monarchica e missina migliorò ancora le sue posizioni, mentre i partiti di centro, apparentati tra loro, arretrarono e non poterono beneficiare del meccanismo della cosiddetta legge «truffa» per uno scarto minimo di cinquantasettemila voti. Padre Lombardi e la «Civiltà Cattolica» ne gioirono. Il gesuita disse che ci aveva pensato la provvidenza a non far scattare la legge truffa e a impedire che la Democrazia cristiana e i partiti con lei apparentati ottenessero la maggioranza assoluta: «L'esclusivismo della Dc come unico gruppo cattolico era pericoloso, e ora forse dovrà attenuarsi, per poter governare. La Chiesa sarà più sciolta e meno "di partito"».

De Gasperi non riuscì a formare il governo, monocolore, sebbene avesse scongiurato i monarchici di dargli i voti che gli mancavano, visto che i partiti minori non andavano oltre l'astensione. Si poteva presumere che il suo successore alla testa d'un governo dovesse essere Amintore Fanfani, un professorino quarantacinquenne rappresentante della «nouvelle vague» democristiana. Lo indicava lo stesso De Gasperi, ma il «mezzo toscano» faceva paura a molti essendo considerato troppo a sinistra. Sicché il nuovo presidente del Consiglio non fu lui, ma un uomo di destra, il piemontese Giuseppe Pella conterraneo di Quintino Sella, prescelto in pieno Ferragosto dal capo dello Stato Luigi Einaudi, anch'egli piemontese; senza nemmeno ascoltare la Democrazia cristiana incapace di decidere.

Pella costituirà un diverso monocolore democristiano al quale De Gasperi, che nel frattempo tornerà alla segreteria del partito, non mancherà di affibbiare la definizione di «governo amico» per prenderne le distanze. La definizione non fece piacere al pontefice il quale intuiva che, morto il centrismo, intorno a quel monocolore di apertura a destra in parte realizzata si poteva organizzare una sorta di resistenza per impedire alla Democrazia cristiana di cominciare a guardare verso sinistra anche se non immediatamente.

Da molti anni ben maggiori soddisfazioni il papa riceveva dalla Spagna franchista che nel '53 concludeva un concordato con la Santa Sede. Le trattative erano cominciate dal '51 quando l'ambasciatore spagnolo presso la Santa Sede aveva consegnato la prima bozza del trattato nelle sue mani nell'aprile di quell'anno insieme a una lettera autografa del caudillo che lo aveva reso felice.

VII

La salute di Pacelli non era mai stata rassicurante. Spesso aveva avuto bisogno delle cure più varie. Già nel '43 aveva sofferto di mal di denti, e lo specialista, il professore Curzio Hruska, aveva penato a convincerlo ad affrontare il trapano. Per mettergli un po' in ordine la bocca, gli disse Hruska, occorrevano una sessantina di sedute. Il papa tergiversava e il dentista, per indurlo a più miti consigli, dovette prospettargli il pericolo d'una dentiera. «Come potrò parlare con quell'aggeggio?», chiese Pacelli. E il dentista: «Non escluderei qualche sibilo, qualche difficoltà con le dentali». «Allora sono pronto alle sedute!», esclamò il papa.

Alla vigilia dell'ultimo concistoro, i porporati si erano accorti, dal colorito subcianotico del volto, dagli occhi infossati, che il papa era più che mai sofferente. Si affaticava con grande facilità ed era costretto a parlare stando seduto, in contrasto con l'abitudine di rivolgersi all'uditorio ben eretto nella persona. Accusava dolori alla spalla destra che si facevano più acuti nel porgere la mano al bacio dell'anello. A suor Pasqualina, che lo pregava di rallentare il frenetico ritmo di lavoro, un giorno disse: «Se faccio il Papa, faccio il Papa. Se no, me ne vado. Nomino i cardinali che ne eleggeranno uno nuovo, e parto per la Svizzera. Vado a Menzinghen a fare il cappellano. Non si può essere Papa senza fare il Papa». Queste parole non erano soltanto uno sfogo, ma riassumevano un'intera situazione. Pacelli pensava davvero di rinunciare al pontificato, ripetendo il gesto di Celestino V. Il suo proposito preoccupò talmente il Sant'Uffizio che i cardinali Ottaviani e Canali promossero alcune riunioni con l'intento di far pressioni su di lui affinché abbandonasse quell'idea oltremodo pericolosa per l'immagine della Chiesa e l'unità della compagine cattolica.

Dall'America Latina provenivano segnali preoccupanti per la Santa Sede. Il colonnello Juan Domingo Peron, divenuto presidente dell'Argentina propugnando una collaborazione fra le classi, dopo alcuni anni di regime dittatoriale e giustizialista aveva impresso alla sua politica una svolta fortemente anticlericale. Ormai nelle piazze di Buenos Aires i suoi descamisados gridavano «Abbasso il papa!». Si aboliva la festa dell'Immacolata concezione e si proclamava una festa nazionale in onore della leggendaria Evita, moglie defunta del dittatore. Il regime sopprimeva l'insegnamento religioso nelle scuole, introduceva il divorzio, legalizzava la prostituzione, tollerava ogni sorta di violenze contro suore e religiosi. A metà giugno del '55 Peron fu raggiunto dalla scomunica pontificia, mentre un colpo di Stato militare lo costringeva alla fuga.

Nella preparazione e nello svolgimento delle celebrazioni dell'Anno Mariano, punteggiato da innumerevoli *peregrinationes Mariae*, Pacelli, insieme ai discorsi e ai radiomessaggi, aveva intensificato tra la fine del '53 e l'inizio del '54 le udienze con i fedeli, dette di «baciamano». Proprio quelle che più gli provocavano lancinanti dolori al braccio. Riduceva invece al minimo le «udienze di tabella», riservate cioè ai responsabili delle congregazioni, né vedeva volentieri altri personaggi di curia e i vescovi, per cui trattava gli affari della Chiesa in maniera autoritaria esclusivamente attraverso Montini e Tardini, non volendo sentirsi contraddire dall'uno o l'altro dei collaboratori. Si faceva aspro, come avvenne nel radiomessaggio natalizio del '53, quando prese di mira un personaggio nel quale, nonostante una smentita dell'organo vaticano, era possibile ravvisare un esponente di primo piano della sinistra democristiana, Giorgio La Pira, in quegli anni sindaco di Firenze. Parlò di un «uomo politico che si trasformava quasi in un banditore carismatico di una nuova teoria sociale, contribuendo ad aggravare il disorientamento delle menti già incerte».

Identiche accuse saranno rivolte dalle gerarchie all'opera d'un sacerdote, Lorenzo Milani, parroco di Barbiana, una sperduta frazione dell'Appennino toscano dove venne trasferito nel tentativo di reprimerne lo spirito e punire il sinistrismo di cui era accusato. Don Milani si chiedeva con disperazione: «Per un prete, quale tragedia più grossa di questa potrà mai venire? Esser liberi, avere in mano Sacramenti, Camera, Senato, stampa, radio, campanili, pulpiti, scuola e con tutta questa dovizia di mezzi divini e umani raccogliere il bel frutto d'essere derisi dai poveri, odiati dai più deboli, amati dai più forti. Aver la Chiesa vuota. Vedersela vuotare ogni giorno di più. Saper che presto sarà finita per la fede dei poveri. Non ti vien fatto perfino di domandarti se la persecuzione potrà esser peggio di tutto questo?».

Pacelli avvertiva il peso dei suoi settantotto anni, e le condizioni di salute peggiorarono notevolmente con l'aggravarsi delle crisi cardiopolmonari, a causa d'una sclerosi senile. Per tutta la vita aveva sofferto di scompensi cardiaci e d'ipotensione. Anemico, aveva di tanto in tanto rischiato di perdere coscienza. Ora insorgevano disturbi gastrici con un insistente singhiozzo che lo teneva penosamente sveglio a lungo nel cuore della notte. I medici diagnosticavano un'ernia diaframmatica alla quale si univa una febbre che lo consumava a vista d'occhio. Volle provare una cura omeopatica, ma inutilmente. La lesione al diaframma era stata la conseguenza d'uno sforzo da lui compiuto per sollevare da terra una cassetta di documenti. Ormai sempre più difficilmente poteva scrivere a macchina, come invece aveva sempre fatto in tutti quegli anni. E dettava ogni cosa a suor Pasqualina, la cui indispensabilità, anche nelle funzioni di segretaria, era diventata assoluta. Semisdraiato, lavorava appoggiando le carte su un tavolino da letto.

Il professor Raffaele Paolucci, specialista di chirurgia polmonare, avrebbe voluto tentare un intervento chirurgico. Di lui il papa si fidava più di altri, anche per le sue idee politiche. Paolucci di Valmaggiore era ordinario di chirurgia all'università di Roma, aveva meritato una medaglia d'oro per l'affondamento della *Viribus unitis* durante la prima guerra mondiale ed era senatore monarchico. Scherzosamente Pacelli diceva: «In un certo senso anche Noi siamo monarchici». Del resto, fin dal '32 Vittorio Emanuele aveva conferito a lui il collare dell'Annunziata e, nel '40, al fratello Francesco il titolo di marchese trasmissibile ai discendenti.

Le cattive condizioni di salute e l'età avanzata del pontefice indussero il chirurgo a recedere dal suo proposito. Quindi affidò il paziente a un internista, il professor Ferdinando Corelli, ematologo, perché lo sottoponesse alle necessarie cure mediche e tamponasse eventuali emorragie gastriche. La cura, che consisteva in trasfusioni di sangue e di plasma fresco proveniente da giovani soggetti, si protrasse per una quarantina di giorni rivelandosi efficacissima. Il papa migliorò, e un giorno disse a Corelli: «Lei ha fatto un miracolo!». E Corelli: «Con l'aiuto della Divina Provvidenza, Santità». «È naturale, è naturale, professore!».

I suoi mali non erano finiti, anche se di tanto in tanto appariva rinvigorito. Si diceva che facesse iniezioni per ringiovanire. Lentamente si aggravò l'ipertrofia prostatica, di cui soffriva da tempo, e ben più dolorose diventarono tutte le disfunzioni e i disturbi che le erano connessi. Durante la notte doveva alzarsi di frequente, e in breve aumentarono anche le chiamate diurne subitanee che talvolta si palesavano nel pieno d'una cerimonia. In questi casi era costretto a qualche sotterfugio. Sopportava con padronanza la pena, conservando una grande serenità d'animo, molto meglio di altre personalità perseguitate dallo stesso male, come Voltaire, Rousseau o Richelieu, Carlo V o Napoleone III, De Gaulle o Macmillan.

Correva voce che avessero tentato di ucciderlo col veleno. Una megera argentina, una sorta di visionaria, andava dicendo che in Vaticano si stava tramando una congiura ai suoi danni, proprio con l'impiego di una sostanza velenosa. Anche Carlo, il nipote, sospettava qualcosa di losco. Era certo che gli avessero somministrato per ben dieci volte l'acido cromico. In effetti ancora gli curavano un dente, ma la somministrazione era eccessiva. «L'acido cromico», diceva il principe Carlo, «si può usare una sola volta. Ne basta una goccia per bruciare lo stomaco, ecco perché lo stomaco del papa continuava a sudare sangue che egli immancabilmente vomitava».

Dalla Svizzera, da Montreux, era arrivato un medico per il quale Pacelli nutriva grande fiducia, il professor Paul Niehans, un endocrinologo che compiva esperimenti di celluloterapia con cellule prelevate da animali. Si attribuivano risultati portentosi alla scoperta di questo ricercatore che si diceva appartenesse alla schiera dei figli naturali dell'imperatore Guglielmo II. Nel gennaio del '54 egli iniettò all'infermo un miscuglio di cellule fresche d'ipotalamo e di surrenale, senza ovviamente ottenere risultati favorevoli. Trascorse però alcune settimane, il papa poté alzarsi dal letto e riprendere, anche se parzialmente e faticosamente, il suo gravoso lavoro. Si credeva che il figlio dell'imperatore tedesco fosse riuscito a guarirlo d'un tumore allo stomaco, perché era di quel male che si parlava, naturalmente per sentito dire.

A settembre Pacelli cadde ancora ammalato, e Niehans tornò in Vaticano coi suoi miscugli. Si ebbe di nuovo un peggioramento del paziente, e poi un miglioramento, ma più distanziato rispetto alla prima volta. Nel novero dei medici curanti, la presenza di Galeazzi Lisi era diventata puramente formale. Il papa, terrorizzato da eventuali scandali, temeva che un allontanamento del suo archiatra – ormai tale soltanto di nome – avrebbe implicitamente avallato le insinuazioni corse a carico del medico nei giorni del «caso» Montesi, quando i giornali erano pieni della storia di quella ragazza, Wilma, rinvenuta esanime e seminuda sulla spiaggia di Torvaianica l'11 aprile del '53. Il medico, appassionato cacciatore, apparteneva al novero degli amici del marchese Ugo Montagna a sua volta sospettato nell'intrigo che aveva avuto per scenario il casino di caccia di Capocotta.

Si era certi in Vaticano che il progressivo deperimento organico di cui il papa era preda lo avrebbe in breve tempo condotto alla morte. Ma Pacelli resisteva sebbene non riuscisse a impegnarsi che per qualche ora al giorno nel lavoro del suo alto ufficio. Pregava e scorreva le pagine del libro degli Esercizi di sant'Ignazio, ne ripeteva in continuazione le parole: «Anima Christi, sanctifica me!». Egli credeva fermamente nel principio-fondamento che l'uomo viene da Dio e a Dio va, essendo uomo di Dio: «Ad maiorem Dei gloriam», secondo il motto della «Societas Jesu».

Aveva qualcosa da dire sui gesuiti dei quali non era più soddisfatto come in passato, quando li chiamava «colonna della Chiesa». Ne parlava col confessore padre Hentrich, gesuita anche lui. Gli mostrava il libro degli Esercizi spirituali di sant'Ignazio, in un'edizione originale spagnola, e diceva: «Qui dentro troviamo la Compagnia di Gesù come Noi l'amiamo. Lo spirito di disciplina della Compagnia si è affievolito, non è più come ai tempi in cui studiavamo all'Università Gregoriana. Con la disciplina ha salvato la fede, la fede, la fede. Lei ne conosce la storia. Così deve rimanere la Compagnia di Gesù, non altrimenti, non altrimenti. Noi siamo molto preoccupati dei gesuiti di oggi. Sentire *cum ecclesia*, stimare la scolastica, e la sana dottrina, conservare il *depositum fidei*. Noi ci sentiamo responsabili, e ce ne rivolgiamo un rimprovero, di non essere intervenuti in modo più energico».

Per circa tre mesi il papa fu tra la vita e la morte. Nell'aprile del '54 le sue condizioni di salute erano migliorate, ed egli aveva potuto cominciare a occuparsi delle celebrazioni per la canonizzazione di Pio X, da lui fermamente voluta, nonostante le resistenze che si frapponevano all'elevazione agli altari del papa della dura *Pascendi* antimodernista. Da secoli, cioè dal 1712 con Pio V, non si era più verificato che un pontefice fosse salito alla gloria degli altari. Pacelli vedeva nel prete di Riese, dagli umili natali, l'uomo che aveva saputo opporsi ai mali del modernismo con maestria di nocchiero in gran tempesta, e scorgeva una sorta di parallelismo tra gli errori di quel tempo e le sciagure ideologiche che ora lui stesso era costretto ad affrontare.

Aveva già fatto nel discorso di beatificazione un accenno

alla prudenza di papa Sarto, quasi a giustificare la propria condotta di neutralità negli anni di guerra e che ancora suscitava dure critiche. «Si deve riconoscere», disse, «che anche nei periodi più difficili, più aspri, più gravi di responsabilità, Pio X diede prova di quella illuminata prudenza, che non fa mai difetto nei santi, anche quando nelle sue applicazioni essa si trova in contrasto, doloroso ma inevitabile, con gli ingannevoli postulati della prudenza umana e puramente terrena».

Un giorno, era il 2 dicembre del '54, chiamò monsignor Tardini per parlargli di qualcosa in gran segreto. Il papa era nuovamente a letto, pallido e debole. Il monsignore si chinò su di lui perché quasi non ne sentiva la flebile voce. Pacelli si esprimeva affannosamente: «Mi confido con lei», gli sussurrò all'orecchio, «perché gli altri potrebbero pensare che le mie sono allucinazioni di un povero ammalato. Ieri mattina ho sentito una voce, leggera ma chiara, che mi diceva: "Adesso viene una visione". Invece non venne nulla. La visione l'ho poi avuta questa mattina, quando assistevo alla Santa messa. Io ho visto il Signore! È stato un attimo, ma l'ho visto bene. Era molto bello».

Più tardi, sentendosi un po' sollevato dal singhiozzo, diede altri particolari della visione. Il Signore, come diceva, gli era apparso verso le 7 del mattino mentre pronunciava l'invocazione dell'Anima Christi e ripeteva le parole «In hora mortis meae voca me». La visione si era rapidamente dissolta, ma lui continuava insistentemente nella supplica: «Voca me! Voca me!». Due giorni dopo era ancora a letto, e durante una nuova udienza concessa a Tardini, ripeté l'invocazione «Voca me! Voca me!». Quindi disse: «Credevo proprio che il Signore mi chiamasse. Sarebbe stato bello morire in quel momento, e invece...». Prese dal comodino il libro degli Esercizi di sant'Ignazio, mormorando: «Ecco il mio conforto». Si mostrava soddisfatto del consulto, pur notando che i medici gli apparivano troppo ottimisti sulla sua sorte, specialmente Paolucci.

In Vaticano si parlava molto delle visioni. Per il professor

Gasbarrini esse andavano addebitate al deperimento fisico del pontefice. Si erano però già avute in precedenza altre visioni. Una risaliva al 1950, ai giorni in cui Pacelli preparava l'annuncio del dogma dell'Assunzione. Alcuni prelati di curia asserivano che egli aveva assistito al «miracolo del sole», così come trentasei anni prima era avvenuto a Fatima quando il cielo fu squarciato da un lampo fortissimo e a tre pastorelli era apparsa da sopra una quercia la figura di una bellissima Signora. Il papa passeggiava nei giardini del Vaticano con nelle mani alcune lettere cui doveva dare risposta. All'improvviso, alzando gli occhi dalle carte, vide il sole muoversi in cielo, più infuocato che mai. L'astro appariva opaco al centro, ma, attorniato da un alone infiammato, girò per tre volte vertiginosamente su se stesso. Istintivamente, per un richiamo interiore, Pacelli fissò a lungo il disco luminoso senza distoglierne lo sguardo, come in una sfida. Tornò nel suo appartamento, sommamente sorpreso di essere riuscito a fissare il sole, lui che non aveva mai potuto sopportare le luci troppo forti. Fece chiamare l'oculista il quale non riscontrò alcun danno agli occhi.

La coincidenza di questo evento solare con il lampo di Fatima impressionò fortemente il pontefice che si mise a studiare con attenzione le ripetute apparizioni verificatesi nel 1917. Fra i tre pastorelli che avevano visto la bellissima Signora c'era una ragazzetta d'una decina d'anni, Lucia dos Santos, che poi prese i voti e fu suora carmelitana. Pacelli cominciò a interessare suor Lucia al suo caso. Inviava a Coimbra una sua messaggera con l'incarico di farsi raccontare da suor Lucia tutto quanto ricordava sulle apparizioni. Ciò perché egli aveva rilevato molte divergenze nelle varie esposizioni riportate dagli scritti dedicati all'evento. Sospettava che alcuni autori, per dare una forma più letteraria all'esposizione, avessero forzato questo o quel particolare del miracolo. Il papa voleva soprattutto sapere se suor Lucia avesse visto o no in cielo una grande fiammata solare. La risposta della religiosa fu laconica: non aveva visto il miracolo del sole, intenta com'era ad ammirare la Madonna che le era così miracolosamente apparsa.

Fu padre Rotondi a diffondere al di fuori delle mura vaticane la notizia delle visioni cui il pontefice era soggetto. Pacelli non aveva gradito la rivelazione d'un evento che doveva restare segreto, e per qualche tempo rifiutò di ricevere il gesuita indiscreto. A suor Pasqualina diceva: «Se lo rivedo!». Poi, le urgenze delle questioni sul tappeto lo indussero a riceverlo nuovamente. Si era un po' tranquillizzato, e difatti osservava che «tutto sommato la notizia aveva fatto del bene». Volle inoltre che si smentisse la voce secondo la quale padre Rotondi aveva intascato un compenso rivelando a un giornale le sue visioni.

Ormai tutti parlavano delle visioni. Non c'era giornale al mondo che non avesse dedicato ad esse almeno un articolo. Soltanto l'organo curiale, l'«Osservatore romano», taceva. Cesidio Lolli si chiedeva se quel mutismo era o no giusto. Sapeva che il pontefice era tornato a consigliare il riserbo. Ne aveva fatto un'esperienza egli stesso. Un giorno gli aveva chiesto: «Come era la figura del Signore? Nella semplice umanità o trasfigurata nella gloria?», e si era sentito rispondere: «Basta! Si è parlato troppo di questa cosa. Basta!». Rimaneva però il problema se l'«Osservatore romano» dovesse continuare a ignorare l'evento. Lolli sottopose la questione al sostituto della segreteria di Stato monsignor Dell'Acqua, il quale lo autorizzò a preparare sì un articolo, ma che fosse assai succinto. Lo scritto, le cui bozze furono sottoposte all'attenzione dello stesso pontefice che lo ridusse ulteriormente tagliandolo qua e là, apparve sul giornale della Santa Sede nel dicembre del '55, con il titolo «È il Signore» e contenuto in poco più di tre mezze colonne.

Dal gennaio del '55 il medico effettivo di Pacelli era il gastroenterologo Antonio Gasbarrini che da Bologna arrivava a Roma una volta al mese per una visita di controllo. La disistima del pontefice per l'archiatra si era ulteriormente aggravata in seguito a un nuovo scandalo che si era tuttavia riusciti a soffocare. Si scoprì che Galeazzi Lisi aveva fornito all'agenzia giornalistica statunitense «United Press» un suo memoriale sulle condizioni di salute del papa. La segreteria di Stato poté intervenire tempestivamente sulla direzione dell'agenzia, e quindi, dopo una pur complessa trattativa e il rimborso delle somme già percepite dall'infido archiatra, si poté alfine chiudere l'episodio. C'era in Vaticano chi riteneva che probabilmente Galeazzi Lisi fosse caduto vittima di qualche forma di alterazione mentale. Fra i medici che attorniavano il papa non spirava un buon clima. Si erano formate due fazioni: da un lato erano schierati suor Pasqualina-Niehans-Galeazzi; dall'altro lato si trovava Gasbarrini che, per distinguersi da tutti, non accettava onorari né rimborsi spese. Nel frattempo Niehans veniva nominato accademico pontificio, per le sue scoperte nel campo della scienza biologica. La decisione fece rumore, e anche Andreotti ritenne ingiustificato che Niehans succedesse al celebre batteriologo Fleming in seno all'Accademia vaticana.

De Gasperi insisteva sull'esigenza di mantenere autonomo il suo partito dall'influenza asfissiante della Chiesa. Tributava sì alla Santa Sede, nella sfera che le era propria, l'adesione della Democrazia cristiana piena e sincera, ma non si esimeva dall'osservare che per operare nel campo sociale e politico non erano sufficienti da sole né la fede né la virtù. Ci voleva altro, bisognava creare e sostenere uno strumento consono con i tempi, cioè il partito. Egli pensava inoltre alla Dc come a un partito di centro che muoveva verso sinistra. Ciò per soddisfare le istanze sociali delle masse, con la collaborazione di altre forze che non fossero alla sinistra di Saragat. Il centrismo degasperiano rendeva inquieti i sonni del pontefice, il quale raggiunse il massimo dell'irritazione ascoltando un discorso in cui lo statista trentino affermava che la Democrazia cristiana «non era un partito confessionale» e che quindi «non costituiva un'emanazione dell'autorità ecclesiastica».

Pacelli incaricò padre Antonio Messineo di scrivere per la «Civiltà Cattolica» un articolo in replica a quelle sgradite affermazioni. Non fu però soddisfatto dell'articolo considerandolo accomodante e non essendo riuscito a migliorarlo nonostante lo avesse personalmente corretto. A chi, in nome della separazione fra Stato e Chiesa gli contestava il diritto di intervenire, ricordava che era dovere della Santa Sede «garantire il giusto equilibrio tra dovere ed obbligo, da una parte, tra diritto e libertà, dall'altra». Precisava che l'«autorità politica non aveva mai avuto un patrono più degno di fiducia della Chiesa cattolica, giacché la Chiesa fonda l'autorità dello Stato sulla volontà del Creatore, sul comandamento di Dio; certamente, poiché essa attribuisce all'autorità pubblica un valore religioso, la Chiesa si è sempre opposta all'arbitrio dello Stato, alla tirannide sotto qualsiasi forma».

Interveniva Andreotti a dare una spiegazione del centrismo degasperiano, una formula, specificava l'esponente politico, che si sarebbe potuta meglio attuare se gli elettori avessero nuovamente conferito alla Democrazia cristiana la maggioranza assoluta, come era avvenuto nel mai dimenticato 18 aprile. Allora sì che Pacelli avrebbe potuto dormire fra due guanciali. Secondo Andreotti, con il centrismo si teneva presente la contemporanea rappresentazione d'una vasta gamma di stati d'animo, di orientamenti, d'interessi. Ne conseguiva non una meccanica elisione di aspirazioni contrapposte, ma al contrario un'associazione, su una linea mediana e comprensibile, delle posizioni della borghesia operosa – onestamente fedele al metodo e alle istituzioni democratiche – con quelle del mondo dei lavoratori sia autonomi sia dipendenti e di chi cercava lavoro.

Insomma il centrismo non era una configurazione astratta e chimerica. Andreotti diceva queste cose non soltanto per convincere gli elettori a confermare, estendendola, la fiducia nella Dc, ma anche perché il papa le togliesse il broncio. Egli faceva queste considerazioni all'indomani del 19 agosto del '54, giorno in cui De Gasperi, settantatreenne, era spirato fra i monti di Sella Valsugana. Aveva ancora negli occhi l'immagine dello statista inanimato. Il tramonto politico di De Gasperi era avvenuto nell'agosto dell'anno precedente, e fu in gran parte determinato dalla sconfitta subita sulla legge elettorale maggioritaria. Il centrismo, insisteva Andreotti, era la «strada feconda» che aveva avviato nel '50 la riforma fondiaria, la riforma tributaria e la politica di sviluppo delle zone depresse; era la proiezione interna di una politica internazionale fondata sulla solidarietà europea e sull'alleanza atlantica. Queste direttrici di integrazione politico-diplomatica, infine, non si sarebbero conciliate con «visioni interne ispirate a caratterizzazioni di sinistra o di destra che fossero».

La diffidenza del pontefice per la Democrazia cristiana proseguì anche dopo la morte dello statista trentino, tanto più che il partito cominciava a dar segni di voler davvero muovere verso sinistra in un clima di incipiente distensione internazionale. «Coesistenza?», si chiedeva padre Messineo sulla «Civiltà Cattolica». Ma la coesistenza ai suoi occhi non era che un «concetto antiumano», così come erano riprovevoli e dannose le iniziative del sindaco di Firenze, Giorgio La Pira, che raccoglieva intorno a sé i sindaci di tutto il mondo. Il Sant'Uffizio intervenne con mano pesante contro un gruppo di fautori della collaborazione fra i democristiani e i socialisti di Pietro Nenni. Si pubblicava a Venezia un settimanale, «Il Popolo del Veneto», diretto da Wladimiro Dorigo, nelle cui pagine si prospettava l'esigenza dell'apertura a sinistra. All'inizio del '56 il Sant'Uffizio affrontò esplicitamente la curia di Venezia, al cui patriarca, Angelo Roncalli, si rimproverava di non essere intervenuto a far tacere quella voce discorde.

Il cardinale scrisse al segretario del Sant'Uffizio, Giuseppe Pizzardo, specificando che in primo luogo il giornale incriminato era un organo politico indipendente e come tale non rappresentava minimamente il mondo cattolico. In secondo luogo il suo direttore non aveva mai dato segni di aggregamento al carro marxista. Il cardinale Pizzardo mantenne la reprimenda, e Roncalli in una pastorale dell'agosto fu costretto a mostrarsi dubbioso su un'eventuale apertura ai socialisti nenniani. Ciò non gli impedì nel febbraio dell'anno successivo di salutare con calore i congressisti del Psi che si riunivano a Venezia. Rivolgeva loro l'augurio di contribuire alla «comune elevazione» verso gli ideali di verità, di bene, di giustizia e di pace. «Io apprezzo», scrisse in un manifesto affisso sui muri della città, «l'importanza eccezionale dell'avvenimento che appare di grande rilievo per l'immediato indirizzo della nazione». Pacelli non nascondeva il suo disappunto per queste dichiarazioni e chiedeva all'«Osservatore romano» di farsene portavoce. Il patriarca fu perciò costretto a una ritrattazione: «A Venezia un dialogo dei cattolici con le forze marxiste non è stato mai aperto né lo può essere».

In particolare un evento rinfocolò la polemica dei laici nei confronti delle interferenze del clero nella vita civile del paese. A Prato un giovane vescovo, monsignor Fiordelli, che godeva dell'apprezzamento del pontefice, in una sua pastorale aveva scomunicato i coniugi Bellandi per aver contratto matrimonio davanti al sindaco trascurando il sacerdote, e aveva ordinato a un suo parroco, don Danilo Ajazzi, di far apparire sul bollettino parrocchiale un comunicato in cui i Bellandi venivano dichiarati «pubblici peccatori» e «pubblici concubini».

Il clima di tensione che scaturiva dall'aperta avversione di Pacelli all'eventualità d'una svolta a sinistra, faceva sì che la vicenda di Prato travalicasse i limiti giudiziari. Essa riapriva il problema delle relazioni fra Stato e Chiesa che, pur ritenendosi sostanzialmente risolto, era sempre soggetto al gioco dei rapporti di forza a causa dell'incertezza dei relativi confini. Era parso che stesse per saltare la separazione di poteri sancita dal concordato fra le due entità, una separazione che aveva imposto al potere spirituale della Chiesa di non vulnerare le leggi dello Stato.

Monsignor Fiordelli sosteneva di non aver voluto nella sua pastorale diffamare i coniugi Bellandi; il suo intento era di richiamarli al loro dovere di cattolici. In tal maniera si cercava di introdurre una distinzione tra le parole del vescovo pronunziate in chiesa e la diffusione a mezzo stampa che, con aggravanti, ne aveva operata don Ajazzi. Il presule considerava un suo diritto richiamare i *peccatores*, senza che ciò si traducesse né in una vulnerazione della legge dello Stato italiano né in una espansione del potere ecclesiastico ai danni di quello civile. Si poteva perciò distinguere tra «reputazione civile» e «reputazione religioso-cattolica» dei cittadini, per cui era possibile essere *peccatores* in latino senza essere «peccatori» in italiano.

Questa tesi, che scaturiva dalla preoccupazione di non allarmare eccessivamente l'opinione pubblica in merito all'influenza della Chiesa sullo Stato, fu però vanificata dai rifiuti opposti dal vescovo e dal parroco di comparire davanti al magistrato. Il diniego comportava un disconoscimento di giurisdizione, in violazione dello stesso concordato nel quale si affermava che anche i religiosi, compresi i vescovi e i cardinali, erano soggetti alla legge dello Stato italiano. Lo stesso monsignor Fiordelli aveva mostrato di attenersi a queste regole quando nella fase istruttoria del procedimento si era spontaneamente presentato ai giudici per discolparsi. Ma poi erano sopraggiunti dal Vaticano autorevoli consigli, e la condotta degli imputati era mutata, a riprova che i rappresentanti della Chiesa intendevano mostrarsi più forti che in passato nei confronti dell'autorità statale. Contemporaneamente interveniva sulla «Civiltà Cattolica» padre Salvatore Lener a sostenere l'improcedibilità nei confronti di monsignor Fiordelli e ad affermare che con il rinvio a giudizio del presule si era commessa una violazione che sarebbe sussistita anche nel caso in cui i giudici lo avessero alla fine ritenuto innocente. Ma nel marzo del '58 il tribunale di Firenze condannava il monsignore per diffamazione a una pena pecuniaria.

La condanna rendeva furente la curia vaticana che, per protesta contro la «condizione di amarezza, di mestizia e di oltraggio» in cui si trovava in Italia la Chiesa, annullava le cerimonie ufficiali con le quali si celebrava annualmente l'elezione di Pacelli al soglio pontificio. Anche l'arcivescovo di Milano, monsignor Montini, pronunciò parole di riprovazione pur non tralasciando di osservare che a causa degli ultimi fatti non si potevano perdere i «sentimenti di amore, di fedeltà, di rispetto verso la vita italiana e le sue istituzioni». Infine l'arcivescovo di Bologna, cardinale Lercaro, ordinò di parare a lutto la cattedrale e le chiese della sua diocesi e di suonare per più giorni le campane a morto, in segno di protesta contro lo Stato italiano.

Nell'intreccio fra storia d'Italia e storia del pontificato tornava a verificarsi che la Santa Sede considerasse la nazione italiana come sua riserva di difesa e di espansione e come terreno per i suoi esperimenti destinati ad attuare la sovranità della Chiesa nel mondo. Luigi Salvatorelli, che aveva ricoperto una cattedra di storia del cristianesimo, cercava di individuare le ragioni di tutto ciò. Osservava che in Italia la potenza politica del Vaticano e della Chiesa si era trovata di fronte a tre grandi manifestazioni: la maggioranza relativa o assoluta, conquistata dalla Democrazia cristiana nelle elezioni per la Costituente del 2 giugno '46 e in quelle per i due primi parlamenti repubblicani del 18 aprile '48 e del 7 giugno '53, con la conseguente formazione di governi democristiani; l'agganciamento dei Patti lateranensi alla Costituzione repubblicana avvenuto attraverso l'articolo 7 della Carta costituzionale, un agganciamento non perfettamente precisato, e che per ciò stesso si prestava a essere sfruttato con larghezza; l'azione preponderante svolta nelle elezioni da un organo di fatto dell'Azione cattolica come i Comitati civici. Nell'insieme si era sviluppata una tendenza alla confessionalizzazione dello Stato giuridicamente appoggiata dall'articolo 7, una norma che indirettamente aveva introdotto nella Costituzione l'articolo 1 del vecchio Statuto col quale si proclamava che la religione cattolica apostolica romana era la religione dello Stato. Questa disposizione umbertina, che nel regime liberale appariva nulla più di un innocuo atto di rispetto, veniva ora fatta valere dall'attivismo cattolico italiano come una regola suprema per la vita pubblica della nazione, senza che gli organi di azione statale la contrastassero, quando addirittura non la favorivano.

Pacelli interveniva contro la nutrita pattuglia di preti operai francesi che da una decina d'anni svolgeva un'azione di evangelizzazione intesa a riportare la religiosità nelle fabbriche. Incoraggiati dall'arcivescovo di Parigi, cardinale Suhard, numerosi sacerdoti erano scesi fra gli operai indossando le loro tute, svolgendo i loro stessi lavori, confondendosi in alcuni casi con gli scaricatori del porto di Marsiglia. Volevano così testimoniare la forza della fede e ricondurre alla religiosità almeno gli indecisi. Sul principio l'iniziativa non era dispiaciuta in Vaticano, anche perché si riallacciava all'apostolato che in Italia le Acli e l'Onarmo conducevano presso il proletariato. Ma i *prêtres-ouvriers* si erano a poco a poco immedesimati a tal punto nel nuovo ruolo da guidare essi stessi le agitazioni operaie e gli scioperi e da apparire vittime di deviazioni marxiste. Nell'estate del '53 il papa convocò a Roma i cardinali francesi Feltin, Liénart e Gerlier coi quali decise di porre fine all'esperimento, pur affermando ufficialmente che quella nuova azione missionaria poteva continuare in altra forma che non snaturasse il ruolo del prete.

Per il Vaticano l'apertura ai socialisti in Italia era sempre in agguato, e sembrava che alcuni eventi, sia interni sia internazionali, fossero lì a favorirla o a ritardarla. Nell'aprile del '55 il democristiano di sinistra Giovanni Gronchi, un toscano, succedeva al liberale piemontese Luigi Einaudi nella carica di presidente della Repubblica con i voti determinanti dei socialisti e dei comunisti. Questa elezione gettava nell'allarme la Santa Sede che vedeva frustrati gli sforzi di tenere i marxisti inoperanti, in un ghetto. Tanto più preoccupante appariva quella votazione in quanto da essa era uscito sconfitto il candidato ufficiale della Democrazia cristiana, Cesare Merzagora. L'operazione non sarebbe piaciuta neppure a De Gasperi, e difatti quando lui era in vita si diceva che per curare l'Italia dalla gronchite bastava qualche compressa di degaspirina. Anche Palmiro Togliatti aveva osteggiato la candidatura di Gronchi preferendo la riconferma del liberale Einaudi al Quirinale pur di non favorire soluzioni politiche governative imperniate sull'apertura ai socialisti, un'apertura che avrebbe potuto condurre all'isolamento dei comunisti. Tra gli stessi comunisti non c'era però un'identità di vedute sugli effetti della svolta, e difatti un giornale di Firenze – «Il Nuovo Corriere» diretto da un raffinato scrittore, Romano Bilenchi – considerava essenziale per il consolidamento della democrazia italiana quel primo passo di rottura con il centrismo di tipo degasperiano. Fu così che, all'approssimarsi delle elezioni per il Quirinale, il corrispondente romano del «Nuovo Corriere», Matteo R. Pistone, i cui frequenti contatti con Gronchi erano noti, poté rendersi interprete del largo consenso che il candidato democristiano riscuoteva nella delegazione parlamentare comunista toscana capeggiata dall'onorevole Vittorio Bardini. E in un suo articolo di fondo mise in risalto l'importanza che stava per assumere dal punto di vista nazionale l'elezione di un cattolico al Quirinale. Proprio «Un cattolico al Quirinale» era il titolo dello scritto che non mancò di suscitare un grande scalpore a Botteghe Oscure, dove aveva sede il Partito comunista.

Sempre col proposito di contrastare le sinistre, il papa, parlando a una folla di centomila lavoratori cattolici accorsi in piazza San Pietro, annunciò di aver trasformato la festa laica del Primo maggio in una ricorrenza liturgica che intitolava a san Giuseppe artigiano. Così facendo svuotava la celebrazione dei significati sovversivi e di lotta di classe, ma prendeva le distanze anche da un capitalismo materialistico che non proteggeva i lavoratori e tradiva la dottrina sociale cristiana. La sacralizzazione di quella data suscitò le ire dei massoni, il cui Gran maestro, Arturo Labriola, la definì un concubinaggio. Fra i cattolici c'era chi propendeva per una diversa denominazione del Primo maggio. Si sarebbe preferito dedicare la ricorrenza a san Giuseppe operaio invece che a san Giuseppe artigiano. Ma prevalse la seconda denominazione in quanto l'altra fu considerata antistorica, poiché ai tempi di Cristo le industrie erano ancora di là da venire.

Nel febbraio dell'anno successivo, a Mosca, Nikita Krusciov denunciava in un rapporto segreto i crimini di Stalin, dando avvio al processo di destalinizzazione che innescò una profonda crisi ideologica nei partiti comunisti e condusse allo scioglimento del Cominform. Alle masse lavoratrici occidentali di sinistra, che per decenni avevano svolto la funzione di guardiani dell'Urss, lo Stato sovietico non appariva più puro e infallibile. Nelle successive elezioni amministrative italiane, i socialisti e i socialdemocratici sottrassero voti al Partito comunista, ma arretrarono i democristiani.

Il regresso della Dc fu particolarmente sensibile a Bologna dove Giuseppe Dossetti, tornato nell'agone politico, fu sconfitto dal sindaco comunista della città, Giuseppe Dozza. Pietro Nenni, che incoraggiato dagli eventi cominciava a prendere le distanze dai comunisti, rivolgeva a Giuseppe Saragat un cortese invito perché andasse a trovarlo in Savoia dove egli stava trascorrendo le vacanze estive. Si sapeva che anche il leader socialdemocratico si sarebbe recato in quella regione. Era una semplice coincidenza o una gita meditata? Correva questo interrogativo quando si seppe dell'incontro di Pralognan dove i rappresentanti dei due socialismi italiani si erano alfine scambiati una stretta di mano. E dopo Pralognan i nenniani denunciarono il patto d'unità d'azione con i comunisti per sostituirlo con un meno impegnativo «patto di consultazione» come assai debole e residuo cordone ombelicale.

Negli ambienti della socialdemocrazia c'era chi giudicava possibile e utile un'organica collaborazione governativa dei socialisti del Psi con la Democrazia cristiana, e otteneva udienza fra gli stessi democristiani. Due erano i personaggi politici – Giuseppe Romita e Amintore Fanfani – che agivano con maggiore convinzione in questo senso. Essi erano tuttavia costretti a muoversi con estrema prudenza e nascostamente per non far fallire con mosse false la cosiddetta apertura a sinistra di cui erano convinti assertori. Dovendo perfino evitare di incontrarsi di persona per non destare sospetti, decisero di servirsi d'un intermediario che fungesse da collegamento. La trama venne però scoperta, e l'uomo della spola, a causa della modesta statura fisica dei due congiurati, venne ironicamente chiamato il «Corriere dei piccoli», dal titolo d'un famoso settimanale per ragazzi.

Sembrava che Amintore Fanfani avesse un autorevole sostenitore perfino in Vaticano nella persona del prosegretario di Stato, monsignor Montini. Fanfani, considerato uomo di sinistra, aveva formato un governo monocolore democristiano che, pur occhieggiando a destra, sperava di ottenere chissà come l'astensione dei socialisti. Il suo esperimento non resse neppure un mese, travolto in Parlamento che gli negò la fiducia all'inizio del '54. Il giornalista Mario Missiroli, volendo tentare di ammorbidire l'antisocialismo della Santa Sede, aveva chiesto udienza al papa, anche perché pensava che con l'apertura a sinistra si sarebbero potuti affrontare meglio i gravi problemi economici italiani. Giunto alla presenza del pontefice disse subito: «Vostra Santità ha recentemente canonizzato Maria Goretti. Splendida cosa. Un giglio profumato nel grigiore delle nostre paludi. Ma contro l'inflazione, a che serve ciò?». Pacelli sgranò gli occhi, mostrando di non capire. Ma il giornalista incalzò: «Santità, non creda a tutto quello che si dice: don Pietro non è cattivo». Ci fu un nuovo gesto di smarrita sorpresa del pontefice. «Ma, Santità, don Pietro è Pietro Nenni, no?!». «Mi hanno detto che quando era al Laterano bestemmiava». «Forse, Santità, ma in Romagna bestemmiano anche i preti. Venga a sentirli a Cesena il giorno delle corse al trotto».

Allo spirare di quello stesso '54, il papa nominava Montini arcivescovo di Milano. Aveva voluto allontanarlo da sé? Nell'agosto era morto nella capitale lombarda il benedettino cardinale Schuster, titolare dell'arcidiocesi ambrosiana, e già all'inizio del novembre successivo il pontefice lo aveva sostituito proprio con Montini. Ne diede l'annuncio ai principali esponenti degli Uomini di Azione cattolica riuniti davanti alla sua residenza di Castel Gandolfo. «Non mi avete mai dato dispiaceri» disse ai presenti, rivolgendosi in particolare a Gedda, a padre Lombardi e all'assistente dell'associazione monsignor Fiorenzo Angelini «e ne sono lieto». Poi aggiunse: «Ora devo comunicarvi una notizia: Sua Eccellenza monsignor Giovanni Battista Montini è il nuovo arcivescovo di Milano». Sincero e prolungato fu l'applauso dei presenti, ma si diceva che a molti di loro sfuggisse il recondito significato della nomina. Il papa donò al monsignore una stupenda croce pettorale nell'inviargli un radiomessaggio in cui lo celebrava come il fedele collaboratore che diventava «fratello nell'ordine episcopale». E i lombardi, soggiungeva, dovevano esserne commossi e felici.

Felice non era Montini, anzi apparve come smarrito a un amico, il camaldolese padre Anselmo Giabbani che lo incontrò in quei giorni. «Il suo volto», testimoniò il frate, «era cambiato. Perfino il tono della voce era diverso, e i gesti meno espressivi». Si parlava di un vero e proprio esilio inflitto al monsignore che aveva osato «tradire» – il termine era molto forte – la battaglia antisocialista oltre che anticomunista di Pacelli. Suor Pasqualina aveva visto piangere il papa, deluso per l'atteggiamento aperturista di Montini. Il monsignore aveva già attirato l'attenzione del prosegretario del Sant'Uffizio, cardinale Ottaviani, un capofila, insieme a Gedda, di quanti accusavano Montini di trescare con Fanfani e di aspirare a una Democrazia cristiana autonoma dal Vaticano. Si andava oltre volendo far credere che il monsignore avesse perfino assistito a certe messe nere. Fu padre Lombardi a darne notizia al papa, e lui, in una nuova crisi di pianto, esclamava: «Non è vero! Non è vero! Non è assolutamente possibile credere a ciò che vanno dicendo».

I fautori dell'allontanamento di Montini dalla segreteria di Stato appartenevano al cosiddetto «partito romano» che all'interno della curia faceva capo allo stesso Ottaviani e a Pizzardo, con ramificazioni nell'università Lateranense e nella «Civiltà Cattolica». Essi speravano di vedere il conservatore Tardini al posto di Montini, ma il papa scelse un altro dei suoi diretti collaboratori, e cioè monsignor Angelo Dell'Acqua. I capi del «partito romano» avevano comunque agito con grande abilità, tanto che a Pacelli era parso effettivamente di aver promosso, e non rimosso, Montini inviandolo in Lombardia. E poi, sebbene non avessero visto trionfare Tardini, erano riusciti a liberarsi di Montini.

IX

Gronchi, da presidente della Repubblica, operava per accelerare l'apertura ai socialisti sul terreno governativo, ma doveva pur tentare di convincere il più che riluttante Pacelli. A questo fine si teneva in costante rapporto con padre Virginio Rotondi perché gli rappresentasse le sue idee. Era da cinque mesi al Quirinale quando una sera invitò a cena il gesuita, e gli fece un discorso quanto mai chiaro: «So», gli disse, «che lei frequenta molto Pio XII: può aiutarmi a incontrarlo, privatamente, segretamente, diciamo? L'incontro sarebbe tra un semplice cristiano e il Vescovo della Chiesa Cattolica, Primate d'Italia, Vescovo di Roma. Lui potrà dirmi con tutta franchezza le sue volontà e anche i suoi desideri. Vedrò io, poi, quel che sarà possibile fare, da Capo dello Stato, per il bene dell'Italia». Gronchi successivamente inviò in missione dal papa anche uno dei suoi più fedeli seguaci, il ministro degli Interni Ferdinando Tambroni, cattolico marchigiano, sempre con la richiesta di incontrarlo di persona con tutta umiltà e sempre al di fuori delle formalità protocollari. Il pontefice era incerto se riceverlo o no, e l'udienza subiva continui rinvii. Allora padre Rotondi si risolse a inviargli una lettera particolareggiata nella quale gli esponeva formalmente il vivo desiderio del capo dello Stato di avvicinarlo «in maniera privata» per illustrargli i suoi programmi «come da figlio a Padre».

Il gesuita aggiungeva di credere «fermissimamente alla decisiva efficacia» del colloquio, confortato in ciò dall'«amichevole insistenza» di Tambroni, dal parere del principe Carlo e dal consiglio di padre Martegani. «Vostra Santità», scriveva ancora Rotondi, «segue certamente sui giornali il crescente entusiasmo del popolo verso il Presidente il quale, da parte sua, non nasconde mai i suoi sentimenti e le sue convinzioni religiose apparendo, qual è, un Capo di Stato cattolico. Pare di poter dire che certe ombre sono ormai fugate, certe nubi disperse». Quindi concludeva implorando dal pontefice una grazia: quella di poter comunicare «presto al Presidente Gronchi la tanto attesa notizia»; il presidente «sarà ricevuto come un figliuolo e ascoltato con affetto paterno; avremo così assicurato per sette anni un amico al nostro sforzo di ricostruzione, in quanto indubbiamente egli influirà sempre più nella vita politica italiana».

Dopo una lunga riflessione Pacelli si disse disposto a ricevere Gronchi purché l'udienza fosse effettivamente «privatissima e segretissima». Lo incontrò a Castel Gandolfo il 21 novembre '55, di sera, alle 17,45. Due giorni prima il giovane showman Mike Bongiorno aveva presentato la prima trasmissione del quiz televisivo *Lascia o raddoppia?*, e l'opinione pubblica non avrebbe perciò prestato grande attenzione al colloquio anche se ne avesse avuto contezza. L'incontro si protrasse per un'ora e si svolse senza testimoni. Gronchi ne uscì scuro in volto. Al termine dell'udienza il papa ricevette padre Rotondi, e gli disse seccamente, ma con molto affanno a causa delle cattive condizioni di salute: «Ho detto al Presidente che la Santa Sede sarebbe costretta a diffidare il Partito democristiano qualora si alleasse con Nenni».

Insomma il papa si mostrava irremovibile, ma Rotondi insisteva. E insistette per qualche giorno ancora, fino a quando ebbe l'annuncio che Pio XII aveva deciso di incontrare in Vaticano il presidente della Repubblica italiana, questa volta in veste ufficiale. L'udienza avvenne il 6 dicembre. Gronchi s'inginocchiò al suo cospetto, nel farsi il segno della croce. I presenti poterono notare che sul suo frac spiccava una decorazione vaticana d'infimo valore che il pontefice gli aveva attribuito, a mo' di polemica umiliazione.

Durante il 1956 il papa si era sufficientemente rimesso in salute, e compì gli ottant'anni senza dover ricorrere al medico. La celebrazione fu però amareggiata dalla pubblicazione di uno scritto critico di don Primo Mazzolari, l'incorreggibile prete della Bassa lombarda che predicava una nuova pastorale d'ispirazione modernista e che credeva nella collaborazione con i socialisti. Lo aveva perseguitato il Sant'Uffizio imponendo via via fin dal '34 il sequestro dei suoi libri; il cardinale Schuster aveva proibito agli ecclesiastici di scrivere sul periodico da lui fondato, «Adesso»; il vescovo di Mantova, monsignor Poma, aveva chiesto alle superiori autorità che gli impedissero di parlare; il cardinale Ottaviani lo aveva annoverato fra i «comunistelli di sacrestia» e Scelba fra gli «utili idioti», ma lui aveva continuato a battersi per una religione dei poveri – «Le chiese troppo belle sono più musei che parrocchie» – e contro le formule d'un catechismo rimasticato – «Forse questa tonaca che così assurdamente ci tengono incollata vuol essere, come il sottanino dei bimbi negli asili, un simbolo di beata minorità».

La malattia, dalla quale sembrava non potesse più riprendersi, aveva accentuato in Pacelli la straordinaria figura di apparizione incorporea che aveva contribuito a renderlo celebre in tutto il mondo. L'accademico di Francia Henri Daniel Rops notava come il suo aspetto fisico fosse in correlazione perfetta con il compito assegnatogli dalla Provvidenza: «Il lungo corpo emaciato, il viso dai tratti cesellati, dal colorito pallido, le mani affilate, agili e come parlanti, tutto fa pensare che in quest'uomo l'anima, estenuando il sensibile, abbia messo la sua impronta in tutte le fibre della natura». Nei giorni di febbraio Pacelli era sceso nei giardini vaticani per la pomeridiana passeggiata di un'ora, nonostante il vento di tramontana. Gli ottant'anni per un papa erano un traguardo eccezionale. «Non supererai gli anni di Pietro», diceva un'antica massima ecclesiastica, e difatti lungo diciotto secoli nessun pontefice era riuscito a smentirla. Fino a quel momento erano andati oltre soltanto Pio IX e Leone XIII, ma ora ad essi si era aggiunto Pio XII, tanto sottile e malandato da dare l'impressione di sopravvivere a se stesso.

Sul finire del '56, le prospettive aperte dall'incontro di Pralognan, dai gesti di autonomia dei socialisti nenniani e dall'ascesa di Fanfani a segretario della Democrazia cristiana, subirono un improvviso scossone. I carri armati sovietici penetravano in Budapest schiacciando nel sangue le masse studentesche ungheresi che si ribellavano allo stalinismo che ancora opprimeva il paese. Già si era verificata in giugno un'analoga repressione dei moti operai esplosi nella città polacca di Poznan. Pacelli lanciò un'accorata enciclica, *Luctuosissimi eventus*, in cui affermava che l'ordine dei popoli sconvolti non poteva essere ristabilito «né con la potenza delle armi né con la violenza inflitta ai cittadini né con le fallaci teorie che corrompono gli animi»; non era con la forza esterna che si poteva soffocare l'«anelito verso una giusta libertà». Anche Nenni condannava le invasioni liberticide, mentre Togliatti le difendeva inducendo grandi intellettuali, come Italo Calvino e Delio Cantimori, e autorevoli dirigenti politici, come Antonio Giolitti e Bruno Corbi, ad abbandonare il partito. A Botteghe Oscure ancora sostenevano la necessità del colloquio con i cattolici, ma poi continuavano in pratica a svolgere una sempre più aspra campagna anticlericale.

Il papa aveva nuovamente condannato qualsiasi alleanza dei democristiani coi socialisti, sia nel governo centrale della nazione, sia nelle amministrazioni locali. Parlò a quattromila convenuti nella basilica di San Pietro fra sindaci, assessori comunali e presidenti di province. «Se tutti ispirassero la loro azione civica e politica alla fede e alla morale cristiana», disse, «allora la Chiesa potrebbe rimanere estranea a ogni lotta, evitando di schierarsi per l'una o l'altra parte in competizione. Ma oggi vi sono uomini che vogliono costruire il mondo sulla negazione di Dio; altri, i quali pretendono che Cristo resti fuori della scuola, delle officine, dei parlamenti. E in questa lotta, più o meno aperta, più o meno aspra, i nemici della Chiesa sono talvolta aiutati dal voto e dalla propaganda anche di chi continua a chiamarsi cristiano. Né mancano coloro che cercano impossibili accostamenti, illudendosi circa la varietà dei mutevoli accorgimenti tattici, e dimenticando invece l'inaccettabilità degli immutati scopi finali».

Mentre il Sant'Uffizio poneva all'indice le opere di altri intellettuali e scrittori, come Aldo Capitini (per il suo volume *Religione aperta*) e Simone de Beauvoir (*Il secondo sesso* e *I mandarini*), sopraggiungeva monsignor Tardini a mettere in guardia contro i facili ottimismi che il processo di unificazione socialista andava suscitando. Il principale destinatario degli interventi pontifici di quei giorni continuava ad essere Gronchi, al quale si imponeva di non perdere di vista il «carattere antireligioso e anticattolico del socialismo marxista» al fine di evitare che «molti ignoranti e ingenui ma veramente cattolici» dessero il loro voto a quei nemici della religione.

Nuove preoccupazioni suscitavano in Pacelli le notizie del riavvicinamento fra Nenni e Saragat scaturito dall'incontro di Pralognan. Quindi, promuovendo un'azione eminentemente politica volta a ostacolare l'unificazione e conseguentemente l'eventuale ingresso dei nenniani nel governo, egli consegnava a padre Lombardi un foglietto con la preghiera di trasmetterlo immediatamente a Gronchi. La missiva conteneva uno scritto dal titolo «Appunto a proposito di unificazione socialista», e, in uno dei suoi passaggi conclusivi, si affermava: «Di fronte a una situazione che presenta gravi incognite, e per il Paese e per la Religione, è chiaro che occorre vigilare per impedire manovre insidiose, adoperarsi attivamente per dissipare equivoci e confusioni, confermare con chiarezza le posizioni per non provocare nell'opinione pubblica turbamenti e sbandamenti».

Il capo dello Stato non poteva non rispondere a un'intimidazione così severa ed esplicita. E infatti scrisse una nota in cui, giudicando irreversibile l'unificazione socialista, chiedeva ai suoi oppositori in Vaticano se volessero lasciarla fare con o contro i cattolici. La sua opinione era che non si dovessero scoraggiare quei socialisti che, invece di essere anticlericali e alternativi alla Dc, ne cercavano la collaborazione. Concludeva rilevando che comunque c'era tutto il tempo per prendere decisioni ponderate, poiché il processo di unificazione socialista si rivelava lento e complesso.

I favori di Pacelli andavano a un governo monocolore democristiano, presieduto dal senatore Adone Zoli, che alla Camera, nel maggio del '57, otteneva la fiducia coi voti determinanti dei neofascisti e dei monarchici. Zoli era un notabile fiorentino d'estrazione fanfaniana, e pertanto, allarmato da quel sostegno, rassegnò immediatamente le dimissioni. Il papa se ne adontò e mosse le sue pedine perché Zoli rimanesse al suo posto. Al termine di missioni esplorative compiute da Merzagora e da Fanfani alla ricerca d'una soluzione, il presidente della Repubblica si risolse a respingere le dimissioni di Zoli che si trovò ad affrontare le elezioni politiche dell'anno successivo. Per esprimere il disappunto di dover ingurgitare i voti missini, non gli rimaneva che voltare le spalle dall'altra parte quando nell'aula di Montecitorio prendeva la parola questo o quel rappresentante del Movimento sociale.

Dopo qualche incertezza Fanfani decideva di insistere nei tentativi di apertura a sinistra, e al Consiglio nazionale democristiano di Vallombrosa propose l'adozione d'una politica di collaborazione con le forze socialiste. Ma fu sconfitto. Gli andarono invece bene le elezioni politiche, quelle del maggio '58, nelle quali condusse la Democrazia cristiana a un alto livello di suffragi, pari a oltre il 42 per cento dei voti, recuperando terreno rispetto alle precedenti consultazioni nelle quali si era fermata a quota 40. Avanzarono i socialisti, arretrarono le destre, e Fanfani poteva riassumere la guida del governo.

Per tutto il '57 il papa aveva mantenuto ferma la sua opposizione a qualsiasi dialogo con la sinistra socialista, ma poi nel radiomessaggio natalizio si era mostrato più duttile. I successivi risultati elettorali avrebbero potuto suggerirgli nuove strade – chi può dirlo? –, ma il suo fisico si era ulteriormente indebolito e la situazione politica tornava a ingarbugliarsi. Difatti nell'ottobre dell'anno successivo, Silvio Milazzo a Palermo costituiva un governo regionale di ribelli democristiani –

appoggiati dalle sinistre e dalle destre, tutti insieme, socialisti, comunisti, missini e monarchici, contro piazza del Gesù. Al tempo stesso Fanfani veniva sottoposto a un'accanita persecuzione sia all'interno del partito, sia nelle aule parlamentari dove il suo governo subiva le imboscate dei franchi tiratori.

X

A metà del 1958 il pontefice emise la sua ultima enciclica. L'elaborazione del documento gli costò molta fatica essendo ormai costretto a lavorare in condizioni fisiche assai precarie. All'enciclica non mancava tuttavia il respiro d'un testamento. Forte e solenne vi appariva la protesta contro le persecuzioni cui la dittatura di Mao Tse-tung sottoponeva i cattolici cinesi e contro la formazione d'una Chiesa scismatica nazionale in dissidio con Roma. Erano questioni non circoscritte alla lontana Cina, e su questo concetto insisteva Pacelli nell'affermare che la Chiesa cattolica non poteva considerarsi estranea ad alcun popolo della terra. A una Chiesa scismatica Mao Tsetung perveniva in nome dell'amor di patria che, per Pacelli, era motivo specioso poiché induceva i cattolici ad aderire ai princìpi del materialismo ateo e riservava ai resistenti sofferenze e lacrime, oltre l'espulsione dei missionari e l'incarcerazione di vescovi e di sacerdoti.

Nell'enciclica la questione cinese in tema di rapporti fra Stato e Chiesa si estendeva al mondo. «La Chiesa», affermava Pacelli, «mai si è stancata di inculcare ai suoi figli l'aurea norma ricevuta dal suo Divin Fondatore: "Date a Cesare ciò che è di Cesare, e a Dio ciò che è di Dio"; una massima che si fonda sul presupposto che nessun contrasto può esistere tra i postumi della vera Religione e i veri interessi della patria». Detto questo, il papa faceva alcune importanti considerazioni: «Bisogna subito aggiungere che se il cristiano deve rendere alle autorità umane quello che loro spetta, l'autorità umana non può reclamare dai cittadini un ossequio nelle cose in cui esso è dovuto a Dio e non a lei stessa; tanto meno può esigere una loro obbedienza incondizionata quando intende usurpare i sovrani diritti di Dio, ovvero costringere i fedeli ad agire in contrasto con i loro doveri religiosi, o a staccarsi dall'unità della Chiesa e dalla sua legittima Gerarchia». Quindi? Quindi Pacelli arrivava a questa conclusione che giustificava l'insorgere dell'opposizione cattolica: «Allora il cristiano non può che rispondere, serenamente ma fermamente, come già San Pietro e gli Apostoli ai primi persecutori della Chiesa: "Bisogna obbedire a Dio, più che agli uomini"».

C'era nell'aria la sensazione di qualcosa che stava per finire, in quelle calde giornate d'estate. La radio diffondeva la voce sofferente del papa che si rivolgeva alle suore di clausura nei tremila monasteri di tutto il mondo. Pacelli parlò loro della vita contemplativa per tre sere in una «invisibile udienza» che le accomunò in un unico sentimento di lode a Dio. A fine settembre, quando già si trovava nella consueta residenza estiva alla sommità del colle di Castel Gandolfo, cadde nuovamente in preda al singhiozzo, cui si erano aggiunti continui conati di vomito. Un singulto ininterrotto e lacerante gli straziava la gola, il torace, l'intera persona, concedendogli rare tregue, impedendogli di bere, di mangiare, di dormire o semplicemente di riposare. Non sempre riusciva a mantenere l'appuntamento coi fedeli che affollavano la cittadina papale, tuttavia il 2 ottobre parlò ai librai delle stazioni ferroviarie ai quali raccomandava di non diffondere le pubblicazioni immorali. Il giorno 3 accolse un migliaio di pellegrini americani, guidati dal cardinale Spellman, sempre a lui fedele. Il 4 si rivolse a un gruppo di chirurghi plastici rilevando una sia pure «pallida e lontana» analogia fra l'opera di quei medici e l'azione divina del Creatore che aveva plasmato con l'argilla il primo uomo. In quella stessa giornata ricevette l'attore inglese Alec Guinness che si era convertito al cattolicesimo e per il quale nutriva viva simpatia.

Nella mattinata del 5 parlò in francese ai componenti del

notariato latino, ed era così debole che dalle mani gli scivolò a terra l'orologio, mentre cercava di guardarvi l'ora. Al termine del discorso aprì le braccia nel gesto consueto che lo aveva reso celebre nel mondo e che ne faceva una croce umana, ma non poté muoverle. Voleva aggiungere ancora qualche parola, ma in un sussurro disse: «A Dio!». Al tramonto riuscì a trascinarsi fino al balcone della sua camera per benedire la gente che affollava il cortile del palazzo, traendo un filo d'energia dal fatto di doversi mostrare ai fedeli. Dov'era l'agilità d'una volta e il vibrare dell'alta figura? Permaneva però in lui una misteriosa e somma forza che, al contatto con la gente, lo trasformava straordinariamente in un essere serafico animato dall'ardore di salire verso il cielo.

Con le notizie sulla malattia, Pacelli tornava prepotentemente sulle prime pagine dei giornali dopo una eclissi segnata da un certo disinteresse per un ruolo che andava perdendo l'antica forza di seduzione. La crisi più grave sopraggiunse la mattina del 6, mentre si trovavano al suo capezzale i medici Galeazzi Lisi e Corelli. Il professor Corelli stava introducendo un cannello nell'esofago del pontefice il quale all'improvviso perse la vista. Aveva fatto appena in tempo a dire che non ci vedeva più quando cadde in deliquio, privo di conoscenza, vittima di un'ischemia del sistema arterioso vertebro-basilare. Urgentemente Corelli intervenne con una terapia endovenosa, ottenendo tenui risultati. Lo assistevano anche l'urologo Ermanno Mingazzini e Gasbarrini, mentre nella stanza arrivava una bombola di ossigeno. L'urologo praticò un intervento sulla vescica per liberarla artificialmente. Il papa trascorse ancora una giornata nel dormiveglia, ascoltando un po' di musica – chiese un disco di Beethoven, la prima sinfonia –, rivolgendo qualche parola ora ai medici, ora a padre Leiber che gli offriva l'ostia consacrata, ora al nipote Carlo – «Vai a lavorare, qui si perde tempo» – ora a monsignor Dell'Acqua – «Quali sono gli affari più urgenti?»; «Non ce ne sono, Santità» –, ora al padre gesuita Hentrich che gli somministrava l'estrema unzione. Con suor Pasqualina si mostrava addolorato di non aver potuto concludere il processo di beatificazione di madre Bernarda Heimgartner, la fondatrice delle Suore insegnanti della Santa Croce, l'ordine cui lei apparteneva. Poi cominciò a ripetere il nome del cardinale Samoré. I presenti se ne chiedevano il motivo, e la suora spiegò che il papa attendeva il cardinale in udienza. Parlava confusamente di Monaco: «Ci assalivano. Avevano le armi», ricordando l'aggressione degli spartachisti alla nunziatura, un evento che talvolta lo ossessionava anche in sogno.

Con ansia diceva: «Conservate i crocifissi», e i presenti si rivolgevano nuovi sguardi interrogativi. Allora venne ricordata una preoccupazione da lui espressa in quei giorni e che riguardava le chiese ormai troppo spoglie di immagini sacre. Aveva già preparato un discorso in cui affrontava la questione: «Da alcuni decenni si nota un movimento, che vorrebbe allontanare il più possibile dai sacri templi le immagini dei Santi, ed anche restringere la loro venerazione. Le chiese, che vengono costruite ed arredate secondo questo indirizzo, appaiono in tal modo improntate a un "freddo iconoclasmo", quasi mute e digiune». Per replicare alla tendenza di spogliare le chiese, un fenomeno in cui egli ravvisava una sorta di laicizzazione del culto, aveva voluto proporre all'ammirazione della comunità ecclesiale una vasta schiera di eroi della fede, e aveva proclamato lungo il suo pontificato ventitré beati e trentatré santi, mentre i predecessori erano stati ben più parchi non vivendo le sue stesse inquietudini.

A sera disse infine a monsignor Tardini: «Questa è la mia giornata», e aggiunse «Suspice Domine». Quindi mormorò alcune parole in tedesco. Intorno a lui tutti si misero a recitare le preghiere dei moribondi. Suor Pasqualina disse di abbassare un po' la voce perché il pontefice non si rendesse ben conto che quelli erano forse i suoi ultimi istanti di vita. Ma Nasalli Rocca ribatté: «È bene che senta!».

Nella tarda mattinata di mercoledì 8 – in una luminosissima giornata dell'ottobre romano – tre grandi quotidiani della capitale uscirono in edizioni straordinarie listate a lutto con l'annuncio della morte di Pio XII. Ma in realtà l'evento non era ancora sopraggiunto. L'errata notizia – che forniva persino l'ora del decesso: qualche minuto prima delle 11 – era il frutto d'un grave e clamoroso incidente giornalistico, originato dalla spasmodica ricerca di uno *scoop* al di fuori delle corrette regole dell'informazione. Ne era responsabile il redattore d'un'agenzia il quale, nel tentativo di battere comunque la concorrenza, si era accordato con un inserviente o forse con lo stesso Galeazzi Lisi che nel palazzo di Castel Gandolfo frequentava le stanze del pontefice. L'inserviente doveva dare al cronista in agguato il segnale della morte aprendo una certa finestra del palazzo. Il diavolo, che secondo un detto tedesco mette la coda nei particolari, intervenne anche in quell'occasione inducendo un altro personaggio ad aprire proprio la finestra dalla quale il giornalista, un redattore dell'agenzia Italia, da ore e ore non staccava lo sguardo.

Ricevuto il segnale, il cronista diede la notizia che le telescriventi trasmisero ai giornali alle ore 11,11 – con il titolo «Il Papa è morto» – nel seguente testo: «Un inserviente del Palazzo Papale ha fatto sapere che un membro della Corte Pontificia è stato incaricato di informare il Governo italiano che non vi sono più speranze di salvare il Papa. In effetti il trapasso sarebbe avvenuto qualche minuto prima delle 11». La leggerezza commessa dall'agenzia di stampa risultava inconfutabile, ma l'indeterminatezza della notizia – con la chiamata in causa di un inserviente qualsiasi e l'uso del condizionale – avrebbe dovuto indurre le redazioni dei giornali a controllare l'esattezza della fonte, prima di mettere in moto le rotative. Difatti soltanto tre quotidiani caddero in errore. E dovettero ben presto ritirare dalle edicole le frettolose edizioni straordinarie.

Effettivamente però il pontefice era in condizioni disperate. I medici sapevano che non c'era più nulla da fare e che soltanto un miracolo avrebbe potuto salvarlo. Egli chiese di essere comunicato, ma non se ne poté esaudire il desiderio perché da ore non riusciva a deglutire più neppure un sorso d'acqua. A un collasso cardiopolmonare seguì uno stato preagonico, e già la temperatura sfiorava i 42 gradi.

A mezzanotte Pio XII entrava in agonia e spirava alle 3,52

del mattino di giovedì 9 ottobre, a ottantantadue anni. Suor Pasqualina esclamava: «Ora egli ha visto Dio». Tardini recitava il *Magnificat*, il canto delle anime umili. La mano che si era levata benedicente nei due decenni di pontificato, che aveva tenuto il governo della Chiesa in un mondo tormentato, ora giaceva inerte e scheletrita sui paramenti sacri. L'austero volto d'aquila del papa mistico non era che un teschio ricoperto da un velo di pelle giallastra, come già scolpito nel bronzo. La salma, sottoposta a un nuovo metodo di imbalsamazione di cui Galeazzi Lisi si gloriava essendone l'inventore, cominciò però a dissolversi fin nella camera ardente allestita nella sala degli Svizzeri a Castel Gandolfo, mentre lo stesso archiatra si ingegnava a fotografarla per lucrare sui negativi venduti a un periodico francese. E lo aveva già fatto anche nei giorni precedenti durante la malattia, quando con una piccola Leica aveva ripreso il papa pallido ed emaciato – accasciato sull'alto lettino dalla spalliera d'ottone, la testa su due cuscini – con la cannula dell'ossigeno alle narici e le palpebre abbassate. In alcune foto suor Pasqualina sedeva amorevolmente sul bordo del lettino, accanto all'uomo che aveva assistito per oltre quarant'anni.

Posta nel sarcofago la salma fu trasferita, su un furgone funebre del comune di Roma, da Castel Gandolfo al Laterano e quindi in Vaticano con le televisioni che ne riprendevano il passaggio fra turbe in preghiera e gente incuriosita. La traslazione avveniva dunque su un semplice carro municipale, eppure il cardinale Roncalli poteva dire che forse mai, neppure il trionfo d'un imperatore romano verso il Campidoglio, avrebbe potuto eguagliare in quanto a maestà spirituale un così intenso spettacolo di commozione popolare. Quel furgone colpì tutti, come testimoniava Luigi Barzini: «L'antica tradizione voleva che il Papa passasse attraverso il suo popolo su un grande carro purpureo trainato da cavalli, scoperto, visibile da tutti, vestito dei suoi più sontuosi paramenti. Pio XII viaggiò invece su un automezzo del Comune di Roma. Non per lui erano i colori funebri dei comuni mortali, il nero e l'argento, ma la porpora e l'oro degli imperatori di cui egli ancora porta il titolo. Il piccolo carro funebre municipale male adattato sembrò maestoso e patetico al tempo stesso».

Il carro funebre, che aveva percorso via Appia Nuova, stava già per superare i fornici di Porta San Giovanni, quando si udì intorno al feretro un grande scoppio. La salma, maldestramente imbalsamata, era esplosa nella cassa, sicché, appena raggiunto San Pietro, fu necessario sottoporla segretamente e in tutta fretta nel corso della notte ai tradizionali e sperimentati metodi di imbalsamazione per tamponare alla meglio i guasti provocati dagli esperimenti dell'inabile archiatra. Alcune guardie nobili svennero per i miasmi che da essa si sprigionavano.

La salma verdastra e disfatta del «Pastor angelicus», del «Defensor civitatis», fu l'indomani offerta per nove giorni su un alto catafalco all'estremo omaggio dei fedeli che sfilavano in massa sotto le volte maestose della basilica vaticana davanti al bronzeo baldacchino del Bernini, al suono luttuoso delle campane e al canto del *Miserere*. L'umanità ne piangeva la scomparsa. Dall'America giunse la voce del presidente Eisenhower: «Si è spenta una luce nel mondo». Tumulate le spoglie nelle grotte vaticane accanto al sepolcro del principe degli apostoli, Pacelli fu consegnato alla storia e alla leggenda. In quel momento moriva Gretchen, il suo canarino preferito. Suor Pasqualina veniva estromessa dal Vaticano.

Parte quarta

POST MORTEM
Il tribunale della Chiesa

I

Morto un papa se ne fa un altro. Questa massima di cruda sapienza popolare appariva svuotata di significato all'atto della scomparsa di Pio XII. Dopo Pacelli non sembrava possibile offrire al mondo un nuovo pontefice. Per un ventennio l'essenza stessa del papato l'aveva rappresentata lui. Pacelli era il volto della Chiesa. Egli non aveva mai detto, parafrasando Luigi XIV, «La Chiesa sono io», ma lo avevano intensamente pensato i fedeli. E per questo il papato, una certa idea del papato, moriva con lui. Pacelli era il volto della Chiesa. Ne era anche la voce, come aveva scritto Montanelli, l'indomani della scomparsa: «Quasi ogni giorno, da quasi vent'anni, ci eravamo abituati a udire la sua voce che, per uno strano fenomeno acustico, sembrava così vicina a noi che l'ascoltavamo da lontano, e così lontana a quelli che l'ascoltavano da vicino. I nostri pronipoti leggeranno forse nella storia che Pio XII non soltanto è esistito, ma è fra quelli che più profondamente hanno inciso nella tradizione del papato. Ma non sapranno nulla di quella gran luce bianca, di quella voce dalle risonanze remote. Cioè non sapranno nulla del tutto, di Lui».

Tutto vero, tutto giusto. Ma ben presto, con forza spietata, il detto popolare confermava la sua antica validità, e il mondo ebbe non soltanto un nuovo papa, ma anche una nuova Chiesa. La nuova èra della Chiesa fu avviata dal successore di Pacelli, da Giovanni XXIII con il Concilio Ecumenico Vaticano II che Pio XII, pur riflettendo su un progetto di cambiamento e gettandone le basi teologiche, non aveva potuto attuare sentendosi troppo vecchio e malato per una così formidabile iniziativa. Forse lui, campione d'un'accanita lotta contro l'aspirazione al laicismo che emergeva da ogni dove, non era neppure il pontefice adatto ad aggiornarsi e a seguire gli impulsi della mutazione antropologica che investiva non soltanto la Chiesa ma l'intera società. Con Pio XII tramontava un'epoca nella quale avevano dominato altri protagonisti – Mussolini, Hitler, Stalin – la cui estinzione indicava via via le tappe del rinnovamento verso il quale si apriva il mondo. Pacelli non era stato soltanto l'ultimo papa romano, ma aveva compiutamente rappresentato l'idea d'una concezione pontificale che si era esaurita nell'atto stesso della convocazione del nuovo Concilio, un'assemblea che apriva nuove prospettive ecumeniche, che rompeva con le crociate a sfondo politico come quella anticomunista liberandone il clero e che, con la dichiarazione *Nostra aetate*, poneva fine all'accusa antisemita di deicidio rivolta per duemila anni ai «perfidi giudei», come implicitamente appariva dalla preghiera liturgica del Venerdì santo, «Oremus pro perfidis judaeis».

Con l'ascesa al soglio del cardinale Roncalli che riprendeva il nome di un antipapa napoletano del Quattrocento, si era cominciato a smantellare il cosiddetto «Pentagono Vaticano», per cui si avviava la politica di apertura verso l'Urss e gli altri paesi dell'est e si prestava maggiore attenzione ai fermenti del mondo del lavoro. Sulla scena internazionale si instaurava una breve epoca felice per la contemporanea presenza di tre eminenti personalità, profondamente diverse tra loro, ma egualmente impegnate in un colossale sforzo di rinnovamento, alla ricerca di un dialogo a tre voci per superare incomunicabilità politiche e dogmatismi ideologici. Era un'impresa estremamente ardua che si svolgeva tra innumerevoli incomprensioni e contrasti reali o voluti e sempre sull'orlo d'una nuova conflagrazione che sfociasse perfino nell'impiego di ordigni nucleari. Al Concilio ecumenico di Giovanni XXIII corrispondevano la «nuova frontiera» del presidente americano John Kennedy e la «coesistenza competitiva» del presidente sovietico Nikita Krusciov.

È sempre forte l'ascendente di Pio XII fra i cattolici, per quanto la sua figura sia stata aspramente discussa in vita e lo sia tuttora in morte. Pacelli è bersaglio di critiche – gliene pervennero anche da grandi spiriti, Camus e Mauriac – sia per il silenzio e le omissioni davanti al genocidio del popolo ebraico verso il quale ebbe egualmente gesti di grande carità, sia per un eccesso di anticomunismo che egli volse in crociata e suggellò con un decreto di scomunica. La pubblica e prolungata flagellazione cui è sottoposto ha avuto due momenti di particolare virulenza. Il primo risale al febbraio del '63 quando apparve *Il Vicario*, il polemico dramma teatrale del giovane scrittore tedesco Rolf Hochhuth, in cui si raffigura un Pacelli silenzioso perché estremamente sensibile alle ragioni del nazismo. E si poteva essere certi che questo drammaturgo seguace di Erwin Piscator avesse ottenuto le informazioni di base da monsignor Alois Hudal il quale non riusciva a dimenticare che Pacelli lo aveva costretto a lasciare la carica di rettore del Collegio dell'Anima.

Il dramma scosse molte coscienze. Trovò sostenitori, ma anche oppositori. Ed erano accaniti gli uni e gli altri. Carlo Bo e Carlo Levi ritennero giusta la definizione di «dramma cristiano», che da più parti si applicava all'opera di Hochhuth. «Non sono mancate», osserva Bo, «parole coraggiose di sacerdoti, i quali hanno visto nel testo di Hochhuth l'invito a un esame approfondito, spietato delle nostre colpe, delle nostre omissioni, della prima rinuncia nei confronti della violenza e del male».

Meno nobile appariva agli oppositori il significato recondito d'una rappresentazione che ai loro occhi sconfinava nel campo dei libelli di fantapolitica. Sia con *Der Stellvertreter*, sia con la successiva commedia, *Soldaten* – in cui si accusava Churchill di aver ordinato nel '43 l'assassinio del capo del governo polacco in esilio, Wladislaw Sikorsky – Hochhuth rivelava di essere un esponente del sempre vivo nazionalismo tedesco, di quel nazionalismo che tenta di allontanare dalla

Germania le proprie colpe per attribuirle ad altri, nei casi specifici a Pio XII e a Churchill. Egualmente i nazionalisti tedeschi ritengono che Hitler non sia figlio, ma figliastro della Germania, simile a un bubbone esploso per caso e per disgrazia sul corpo sano della loro nazione.

Fra gli oppositori di Hochhuth si erse il presidente della Repubblica Saragat, amante quanto Pacelli della cultura tedesca, lettore come lui di Goethe. Già da ministro degli Esteri, il leader socialdemocratico aveva definito ingiuste e infamanti le accuse rivolte alla memoria di un uomo che aveva dedicato la vita alla pace e alla giustizia. Di lui Pio XII diceva a Oscar Luigi Scalfaro: «Dobbiamo ricordare che è stato Saragat a sconfiggere il comunismo in Italia». Ed erano gli anni in cui l'ideologia marxista esercitava un indubbio fascino e disponeva d'un'imponente forza egemonica. Saragat si fece promotore di una presa di posizione ufficiale del governo. «La campagna di calunnie contro il Sommo Pontefice Pio XII», si affermava nel comunicato, «viene vivamente deplorata dal governo italiano, di cui fanno parte uomini che sono vivente testimonianza della paterna sollecitudine del compianto Pontefice per la difesa dei supremi valori dell'umanità e della civiltà». Alla testa del ministero si trovava Aldo Moro, e ne era vicepresidente Pietro Nenni che durante l'occupazione nazista di Roma, indossando l'abito talare, si era rifugiato nel palazzo extraterritoriale di san Giovanni in Laterano.

Saragat sosteneva che la polemica antipacelliana, lungi dall'inserirsi in un dibattito culturale, traeva origine da una faziosità priva di fondamento storico. E altrettanto faziose erano giudicate le opere di Ernesto Buonaiuti, Saul Friedländer, Friedrich Herr, Roger Peyrefitte. La polemica sul papa si era fatta tanto rovente che un deputato nenniano, Luigi Bertoldi, gli aveva dedicato due aggettivi oltremodo oltraggiosi: «forcaiolo e reazionario».

Parole di sostanziale comprensione per Pacelli le ebbe però un grande laico, Luigi Salvatorelli. Premesso che il problema del silenzio papale rimaneva qual era, Salvatorelli respingeva «l'impostazione libellistica del *Vicario*, tanto più impudente venendo da un tedesco». Quali saranno stati i motivi che si agitarono nell'animo del papa pro e contro una denuncia? «Per una ricostruzione simile», sosteneva Salvatorelli, «occorrerebbe l'accertamento preliminare del quando e del quanto egli ha conosciuto quegli orrori. Occorrerebbe altresì confrontare il suo silenzio con quello, contemporaneo e precedente, di tutti gli altri che avevano titolo per parlare: particolarmente religiosi tedeschi e capi dei governi alleati occidentali. Qualora una ricostruzione simile si faccia, da essa non potrà uscire né una apologia, né una condanna. Ci si troverà innanzi a una di quelle decisioni supreme, di cui il giudizio finale (libera rimanendo ogni onesta opinione individuale) non spetta all'uomo, ma a Dio».

Il secondo momento della flagellazione antipacelliana, ad alcuni anni dal *Vicario*, coincise con la pubblicazione del libro dello storico statunitense Robert Katz, *Morte a Roma*, da cui fu tratto il durissimo film *Rappresaglia*. Nel libro e nell'opera cinematografica si prendeva in esame un singolo aspetto del comportamento della Chiesa durante l'occupazione nazista della capitale italiana, e si accusava Pio XII di non aver voluto far nulla per scongiurare il massacro delle Fosse Ardeatine, consumato nel marzo del '44. Gli accusatori però, nel trascurare di tenere nel debito conto l'estrema e imprevista rapidità con cui i tedeschi attuarono la rappresaglia, rivelavano implicitamente di aver costruito la loro tesi su un pregiudizio e non su un accurato esame degli eventi.

Nel suo libro, Katz aspramente scriveva: «Nella Città Santa, fra quanti erano in grado di intervenire, la fonte del sentimento umanitario si era inaridita. Non era necessario un miracolo per salvare i 335 uomini condannati nelle Cave Ardeatine. C'era un uomo che avrebbe potuto, anzi che avrebbe dovuto agire almeno per ritardare il massacro. Quest'uomo è Pio XII: è difficile non arrivare alla conclusione che egli non fece nulla per tentare di impedirlo. In altre parole, bisogna concludere che papa Pio XII scelse di rimanere passivo, pur essendo pienamente consapevole che un suo intervento avrebbe forse scongiurato la rappresaglia».

Sia Katz sia il produttore cinematografico Carlo Ponti e il regista greco Georges Kosmatos furono tratti in giudizio dalla nipote di Pacelli, Elena Rossignani. Interrogato a Monaco nel corso del processo nell'ottobre del '75, Dollmann smentì le immagini del film in cui lo si vedeva informare padre Pfeiffer dell'imminente massacro delle Fosse Ardeatine. L'ex ufficiale delle SS testimoniò che il 23 marzo nessuno sapeva esattamente in che cosa sarebbe consistita la rappresaglia, e che non se ne poteva neppure prevedere una così rapida esecuzione.

Nell'ardore della polemica è revocata in dubbio la stessa utilità dei concordati fortemente voluti da Pacelli con i regimi nazista e fascista. Quella polemica fu passata al vaglio da Giovanni Spadolini. Per prima cosa lo storico repubblicano sostiene che Pio XII non era un personaggio adatto ai *terribles simplificateurs* del nostro tempo i quali vedono tutto bene, tutto male, tutto destra, tutto sinistra, tutto luce, tutto tenebre. Ricorda quindi come Pacelli, ancora segretario di Stato, si fosse prodigato con particolare impegno per arrivare alla firma del concordato con la Germania hitleriana del '33, pur definendo i nazisti «i veri demoni di oggi», e ben sapendo che «la storia lo avrebbe violato, umiliato e distrutto». Una stessa penosa sorte già subiva il concordato con l'Italia mussoliniana, per cui non si poteva non constatare un completo fallimento della soluzione concordataria voluta da Pacelli e dal suo predecessore Pio XI.

Da posizioni anticoncordatarie di sapore risorgimentale e in linea con Jemolo, Spadolini afferma che il concordato con l'Italia «non riuscì a evitare la funesta decisione di Mussolini» di entrare in guerra, così come i «rottami del concordato con Hitler non bloccarono le mostruose stragi degli ebrei». Neppure il «silenzio sulla Polonia» scongiurò il massacro della classe dirigente cattolica di quella sfortunata nazione; né i «simulacri di concordati con le repubbliche baltiche» poterono minimamente ritardare le incorporazioni decise da Hitler e da Stalin. Insomma il «lavoro assiduo, paziente, talvolta ostinato di vent'anni apparve inutile e malinconico, quasi ammasso di macerie nello scatenamento della furia bellica». Non avevano perciò tutti i torti, conclude Spadolini nella sua disamina, quei vescovi italiani appartenenti all'ala antifascista che apparivano «incerti» sulla candidatura di Pacelli al conclave del '39 giudicandolo «uomo di pace, inadatto ai tempi calamitosi della guerra imminente», tempi che reclamavano un papa di battaglia.

Lo storico fiorentino illustra le sue tesi nella prefazione a una ricerca di Friedrich Engel-Janosi, *Il Vaticano fra nazismo e fascismo*, e ha cura di collegarle a un'affermazione di questo studioso austriaco che nella sua opera scrive: «Un altro papa si sarebbe comportato diversamente nel caso dei serbi, nel caso della nazione polacca *semper fidelis* e anche nel caso degli ebrei, sul cui passato pesava indicibilmente da quattro secoli un pregiudizio razziale troppo poco avversato dalla Chiesa». Sulla scorta delle ricerche condotte da Engel-Janosi, anche Spadolini si mostra convinto che Pacelli, da segretario di Stato, tentò «di moderare o di svuotare» la volontà di lotta di Pio XI, tanto nel conflitto col regime fascista quanto con quello nazista. Fu sempre Pacelli, di fronte a papa Ratti che resisteva, a sostenere l'esigenza di un concordato con la Germania hitleriana.

Engel-Janosi si pone interrogativi estremi: era adatto Pacelli a sostenere la lotta contro un avversario come Hitler e si poteva addirittura sospettare che egli volesse spingere i tedeschi nelle braccia del nazionalsocialismo? A parte la proponibilità di questi interrogativi, fin dall'inizio si era capito che Pacelli lasciava un'eredità di difficile accoglienza. Ma non era trascorso neppure un mese dalla morte quando le gerarchie ecclesiastiche mossero la prima pedina in favore della sua beatificazione. Il cardinale Domenico Tardini scrisse una preghiera per chiedere al Signore la grazia di far ascendere un giorno il servo fedele Pio XII alla gloria degli altari. E ne enumerava i pregi: difensore intrepido della fede, assertore coraggioso della giustizia e della pace, glorificatore devoto di Maria, modello luminoso di carità e di tutte le virtù. Questa preghiera ricevette immediatamente l'*imprimatur* autografo del Vicario generale di Sua Santità per la Città del Vaticano, monsignor Pietro Canisio van Lierde.

Con l'*imprimatur*, quel vicariato rivelava la propria disponibilità ad avviare le pratiche per la causa di beatificazione, mediante un primo processo informativo. Tale disponibilità era essenziale essendo Pacelli morto nell'ambito della diocesi romana. L'apertura formale dell'istruttoria non partì tuttavia dall'immediato successore di Pacelli, sebbene Giovanni XXIII, il papa semplice, avesse ricordato la figura di Pio XII, il papa austero, non meno di duecentoquaranta volte nel corso del suo pur breve pontificato, a dimostrazione di quanto fosse persistente nella Chiesa l'immagine del «Pastor angelicus» come già veniva chiamato l'ultimo papa.

L'iniziativa fu di Paolo VI che pure aveva subìto l'esilio milanese, più per responsabilità del «partito romano» che agiva ai suoi danni in seno alla curia con intenti di conservazione, che non per Pacelli, il quale aveva creduto di far bene scegliendo Montini come successore di Schuster nella sede ambrosiana. Paolo VI ordinò l'apertura del processo il 18 novembre del '65 nella penultima sessione del Concilio. La notizia entusiasmò i romani i quali, per impulso di un quotidiano della capitale, «Il Tempo», vollero erigere un monumento bronzeo al loro pontefice sul piazzale di San Lorenzo dove era accorso nel giorno del primo bombardamento della città per confortare con la presenza e le parole la popolazione atterrita. Riappariva fra i partecipanti alla cerimonia la figura di suor Pasqualina, tenuta ormai nell'ombra.

Formalmente il processo di beatificazione partì il 19 ottobre del '67, a Concilio concluso e a nove anni dalla morte del candidato agli altari. Però in una delle ultime sedute conciliari i padri più progressisti, in prima linea i latinoamericani, in violento conflitto con i conservatori, avrebbero voluto assumere una iniziativa clamorosa in onore di papa Giovanni, l'immediato predecessore di Montini. Chiedevano di elevarlo agli altari per acclamazione nella stessa aula del Concilio. La questione era stata sollevata dal neocardinale Leo Josef Suenens, arcivescovo di Bruxelles, il quale lamentava che i processi di canonizzazione fossero tanto lenti da portare sugli altari personalità lontanissime nel tempo e quindi non più in grado di esercitare sui fedeli un reale fascino. Bisognava perciò canonizzare personaggi di cui si aveva ancora vivo il ricordo. Nel sostenere questa tesi, Suenens pensava esplicitamente a papa Giovanni, di cui era stato grande amico ed estimatore.

L'acclamazione popolare era una soluzione se non inusitata, almeno frettolosa, di fronte alle antiche e recenti procedure della Congregazione chiamata a deliberare sulle cause dei santi. Paolo VI riuscì a placare l'entusiasmo dei padri conciliari, esortandoli a risoluzioni più ponderate. Inoltre, per arginare così focosi impulsi e per evitare che una sollecita beatificazione di Giovanni XXIII si risolvesse in una implicita censura nei confronti di Pio XII, decise di accomunare i processi di beatificazione di Roncalli e di Pacelli, pur essendo i due personaggi totalmente diversi tra loro. Papa Montini affidò la causa di Roncalli ai francescani e quella di Pacelli ai gesuiti.

In tal maniera tutto rientrò nell'alveo tradizionale degli esami istruttori irti di difficoltà e delle lente procedure proprie al costume della Chiesa, sebbene non si potesse perdere di vista il fatto che i candidati erano due pontefici. Le norme per la beatificazione e la canonizzazione sono estremamente severe, e non lasciano spazi di manovra nemmeno a favore dei papi, tanto che solo due di essi sono stati giudicati santi, Pio V e Pio X, in base alle moderne procedure. Pacelli diceva perfino di non essere neppure certo di meritare il paradiso poiché il Signore coi papi usava un metodo diverso e pretendeva da loro qualcosa di più.

Alla Santa Sede arrivavano a migliaia le sollecitazioni di beatificazione e canonizzazione di Pio XII, che contribuirono a rinsaldare la già diffusa «fama di santità» di cui lo scomparso godeva. Quelle sollecitazioni erano sottoscritte da autorevoli episcopati, da diocesi, parrocchie, enti, istituti, ma anche da umili fedeli. Molti attestati riferivano di miracoli avvenuti per sua intercessione, e non poche lettere contenevano la richiesta di reliquie. Già a Castel Gandolfo, intorno al catafalco dell'estinto, vescovi e cardinali che rendevano omaggio alla salma si erano impossessati d'ogni sorta di oggetti a lui appartenuti. Già in vita si assisteva all'accaparramento delle reliquie. Un giorno, durante una popolosa udienza generale, gli cadde lo zucchetto nel curvarsi dall'alto della sedia gestatoria per toccare le mani che gli si protendevano. Inutilmente i suoi assistenti cercarono lo zucchetto di cui qualcuno s'era impossessato. Da quel momento avvenne che molti tra i fedeli presenti alle udienze gli porgevano uno zucchetto da loro stessi acquistato, ed egli per un attimo doveva porselo sulla testa e quindi restituirlo, proprio come una reliquia. Per l'irresistibile desiderio di possedere qualcosa di lui, alcuni erano arrivati a tagliare lembi del suo abito talare approfittando della confusione che si creava nei grandi incontri di popolo.

Erano trascorsi nove giorni dalla sua morte quando si apprese della guarigione miracolosa di un religioso spagnolo, il fratello Simeon Blasco Traver, gravemente ammalato di neoplasia tiroidea. I medici lo avevano dato per spacciato, ma nel pomeriggio del 18 ottobre '58, il religioso, sentendosi prossimo a esalare l'ultimo respiro, cominciò a invocare Pio XII con grande intensità. All'improvviso si scosse, si alzò dal letto e si mise a camminare dopo una lunga immobilità. Era guarito, e volle un bicchiere di vino.

Come minimo si richiedono due azioni miracolose che si siano verificate dopo la morte: una per la beatificazione e una per la canonizzazione. In precedenza era complessivamente necessaria l'attestazione di quattro miracoli. Dai martiri invece non se ne pretende alcuno. È sufficiente il loro sacrificio. I miracoli sono sottoposti al verdetto di una Consulta medica, ora presieduta dal professor Raffaello Cortesini. Essa è composta di illustri clinici italiani ed esteri i quali devono dichiarare se effettivamente i fenomeni miracolosi da loro esaminati non trovano una spiegazione sulla base delle attuali conoscenze scientifiche.

I processi non sono esclusivamente chiamati a far luce sui miracoli del candidato, ma pure a indagarne profondamente l'animo, a seguirne l'intero percorso terreno perché da ogni gesto la santità risulti con chiarezza storicamente documentata. Nel caso di Pacelli il vicariato di Roma fece il primo passo istruendo un procedimento informativo che si protrasse per sette anni, fino al '74, con l'escussione di innumerevoli testimoni – tenuti alla massima segretezza – e con la raccolta di documenti, lettere, scritti vari compresi i componimenti scolastici, encicliche e discorsi per mettere a fuoco la vita pubblica e privata, l'attività e le virtù del servo di Dio in esame. Molti testimoni sono stati ascoltati nei processi rogatoriali a Monaco e a Berlino, e in altri luoghi dove s'era fatta sentire la sua presenza; numerosi archivi sono stati consultati in Italia e all'estero con l'ausilio di storici specialisti.

Si attribuisce la dizione di servo di Dio al candidato di cui la Chiesa, fin dall'avvio del processo, già dimostra di considerare probabile la elevazione agli altari, in forza della sua fama di santità. Già al compimento degli ottant'anni di Pacelli, il settimanale dei paolini «Famiglia cristiana» aveva scritto: «Ha ricevuto dalla Provvidenza privilegi singolarissimi come pochi papi nella storia. La definizione dell'Assunta, la celebrazione dell'Anno Santo e dell'Anno Mariano, la rinnovazione straordinaria del miracolo di Fatima davanti ai suoi occhi, sono segni evidenti della predilezione di Dio. A noi è data l'inestimabile fortuna di vedere un Papa che forse i più giovani di noi chiameranno santo».

Nella vertenza per Pacelli, terminata la fase diocesana svolta dal vicariato, si è passati, appunto nel '74, al secondo momento processuale, affidando il proseguimento e la conclusione dell'indagine sulla beatificazione alla Congregazione per le cause dei Santi, la CCS, che è espressione diretta del governo del papa in carica. Invece, in sede di canonizzazioni, in cui è coinvolta l'infallibilità pontificia, la Congregazione prepara documenti e temi di discussione sui quali il papa si pronuncia definitivamente e infallibilmente, essendo illuminato dallo Spirito santo.

Alla CCS si è tuttora in attesa del passo finale per Pio XII. I fascicoli con i verbali degli interrogatori – le formule burocratiche sono in latino – e ogni altro documento, come i conti delle spese via via sostenute, figurano in bell'ordine negli archivi della Congregazione. Sono documenti sui quali grava l'obbligo della più assoluta segretezza, sebbene non siano da escludere smagliature, e non solo a proposito dei milioni destinati con parsimonia vaticana alle spese di santificazione.

II

La Congregazione risiede in una piazza intitolata proprio a Pio XII, sulla soglia della Città del Vaticano. L'edificio fu costruito per volere di Pacelli dopo che Piacentini, in attuazione del trionfalismo urbanistico del fascismo, aveva aperto via della Conciliazione, da Castel Sant'Angelo al colonnato del Bernini, abbattendo l'antica e pittoresca spina di Borgo. La Congregazione dei Santi occupa il terzo piano del palazzo nei cui lunghi corridoi, per la sobrietà degli arredamenti, lo splendore delle piante ornamentali e l'atmosfera ovattata, si ha l'impressione che la Svizzera confini con Roma. Questo grande e austero palazzo in travertino e mattoni chiari ha di lato il Sant'Uffizio, alle spalle una via intitolata a padre Pfeiffer, il generale dei salvatoriani che teneva i contatti con i tedeschi per conto di Pacelli, e sul lato opposto una via dedicata a De Gasperi, il leader democristiano col quale il papa era stato a lungo in polemica.

Il ruolo di postulatore, cioè di avvocato difensore di Eugenio Pacelli, il servo di Dio sottoposto al tribunale della Chiesa, è affidato al gesuita padre Paolo Molinari, torinese, un teologo cultore dell'agiografia, che ha studiato a Oxford. Suo interlocutore è un sacerdote diocesano, monsignor Antonio Petti, un pugliese settantenne, nelle vesti di Promotore generale della fede che oggi svolge il ruolo di «prelato teologo», mentre in passato rappresentava una figura arcigna, quella dell'«avvocato del diavolo», come lo aveva efficacemente denominato il popolo. Implacabilmente egli discuteva, contestava e controbatteva ogni preteso merito e ogni asserito miracolo del candidato agli altari. Dal contrasto fra le *animadversiones* del promotore e la *responsio* del postulatore, a processo concluso e a canonizzazione proclamata, risultava fulgida e inequivocabile l'immagine del nuovo santo.

Accanto al postulatore e al promotore è emerso dall'ottobre del 1983 un terzo personaggio, il relatore, che si impersona in un altro esponente della Compagnia di Gesù, il sessantanovenne padre Kurt Peter Gumpel, tedesco, assai apprezzato per la sua formazione teologica e da sempre molto vicino a padre Molinari di cui è stato anche assistente. A padre Gumpel – che da giovinetto, insignito per regale affetto del titolo di altezza imperiale nella corte di Guglielmo II, aveva conosciuto Pacelli durante la nunziatura berlinese – spetta l'onere di formulare la posizione sulle virtù teologali e cardinali, sulla fama di santità e sui miracoli del servo di Dio, «positio super virtutibus, fama sanctitatis et signis».

A venticinque anni dall'inizio, la causa di Pacelli appare arenata. Essa reca il numero 1088 di protocollo nell'*Index ac Status Causarum* ed è compresa in un elenco di centinaia di processi in attesa di soluzione. L'aspetto più grave della questione è rappresentato dal fatto che, a distanza di nove anni dalla conclusione della fase istruttoria compiuta dal vicariato di Roma, non si sia ancora avuto un giudizio di validità. In mancanza di ciò, la causa non può entrare nella fase processuale vera e propria di competenza della Congregazione dei Santi alla quale però sono già stati consegnati gli atti del processo diocesano.

In seno alla Congregazione dei Santi la pratica sarà per prima cosa sottoposta all'esame della consulta teologica, un organismo formato da otto giudici – sia religiosi, sia laici, uomini o donne, di diverse nazionalità – chiamati a rispondere a un interrogativo fondamentale: «An constet...», «Se consti delle virtù teologali, Fede, Speranza e Carità, e delle virtù cardinali, Prudenza, Giustizia, Fortezza, Temperanza, e virtù annesse, nel caso proprio e all'effetto di cui si tratta». Quindi, al termine dell'indagine, e cioè quando i teologi avranno risposto positivamente, a maggioranza qualificata, a quell'interrogativo, la causa passerà all'esame dei cardinali in seduta plenaria per un ulteriore responso.

A presiedere questa seduta è chiamato il cardinale prefetto della Congregazione, il settantatreenne Angelo Felici, nato a Segni, una cittadina a sud di Roma, che fu sede di pontefici. Sul merito della causa depone un altro porporato detto «ponente», designato di volta in volta, il quale ne illustra l'itinerario e il fondamento sulla base del giudizio espresso dai consultori storici e teologici. Se il responso sarà positivo il pontefice dichiarerà fondate le virtù eroiche del servo di Dio e stabilirà la data della beatificazione cui potrebbe anche non seguire la definitiva canonizzazione.

La causa di Pacelli non arriva in porto. Se si tiene però conto che la più rapida beatificazione degli ultimi secoli è quella del fondatore dell'Opus Dei, monsignor Josemarìa Escrivà de Balaguer, avvenuta – fra molte polemiche e imputazioni di filofranchismo e filonazismo – lo scorso maggio a diciassette anni dalla morte battendo il primato di Teresa di Lisieux che era salita agli altari ventotto anni dopo la sua scomparsa, gli innumerevoli estimatori di Pio XII potrebbero aspettarne con tranquillità il turno di beatificazione. Ma egualmente i più impazienti, invasi dal dubbio che le due cause, Pacelli e Roncalli, si ostacolino a vicenda, ricercano i motivi reali per i quali la beatificazione di Pio XII procede ai loro occhi troppo lentamente.

Sono motivi che potrebbero nascondersi nella tradizionale lentezza della Chiesa. Ma ormai le procedure farraginose che costituiscono pur sempre una garanzia – il cielo può attendere! – appaiono superate dallo snellimento dei processi voluto da Giovanni Paolo II con la costituzione apostolica riformatrice *Divinus perfectionis Magister* del 1983. Quindi potrebbero essere altri e più consistenti gli ostacoli, a cominciare dal fatto che la Chiesa non senta più il bisogno di proporre all'imitazione dei fedeli il modello impersonato da Pacelli. Ma al contrario si potrebbe avvertire l'esigenza di premiare in

Pio XII la figura di un uomo che riassuma in sé i dolori dell'umanità intera, al punto che asceso al pontificato era arrivato a considerare la tiara una corone di spine.

In antitesi con un'opinione corrente, appare possibile che sia la causa di Roncalli a frenare quella di Pacelli. Da rilevanti indicazioni i severi censori della Congregazione dei Santi non avrebbero ancora chiarito alcuni segreti aspetti della vita quotidiana di papa Giovanni, tali da velarne le virtù richieste, per il riconoscimento canonico della santità, sebbene rimanga salda e indiscussa la straordinaria forza ecumenica che ha fatto di un lui un grande pontefice.

Specificamente su Pio XII prevale però ancora un interrogativo: quanto danneggiano il progredire della causa l'accusa di aver taciuto sul genocidio nazista degli ebrei e il rumore che si è fatto attorno a quel silenzio? Potrebbero essere rivelatrici alcune osservazioni del postulatore padre Molinari, il quale ha limpidamente riconosciuto di «essere immersi in Congregazione nell'esame delle complesse questioni di carattere storico legate al pontificato pacelliano». Ed essendo stata nel frattempo introdotta su sollecitazione dei vescovi italiani anche la causa di canonizzazione d'un terzo papa, Paolo VI, padre Molinari ha dovuto riconoscere di essere ormai costretti a evitare che si verifichi una «corsa tra papi sulla pista della santità». Sarebbe possibile beatificare uno o due di essi e lasciarne fuori un altro, magari proprio Pio XII? Padre Molinari dice di no, e afferma che assisteremo alla loro contemporanea beatificazione. Tutto sta a vedere se l'entrata in gara di papa Montini renderà più spedita la corsa o la rallenterà. Una cosa è certa. Gli altri due candidati alla santità dovranno ora attendere che la causa riguardante il nuovo concorrente cominci il suo cammino e superi via via le tappe già da loro percorse.

Tra le ragioni del ritardo appare dunque in primo piano il disaccordo della storiografia nel valutare alcuni atteggiamenti di Pacelli, come il silenzio, il temporeggiare alla stregua d'un moderno e meno fortunato Fabio Massimo, il tono poco profetico di un pur luminoso pontificato. Non è sufficiente un processo in cui i testi indotti sono per lo più di parte (parenti, esponenti politici, monsignori e religiosi a lui legati); e anche quelli che sembrano estranei erano approdati già a una profonda stima del suo operato. Ciò non basta perché non si arriva a una beatificazione unicamente sulla base processuale e testimoniale. È assolutamente necessario tener presente il dibattito storiografico in cui si rilevano forti discordanze e valutazioni divergenti su quel lungo pontificato.

Non è quindi sorprendente il ritardo imposto alla beatificazione di Pio XII, una beatificazione che oltre tutto si sta rivelando troppo costosa. Un'ulteriore ipotesi dell'indugio emerse durante un corso di esercizi spirituali. In quell'occasione un predicatore sostenne che Pacelli non era così umile come si credeva, e che la sua sconfinata ambizione era invece apparsa tutta intera nel momento in cui aveva espresso il desiderio di essere sepolto accanto alla tomba di san Pietro venuta alla luce per sua iniziativa in seguito alle indagini archeologiche ed epigrafiche della professoressa Margherita Guarducci, accademica dei Lincei. Le rivelazioni dell'incauto predicatore si dimostrarono però prive di fondamento poiché fu possibile accertare con documenti alla mano che l'idea della eventuale tumulazione nelle grotte vaticane era stata di monsignor Kaas, nella sua veste di segretario della Fabbrica di San Pietro. In tal maniera il prelato intendeva esprimere riconoscenza nei confronti del pontefice per aver promosso i lavori che avevano condotto a individuare il secolare sepolcro del principe degli apostoli sul luogo dove Costantino aveva voluto fondare la prima basilica Vaticana, mentre c'era chi si chiedeva se san Pietro fosse realmente venuto a Roma quasi a negare le tradizionali origini dell'universalismo della Chiesa.

La questione della sepoltura di Pacelli era emersa nell'ottobre del '56, quando, all'indomani della morte del musicista monsignor Perosi, si dovette decidere dove tumularne la salma. Nasalli Rocca proponeva le grotte di san Pietro. Pio XII diceva di non essere contrario a tale soluzione, ma faceva presente che in quelle grotte lo spazio era estremamente esiguo. Quindi si finì col prescegliere per il musicista la basilica di santa Cecilia. Ma dove accogliere un giorno le spoglie terrene dello stesso Pacelli? A questo interrogativo egli rispose con uno scritto in cui non manifestava alcuna preferenza per la sua sepoltura perché, diceva, dopo morti, il corpo dove sta sta; non aveva rilevanza il luogo purché fosse consacrato; importante era salvare l'anima, cosa non facile; il Signore poi avrebbe saputo lui, nel giorno della resurrezione, ricongiungere i corpi alle anime.

La beatificazione di Pio XII è dunque ostacolata, ma le battute d'arresto non sono mai state attestate in documenti ufficiali. La causa tace, *causae quae silent*. Le sue conclusioni sono ancora lontane dai traguardi finali che consistono nella beatificazione e successivamente nella canonizzazione. Nelle aspre campagne di stampa di cui Pacelli fu bersaglio, il 1958, con il papa ancora in vita, emerge come anno cruciale. Carlo Falconi sull'«Espresso» rappresentava il «Pastor angelicus» come il simbolo d'una politica che «non aveva nulla da invidiare al conservatorismo di Pio X». Ernesto Rossi, sul «Mondo» di Pannunzio, privava di qualsiasi valore l'azione caritatevole svolta da Pacelli. E scriveva: «Anche Mussolini, se non lo avessero fucilato, avrebbe potuto portare testimoni per provare che negli ultimi anni del regime era intervenuto più volte per salvare la vita di ebrei e partigiani». Quindi aggiungeva: «È un diplomatico, un freddo diplomatico abituato a controllare ogni parola e ogni gesto; a dare sempre, nelle questioni politiche più importanti, un colpo al cerchio e uno alla botte, a usare le formule ambivalenti che consentono – come i responsi dell'antica Sibilla Cumana – opposte interpretazioni».

L'«Osservatore romano» replicava con un lungo articolo siglato c.l. (Cesidio Lolli), che Ernesto Rossi prendeva a pretesto per un nuovo durissimo attacco: «Il signor c.l. (così firma il mio scortese contraddittore) va in brodo di giuggiole per la commozione, quando riporta e commenta le parole del Santo Padre, quasi come Pippo, il cockerino, che, per farmi festa, al mio ritorno a casa, spruzza di pipì tutto il pavimento. E in tutta la storia del giornalismo italiano non credo sia mai stato sciupato, in una sola volta, in sciocchezze della stessa specie, tanto spazio di un quotidiano». Dopo questa signorile premessa scriveva, all'unisono con Falconi: «Chi ricorda quale è stata la politica dell'attuale pontefice fino al crollo del fascismo; quali le sue dichiarazioni, dopo la guerra, in favore dei regimi totalitari di Franco e di Salazar, deve riconoscere che anche Pio X, in confronto a Pio XII, fu un papa liberale».

Al momento della morte di Pacelli, il giornalista Ruggero Zangrandi tracciò su «Paese Sera» un aspro bilancio del pontificato: «In un rapido consuntivo bisogna dire che Pio XII non è riuscito ad essere all'altezza dei problemi che i tempi gli proponevano. Egli non ha saputo raccogliere e interpretare – forse non le ha neppure percepite – le voci, che da ogni parte del mondo, anche nell'ambito ecclesiastico, si levarono verso di lui perché imprimesse alla politica della Chiesa una impronta rinnovatrice, spregiudicata, coraggiosa: adeguata, appunto, ai tempi». Quindi concludeva: «La posizione non militante del papato espose gli stessi cattolici e il clero antinazisti – in primo luogo in Germania – a battersi da soli, a morire da soli, senza la consolazione di essere, anche ufficialmente, soldati di una grande crociata contro la barbarie. Tanto più inesplicabile appare questo atteggiamento di Pio XII in quanto dopo la guerra egli ha portato la Chiesa a militare, questa volta, esplicitamente dalla parte d'uno d'essi, che non è detto, oltretutto, brilli per spirito evangelico».

Le campagne di stampa hanno continuamente tenuto sotto tiro la figura del dodicesimo Pio, il quale non è sfuggito neppure agli strali di Eugenio Scalfari. In un libro epistolare del 1981, Scalfari, scrivendo a Enzo Biagi, così si esprimeva nel ricordare gli anni pacelliani: «Le madonne pellegrine tenevano saldamente il proscenio e procuravano fior di voti alle liste scudo-crociate. Papa Pacelli riceveva ciclisti e ostetriche, mentre i suoi parenti spolpavano Roma costruendo quella giungla di cemento che ha distrutto una delle più splendide città del mondo. Le anticamere dei ministeri e le segreterie di certi partiti erano affollate di tonache. L'onorevole Scalfaro, gran galantuomo peraltro, deve ancora la sua celebrità al fatto d'aver schiaffeggiato una signora che era andata al ristorante a spalle nude. Quanto ai fratelli Caltagirone, essi non sono che i nipotini dell'Immobiliare pacelliana».

Recentemente le polemiche sono salite di tono e, intrecciandosi con antiche imputazioni arricchite di nuove rivelazioni demolitrici, possono esercitare un'influenza negativa sullo svolgimento del processo. In un recente libro di provenienza americana, *The unholy trinity*, «La non santa trinità», si accusa Pacelli, insieme a Montini, di aver favorito con documenti falsi l'espatrio di numerosi capi nazisti e ustascia croati, sottraendoli alle meritate condanne allo scopo di impiegarli nella guerra fredda contro l'odiato bolscevismo. Un docente di storia ecclesiastica alla Gregoriana, il gesuita Giacomo Martina, e il più autorevole degli esperti della Santa Sede sull'ultima guerra mondiale, Robert Graham anch'egli della Compagnia di Gesù, si prodigano nelle smentite e nelle messe a punto, anche dimostrando che i documenti sui quali si fondano le ultime rivelazioni sono «falsi d'autore» messi in circolazione durante la guerra da agenti segreti del doppio gioco.

Ma quanto varrà lo sforzo dei padri Martina e Graham? Certo può dirsi che questa causa di beatificazione sia nelle mani dei gesuiti, l'Ordine che Pacelli tanto amò. Alla loro solerte attività di studio, alla loro devozione è affidato il cammino del «riconoscimento ufficiale» d'una santità che fa discutere.

Le prove affrontate in vita da Pacelli non basterebbero dunque a portarlo sugli altari. Sebbene il fatto stesso di aver avuto accanto a sé per quarant'anni suor Pasqualina, l'angelo despota e teutonico del Vaticano, lo renda meritevole d'un grande premio. Lui così remissivo, lei così autoritaria, tanto che un cardinale, Nicola Canali, la paragonava alla leggendaria papessa Giovanna, un donna che, presentandosi in abiti maschili, si era fatta eleggere papa alla morte di Leone IV nell'885, e poi scoperta per ciò che realmente era un paio d'anni più tardi quando fu colta dai dolori del parto durante una processione in piazza san Giovanni in Laterano, a Roma. La «papessa», così un po' tutti intorno al papa chiamavano suor Pasqualina, con un pizzico d'irriverenza. A un'altra suora in Vaticano, Teresa Bong, anch'essa tedesca, era andato sotto Pio X un soprannome che ne metteva in rilievo il prestigio di cui godeva tra le sacre mura. Era chiamata «il cardinale». Ancora una donna, e neppure suora, era stata al fianco del diretto predecessore di Pacelli. Pio XI, appena salito al soglio, aveva chiamato ad assisterlo dalla Brianza una sua vecchia conoscenza, Teodolinda Banfi. Ma nessuna di loro aveva neppure sfiorato i livelli di dispotismo raggiunti dalla suora bavarese.

A proposito di viatico per la canonizzazione, i familiari di Pacelli avevano definito suor Pasqualina una croce da lui accolta dalle mani di Dio proprio come un mezzo di santificazione. Ma non la pensano così i giudici del tribunale della Chiesa. Suor Lehnert si è rivelata ai loro occhi un teste scomodo che paradossalmente ha giocato contro il papa. Dalle sue numerose testimonianze è risultato in tutta evidenza il suo dispotismo cui corrispondeva la piena soggezione di Pacelli per un quarantennio, nelle varie fasi della sua vita, dagli anni della nunziatura a quelli del pontificato. Quel dispotismo ha fatto di lei una figura controversa, al cui cospetto si è accesa, nella valutazione dell'opera di Pacelli, una disputa evidentemente non ancora conclusa.

Una santità, quella di Pio XII, che fa discutere, qui, sulla terra. Augustin Bea, creato cardinale da Giovanni XXIII, disse qualcosa che induce a pensare: «Forse ci vorranno decenni, probabilmente secoli, per misurare la gigantesca opera di Pio XII e il suo influsso sulla Chiesa e, diciamolo pure, sulla storia dell'umanità». Bea era confessore e consigliere di Pacelli, ed era soprattutto uno dei tanti gesuiti tedeschi di cui il papa amava circondarsi pur senza offrire loro confidenza e amicizia, in nome d'un'apparente alterezza.

Ancora oggi gli stessi gesuiti, cui è affidata la causa, riconoscono che la lentezza della beatificazione è dovuta a complessità storiche tuttora insolute. Soltanto il raggiungimento di un maggiore equilibrio nel giudizio storico finale potrà realmente aprire al «Pastor angelicus» la strada degli altari.

L'aspirazione di questo libro, scritto da un laico e dedicato a sant'Agostino in nome della pace, è di contribuire a rendere più chiara la figura di un papa che si affianca a san Leone Magno, a san Gregorio Magno, a Leone XIII, tra i più grandi del cattolicesimo

ITINERARIO BIBLIOGRAFICO

AA.VV., *Studiosi e artisti italiani a Sua Santità Pio XII*, Città del Vaticano 1943.
AA.VV., *Roma, la guerra e il papa*, Roma 1945.
AA.VV., *Anno Santo. Giubileo del MCML*, Milano 1950.
AA.VV., *Laicismo e non-laicismo*, Milano 1955.
AA.VV., *Stato e Chiesa*, Bari 1957.
AA.VV., *La santità nel popolo di Dio*, Bologna 1967.
AA.VV., *Studi sull'ebraismo italiano*, Roma 1974.
AA.VV., *La difesa della razza. A quarant'anni dalle leggi fasciste*, in «Il Ponte», nov-dic. 1978.
AA.VV., *La Chiesa nel mondo moderno*, Torino 1979.
AA.VV., *La Chiesa nei vari Paesi ai nostri giorni*, Milano 1980.
AA.VV., *La Chiesa nel ventesimo secolo, 1914-1975*, Milano 1980.
AA.VV., *Pius XII. In memoriam*, Roma 1984.
Accattoli Luigi, *Pio XII? Credeva che Hitler fosse l'anticristo*, in «Corriere della Sera», 29 luglio 1987.
Accoce Pierre – Rentchnick Pierre, *Ces malades qui nous gouvernent*, Paris 1976.
Actes et documents du Saint Siège relatifs à la seconde guerre mondiale, 11 voll., Città del Vaticano 1970-1981.
Acton John Emerich, *Cattolicesimo liberale*, Roma 1990.
Agostino Sant', *La città di Dio*, 2 voll., Roma 1978-1988.
Alatri Paolo, *Le origini del fascismo*, Roma 1971.
Alberico Giuseppe, *La condanna della collaborazione dei cattolici con i partiti comunisti, 1949*, in «Concilium», luglio 1975.
Andreotti Giulio, *Concerto a sei voci*, Milano 1946.
–, *Pranzo di magro per il cardinale*, Milano 1954.

–, *De Gasperi e il suo tempo*, Milano 1956.
–, *Note sulla «Operazione Sturzo»*, in «Concretezza», 16 agosto 1965.
–, *La sciarada di Papa Mastai*, Milano 1970.
–, *I minibigami*, Milano 1971.
–, *Intervista su De Gasperi*, Bari 1977.
–, *A ogni morte di Papa*, Milano 1980.
Angeli Roberto, *Vangelo nei lager*, Firenze 1964.
Angelozzi Gariboldi Giorgio, *Pio XII, Hitler e Mussolini*, Milano 1988.
Aquarone Alberto, *L'organizzazione dello Stato totalitario*, 2 voll., Torino 1978.
Argiolas Concetta (a cura di), *Luigi Sturzo e la Rerum Novarum*, Roma 1991.
Artieri Giovani, *Cronaca della Repubblica italiana*, I vol., Milano 1981.
–, *Mussolini e l'avventura repubblicana*, Milano 1981.
–, *Prima durante e dopo Mussolini*, Milano 1990.
Asor Rosa Alberto, *Scrittori e popolo*, Roma 1965.
Badia Gilbert, *Il movimento spartachista*, Roma 1976.
Baget Bozzo Gianni, *Il partito cristiano e l'apertura a sinistra*, Firenze 1977.
Balbi Rosellina, *All'erta siam razzisti*, Milano 1988.
Bargellini Piero, *Il pastore angelico Pio XII*, Firenze 1948.
–, *Pio XII*, Firenze 1950.
Bartoli Domenico, *Da Vittorio Emanuele a Gronchi*, Milano 1961.
Barzini Luigi, *I comunisti non hanno vinto*, Milano 1955.
Bassani Giorgio, *Le storie ferraresi*, Torino 1960.
Battaglia Roberto, *Storia della Resistenza italiana*, Torino 1953.
Bedeschi Lorenzo, *La sinistra cristiana e il dialogo con i comunisti*, Parma 1966.
–, *La Curia Romana durante la crisi modernista*, Parma 1968.
–, *Obbedientissmo in Cristo. Lettere di Primo Mazzolari al suo vescovo, 1917–1959*, Milano 1974.
Bedeschi Roberto (a cura di), *Il diario di don Minzoni*, Brescia 1965.
Belli Giulio, *Ma il Vaticano... chi lo scomunica?*, Milano 1949.
Bentivegna Roberto, *Achtung Banditen*, Roma 1944.
Bernabei Domenico, *Orchestra nera*, Torino 1991.
Bertetto Domenico (a cura di), *Il magistero eucaristico di Pio XII*, Torino 1957.
Bertoldi Silvio, *I tedeschi in Italia*, Milano 1964.

–, *Salò*, Milano 1967.
–, *Il giorno delle baionette*, Milano 1980.
Biagi Enzo – Scalfari Eugenio, *Come andremo a incominciare*,.Milano 1981.
Bianchi Gianfranco, *25 luglio*, Milano 1963.
–, *Quando Mussolini aveva sempre ragione*, Milano 1990.
Bihlmeyer Karl – Tuechle Hermann, *Storia della Chiesa*, Vol.IV, *L'epoca moderna*, a cura di Igino Rogger, Brescia 1962.
Bocca Giorgio, *Storia d'Italia nella guerra fascista*, Bari 1969.
–, *Palmiro Togliatti*, Bari 1973.
Böhmler Rudolf, *Monte Cassino*, Milano 1964.
Bond Harold L., *Inferno a Cassino*, Milano 1965.
Bonomelli Emilio, *I Papi in campagna*, Roma 1953.
Borgese Giuseppe Antonio, *Italia e Germania*, Milano 1919.
Bottai Giuseppe, *Diario 1935-1944*, a cura di Giordano Bruno Guerri, Milano 1982.
–, *Diario 1944-1948*, a cura di Giordano Bruno Guerri, Milano 1988.
Brucculeri Angelo, *Meditazioni politiche*, Roma 1943.
Buonaiuti Ernesto, *Lutero e la Riforma in Germania*, Roma 1945.
–, *Pio XII*, Roma 1946.
Caffaz Ugo, *L'antisemitismo in Italia sotto il fascismo*, Firenze 1975.
Capitini Aldo, *Nuova Società e riforma religiosa*, Torino 1950.
Caprile Giovanni, *Pio XII e un nuovo progetto di concilio ecumenico*, in «La Civiltà Cattolica», 20 agosto 1966.
Carabba Claudio, *Il cinema del ventennio nero*, Firenze 1974.
Caracciolo Nicola, *Gli ebrei e l'Italia durante la guerra 1940-45*, Roma 1986.
Castelli Giulio, *Il Vaticano nei tentacoli del fascismo*, Roma 1946.
–, *La Chiesa e il Fascismo*, Roma 1951.
–, *Storia segreta di Roma città aperta*, Roma 1959.
Castiglione Luigi, *Pio XII e il nazismo*, Torino 1965.
Castronovo Valerio – Tranfaglia Nicola (a cura di), *La stampa italiana nella età liberale*, Bari 1979.
Castronovo Valerio, *La stampa italiana nell'età fascista*, Bari 1980.
Catti De Gasperi Maria Romana, *De Gasperi, uomo solo*, Milano 1964.
Cavallari Alberto, *Il Vaticano che cambia*, Milano 1966.
Chabod Federico, *L'Italia contemporanea, 1818-1948*, Torino 1961.
Charles–Roux François, *Huit ans en Vatican*, Paris 1947.
Ciano Galeazzo, *Diario 1939-1943*, note di Renzo Trionfera, Milano 1963.

–, *Diario 1937-1943*, a cura di Renzo De Felice, Milano 1980.
Cilibrizzi Saverio, *Storia parlamentare d'Italia*, 8 voll., Roma s. d.
Coen Fausto, *Tre anni di bugie*, Milano 1977.
–, *Italiani ed ebrei: come eravamo*, Genova 1988.
–, *Israele: quarant'anni di storia*, Genova 1991.
Colarizi Simona, *L'opinione degli italiani sotto il regime*, Bari 1991.
Colombo Furio (a cura di), *Israele passato e futuro*, Milano 1991.
Crispolti Filippo, *Pio IX Leone XIII Pio X Benedetto XV*, Milano–Roma 1932.
Croce Benedetto, *Perché non possiamo non dirci «cristiani»*, in «La Critica», 20 novembre 1942.
–, *Il dissidio spirituale della Germania con l'Europa*, Bari 1944.
–, *Scritti e discorsi politici, 1943-1947*, 2 voll., Bari 1963.
Cuesta Ugo, *Mussolini e la Chiesa*, Roma 1936.
Curvers Alexis, *Pio XII il Papa oltraggiato*, Milano 1965.
De Antonellis Giacomo, *Storia dell'Azione cattolica*, Milano 1987.
Debenedetti Giacomo, *Otto ebrei*, Roma 1944.
–, *16 ottobre 1943*, prefazione di Alberto Moravia, Milano 1959.
De Felice Renzo, *Storia degli ebrei italiani sotto il fascismo*, Torino, 1961.
–, *Mussolini il rivoluzionario*, Torino 1965.
–, *Mussolini il fascista*, 2 voll., Torino 1966-1968.
–, *Mussolini il duce*, 2 voll., Torino 1974-1981.
–, *Mussolini e Hitler. I rapporti segreti, 1922-1933*, Firenze 1975.
–, *Mussolini l'alleato*, 2 voll., Torino 1990.
De Gasperi Alcide, *Discorsi politici*, a cura di Tommaso Bozza, Roma 1956.
–, *I tempi e gli uomini che prepararono la «Rerum Novarum»*, Milano 1984.
Del Boca Angelo, *L'anno del giubileo*, Torino 1948.
–, *L'altra Spagna*, Milano 1971.
Del Buono Oreste (a cura di), *Eia, eia, eia, alalà*, Milano 1971.
De Libero Giuseppe, *Morte ai Preti!*, Roma 1948.
De Luca Giuseppe, *Sant'Alfonso, il mio maestro di vita cristiana*, Alba 1963.
De Rosa Gabriele, *Storia del movimento cattolico in Italia*, 2 voll., Bari 1966.
–, *Chiesa e comunismo in Italia*, Roma 1970.
Di Nolfo Ennio, *Vaticano e Stati Uniti, 1939-1952*, Milano 1978.
Di Schiena Luca, *Karol Wojtyla*, Roma 1991.

Dollmann Eugenio, *Roma nazista*, Milano 1951.
Dossetti Giuseppe, *Chiesa e Stato democristiano*, Roma 1947.
Duclos Paul, *Le Vatican et la seconde guerre mondiale*, Paris, 1951.
Duquesne Jacques, *Una Chiesa senza clero?*, Milano 1969.
Einaudi Luigi, *Cronache economiche e politiche di un trentennio, 1893-1925*, 8 voll., Torino 1959-1965.
Einstein Albert, *Sul popolo ebraico*, Milano 1957.
Engel–Janosi Friedrich, *Il Vaticano fra fascismo e nazismo*, Firenze 1973.
Esposito Rosario Francesco, *La Massoneria e l'Italia dal 1800 ai nostri giorni*, Roma 1959.
Evola Julius, *Il mito del sangue*, Milano 1937.
Fagiolo Giovanni, *Un comunistello di sagrestia*, Roma 1990.
Falconi Carlo, *La Chiesa e le organizzazioni cattoliche in Italia, 1945-1955*, Torino 1956.
–, *Gedda e l'Azione Cattolica*, Firenze 1958.
–, *Il silenzio di Pio XII*, Milano 1965.
–, *I Papi del ventesimo secolo*, Milano 1967.
–, *La contestazione nella Chiesa*, Milano 1969.
Ferrara Mario, *Luigi Sturzo*, Roma 1925.
Ferrari Silvio, *Vaticano e Israele*, Firenze 1991.
Ferri Edgarda, *Il perdono e la memoria*, Milano 1988.
Ferruzza Alfredo, *Una Chiesa a piedi scalzi*, in «Oggi», 18 gennaio 1962.
Francocci Guido, *La Massoneria nei suoi valori storici e ideali*, Milano 1950.
François–Poncet André, *Ricordi di un ambasciatore a Berlino*, 1947.
–, *Au palais Farnèse: souvenirs d'une ambassade à Rome*, Paris 1961
Friedländer Saul, *Pio XII e il Terzo Reich*, Milano 1965.
Gadda Carlo Emilio, *Giornale di guerra e di prigionia*, Firenze 1955
Galavotti Pietro, *Index ac Status causarum*, Città del Vaticano, 1988.
Galeazzi Lisi Riccardo, *Dans l'ombre et dans la lumière de Pie XII*. Paris 1960.
Galli Giorgio, *I partiti politici*, Torino 1974.
Garelli Franco, *Religione e Chiesa in Italia*, Bologna 1991.
Garosci Aldo, *Gli intellettuali e la guerra di Spagna*, Torino 1959
Gelmi Josef, *I papi*, Milano 1986.
Gherardi Luciano, *Le querce di Monte Sole. Vita e morte delle comunità martiri fra Setta e Reno, 1898-1944*. Con un saggio di Giuseppe Dossetti, Bologna 1986.

Ginsborg Paul, *Storia d'Italia dal dopoguerra a oggi*, 2 voll., Torino 1989.

Ginzburg Carlo, *Folklore, magia, religione*, in «Storia d'Italia», vol. I, *I caratteri originali*, Torino 1972.

Giordani Igino, *Alcide De Gasperi*, Milano 1955.

–, *Vita contro morte*, Milano 1956.

–, *Pio XII. Un grande Papa*, Torino 1961.

Girardi Giulio, *Marxismo e cristianesimo*, Spoleto 1966.

Gonella Guido, *Presupposti di un ordine internazionale*, Città del Vaticano 1942.

–, *Princìpi di un ordine sociale*, Città del Vaticano 1944.

Gorresio Vittorio, *La nuova missione*, Milano 1968.

Graham Robert A., *Spie naziste attorno al Vaticano durante la seconda guerra mondiale*, in «La Civiltà Cattolica», 3 gennaio 1970.

–, *Il Vaticano e il nazismo*, Roma 1975.

Grandi Dino, *Dino Grandi racconta*, Venezia 1945.

–, *25 luglio. Quarant'anni dopo*, a cura di Renzo De Felice, Bologna 1983.

Guareschi Giovanni, *Mondo piccolo*, Milano 1953.

Guarnieri Romana, *Don Giuseppe De Luca*, Torino 1991.

Guerri Giordano Bruno, *Povera santa povero assassino*, Milano 1985

Gunther John, *Oltre la cortina*, Milano 1950.

–, *Faccia a faccia*, Milano 1967.

Hochhuth Rolf, *Il Vicario*, Milano 1964.

–, *Soldati*, Milano 1968.

Il XXXII Congresso Eucaristico Internazionale, Buenos Aires 10-14 ottobre 1934, Città del Vaticano 1935.

Isnenghi Mario, *Stampa di parrocchia nel Veneto*, Padova 1973.

–, *L'educazione dell'italiano*, Bologna 1979.

Jackson W.G.F., *La battaglia d'Italia*, Milano 1970.

Jedin Hibert, *I papi Benedetto XV, Pio XI e Pio XII*. Storia della Chiesa, X/1, Milano 1980.

Jemolo Arturo Carlo, *Per la pace religiosa d'Italia*, Firenze 1944.

–, *Chiesa e Stato in Italia negli ultimi cento anni*, Torino 1949.

–, *Società civile e società religiosa, 1955-1958*, Torino 1958.

–, *Chi fu Pio XII*, in «La Stampa», 2 marzo 1976.

Jesi Furio, *Germania segreta*, Milano 1967.

Katz Robert, *Morte a Roma*, Roma 1968.

Kesselring Albert, *Memorie di guerra*, Milano 1954.

Kottje Raymund – Moeller Bernd, *Storia ecumenica della Chiesa*, vol. III: *Età moderna*, Brescia 1981.
La Guidara Franco, *25 anni caldi*, Roma 1967.
Lai Benny, *I segreti del Vaticano*, Milano 1984.
La Rosa Mario, *Mussolini sconosciuto*, Roma 1991.
Lazzero Ricciotti, *Le SS italiane*, Milano 1982.
Lehnert Pascalina, *Pio XII*, Milano 1984.
Leiber Robert, *Pio XII e gli ebrei di Roma, 1943-1944*, in « La Civiltà Cattolica», 4 marzo 1961.
–, *Il cardinale Pacelli e gli avvenimenti tedeschi del 1933*, in «L'Osservatore della Domenica», 28 giugno 1964.
Leoni Francesco, *Storia dei partiti politici italiani*, Napoli 1975.
Lewy Gunther, *I nazisti e la Chiesa*, Milano 1965.
Lichten Joseph L., *Pio XII e gli ebrei*, Bologna 1988.
Lombardi Riccardo, *Una mano tesa minacciosa*, in «La Civiltà Cattolica», 5 maggio 1945.
–, *Dalla mano tesa al pugno chiuso*, in «La Civiltà Cattolica», 7 febbraio 1948.
–, *Per una mobilitazione generale dei cattolici*, Roma 1948.
–, *Squilli di mobilitazione*, Roma 1948.
–, *Crociata della bontà*, Roma 1951.
–, *Per un mondo nuovo*, Roma 1951.
Maccarrone Michele (a cura di), *Il nazionalsocialismo e la Santa Sede*, Roma 1947.
Mack Smith Denis, *Storia di cento anni di vita italiana visti attraverso il «Corriere della Sera»*, Milano 1978.
Magister Sandro, *La politica vaticana e l'Italia*, Roma 1979.
Maiorino Tarquinio, *I tre nepoti*, in «Omnibus», 4 giugno 1950.
–, *Contro Montini non prevarranno*, in «Omnibus», 26 novembre 1950.
Malgeri Francesco, *La Chiesa italiana e la guerra, 1940-45*, Roma 1980.
Mammarella Giuseppe, *L'Italia contemporanea*, Bologna 1990.
Mazzariti Mario, *I papi di carta*, Genova 1990.
Martina Giacomo, *La Chiesa nell'età dell'assolutismo del liberalismo del totalitarismo*, Brescia 1970.
–, *La Chiesa in Italia negli ultimi trent'anni*, Roma 1977.
Matteini Claudio, *Ordini alla stampa*, Roma 1945.
Mazzolari Primo, *La Chiesa, il fascismo e la guerra*, Firenze 1966.
Mayer Arno J., *Soluzione finale*, Milano 1990.

Meschler Maurizio, *I Gesuiti, chi sono e che cosa fanno*, Roma 1932.
Michaelis Meir, *Mussolini e la questione ebraica*, Milano 1982.
Milani Lorenzo, *Esperienze pastorali*, Firenze 1957.
Mola Aldo Alessandro, *Storia della Massoneria italiana dall'Unità alla Repubblica*, Milano 1976.
Molinari Paolo, *I santi e il loro culto*, Roma 1962.
–, *I nuovi tabù nella storia della Chiesa*, Torino 1979.
Monelli Paolo, *Roma 1943*, Milano 1948.
Monicelli Furio, *Il Gesuita perfetto*, Milano 1961.
Montanelli Indro – Cervi Mario, *L'Italia della guerra civile*, Milano 1983.
–, *L'Italia della Repubblica*, Milano 1985.
Morante Elsa, *La storia*, Torino 1974.
Mosse George L., *Il razzismo in Europa dalle origini all'olocausto*, Bari 1980.
Mughini Giampiero, *A via della Mercede c'era un razzista*, Milano 1991.
Mussolini Benito, *Opera Omnia*, a cura di Edoardo e Duilio Susmel, 36 voll., Firenze 1951-1956.
–, *Opera Omnia*, a cura di Edoardo e Duilio Susmel, appendici 6 voll., Roma 1978-1979.
Nasalli Rocca Mario, *Accanto ai Papi*, Roma 1976.
Negro Silvio, *Vaticano minore*, Vicenza 1963.
Nenni Pietro, *Tempo di Guerra fredda. Diari 1943-1956*, a cura di Giuliana Nenni e Domenico Zucàro, Milano 1981.
–, *Gli anni del centrosinistra. Diari 1957-1966*, a cura di Giuliana Nenni e Domenico Zucàro, Milano 1982.
Neuvecelle Jean, *Eglise, capitale vatican*, Paris 1954.
Nichols Peter, *La politica del Vaticano*, Milano 1969.
Nobecourt Jacques, *Le Vicaire et l'histoire*, Paris 1964.
Nobili Vitelleschi Francesco, *Il Papa infallibile*, Milano 1963.
Olivetti Adriano, *Per una civiltà cristiana*, Torino 1949.
Olmi Massimo, *Pio XII*, Milano 1983.
Ottone Piero, *De Gasperi*, Milano 1968.
Pacelli Eugenio, *Discorsi e panegirici*, Roma 1956.
Pacelli Francesco, *Diario della Conciliazione*, Città del Vaticano 1959.
Padellaro Nazareno, *Pio XII*, Roma 1949.
Paganuzzi Daniele, *Compendio della storia del potere temporale dei papi*, Roma 1879.
Pallenberg Corrado, *Le finanze del Vaticano*, Milano 1969.

Pancera Mario, *I nuovi preti*, Milano 1977.
Papen Franz von, *Memorie*, Bologna 1952.
Pasolini Pier Paolo, *Transumanar e organizzar*, Milano 1971.
Passerini Luisa, *Mussolini immaginario*, Bari 1991.
Patelli Cleto, *Pio XII*, Bologna 1949.
Pellicani Antonio, *Il filo nero*, Milano 1968.
Penco Gregorio, *Storia della Chiesa in Italia*, vol. II: *Dal Concilio di Trento ai nostri giorni*, Milano 1978.
–, *Storia della Chiesa in Italia nell'età contemporanea*, vol. I: *1919-1945*, Milano 1986.
Petacco Arrigo, *I ragazzi del '44*, Milano 1987.
Peyrefitte Roger, *Les Clés de Saint Pierre*, Paris 1955.
Pichetto Maria Teresa, *Alle radici dell'odio. Preziosi e benigni antisemiti*, Milano 1983.
Piersanti Carlo, *La figura l'umanità l'opera di Pio XII*, Roma 1960.
Pintonello Achille, *I Papi. Sintesi storica e curiosità*, Roma 1977.
Pio XII, *Discorsi e radiomessaggi di Sua Santità Pio XII*, 20 voll., Città del Vaticano 1960.
Pirani Mario, *Il fascino del nazismo*, Bologna 1989.
Pirelli Alberto, *Taccuini 1922-1943*, a cura di Donato Barbone, Bologna 1984.
Pistone Matteo R., *Un cattolico al Quirinale*, in «Il Nuovo Corriere», 27 aprile 1955.
Poliakov Léon, *Il nazismo e lo sterminio degli ebrei*, Torino 1955.
Ponti Ermanno, *Il Conclave nella storia*, Roma 1958.
Popp Georg, *I grandi della fede*, a cura di Carla Casalegno, Casale Monferrato 1992.
Pratt Howard Edith, *Il Partito Popolare Italiano*, Firenze 1957.
Preghiere di Sua Santità Pio XII, Tournai 1958.
Preti Luigi, *I miti dell'impero e della razza nell'Italia degli anni '30*, Roma 1965.
–, *Impero fascista, africani ed ebrei*, Milano 1968.
Quadrotta Guglielmo, *Il Papa, l'Italia e la guerra*, Milano 1915.
Rahn Rudolf, *Ambasciatore di Hitler a Vichy e a Salò*, Milano 1950.
Ranke Leopold von, *Storia dei Papi*, Firenze 1968.
Read Anthony – Fisher David, *L'abbraccio mortale*, Milano 1989.
Redaelli Cesare, *Perennità d'un pontificato. Vita di Pio XII*, Roma 1988.
Rendina Claudio, *I papi. Storia e segreti*, Roma 1983.
–, *Il Vaticano. Storia e segreti*, Roma 1986.

Rhodes Anthony, *Il Vaticano e le dittature, 1922-1945*, Milano 1975.
Riccardi Andrea, *Il «partito romano» nel secondo dopoguerra 1945-1954*, Brescia 1983.
–, *Le Chiese di Pio XII*, Bari 1986.
–, *Un papa tra guerra e pace*, in «Storia illustrata», aprile 1986
–, *Il potere del Papa da Pio XII a Paolo VI*, Bari 1988.
–, (a cura di) *Pio XII*, Bari 1984.
Richelmy Carlo, *I preti in Italia*, Roma 1956.
Romanato Gianpaolo, *Pio X*, Milano 1992.
Ronchey Vittoria, *1944*, Milano 1992.
Rosa Mario, *Clero e società nell'Italia contemporanea*, Bari 1992
Rossi Ernesto (a cura di), *Il «Sillabo»*, Firenze 1957.
Rossini Giuseppe, *Il movimento cattolico nel periodo fascista*, Roma 1966.
Rotondi Virginio, *Quel giorno, al Quirinale*, in «Civitas», maggio-giugno 1987.
Russell Bertrand, *Perché non sono cristiano*, Milano 1959.
Saba Agostino – Castiglioni Carlo, *Storia dei Papi*, 2 voll., Torino 1966.
Salvadori Massimo L., *Storia dell'età contemporanea*, Torino 1976.
Salvatorelli Luigi, *La politica della Santa Sede dopo la guerra*, Milano 1937.
–, *Pio XI e la sua eredità pontificale*, Torino 1939.
–, *La Chiesa e il mondo*, Roma 1948.
–, *Chiesa e Stato dalla Rivoluzione francese a oggi*, Firenze 1955.
–, *Il Pontificato romano di fronte alle due guerre e ai regimi totalitari*, in «L'Osservatore della Domenica», 28 giugno 1964.
–, *Storia del Novecento*, 4 voll., Milano 1971.
Salvatorelli Luigi – Mira Giovanni, *Storia d'Italia nel periodo fascista*, Torino 1964.
Salvemini Gaetano, *Responsabilità del Vaticano nella guerra*, Napoli s.d..
–, *Medioevo Risorgimento Fascismo*, Bari 1992.
Santarelli Enzo, *Storia del fascismo*, 3 voll., Roma 1973.
Sartre Jean-Paul, *Ebrei*, Milano 1948.
Schneider Burkhart, *Pio XII. Pace, opera della giustizia*, Roma 1984
Scholl Inge, *La Rosa Bianca*, Firenze 1961.
Schuré Edoardo, *I grandi iniziati*, Bari 1961.
Schuster Ildefonso, *Gli ultimi tempi di un regime*, Milano 1946.
Scoppola Pietro, *La proposta politica di De Gasperi*, Bologna 1977

Scorza Carlo, *La notte del Gran Consiglio*, Milano 1968.
Senise Carmine, *Quando ero capo della polizia*, Roma 1946.
Serra Enrico, *Quel giorno fallì la pace di Pio XII*, in «La Stampa», 25 maggio 1989.
Serrou Robert, *Pie XII, le pape-roi*, Paris 1992.
Settembrini Domenico, *La Chiesa nella politica italiana*, Pisa 1964.
–, *Fascismo controrivoluzione imperfetta*, Firenze 1978.
Shirer William L., *Storia del Terzo Reich*, Torino 1963.
–, *Hitler*, Milano 1966.
Soleri Marcello, *Memorie*, Torino 1949.
Sorrentino Lamberti, *I campi di sterminio*, in «Roma», 27, 30 settembre; 3, 7, 11, 20 ottobre 1979.
Spadolini Giovanni, *L'opposizione cattolica*, Firenze 1961.
–, *Il cardinale Gasparri e la questione romana*, Firenze 1972.
–, *Le due Rome*, Firenze 1973.
–, *La questione del Concordato*, Firenze 1976.
–, *Ardeatine: Pio XII sapeva*, in «La Stampa», 23 luglio 1980.
Spinosa Antonio, *Le persecuzioni razziali in Italia*, in «Il Ponte», luglio, agosto, novembre 1952, luglio 1953.
–, *Diario di una inquietudine*, Milano 1959.
–, *Mussolini*, Milano 1989.
–, *Vittorio Emanuele III*, Milano 1990.
–, *Hitler*, Milano 1991.
Spriano Paolo, *Storia del Partito comunista italiano*, 5 voll., Torino 1967-1975.
Sterpos Daniele (a cura di), *I Giubilei*, Roma 1975.
Stille Alexander, *Uno su mille*, Milano 1991.
Storchi Ferdinando, *Il magistero sociale di Pio XII*, Roma 1943.
–, *I documenti di Pio XII sull'ordine sociale*, Roma 1944.
Sturzo Luigi, *Italy and Fascism*, London 1926.
Taliani Francesco Maria, *Vita del cardinal Gasparri*, Milano 1938.
Tamaro Attilio, *Due anni di storia, 1943-1945*, Roma 1948.
Tamburrano Giuseppe, *Storia e cronaca del centro sinistra*, Milano 1973.
Tardini Domenico, *Pio XII*, Roma 1960.
Taylor A.J.P., *Le origini della seconda Guerra mondiale*, Bari 1965.
Taylor Myron C. (a cura di), *La corrispondenza fra il Presidente Roosevelt e Papa XII durante la guerra*, Milano 1948.
Tedeschi Mario, *Roma democristiana*, Milano 1956.
Terzaghi Michele, *Fascismo e massoneria*, 2 voll., Bari 1965.

Todisco Alfredo, *A colloquio con l'oratore del giorno*, in «Il Messaggero», 9 dicembre 1949.
Tosti Amedeo, *Italia del nostro tempo*, Milano 1956.
Tramontin Silvio, *Un secolo di storia della chiesa. Da Leone XIII al Concilio Vaticano II*, Roma 1980.
Tranfaglia Nicola, *Labirinto italiano. Il fascismo, l'antifascismo, gli storici*, Firenze 1989.
Trevelyan Raleigh, *Roma '44*, Milano 1983.
Tupini Giorgio, *De Gasperi, una testimonianza*, Bologna 1992.
Tutte le encicliche dei sommi pontefici, raccolte e annotate da Eucardio Momigliano, Milano 1959.
Uboldi Raffaello, *Papa Wojtyla*, Milano 1983.
Valensin Georges, *Grandezze e servitù della prostata*, Milano 1973.
Vannoni Gianni, *Massoneria, fascismo e chiesa cattolica*, Bari 1980.
Veneruso Danilo, *Pio XII e la seconda guerra mondiale*, Roma 1969.
Vigorelli Giancarlo, *Gronchi*, Firenze 1956.
Villa Luigi, *Pio XII. Papa calunniato e scomodo*. Brescia 1978.
Vivarelli Roberto, *Il fallimento del liberalismo*, Bologna 1981.
Weizsäcker Ernst von, *Erinnerungen*, München 1950.
Willey David, *Il politico di Dio. Giovanni Paolo II*, Milano 1992.
Woodrow Alain, *I gesuiti*, Roma 1991.
Woodward Kenneth L., *La fabbrica dei santi*, Milano 1991.
Zanetti Francesco, *Nella «Città del Vaticano»*, Roma 1929.
Zangrandi Ruggero, *Il lungo viaggio attraverso il fascismo*, Milano 1962.
Zavoli Sergio, *Nascita di una dittatura*, Torino 1973.
Zizola Giancarlo, *Giovanni XXIII*, Bari 1988.
–, *Il microfono di Dio. Pio XII, Padre Lombardi e i cattolici italiani*, Milano 1990.
Zoppi Sergio, *Dalla Rerum Novarum alla democrazia cristiana di Murri*, Bologna 1991.
Zuccotti Susan, *L'olocausto in Italia*, Milano 1988.

INDICE DEI NOMI E DEI LUOGHI

«Pio XII. L'ultimo papa»
di Antonio Spinosa
Collezione Le Scie

Arnoldo Mondadori Editore

Questo volume è stato impresso
nel mese di febbraio dell'anno 1993
presso lo Stabilimento Nuova Stampa Mondadori - Cles (TN)

Stampato in Italia - Printed in Italy